21世纪立体化高等院校规划教材·经管系列

新编会计信息化教程
(用友 T6 版)
（第 2 版）

万新焕　主编

电子工业出版社
Publishing House of Electronics Industry
北京·BEIJING

内 容 简 介

本书以目前在企业中广泛使用并适合于教学的用友 T6－企业管理软件为蓝本编写。本书在第 1 版的基础上，依据最新法律法规修订而成。全书共分 9 章：第 1 章对会计信息化的基本理论知识进行了概括性描述；第 2～8 章以模拟企业业务为主线，全面、系统地对系统服务和基础信息设置、总账系统、报表管理系统、工资管理系统、固定资产管理系统、应收款管理系统、应付款管理系统七大模块的主要功能、应用流程及具体操作进行了详细介绍；第 9 章对供应链管理系统中购、销、存模块的基本功能和日常业务处理进行了简要概述。

本书不仅有针对性强的案例讲解，在各章后还提供了配合章节教学内容的实验，使学生能够在了解相关理论的基础上，掌握相应的实际操作技能。本书既可作为高等院校经营类专业会计信息系统课程的教材，也可作为对会计信息化人才培养的培训教材或学习参考资料。

未经许可，不得以任何方式复制或抄袭本书之部分或全部内容。
版权所有，侵权必究。

图书在版编目（CIP）数据

新编会计信息化教程：用友 T6 版 / 万新焕主编. --2 版. -- 北京：电子工业出版社，2017.7
ISBN 978-7-121-31712-5

Ⅰ. ①新… Ⅱ. ①万… Ⅲ. ①会计信息－财务管理系统－高等学校－教材 Ⅳ. ①F232

中国版本图书馆 CIP 数据核字（2017）第 121049 号

策划编辑：贾瑞敏
责任编辑：贾瑞敏　　　　　　　　特约编辑：许振伍　孙明珍
印　　刷：北京虎彩文化传播有限公司
装　　订：北京虎彩文化传播有限公司
出版发行：电子工业出版社
　　　　　北京市海淀区万寿路 173 信箱　邮编 100036
开　　本：787×1 092　1/16　印张：19　字数：499 千字
版　　次：2009 年 8 月第 1 版
　　　　　2017 年 7 月第 2 版
印　　次：2020 年 4 月第 5 次印刷
定　　价：44.80 元

凡所购买电子工业出版社图书有缺损问题，请向购买书店调换。若书店售缺，请与本社发行部联系，联系及邮购电话：(010)88254888，88258888。

质量投诉请发邮件至 zlts@phei.com.cn，盗版侵权举报请发邮件至 dbqq@phei.com.cn。
本书咨询联系方式：电话 010-62017651；邮箱 fservice@vip.163.com；QQ 群 427695338；微信 DZFW18310186571。

前言

本书第1版自出版以来,以其自身独有的风格和超强的实用性深受广大一线教师和学生的青睐。第2版以适应社会职业岗位对会计信息化人才的需要为目标,以服务广大师生为宗旨,以企业典型的会计业务的工作任务为出发点,以TPP教学模式[一种由"任务(Task)驱动"—"程序(Procedure)分解"—"图表(Picture)呈现"构成的教学方式],使学习者在轻松完成任务的过程中学习财务与业务一体化管理软件的操作方法。

本书在内容和结构上具有以下特点。

1. 内容新颖。本书参考《可扩展商业报告语言(XBRL)技术规范系列国家标准》《企业会计信息化工作规范》《会计档案管理办法》(2016年1月1日施行)及最新营改增税收政策进行组织编写,保证了内容的新颖性。

2. 逻辑性强。本书在第1版的基础上,理顺了各个模块之间的设计思路,增、删、改了某些不合理的文字、数据、图片,使得学习内容更加贴近实际,强化了内容的逻辑性。

3. 通俗易懂。本书以企业典型会计业务的工作任务为出发点,遵循循序渐进、由浅入深的原则编写,易教易学。

4. 体系完整。本书在第1版的基础上,对工资核算业务的两类不同工资类别结合企业实际工资项目构成情况,进行全面的核算处理,保证了业务处理的完整性。

5. 实用性强。本书由会计信息化教学一线骨干教师编写,以仿真企业的经济业务贯穿始终,深度实现了财务业务一体化。

6. 资源丰富。本书配有丰富的教学资源,主要有多媒体教学课件、分阶段教学内容账套备份、客观题在线测试、实验操作视频等,方便学习者使用。

本书由海南大学万新焕主编,海南大学谢达理、余灼萍参与编写。本书各章具体编写分工为:第1、4、7、8、9章由万新焕编写,第2、3章由万新焕、谢达理编写,第5、6章由万新焕、余灼萍编写,万新焕负责全书的策划、组织、修改和定稿。

在本书编写过程中,编者参阅了业内同行的相关教材和著作,在此对相关作者表示敬意和感谢!同时感谢电子工业出版社的编辑一直以来对本书的支持和跟进,才确保本书能顺利出版。

尽管编者努力做到尽善尽美,书中仍难免存在不足之处,恳请广大读者批评指正。

编 者

目 录

第1章 会计信息化概述 ················ 1
1.1 会计信息化的基本理论 ·········· 1
1.1.1 会计信息化的相关
概念 ························ 2
1.1.2 会计信息化的发展历程
及发展趋势 ················ 5
1.2 会计信息化工作的组织管理
与实施 ···························· 8
1.2.1 会计信息化工作的组织
管理 ························ 8
1.2.2 会计信息化条件下会计
软件的要求 ················ 9
1.2.3 会计信息化工作的
实施 ······················· 10
1.3 会计信息系统的内部控制与
计算机审计 ······················ 13
1.3.1 会计信息系统的内部
控制 ······················· 13
1.3.2 会计信息系统的计算机
审计 ······················· 16

第2章 系统服务和基础信息设置 ······ 19
2.1 系统管理 ························ 19
2.1.1 系统管理模块的总体
介绍 ······················· 19
2.1.2 系统管理模块的基本
操作流程 ·················· 20
2.1.3 系统管理模块初始化
案例资料 ·················· 20
2.1.4 启用系统管理模块 ······· 23
2.2 基础设置 ························ 33
2.2.1 基础信息 ················· 33
2.2.2 机构设置 ················· 35
2.2.3 往来单位设置 ············ 36

2.2.4 存货设置 ················· 39
2.2.5 收付结算 ················· 41
2.2.6 数据权限设置 ············ 44
2.3 总账工具模块 ··················· 45
2.3.1 总账工具模块概述 ······· 45
2.3.2 基本功能 ················· 46
2.3.3 操作方法 ················· 47
课后习题与实验 ······················ 48
实验一 系统管理和基础信息
设置 ······················· 48

第3章 总账系统 ······················ 52
3.1 总账系统概述 ··················· 52
3.1.1 总账系统的总体介绍 ···· 52
3.1.2 总账系统与其他功能
模块的联系 ··············· 53
3.1.3 总账系统基本操作业务
流程 ······················· 53
3.2 总账系统初始化 ················· 54
3.2.1 案例资料 ················· 54
3.2.2 总账系统初始化 ········· 59
3.3 凭证处理 ························ 71
3.3.1 填制凭证 ················· 71
3.3.2 审核凭证 ················· 76
3.3.3 记账与取消记账 ········· 78
3.4 出纳管理 ························ 80
3.4.1 日记账及资金日报表 ···· 80
3.4.2 支票登记簿 ·············· 81
3.4.3 银行对账 ················· 82
3.5 账簿管理 ························ 85
3.5.1 基本会计核算账簿
管理 ······················· 85
3.5.2 各种辅助核算账簿
管理 ······················· 88

3.6 期末业务处理 …………………… 91
　3.6.1 定义转账凭证 ……………… 91
　3.6.2 生成转账凭证 ……………… 96
　3.6.3 对账与结账 ………………… 98
课后习题与实验 ……………………… 100
　实验二　总账系统初始化 ………… 100
　实验三　总账系统日常业务
　　　　　处理 ……………………… 104

第4章 报表管理系统 ……………… 107
4.1 报表管理系统概述 ……………… 107
　4.1.1 报表管理系统总体
　　　　介绍 ……………………… 107
　4.1.2 UFO报表系统的主要
　　　　功能 ……………………… 108
　4.1.3 UFO报表系统与其他
　　　　系统的联系 ……………… 109
　4.1.4 报表管理系统的基本
　　　　操作流程 ………………… 110
　4.1.5 报表管理系统的报表
　　　　结构与基本概念 ………… 110
　4.1.6 UFO报表系统的窗口
　　　　组成 ……………………… 113
4.2 报表格式设计与公式定义 …… 115
　4.2.1 报表格式设计 …………… 115
　4.2.2 定义报表公式 …………… 119
　4.2.3 报表保存 ………………… 125
4.3 报表数据处理 ………………… 125
　4.3.1 进入报表数据状态 ……… 125
　4.3.2 账套初始工作 …………… 126
　4.3.3 输入关键字 ……………… 126
　4.3.4 整表重算 ………………… 126
　4.3.5 表页管理 ………………… 127
4.4 报表模板 ……………………… 128
　4.4.1 调用报表模板生成报表
　　　　数据 ……………………… 128
　4.4.2 自定义报表模板 ………… 129
4.5 现金流量表 …………………… 130
　4.5.1 现金流量表概述 ………… 130
　4.5.2 现金流量表系统与其他
　　　　系统之间的关系 ………… 131
　4.5.3 现金流量表系统的操作
　　　　流程 ……………………… 132
　4.5.4 现金流量表的编制
　　　　方法 ……………………… 132
　4.5.5 现金流量表的编制
　　　　方案 ……………………… 132
　4.5.6 现金流量表的具体
　　　　编制 ……………………… 133
课后习题与实验 ……………………… 137
　实验四　报表编制 ………………… 137

第5章 工资管理系统 ……………… 139
5.1 工资及其管理系统介绍 ……… 139
　5.1.1 工资 ……………………… 139
　5.1.2 工资管理系统功能
　　　　介绍 ……………………… 141
　5.1.3 工资管理系统与其他
　　　　系统的联系 ……………… 142
　5.1.4 工资管理系统的基本
　　　　业务流程 ………………… 142
5.2 工资管理系统初始化 ………… 143
　5.2.1 工资管理系统初始化
　　　　向导 ……………………… 144
　5.2.2 建立工资类别 …………… 147
　5.2.3 设置 ……………………… 148
5.3 日常业务处理 ………………… 158
　5.3.1 工资变动处理 …………… 158
　5.3.2 工资分钱清单 …………… 161
　5.3.3 个人所得税处理 ………… 161
　5.3.4 工资分摊 ………………… 163
　5.3.5 银行代发 ………………… 166
　5.3.6 人员变动的调整 ………… 167
　5.3.7 月末处理与反结账 ……… 167
课后习题与实验 ……………………… 168
　实验五　工资管理 ………………… 168

第6章 固定资产管理系统 …………… 173

6.1 固定资产及其管理系统介绍 ………… 173
- 6.1.1 固定资产 …………… 173
- 6.1.2 固定资产管理系统功能介绍 …………… 175
- 6.1.3 固定资产管理系统与其他系统的联系 …… 176
- 6.1.4 固定资产管理系统基本操作流程 …………… 176

6.2 固定资产管理系统初始化 …… 177
- 6.2.1 初始化向导 …………… 177
- 6.2.2 基础信息设置 …………… 181

6.3 固定资产日常业务处理 ……… 188
- 6.3.1 固定资产增加 …………… 188
- 6.3.2 固定资产减少 …………… 189
- 6.3.3 固定资产其他变动 …… 190
- 6.3.4 固定资产评估 …………… 193
- 6.3.5 账表管理 …………… 194

6.4 固定资产期末业务处理 ……… 195
- 6.4.1 折旧处理 …………… 195
- 6.4.2 计提减值准备 …………… 197
- 6.4.3 制单及凭证查询处理 … 198
- 6.4.4 对账及月末结账 …… 198

课后习题与实验 …………… 200
实验六 固定资产管理 …… 200

第7章 应收款管理系统 …………… 203

7.1 应收款管理系统概述 ………… 203
- 7.1.1 应收款管理系统总体介绍 …………… 203
- 7.1.2 应收款管理系统的基本功能 …………… 204
- 7.1.3 应收款管理系统与其他系统的联系 …………… 204
- 7.1.4 应收款管理系统操作流程 …………… 205

7.2 应收款管理系统初始化 …… 205
- 7.2.1 账套参数设置 …………… 206
- 7.2.2 初始设置 …………… 211
- 7.2.3 单据设计 …………… 214
- 7.2.4 期初余额输入 …………… 215

7.3 日常业务处理 …………… 218
- 7.3.1 应收单据处理 …………… 218
- 7.3.2 收款单据处理 …………… 220
- 7.3.3 核销处理 …………… 222
- 7.3.4 付款单据导出 …………… 223
- 7.3.5 票据管理 …………… 223
- 7.3.6 转账业务 …………… 226
- 7.3.7 坏账处理 …………… 229
- 7.3.8 汇兑损益 …………… 230
- 7.3.9 制单处理 …………… 231

7.4 单据查询 …………… 233
- 7.4.1 凭证和单据查询 …… 233
- 7.4.2 科目账表查询 …………… 234

7.5 其他处理 …………… 234
- 7.5.1 取消操作 …………… 234
- 7.5.2 月末结账 …………… 235
- 7.5.3 取消月结 …………… 235

课后习题与实验 …………… 235
实验七 应收款管理系统初始设置 …………… 235
实验八 应收款管理系统日常业务处理 …………… 237

第8章 应付款管理系统 …………… 239

8.1 应付款管理系统概述 ………… 239
- 8.1.1 应付款管理系统总体介绍 …………… 239
- 8.1.2 应付款管理系统的基本功能 …………… 240
- 8.1.3 应付款管理系统与其他系统的联系 …………… 240
- 8.1.4 应付款管理系统操作流程 …………… 241

8.2 应付款管理系统初始化 …… 242
- 8.2.1 账套参数设置 …………… 242
- 8.2.2 初始设置 …………… 246

　　8.2.3　期初余额输入……………249
8.3　日常业务处理……………………252
　　8.3.1　应付单据处理……………252
　　8.3.2　付款单据处理……………255
　　8.3.3　核销处理…………………256
　　8.3.4　付款单据导出……………257
　　8.3.5　票据管理…………………258
　　8.3.6　转账业务…………………259
　　8.3.7　汇兑损益…………………262
　　8.3.8　制单处理…………………263
8.4　单据查询…………………………264
　　8.4.1　凭证和单据查询…………264
　　8.4.2　科目账表查询……………265
8.5　其他处理…………………………266
　　8.5.1　取消操作…………………266
　　8.5.2　月末结账…………………266
　　8.5.3　取消月结…………………267
课后习题与实验………………………267
　　实验九　应付款管理系统初始
　　　　　　设置…………………267
　　实验十　应付款管理系统日常
　　　　　　业务处理……………268

第9章　供应链管理系统……………270

9.1　供应链管理系统概述……………270
　　9.1.1　供应链管理系统总体
　　　　　　介绍……………………270
　　9.1.2　供应链管理系统各子
　　　　　　系统的基本功能………271
　　9.1.3　供应链管理系统各子
　　　　　　系统间及与其他系统
　　　　　　的联系…………………272

9.2　供应链管理系统初始化…………273
　　9.2.1　基础信息设置……………273
　　9.2.2　系统参数设置……………274
　　9.2.3　基础科目设置……………277
　　9.2.4　期初余额输入……………277
9.3　采购管理…………………………278
　　9.3.1　业务概述…………………278
　　9.3.2　日常业务处理……………278
　　9.3.3　账表查询…………………280
9.4　销售管理…………………………280
　　9.4.1　业务概述…………………280
　　9.4.2　日常业务处理……………281
　　9.4.3　账表查询…………………282
9.5　委外管理…………………………283
　　9.5.1　业务概述…………………283
　　9.5.2　日常业务处理……………283
　　9.5.3　账表查询…………………284
9.6　库存管理…………………………285
　　9.6.1　业务概述…………………285
　　9.6.2　日常业务处理……………285
　　9.6.3　账表查询…………………286
9.7　存货核算…………………………286
　　9.7.1　业务概述…………………286
　　9.7.2　日常业务处理……………287
　　9.7.3　业务核算…………………289
　　9.7.4　财务核算…………………290
　　9.7.5　存货跌价准备……………290
　　9.7.6　账表查询…………………291
9.8　期末业务处理……………………291
课后习题………………………………293

第 1 章
会计信息化概述

学习要求

1. 了解会计信息化的发展历程及发展趋势,掌握会计信息化的相关概念及会计信息化与手工处理会计数据的异同。

2. 熟悉企业实施会计信息化工作需要配备的系统硬件、系统软件、会计人员和会计软件的要求。

3. 熟悉会计信息化条件下与手工会计条件下的内部控制的不同之处,进而领会在会计信息化条件下加强会计信息系统内部控制和计算机审计的必要性。

1.1 会计信息化的基本理论

1981年8月,在财政部、第一机械工业部、中国会计学会的支持下,中国人民大学和长春第一汽车制造厂联合召开了"财务、会计、成本应用计算机问题讨论会",在会上首次提出了"会计电算化"的概念。随着信息技术的发展和企业信息化范围的普及与层次的提高,"会计电算化"概念逐渐被"会计信息化"概念所取代。"会计信息化"这一概念是1999年由深圳市财政局与深圳金蝶软件科技有限公司在深圳举办的"新形势下会计软件市场管理研讨会暨会计信息化理论专家座谈会"上提出的。

2010年10月19日,国家标准化管理委员会和财政部在北京举行可扩展商业报告语言(XBRL)技术规范系列国家标准和企业会计准则通用分类标准发布会。两套标准规定了XBRL的基本要素和按照企业会计准则编制XBRL财务报告的基本要求,为构建科学完善、国际通行的会计信息化标准体系奠定了基础,成为我国会计信息化工作的一个里程碑和新起点。

为推动企业会计信息化,节约社会资源,提高会计软件和相关服务质量,规范信息化环境下的会计工作,财政部印发了《企业会计信息化工作规范》(财会〔2013〕20号,以下简称工作规范)。其第二条对会计信息化的定义为:会计信息化是指企业利用计算机、网络通信等现代信息技术手段开展会计核算,以及利用上述技术手段将会计核算与其他经营管理活动有机结合的过程。

从2013年京东开出内地首张电子发票到财政部、国家档案局联合印发的《会计档案管理办法》(财政部 国家档案局令第79号,以下简称新《管理办法》)自2016年1月1日起施行以来,会计信息化系统在企事业单位中的应用日趋广泛。作为信息时代的产物,会计信息化将更多地承担起推动生产力变革的重任。

会计信息化是会计电算化顺应信息化发展对传统会计进行变革的必然结果。会计信息化的核心工作是利用现代信息技术，构建由计算机硬件系统、计算机软件系统、数据库管理系统、系统人员及相关会计规章制度等组成的会计信息系统。

1.1.1 会计信息化的相关概念

1. 会计数据和会计信息

（1）数据

数据是用来记录或描述客观事物的性质、形态、结构和特征的物理符号，是对客观事物属性的描述。它既可以对客观事物进行数字形式的定量描述，也可以对客观事物以字母、字符、文字、声音及图像或其他符号进行定性描述。

（2）信息

信息是经过加工或处理后的可利用的数据，是事物现象及其属性标志的集合，可用符号、文字、数字、图表等形式来反映，以揭示事物的本质。数据和信息的关系常常被比喻为原材料和产成品之间的关系。信息必然是数据，但数据未必是信息，信息仅仅是数据的一个子集，经过加工后有用的数据才能成为信息。

（3）会计数据

会计数据是用来记录经济业务发生和完成情况的数据，是产生会计信息的源泉。在会计工作中，描述经济业务属性的数据都是会计数据，各种原始凭证及记账凭证是记录会计数据的载体。

（4）会计信息

会计信息是按照一定的要求或需要，采用一系列专门的会计核算方法，对会计数据进行加工、计算、分类、汇总而形成的有用的会计数据。例如，原始凭证经过数据加工处理后变成记账凭证，再将记账凭证加工处理后变成总账、明细账，最后将总账、明细账加工处理后变成财务报表供有关利益各方使用。由于会计信息在经济管理中有着极其重要的作用，因此会计信息要求准确、及时。

2. 会计数据处理

会计数据处理又称会计信息处理，是对会计数据进行加工处理，生成管理所需会计信息的过程，一般要经过采集、输入、加工、传输、存储、输出等处理环节。其包括为提供对外报表所进行的一系列记账、算账、报账等工作，以及在此基础上为提供控制、预测、决策所需会计资料所进行的进一步处理工作。会计数据处理是会计工作的重要内容之一，是进行其他会计工作和管理工作的基础。会计数据处理有手工处理、半手工处理、机械化处理、电子计算机处理4种处理方式。电子计算机处理是指应用电子计算机技术处理会计数据，这种处理方式是本书的主要论述对象。

3. 会计信息系统

（1）系统

系统是由一系列彼此联系的部分为实现某种特定的目的而建立起来的一个整体，具有独立性、整体性、目的性、相关性和层次性。

① 系统的独立性，是指每个系统都是一个独立的组织，它与周围环境有明确的边界。

② 系统的整体性，是指系统是作为一个由诸多要素集合构成的有机整体存在并发挥作用的。

③ 系统的目的性，是指系统是为完成某种任务或实现某种目的而发挥其特定功能的。这种目的性在某些系统中又体现出多重性。

④ 系统的相关性，是指构成系统的各要素之间、要素与子系统之间、系统与环境之间都存在着相互联系、相互依赖、相互作用的特殊关系，通过这些关系，使系统有机地联系在一起。这种联系决定了整个系统的机制，发挥其特定功能。

⑤ 系统的层次性，是指任何系统都由若干子系统组成，每个子系统又可以划分成更小的子系统，各子系统之间既有联系，又在逻辑上层次分明。

系统根据自动化程度可分为人工系统、自动系统和基于计算机的系统。人工系统下大部分工作都由人工完成；自动系统下大部分工作都由机器自动完成；基于计算机的系统下大部分工作都由计算机自动完成。

（2）信息系统

信息系统是指以信息为处理对象的人机一体化系统，其主要任务是进行信息的采集、输入、存储、加工、传输，并在需要时向用户提供信息。

（3）ERP 系统

ERP 系统（企业资源计划系统）是指建立在信息技术基础上，以系统化的管理思想，为企业决策层及员工提供决策运行手段的管理平台。ERP 系统支持离散型、流程型等混合制造环境，应用范围从制造业扩展到了零售业、服务业、银行业、电信业、政府机关和学校等事业部门，通过融合数据库技术、图形用户界面、第四代查询语言、客户服务器结构、计算机辅助开发工具、可移植的开放系统等对企业资源进行有效的集成。

（4）会计信息系统

《工作规范》中所称会计信息系统，是指由会计软件及其运行所依赖的软硬件环境组成的集合体。会计信息系统是管理信息系统的子系统，是专门用于企事业单位处理经济业务，搜集、存储、传输和加工各种会计数据，输出会计信息，并将其反馈给各有关部门，为企业的经营活动和决策活动提供帮助，为投资人、债权人、政府等部门提供财务信息的系统。它运用本身所固有的一套方法，从价值层面对会计主体的生产经营状况和经营成果进行全面、连续、系统的定量描述。

（5）会计信息系统的功能模块

目前，各会计软件虽总体功能大同小异，但各软件的系统组成都有所区别，特别是专用会计软件，其差异更大。由于会计数据涉及企业的方方面面，如果将所涉及的业务全部纳入会计信息系统，就会使会计信息系统成为一个庞大的系统。有些专门从事会计软件开发的软件公司，所开发的不仅是会计软件，而且是整个企业的管理信息系统，或者是企业 ERP 系统。比较典型的是将系统划分为系统管理、总账、报表、应收款管理、应付款管理、工资管理、固定资产管理、成本管理、资金管理、存货核算、库存管理、销售管理、采购管理、采购计划等。

（6）会计信息化与手工处理会计数据的比较

会计信息化与手工处理会计数据的相同之处如下。

① 目标一致。其最终目标都是通过会计信息处理实现加强经营管理、参与经营决策、提高经济效益的目的。但会计信息化会使预测和计划更加科学、核算更加明细和准确、控制更加有

效、分析更加透彻、考评更具激励性。

② 遵守的会计法规和会计准则相同。会计信息化必须严格遵守手工处理所遵守的所有会计规范和有关政策、制度，会计信息处理手段和工具的变化不能动摇会计处理的合法性和合规性。但会计信息化会对会计规范及各项政策、制度产生影响，目前有些会计规范、政策、制度就是针对会计信息化而制定的，随着会计信息化的发展，这些规范、政策和制度还会不断地完善。

③ 遵守的会计理论和会计方法相同。会计理论是会计学科的结晶，会计方法是会计工作的总结。会计信息化虽然会引起会计理论与方法上的变革，但是这种变革是渐进型的，而不是突变型的，目前建立的会计信息系统应当遵循基本的会计理论和会计方法。

④ 基本功能相同。任何一种信息系统都有五方面的基本功能，即信息的搜集与记录、信息的存储、信息的加工处理、信息的传输、信息的输出。无论是手工还是会计信息系统，要达到目标，都必须具备上述 5 个功能。会计信息系统由于使用了现代化的工具和科学的管理机制与管理模式，因此，其效率是手工处理所无法比拟的。

⑤ 都必须进行会计档案的保管。会计信息化下，会计信息档案必须妥善保存，以便查询，会计报表必须按国家要求编制输出。

会计信息化与手工处理会计数据的不同之处如下。

① 处理工具不同。手工处理会计数据使用的工具是笔、算盘、计算器等，无法实现数据处理自动化，计算速度慢、容易出现差错、准确率低；会计信息系统对数据处理的工具是计算机，数据处理过程通过程序来控制计算机自动完成，计算速度快、不容易出错、准确率高、存储信息大。

② 信息存储载体不同。手工处理会计数据的信息载体是凭证、账簿和报表等纸介质，这些会计信息不经任何转换即可查阅，但是查询工作烦琐；在会计信息系统中，会计信息被隐形记录在磁介质载体中。以磁介质为载体所记录和存储的会计信息具有容量大、查找检索方便、易于保管、复制迅速等优点；其缺点是被删除或被篡改而不留痕迹，且磁介质的损坏可能导致信息丢失。因此，建立会计信息系统必须解决好如何保留审计线索，如何保证会计信息的安全可靠等问题。

③ 信息的表示方法不同。手工处理会计数据的信息主要以文字和数字表示。在会计信息系统中，为了使信息更便于计算机处理，为了提高系统的处理速度和节省存储空间，也为了简化输入，大量的信息要加以代码化，几乎企业的所有资源都要代码化，如常见的操作员、会计科目、部门、职员、客户、供应商、存货、固定资产等都需以适当的代码来表示。会计信息代码化便于计算机处理，但却不便于用户对会计信息的阅读、理解和使用，这就需要在系统中建立许多数据字典。由于计算机主要依据会计信息代码进行数据处理，因此，科学合理地进行代码设计是会计信息系统设计的重要内容。

④ 信息处理方式不同。手工处理会计数据的方式比较分散，由许多人分工协作共同完成凭证处理、记账、编制报表和财务分析的工作，导致重复处理现象增多。会计信息系统改变了手工处理的分组核算的工作方式。各种凭证一旦进入系统，便由计算机自动完成记账、编制报表及财务分析工作，账、证、表间的勾稽关系会由程序自动给予保证，这使得财会人员从繁重的工作任务中解脱出来，有更多的精力参与财务预测、计划、控制、分析、决策、考评等活动，财会工作也由原来的核算型向管理型转化。

⑤ 内部控制制度和控制方法不同。手工会计系统中人员均为会计专业人员，按会计事务的需要，分为不同的专业组，如会计主管、出纳、工资组、固定资产核算组、成本核算组、往来

核算组等，通过试算平衡、账证、账账、账实、账表相符等内部控制来保证数据的正确性。会计信息系统除了会计人员外，还有计算机软、硬件技术人员和操作人员，按数据的形态划分为数据搜集审核、凭证编码、数据输入输出处理、系统维护等专业组，采用"初始设置、权限分配、口令设置"等程序控制，内部控制要求更为严格。

⑥ 信息输出的内容和方式不同。利用计算机对会计数据进行批处理和实时处理，大大地提高了会计信息处理的及时性，缩短了会计结算周期，及时提供日报、月报、季报和年报；会计数据的集中管理可实现一数多用、充分共享，联机快速查询、远程信息交换、网上查询等；账表输出功能大大提高，打破了手工总账按一级科目、明细账按末级科目输出账簿的传统方式，会计信息系统可以按任意科目级次输出总账和明细账，可以按各种定义输出报表；通过建立数学模型辅助进行财务管理，全面开展财务预测、决策、计划、控制、分析、考评工作，突破了手工处理的局限性，扩大了会计信息的应用领域，为会计信息的深加工和再利用提供了更加广阔的前景。

⑦ 会计档案的保管形式不同。手工处理的会计信息以纸张作为载体进行保存；在会计信息系统中，会计档案的保存方式变为以磁介质为主、纸介质为辅，不仅要建立纸介质会计档案的管理制度，还要建立健全严格的数据备份、数据恢复等与磁存储介质相关的数据安全制度，使会计资料保存的环境在温度、湿度等方面符合磁介质的要求。

⑧ 系统运行环境要求不同。会计信息系统所使用的计算机、打印机、通信设备等精密设备，要求防震、防磁、防尘、防潮，以保证系统运行所需的硬件设备能正常运转。

综上所述，会计信息处理方式的改变，引起了会计信息处理的革命性变革，这一变革使得系统功能更为强大，系统结构更加合理，系统管理更为完善。

1.1.2 会计信息化的发展历程及发展趋势

会计信息化是一个动态演变的过程，是信息从人工处理到计算机辅助处理再到智能化处理的发展过程。它不仅仅涉及技术层面，更与基础理论、会计实务、会计教育和信息系统建设密切相关。

1. 国外会计信息化的发展

国外的会计信息化起步于20世纪50年代第二代电子计算机时期。1954年美国通用电气公司第一次利用计算机计算职工工资，开创了电子数据处理会计的新起点。这个时期计算机在会计领域的应用主要是核算业务的处理，主要目的是用计算机代替手工操作，减轻日常烦琐的手工登记与计算劳动，减少差错，提高会计工作效率。

从20世纪50年代到60年代，会计电算化发展到了建立会计信息系统阶段。在会计处理中，人们开始利用计算机对会计数据从单项处理向综合数据处理转变，除了完成基本账务处理外，还带有一定的管理和分析功能，为经济分析、经济决策提供会计信息。

到了20世纪70年代，计算机技术迅猛发展，随着计算机网络技术的出现和数据库系统的广泛应用，形成了网络化的计算机会计信息系统。计算机的全面使用使各个功能系统可以共享存储在计算机上的整个企业生产经营成果数据库，从而极大地提高了工作效率和管理水平。

20世纪80年代和90年代，微电子技术蓬勃发展，微型计算机大批涌现，使会计信息系统得到迅速发展，特别是微型机通过通信电路形成计算机网络，提高了计算和处理数据的能力，微型机开始走入中小企业的会计业务处理领域，并迅速得到普及，财会人员不再视计算机为高深莫测的计算工具。时至今日，美国、日本、德国等发达国家的会计信息系统已经发展到较为完善的程度。国际会计师联合会（IFAC）于1987年在日本东京召开了第十三届世界会计师大会，中心议题就是"会计师在信息化环境下的作用"。目前发达国家的会计信息化已经相当普及，多数企业不同程度地在会计工作中应用了计算机。

2. 我国会计信息化的发展

我国的会计信息化工作始于20世纪80年代初，与发达国家相比，起步较晚，但发展很快，至今已经历了3个发展阶段：缓慢进展阶段、自发发展阶段和稳步发展阶段。

（1）缓慢进展阶段（1979—1983年）

缓慢进展阶段始于20世纪70年代少数企业单项会计业务的信息化。首次将计算机技术应用于会计数据处理是在1979年，长春第一汽车制造厂进行大规模信息系统的设计与实施，标志着我国会计信息化的开端。1981年8月在中国财政部、机械工业部和中国会计学会的支持下，在长春第一汽车制造厂召开了"财务、会计、成本应用电子计算机问题讨论会"，在这次会议上提出了"会计电算化"的概念。这一阶段主要是单项会计业务的电算化，最为普遍的是工资核算的电算化。

（2）自发发展阶段（1983—1989年）

经历了缓慢进展阶段之后，许多管理者，尤其是有些行业主管部门的管理者认识到了计算机在会计业务上应用的好处，它不仅可以减轻财会人员处理繁重数据的劳动强度，而且能提高管理水平。因此一些行业的管理者开始组织本行业内的技术力量，开发出适合本行业的会计软件，并在本行业中进行推广。这一时期由于会计电算化工作在宏观上缺乏统一的规划指导与管理，没有相应的管理制度，加之我国计算机在经济管理领域的应用也同样处于发展的初级阶段，开展会计电算化的单位也没有建立相应的组织管理制度和控制措施，使得会计电算化工作和会计软件的开发，多是各单位各自为政、盲目地自行投资开发会计软件，低水平重复开发现象严重。针对这种情况，我国开始了对会计电算化实践经验的总结和理论研究工作，并开始培养既懂会计又懂计算机的复合型人才。

（3）稳步发展阶段（1989年至今）

随着我国经济体制从计划经济向市场经济体制的过渡，一些专门从事会计软件开发和销售的软件公司应运而生，涌现了一批会计信息化的先进单位，他们开发了一些质量高的专用会计软件，并在会计信息化后的组织管理上积累了一定的经验。会计软件的开发向通用化、规范化、专业化、商品化方向发展，出现了一批开发和经营商品化会计软件的专业公司，如先锋、用友、金蝶、管家婆、浪潮公司等，形成了会计软件产业，推动了会计软件在我国的广泛应用。各地财政部门、各主管部门加强了组织、指导和管理，以财政部为中心的会计信息化宏观管理体系正在逐步形成，与单位会计信息化工作开展相配套的各种组织管理制度与其他控制措施逐步建立和成熟起来。会计信息化的理论研究工作开始取得成效，会计信息化的应用在我国也得到了健康的发展。

3. 会计信息化的发展趋势

2016年7月中共中央办公厅、国务院办公厅制定发布了《国家信息化发展战略纲要》，对《2006—2020年国家信息化发展战略》进行了调整和扩充，以规范和指导未来十年国家信息化发展。作为国家信息化的重要组成部分，财政部发布的《会计改革与发展"十三五"规划纲要》提出了"十三五"时期会计信息化工作的目标任务和措施，以推动会计信息化创新，助力会计工作转型升级。会计信息化未来的发展趋势如下。

(1) 会计信息标准化

XBRL（可扩展商业报告语言）是财政部在制定会计信息化标准体系所采用的关键技术，是基于互联网、跨平台操作，专门用于财务报告编制、披露和使用的计算机语言，基本实现数据的集成与最大化利用，会计信息数出一门、资料共享，是国际上公认地将会计准则与计算机语言相结合，用于非结构化数据，尤其是财务信息交换的最新标准和技术。通过对数据统一进行特定的识别和分类，可直接被使用者或其他软件所读取并进行进一步处理，实现一次输入、多次使用。财政部已建立的会计信息化标准体系包括：①《可扩展商业报告语言（XBRL）技术规范》（GB/T 25500）系列国家标准；②《企业会计准则通用分类标准》；③会计软件数据接口标准，用于交换账簿和凭证数据。

下一步推动 XBRL 在政府监管、资本市场、企业内部的应用将是重要趋势。尤其是在企业内部应用 XBRL 技术建立内部信息数据标准，形成企业内部运营大数据，挖掘数据应用场景，从而找到企业应用 XBRL 技术的原生动力。推进企业会计准则通用分类标准实施、利用 XBRL 提升内部信息标准化、促进财务业务数据融合和互联已经写入《会计改革与发展"十三五"规划纲要》。

(2) 管理会计信息化

会计信息系统应用的普及，使得管理层获取内部数据更加方便、快捷。同时，随着计算机技术，尤其是网络技术的发展以及大数据时代的到来，企业也越来越容易获得更多的外部数据。但是，企业内部数据和可获得的外部数据在迅猛增长，内外部数据的海量化、多样化和复杂性，增加了管理会计数据处理的难度。管理层如何高效、便捷地融合各种类型的数据，如何充分利用好内外部的多种数据，并从众多数据中发现有价值的潜在信息，可能是管理会计信息化需要解决的问题。

(3) 业务系统集成化

过去，尽管财务业务一体化能够使得大部分核算自动化，但是仍然有大量的会计核算需要人工参与，尤其对于中小企业无法做到财务业务一体化，几乎所有会计核算从记账凭证到财务报告是自动化的，但从原始凭证到记账凭证还需要人工输入。企业经营数据可能需要先导出，经格式转换、分类汇总等人工处理后再导入或输入会计系统。未来企业应当促进会计信息系统与业务信息系统的一体化，当业务发生时，业务信息系统就可以将数据直接推送给会计信息系统，会计信息系统根据这些数据，按照既定规则生成记账凭证并自动记账，以减少人工操作，提高业务数据与会计数据的一致性，实现企业内部信息资源共享。这一过程就是业务直接驱动的记账。它的优势有：①提高效率；②增进会计核算的及时性；③避免人工差错；④防止舞弊；⑤提高系统间数据一致性。

(4) 操作终端移动化

从机房里使用的固定终端到个人计算机到笔记本电脑再到手机，有可能到以后智能可穿戴装备都可以使用财务软件。但是不同终端使用同一套软件，还需要从操作系统、应用软件、硬件的兼容性以及数据的安全性等方面考虑。

(5) 处理规则国际化

当前，在财务共享服务中心中处理的很多业务来自不同的国家，在处理的时候会涉及很多准则、税法、汇率方面的问题，如果不考虑国际化的因素，可能很多财务共享服务中心没有办法适应全球化需要。

（6）会计档案无纸化

无论是从环境保护还是提高会计信息化水平来看，会计档案无纸化是必然趋势。在法律、制度和法规上目前已经没有障碍了，电子发票的推广应用也在一定程度上推动会计档案无纸化的进程。但是会计档案真正在全国各行各业都全部电子化，还有很长一段路要走。电子档案无纸化不仅仅是会计信息化的问题，而且牵扯到整个社会信息化的发展水平。但是既然是必然趋势，首先在会计信息化上要做到对电子会计档案的接收、认证、处理、保存等全流程管理，减轻会计人员处理电子发票等工作的负担，将电子发票等电子原始凭证纳入到会计循环中，这也是必然要迈出的一步。

1.2 会计信息化工作的组织管理与实施

1.2.1 会计信息化工作的组织管理

会计信息化工作的组织管理包括国家的宏观管理和企事业单位计算机系统的微观管理两个方面。

1. 会计信息化工作的宏观管理制度

会计信息化工作的宏观管理指的是我国会计信息化工作的管理体制是由财政部负责管理全国的会计信息化工作，地方各级财政部门管理本地区的会计信息化工作，国务院业务主管部门按照办法的规定，依据业务分工具体负责本部门的会计信息化管理工作，中国人民解放军总后勤部财务部具体负责军队的会计信息化管理工作。各单位在遵循国家统一的会计制度和财政部门会计信息化发展规划的前提下，结合本单位具体情况，具体组织实施本单位的会计信息化工作。

财政部管理会计信息化的主要职责如下。

① 建立和完善会计信息化法规制度体系并组织实施，及时制定或修订会计基础工作规范及其他相关会计信息化管理规定。

② 制定会计信息化标准体系并组织实施，当前着重制定基于国家统一的会计准则制度的XBRL 分类标准。

③ 制定并实施会计信息化人才培养规划，特别重视复合型会计信息化人才的培养。

④ 开展会计信息化国际交流与合作，积极参与国际会计信息化技术标准与规则的制定与协调。

⑤ 其他有关会计信息化管理工作。

2. 会计信息化工作的微观管理制度

会计信息化工作的微观管理是指建立健全基层单位的会计信息化微观管理制度。微观管理制度包括会计信息化岗位责任制、会计信息化操作管理制度、计算机软硬件维护和数据管理制度、会计信息化会计档案管理制度等。

（1）建立会计信息化岗位责任制

一方面加强内部牵制，保护资金财产的安全；另一方面能够提高工作效率，充分发挥系统的运行效率。既体现会计人员的"责、权、利"相结合的原则，也要加强会计人员的业务能力和职责培训，逐步提高会计人员的综合水平。

（2）会计信息化操作管理制度

会计信息化操作管理的主要内容包括操作人员管理、操作权限管理和操作规程管理。企业会计信息的输入应由专人负责，被指派人员应保管好自己的账号与密码，严防泄露。操作人员在自身的权限范围内完成相关会计业务核算工作。会计搜集的原始凭证在输入计算机之前必须经由审核人员审核并做好审核记录。会计在计算机上编制好记账凭证时，应由审核人员上机审核并做好审核记录。会计打印出的账表由专人负责审核，定期报送财务总监审核。

（3）计算机软硬件维护和数据管理制度

系统维护人员负责系统的硬件设备和软件的维护工作，防止病毒侵害，及时排除故障，确保系统的正常运行。一般系统维护由专人负责，系统维护员可以进行软硬件的维护工作，但不得操作会计软件进行会计核算工作。

（4）会计信息化会计档案管理制度

会计档案的保存呈现磁性化、电子化和隐性化的特点，负责保管信息化会计档案的人员需定期检查，做好防火、防尘和防潮工作，防止存储介质损坏导致会计档案丢失。重要的会计档案至少准备双份。单位如在新《管理办法》施行前已利用现代信息技术手段开展会计核算和会计档案管理，其有关工作符合《工作规范》（财会〔2013〕20号）的要求，所形成的、尚未移交本单位档案机构统一保管的会计资料符合新《管理办法》第八条、第九条规定的电子会计档案归档条件的，可仅以电子形式归档保管。2014年以前形成的会计资料一律按照原《管理办法》的规定归档保管。各单位根据新《管理办法》仅以电子形式保存会计档案的，原则上应从一个完整会计年度的年初开始执行，以保证其年度会计档案保管形式的一致性。

1.2.2　会计信息化条件下会计软件的要求

1. 会计软件的基本功能

会计软件是指单位使用的，专门用于会计核算、财务管理的计算机软件、软件系统或其功能模块。会计软件具有以下功能。

① 为会计核算、财务管理直接采集数据。

② 生成会计凭证、账簿、报表等会计资料。

③ 对会计资料进行转换、输出、分析、利用。

2. 会计软件的要求

会计软件应满足《工作规范》中对会计软件的要求，具体如下。

① 会计软件应当保障企业按照国家统一会计准则制度开展会计核算，不得有违背国家统一会计准则制度的功能设计。

② 会计软件的界面应当使用中文并且提供对中文处理的支持，可以同时提供外国或少数民族文字界面对照和处理支持。

③ 会计软件应当提供符合国家统一会计准则制度的会计科目分类和编码功能。

④ 会计软件应当提供符合国家统一会计准则制度的会计凭证、账簿以及报表的显示和打印功能。

⑤ 会计软件应当提供不可逆的记账功能，确保对同类已记账凭证的连续编号，不得提供对已记账凭证的删除和插入功能，不得提供对已记账凭证日期、金额、科目和操作人员的修改功能。

⑥ 会计软件应尽可能具有集成 XBRL 的功能，便于企业生成符合国家统一标准的 XBRL 财务报告。

⑦ 会计软件应当具有符合国家统一标准的数据接口，满足外部会计监督需要。

⑧ 会计软件应当具有会计资料归档功能，提供导出会计档案的接口，在会计档案存储格式、元数据采集、真实性与完整性保障方面，符合国家有关电子文件归档与电子档案管理的要求。

⑨ 会计软件应当记录生成用户操作日志，确保日志的安全、完整，提供按操作人员、操作时间和操作内容查询日志的功能，并能以简单易懂的形式输出。

1.2.3 会计信息化工作的实施

会计信息化工作的实施是一项系统而复杂的工程，是要将理论设计转化成一个实际可操作的会计信息系统。

1. 制定会计信息化工作的总体规划

（1）制定会计信息化工作总体规划的原则

① 客观需求原则。开展会计信息化工作，应当根据发展目标和实际需要，合理确定建设内容，避免投资浪费。

② 会计基础工作原则。会计基础工作是财务工作的重心和根本，只有做好会计基础工作，才能从根本上提升会计核算质量，为企业提供真实可靠的财务分析报告。尤其是进入信息化时代后的现代企业，更应该高度重视会计基础工作管理，利用先进的科技手段，保证会计信息沟通的及时、准确，实现从会计核算向财务管理的转变。

③ 整体性原则。会计信息系统中各子系统有机地结合在一起，实现它们之间的信息传递、共享和部门内的信息集成。

④ 循序渐进、不断提高原则。处于会计核算信息化阶段的企业，应当结合自身情况，逐步实现资金管理、资产管理、预算控制、成本管理等财务管理信息化。

⑤ 领导负责原则。领导应当充分重视会计信息化工作，加强组织领导和人才培养，不断推进会计信息化在本企业的应用。

（2）会计信息化工作总体规划的主要内容

会计信息化工作总体规划的主要内容如下。

① 确立会计信息化的工作目标。

② 确定会计信息系统的总体结构。

③ 确定会计信息系统建立的途径。

④ 确定会计信息系统的硬、软件配置。

⑤ 确定会计信息化工作的步骤。

⑥ 确定会计信息系统建设工作的管理机制和组织机构。

⑦ 制定专业人员的培训与配置计划。

⑧ 确定资金的来源与预算。

2. 配置会计信息系统

（1）配备硬件系统

硬件设备主要包括数据采集设备、处理设备、存储设备、输出设备和网络通信设备。硬件设备的不同组合方式决定了会计信息系统的性能。

① 单机结构。单机结构的硬件系统包括计算机主机、外部设备和外围配套设备。其优点是投资规模小，见效快；缺点是输入速度慢，输入/输出成为数据处理的瓶颈。这种配置方式适合会计信息系统应用初期或核算简单的小型企事业单位。

② 多用户结构。其优点是分散输入/输出，解决了输入/输出"瓶颈"问题，集中处理实现数据库共享，提高了系统效率；缺点是一旦主机发生故障会造成整个系统中断工作。这种配置方式适合会计业务量大、地理分布集中的大中型企事业单位。

③ 网络结构。根据系统覆盖的地理范围，网络结构可以分为局部网络、远程网络和互联网络等结构。一个计算机网络系统的硬件包括各种服务器、工作站、通信线路和网络的各种连接设备。其特点是系统的软件、硬件和数据资源可以共享；实现分布式处理，即可以将一项复杂任务分解，在网内各个计算机上独立进行数据输入和处理，系统的功能增加，更加安全可靠。这种配置方式适合大型企事业单位。

企业应根据实际情况和财力状况，选择与本单位会计信息化工作规划相适应的计算机机种、机型和有关配套设备。对于实行垂直领导的行业、大型企业集团，应尽量做到统一，为以后实现网络化在软硬件技术支持方面打好基础。

（2）配备系统软件

系统软件主要包括操作系统和数据库管理系统。

① 操作系统。对于单机结构的会计信息系统，目前主要采用 Windows 9X/NT/XP 操作系统；对于多用户结构的会计信息系统，可采用 UNIX 或 Linux 操作系统；对于客户/服务器网络结构或浏览器/服务器网络结构的会计信息系统，可采用 Windows NT/2000/XP 等操作系统，使用 Internet Explorer 6.0 以上版本浏览器。

② 数据库管理系统。《工作规范》要求企业会计信息系统数据服务器的部署应当符合国家有关规定。数据服务器部署在境外的，应当在境内保存会计资料备份，备份频率不得低于每月一次。境内备份的会计资料应当能够在境外服务器不能正常工作时，满足企业独立开展会计工作的需要以及外部会计监督的需要。

（3）配备会计软件

① 会计软件的来源及选择。《工作规范》要求企业配备会计软件，应当根据自身技术力量及业务需求，考虑软件功能、安全性、稳定性、响应速度、可扩展性等要求，合理选择购买、定制开发、购买与开发相结合等方式。定制开发包括企业自行开发、委托外部单位开发、企业与外部单位联合开发。企业通过委托外部单位开发、购买等方式配备会计软件，应当在有关合同中约定操作培训、软件升级、故障解决等服务事项，以及软件供应商对企业信息安全的责任。

② 商品化会计软件的选择。商品化会计软件是指经过评审通过的、用于在市场销售的通用会计软件。商品化会计软件一般具有通用性、合法性和安全性等特点。选择商品化会计软件是企业实现会计信息化的一条捷径，是采用最多的一种方式。

采用商品化会计软件的优点是见效快、成本低、安全可靠、维护有保障。其缺点一是不能全部满足使用单位的各种核算与管理要求；二是对会计人员要求较高。

（4）配备会计人员

会计信息系统并不是一个完全自动化的系统，这种系统不论在开发过程还是在使用过程中，都必须有各种人员参加，他们相互配合，又发挥各自的作用。会计信息系统中的人员主要是系统的主管人员、系统开发人员、系统维护人员和系统操作人员等。他们都必须同时具备一定的计算机知识和相关的业务知识。

《工作规范》要求：企业应当指定专门机构或岗位负责会计信息化工作。未设置会计机构和配备会计人员的企业，由其委托的代理记账机构开展会计信息化工作。会计信息系统的岗位设置如下。

① 系统设计岗位。应根据会计制度和核算要求开发会计信息系统；要结合经济政策和企业微观管理的需要，不断修正和完善会计信息系统整体功能；负责指导会计人员正确地掌握和使用会计软件；及时解决会计软件在运行中所发生的技术问题，以保全本单位的经济秘密和重要会计数据。

② 系统管理岗位。应全面负责会计信息系统的正常、有效、安全运行；管理会计软件运行环境的建立及各系统初始化工作，包括系统软件、应用软件以及相对应的科目体系、凭证类型、会计核算方式等多方面的信息化建设；管理电子账套数据的备份与恢复；监督会计信息系统的日常工作；确保系统安全运行；对会计人员进行合理分工与调配。

③ 系统操作岗位。应负责会计数据的输入与输出工作，能够使用会计软件系统的部分或全部功能；根据会计信息化制度的要求，严格执行计算机硬件、软件的操作规程和防范计算机病毒的措施；对机内审核通过的数据进行日常与期末基本账务处理和辅助账务处理。

④ 数据审核岗位。应负责审核已输入的会计数据和输出的会计数据、账表的正确性，能够使用会计软件有关审核的功能；根据财经法规、会计制度和会计信息化制度的要求，严把审核关，维护财经法规和制度的严肃性，对不真实、不合法、不完整、不规范的凭证予以退还，对不符合要求的凭证和账表不予签章确认。

⑤ 系统维护岗位。应负责系统的安装与调试，解决版本升级过程中存在的问题与故障，维修与维护系统以保障各项程序正常运行，确保机内会计数据的安全与完整。

⑥ 档案管理岗位。《工作规范》要求企业应当建立电子会计资料备份管理制度，确保会计资料的安全、完整和会计信息系统的持续、稳定运行。

以上 6 个岗位，各单位不一定都一一设置，可根据具体情况进行合并从简，但至少应设置系统管理（合并系统维护、系统设计）、系统操作（合并档案管理）和数据审核 3 个岗位。

(5) 建立会计信息化内部管理制度

《工作规范》要求企业应当遵循企业内部控制规范体系要求，加强对会计信息系统规划、设计、开发、运行、维护全过程的控制，将控制过程和控制规则融入会计信息系统，实现对违反控制规则情况的自动防范和监控，提高内部控制水平。

① 岗位责任制度。岗位职责是对各岗位工作职能和权限所作的规定，一般包括两部分内容：一是所有岗位都应该遵守的一般性规定；二是每个岗位根据操作内容与操作权限而必须遵守的规定。对于系统管理员岗位职责、软件操作（输入）员岗位职责、数据审核员岗位职责、系统维护员岗位职责，都必须建立相应的岗位责任制度，做到事事有人管，人人有专职，办事有要求，工作有检查。

② 操作管理制度。操作管理制度的主要内容包括操作人员管理、操作权限管理和操作规程管理。"规程"条款包括：未经电算化培训或培训考核不合格者不能直接操作计算机软件；严格执行操作人员权限管理制度，如操作员密码可以由系统管理员或会计主管进行初始设置，但只能由操作员自己修改。

③ 硬、软件维护及数据管理制度。一般包括硬件维护、软件维护和数据维护 3 个部分的管理。

第 1 章 会计信息化概述

④ 会计档案管理制度。会计档案包括以书面形式存放的会计凭证、会计账簿和会计报表，存储在磁介质或其他介质上的会计数据，以及会计软件系统有关的文档、结构图、流程图和源程序等。《工作规范》规定企业会计资料的归档管理应遵循国家有关会计档案管理的规定。

3. 会计信息系统运行前的数据准备

① 整理已有的手工会计业务数据，保证账簿数据的正确性，这是保证会计信息质量的前提。
② 根据国家统一规定结合本单位的具体情况，建立规范的会计科目体系。
③ 规定操作过程和核算方法。

4. 会计信息系统开始运行的初期工作

（1）系统初始化
根据单位的基本情况在会计信息系统中建账、建立基础档案信息、输入期初余额等。

（2）系统试运行
为了保证会计手工处理向会计信息化处理安全平稳过渡，一般企业在初次实施会计信息化后都不会立即放弃手工核算，而是在 3 个月内手工核算和会计信息化同时进行，目的是检验使用会计信息化进行会计核算初期是否会存在问题，如果计算机与手工核算结果不一致，要查明原因，纠正错误。

（3）计算机替代手工记账
会计信息化处理与会计手工处理并行 3 个月后，两者会计核算一致的情况下可以完全甩掉手工记账。

1.3 会计信息系统的内部控制与计算机审计

随着信息技术的快速发展，会计信息系统也实现了进一步向深层次发展，企业内部控制环境发生了质的变化。尽管信息技术的发展并未改变企业内部控制的目标，但是企业内部所发生的变革，对传统的内部控制观点、控制方法和程序造成很大冲击，使传统的内部控制体系面临着新的挑战。为了保证企业会计信息的真实、正确、安全、完整，迫切需要建立和完善会计信息化环境下的内部控制制度，以及加强计算机审计工作，以提高企业会计信息质量，保证资产安全，保障制度执行的有效性。

1.3.1 会计信息系统的内部控制

1. 内部控制的含义

内部控制是指企业、事业单位以及其他组织为了保证业务活动的有效运行，保护资产的完整性，防止、发现、纠正错误与舞弊，确保会计记录的真实、合法、完整而制定和实施的制度与程序。

会计信息系统内部控制是指为了确保会计信息系统的安全、准确、可靠，提高会计信息系统的运行效率，保证会计信息的真实可靠，利用各种技术和手段对会计信息系统进行实施管理和控制的过程。

企业应当遵循企业内部控制规范体系要求，加强对会计信息系统规划、设计、开发、运行、维护全过程的控制，将控制过程和控制规则融入会计信息系统，实现对违反控制规则情况的自动防范和监控，提高内部控制水平。

2. 会计信息系统内部控制的特点

① 系统开发阶段的控制是其他控制是否发挥作用的前提。
② 控制的重点从传统的会计部门转移到电子数据处理部门。
③ 部分内部控制程序化、自动化。
④ 控制的要求更严格，内容更广。

3. 会计信息系统内部控制的分类

依据控制实施的范围和环境，可将会计信息系统内部控制分为一般控制和应用控制。一般控制是应用控制的基础，应用控制的有效性取决于一般控制的有效性。

（1）一般控制

一般控制有时也称管理控制，即一般计算机信息系统控制，是对会计信息系统的组织、开发、应用环境等方面进行的控制。其主要内容有：组织与管理控制、应用系统开发与维护控制、计算机操作控制、硬件和软件控制、系统安全控制和系统文档控制。

① 组织与管理控制。其基本要求是权责的划分和职能的分离，包括会计信息化部门与用户部门的职责分离，会计信息化部门内部的职责分离、人事控制、业务授权。

② 应用系统开发与维护控制。这是为保证会计信息系统开发过程中各项活动的合法性和有效性而设计的控制。

③ 计算机操作控制。这是用于控制系统的操作，其目的是通过标准的计算机操作来保证信息处理的高质量、减少差错的发生和未经批准而使用数据和程序的机会，包括操作计划、机房守则、操作规程、上机日志记录。

④ 硬件和软件控制。这是通过硬件、软件控制来尽可能发现错误。

⑤ 系统安全控制。这是指防止影响系统安全的因素危及系统的安全，发现系统中的安全问题，并解决这些问题使系统恢复正常的措施，包括硬件安全控制、程序与数据的安全控制、环境安全控制、防病毒软件等。

⑥ 档案资料控制。其要求建立文档管理制度及安全保密制度，确保纸质资料、与软硬件有关的资料和磁介质资料的安全与完整。

（2）应用控制

应用控制有时也称业务处理控制，是指会计信息系统应用方面的控制。其主要内容有会计数据的输入控制、处理与存储控制和输出控制。

① 输入控制。输入控制用于确保：第一，经济业务在计算机处理之前经过适当的批准；第二，经济业务被准确地转换为机器可读形式并记录于计算机数据文件；第三，经济业务没有丢失或不适当地增加、复制、改动；第四，拒绝、改正不适当的经济业务，必要时及时重新补救。具体包括数据采集控制和数据输入控制两个方面。

- 数据采集控制：包括用户部门内部的职责分离、标准化的凭证格式、制定凭证编制程序、凭证审核、手续控制、凭证更正规程、批量控制等。
- 数据输入控制：由于计算机处理数据的能力很强，处理速度非常快，一旦出错，影响极大，因此企业应该建立起一整套内部控制制度以便对输入的数据进行严格的控制，保证数据输入的合法性、完整性、准确性。

② 处理与存储控制。处理与存储控制用于确保：第一，经济业务（包括系统生成的）由计算机正确地处理；第二，经济业务没有丢失或不适当地增加、复制、改动；第三，计算机处理的错误被及时地鉴别并改正。具体包括业务时序控制、数据有效性检验和程序化处理有效性检验。

- 业务时序控制：会计业务数据处理有一定的时序性，检查每一项业务的处理次序。
- 数据有效性检验：包括文件标签校验、业务编码校验、顺序校验。
- 程序化处理有效性检验：包括计算正确性测试、勾稽关系检查、数据合理性检验、交叉汇总检查、错误更正控制、数据点技术。总账系统中可采用的控制方法有余额合理性检查、试算平衡检查、总账和明细账核对检查。

③ 输出控制。输出控制用于确保：第一，计算机处理的输出结果准确无误；第二，输出结果仅限于经过批准的人员；第三，输出及时地提供给适当的经过批准的人员。

输出主要有屏幕输出、打印输出、存入磁介质、网络传输等方式。主要的输出控制措施有：输出授权控制；输入过程的控制总数与输出得到的控制总数相核对；审校输出结果，检查正确性、完整性；将正常业务报告与异常报告中有关数据进行分析对比；设置输出报告改送登记簿，记录报告填送份数、时间、接受人等事项；制定输出错误纠正和对重要数据进行处理的规定。

4. 会计信息化对内部控制的影响

（1）操作员身份的识别难度增大

在手工会计系统中，一项经济业务从发生到形成相对应的会计信息，所经历的每个环节都要求具有相应管理权限的人员签字或盖章，从而有效地防止了伪造、篡改会计数据等作弊行为。会计实现信息化后，原来人与人间的联系部分转为人与计算机系统间的联系，增大了身份识别与权限控制的难度。原先的签名或盖章转换为授权文件和口令，口令存放于计算机系统内而不像印章那样由专人保管，一旦口令被人窃取或破译，便会带来巨大隐患，有可能造成企业机密泄露和会计数据的丢失。此外，会计人员还可能利用特殊的授权或口令，获得某种权力进行非正常的业务处理。例如，会计人员被客户收买，窃取口令，非法核销客户的应收款及相关资料，给企业带来巨大损失。

（2）内部稽核的削弱

在会计信息化下，会计信息系统无纸化操作减少了数据的重复输入、重复处理，使得会计处理简捷化、程序化。在手工处理下，各环节环环紧扣、多重复核的会计核算程序尽管效率不高，但可有效遏止会计差错的发生；会计信息化下的大部分数据处理由计算机集中、自动完成，审查与复核的控制趋于减少，一个错误很可能就会导致整个系统数据失真。

（3）磁介质的保密性差

在手工处理下，经济业务均记录在纸张上，所有的数据都以纸张为载体，纸质原件的数据若被修改，很容易辨认出修改线索和痕迹，从而使非法修改在一定程度上可被挽救；但会计信息化下，以磁介质作为信息载体，存储在计算机磁盘上的数据容易被修改，甚至能不留痕迹地修改。另外在会计信息化下，对会计信息档案的复制窃取变得更加容易且不易被发现，同时，大部分会计软件都没有对存储在数据库中的数据进行加密，简单的复制数据库文件即可很轻易地获得会计信息化档案资料。

（4）系统的安全稳定性差

现代计算机技术的快速发展，导致计算机病毒日益猖獗。会计信息化档案是以文件形式存储在计算机上的，当前的计算机病毒不仅可以破坏数据和网络通信功能，而且可以从被感染的计算机中获取系统控制权，直接将档案文件通过网络发送给病毒的支配者或监控计算机的硬件设备。不仅如此，随着计算机硬件和网络的发展，计算机病毒感染率正在日益提高，感染途径也从以前的存储介质传播发展到现在的网络传播，同时，大量专用病毒和间谍软件的出现对会计信息化数据的安全造成很大的威胁。

1.3.2 会计信息系统的计算机审计

1. 计算机审计的含义

计算机审计是指以计算机信息系统为审计对象，以计算机技术为手段，采用信息化的方法、技术和程序来执行经济监督、鉴证和评价职能的审计方式。从广义上来看，计算机审计是在信息技术环境下发展的审计技术方法的总称；从狭义上来看，计算机审计可以包括对计算机产生的电子数据的审计以及对信息系统本身的审计。

2. 会计信息系统审计的主要特点

（1）审计范围的广泛性

计算机审计不仅要对会计数据的输入、存储和处理、输出全过程进行审计，还要对计算机的硬件系统及软件系统的开发和运行进行审计。

（2）审计对象的多样性

计算机审计除了对打印输出资料、磁介质和其他介质资料进行审计外，还要对系统软件、应用程序和机内数据文件进行审计。

（3）审计线索的隐蔽性

在会计信息系统中，由于数据存储介质的磁性化和数据处理过程的自动化，业务数据进入计算机系统之后，由计算机按程序自动生成会计报表，即使有篡改也不会留有痕迹，比起手工系统，会计信息系统中的审计线索更隐蔽，更容易引发经济犯罪。

（4）审计系统的可靠性

从审计目标上看，计算机审计与传统审计基本一致，但是计算机审计更重视系统的可靠性，这是由会计信息系统本身的特点所决定的。

（5）审计工作的系统性、复杂性

会计信息系统的审计对象、目标、内容的特点，决定了审计工作的系统性和复杂性。

（6）审计手段的技术性

由于会计信息系统审计的内容扩大到系统程序、系统的设计与开发、数据文件与内部控制等方面，迫使审计人员在采用传统各种审计技术的同时，还要采用计算机辅助审计技术。

3. 会计信息化对审计的影响

会计数据处理的电子化、信息化对审计工作产生了以下几个方面的影响。

（1）对审计线索的影响

审计线索对于审计而言尤为重要，在传统的手工会计环境下，审计线索非常清楚，从取得原始凭证到编制记账凭证，由登记账簿到财务报表的编制，整个会计处理过程由不同职责分工的人员来共同完成，每一步都有文字记录和经手人签字，这些书面资料为审计提供了清晰的线索。而在会计信息系统中，账务处理全部由计算机系统依照一定的程序指令完成，手工环境下的审计线索基本上中断、消失了。传统的查账方法对会计信息化的会计个体已不完全适用。为此，在会计信息系统的设计和开发时必须注意要留下充分的审计线索，使审计人员能顺利完成审计任务。

（2）对审计技术的影响

在手工会计处理的条件下，审计可根据具体情况进行顺查、逆查或抽查。审查一般采用审阅、核对、分析、比较、调查和证实等方法。所有审查工作都是由人工完成的。在会计信息化条件下，会计的特点决定了审计技术的改变。对会计信息系统的审计，审计的内容扩大到会计信息系统程序、系统的设计与开发、数据文件等方面，迫使审计人员在采用各种传统审计技术的同时，还要采用计算机辅助审计技术，用日益先进的计算机审计软件去对付单机、网络、多用户等各种工作平台下的会计软件。

（3）对审计风险的影响

在会计信息化环境下，传统的会计岗位职责被打破，内部控制制度发生了变化，安全已不是企业内部所能完全控制的了。以数据库为基础的实时审计发展使审计风险中包含的固有风险、控制风险、检查风险日益复杂化。由于会计数据处理的信息化，在计算机辅助系统的控制下，固有风险基本得到控制，但是由于网络会计模式的开放性和会计信息资源的共享性，会计资料被非法修改和窃取的可能性增加了，会计信息被他人非法复制和篡改、会计数据在传输过程中被竞争对手截取和恶意修改等使得会计数据的安全、完整性控制难以保证；同时，计算机病毒和网络黑客也在危害着会计信息的安全。因此，控制风险更难确定。在会计信息化条件下，会计资料是存储在磁介质上的，修改起来不留痕迹，因此舞弊行为较难发现，从而增加了审计人员的检查风险。

（4）对审计标准和准则的影响

各国的审计界在以往的审计工作中已经建立了一系列的审计标准和准则，如审计人员标准、现场作业标准、审计报告标准、职业道德规范等。由于会计信息化的新特点，需要针对新的特点制定相应新的工作标准，这些新的工作标准，也构成了会计信息系统条件下新的审计依据。面对日益发展的会计信息系统，应加快制定针对电子数据处理环境下的审计标准和准则，包括系统设计、开发、运行等标准以及相适应的内部控制制度，以规范会计信息化审计，维护审计的独立性、客观性和公正性。

（5）对审计内容的影响

在手工条件下，审计内容主要是对人的审查，采用的方法主要是对纸面信息进行核对和检查，责任容易确定，结果也较直观。在计算机审计的条件下，审计人员应该从查核财务会计报表及账簿记录的真实性和正确性的基础上，把重点放到被审计单位所用的会计信息系统内部控制上。

（6）对审计人员的影响

在会计信息化环境下，由于审计线索的改变，为了能更好地实现审计监督的职能，对审计人员提出了更高的要求，要求审计人员不仅要有丰富的会计、审计等方面的知识和技能，还应掌握一定的计算机、网络、信息技术等方面的知识和技能。各内部机构应加强计算机审计人员的培养，培养出具有灵活性、创造性的"复合型"人才，以解决信息化背景下实施计算机审计的瓶颈。

4. 会计信息系统审计的主要内容

（1）对会计信息系统组织与管理制度的审计

对会计信息系统的组织与管理制度进行审计的目的：一是在内部控制系统进行审计的基础

上，对会计信息系统的处理结果进行审计；二是加强内部控制，完善内部控制制度。

（2）对会计信息系统开发的审计

对系统开发的审计是指对会计信息系统开发过程进行的审计，它是一种事前审计。系统开发审计一方面检查开发活动是否受到恰当的控制，系统开发的方法、程序是否科学、先进和合理；另一方面还要检查系统提供的输出资料是否符合规范。

（3）对会计信息系统的计算机程序审计

对计算机程序的审计是会计信息系统审计的重要内容，也是审计中比较困难、复杂的任务。对计算机程序的审计，可以对计算机程序直接进行审查，也可以通过数据进行间接测试。

（4）对会计信息系统的数据文件审计

对数据文件的审计，可以将数据文件打印出来检查，也可以在计算机内直接进行审查。数据文件审计有两个目的：一是对数据文件进行实质性测试；二是通过数据文件的审计测试一般控制措施或应用控制措施的符合性。

5. 会计信息系统审计的基本步骤

会计信息系统审计工作一般要经过以下3个主要阶段。

（1）准备阶段

依据审计目标对被审计单位会计信息系统进行初步审查和评价，组织审计小组成员，发出审计业务约定书，编制审计计划等。

（2）实施阶段

对被审计单位会计信息系统的内部控制的建立和执行情况进行详细审核和评估并进行符合性测试，对系统处理功能及结果进行实质性测试。

（3）终结阶段

对获取到的审计证据资料进行整理和评价，编制审计工作底稿，据此出具审计报告。

6. 会计信息系统审计的基本方法

会计信息系统审计方法的采用主要取决于审计内容，对不同的审计内容可采用不同的方法。根据审计的内容，相应的审计方法主要有以下几种。

（1）绕过计算机审计

绕过计算机，就是将会计信息系统看作是一个存储和处理数据的机器，审计时审计人员不考虑这个机器内的程序和文件，而是把全部会计凭证、账簿和报表打印出来，通过对输入数据和输出数据的审查、分析和比较，实现对系统审计。

（2）穿过计算机审计

穿过计算机的审计，就是指直接对会计信息系统输入、输出数据和计算机内的程序和文件进行检查与评价的审计方法。

（3）利用计算机审计

利用计算机审计又称计算机辅助审计，是指采用计算机技术和审计软件对会计信息系统直接阅读、选择和复核处于机器可读状态的各种数据，以完成审计任务的一种方法。

第 2 章 系统服务和基础信息设置

学习要求
1. 熟悉安装和卸载会计软件的方法。
2. 掌握系统管理中操作员及权限设置、账套建立和修改方法。
3. 掌握建立账套和基础信息设置的操作方法。

用友 T6–企业管理软件（以下简称 T6）以"开源节流，健康成长"为核心理念，以快速实施为特点，为中小型企业提供了一套适应中国企业特色的，成熟、高效、低成本的管理解决方案。它包含财务会计、供应链、生产制造三大部分，能覆盖中小型企业最核心的业务，实现财务业务一体化，从而解决了企业各部门数据分散、信息不集成的问题。

T6 由总账系统、应收款管理系统、应付款管理系统、工资管理系统、固定资产管理系统、UFO 报表系统、财务分析系统、供应链管理系统等多个子系统组成。系统管理也是其中的一个子系统，它对其他各子系统进行统一的操作管理和数据维护。客户可以根据实际工作需要选择使用不同的模块。本章着重介绍系统安装和基础信息设置的方法和操作步骤，以及系统管理的作用、工作原理和基本使用方法。

2.1 系统管理

2.1.1 系统管理模块的总体介绍

T6 是由多个模块组成的，各个模块之间相互联系，数据共享，完整地实现了财务业务一体化的管理。它对企业的资金流、物流、信息流的三流统一管理和实时反映提供了有效的方法和工具。对于多个模块的操作，系统需要有账套的建立、修改、删除和备份，操作员的建立、角色的划分和权限的分配等功能，这就需要一个平台来进行集中管理。系统管理模块就是提供这样一个操作平台。其优点就是对于企业的信息化管理人员可以进行方便的管理、及时的监控，随时掌握企业的信息系统状态。系统管理模块的使用对象为企业的信息管理人员（系统管理软件中的操作员 admin）或账套主管。

1. 账套管理

账套指的是一组相互关联的数据。账套管理包括账套的建立、修改、引入和输出等。

2. 年度账管理

对不同核算单位、不同时期的数据需要设置相应的系统路径。年度账管理包括年度账的建立、清空、引入、输出和结转上年数据。

3. 操作员及其权限管理

操作权限的集中管理包括系统各模块的操作员的增加、修改、删除和为操作员分配一定的权限,以及保证系统及数据的安全与保密。

在使用会计软件前,要完成必要的准备工作。开设新账套后,要进行必要的基础设置工作。

2.1.2 系统管理模块的基本操作流程

1. 新用户操作流程

新用户的操作流程如图 2.1 所示。

2. 老用户操作流程

如果用户已经使用了本系统,并且需要进行年末结转,以便进入下一年度的处理,则操作流程如图 2.2 所示。

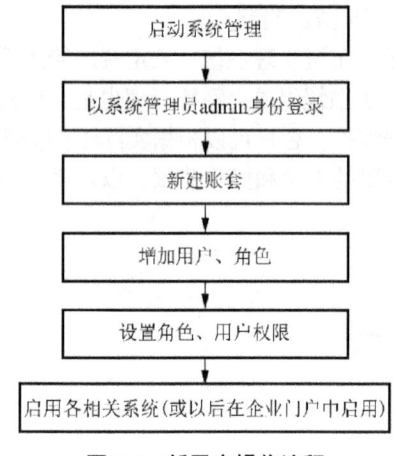

图 2.1 新用户操作流程

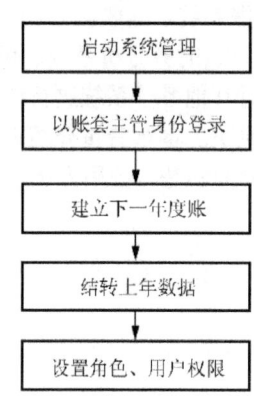

图 2.2 老用户操作流程

2.1.3 系统管理模块初始化案例资料

为了让读者更好地理解会计软件系统的功能,在阐述各功能时本书采用会计案例的形式来介绍。本书设计了海南佳旭有限公司的基本情况,以其 2017 年 1 月份的业务为例,来介绍总账账务处理过程。这个企业的数据资料如下。

第 2 章 系统服务和基础信息设置

1. 账套相关信息

（1）账套信息

账套号：112。账套名称：海南佳旭有限公司。账套路径：（默认）。启用会计期：2017 年 1 月。

（2）单位信息

单位名称：海南佳旭有限公司。单位简称：佳旭公司。地址：海口市玉沙路 121 号。邮政编码：570223。联系电话及传真：089866963026。纳税人登记号：460100222698786。电子邮件：HNJX@sina.com。

（3）核算类型

记账本位币：人民币（RMB）。企业类型：工业。行业性质：2007 年新会计制度科目。账套主管：黄俊芳。是否按行业性质预置科目：是。

（4）基础信息

客户是否分类：否。供应商是否分类：是。存货是否分类：是。有无外币核算：有。

（5）编码方案

科目编码级次：42222。供应商分类编码级次：23。其他项目编码级次采用默认值。

（6）数据精度

数据精度：2 位。

（7）系统启用

启用总账系统、工资管理系统、固定资产管理系统、应收款管理系统和应付款管理系统（暂时不启用采购管理、销售管理、委外管理、库存管理和存货核算系统）。

2. 操作员信息

编 号	姓 名	口 令	编 号	姓 名	口 令	编 号	姓 名	口 令
001	黄俊芳	1	003	邓日全	3	005	谢佳武	5
002	袁海波	2	004	刘敏业	4	006	李先进	6

3. 权限分配

① 黄俊芳——账套主管，具有系统所有模块的全部权限。

② 袁海波——会计具有总账（除审核凭证、出纳管理签字和出纳权限外）、UFO 报表、应收、应付、工资管理、固定资产管理模块的全部操作权限。

③ 邓日全——出纳，具有出纳签字和出纳管理权限。

4. 基础档案

（1）部门档案

部门编码	部门名称	部门编码	部门名称	部门编码	部门名称
1	管理部	3	采购部	5	生产部
2	财务部	4	销售部	6	仓储部

（2）职员档案

职员编号	职员名称	所属部门	职员编号	职员名称	所属部门
101	王亮	管理部	402	王芳	销售部
201	邓日全	财务部	403	孙健民	销售部
202	袁海波	财务部	501	朱莉	生产部
203	黄俊芳	财务部	502	陈强	生产部
301	刘敏业	采购部	601	李先进	仓储部
401	谢佳武	销售部			

（3）供应商分类及档案

① 供应商分类。

分类编码	分类名称
01	省内
02	省外

② 供应商档案。

供应商编码	供应商名称	供应商简称	地址	邮编	开户银行	银行账号	税号	所属分类	发展日期
001	海南柳道有限公司	海南柳道	海口市国贸区68号	570227	建行海口国兴支行	4600100212300763376	460123256854126	01	2016/1/1
002	深圳天祥制品有限公司	深圳天祥	深圳市新华区南京路4号	500055	工行深圳新华区支行	4000305107200156716	420122651000232	02	2016/1/1
003	湖南永和电脑公司	湖南永和	湖南长沙市五一路88号	410000	长沙市农行五一支行	340906210103010256	430102342515398	02	2016/1/1

（4）客户档案

客户编码	客户名称	客户简称	地址	邮编	开户银行	银行账号	税号	发展日期
001	海南盘起工业有限公司	盘起公司	海南海甸岛人民大道168号	570228	建行海口海甸支行	46001002123657632639	460136254855142	2016/1/1
002	上海佑通设备有限公司	佑通公司	上海市和平区胜利路2号	200022	建行上海分行	31001523102159032126	310113369544232	2016/1/1
003	深圳LG电子有限公司	LG公司	深圳市沙河东路19号	518000	工行深圳分行	4000305013698470112	420121052684501	2016/1/1

（5）存货分类

存货类别编码	存货类别名称	存货类别编码	存货类别名称	存货类别编码	存货类别名称
01	原材料	02	产成品	03	周转材料

（6）计量单位分组

计量单位分组编码	计量单位分组名称	计量单位分组类别
01	无换算组	无换算
02	固定换算组	固定换算

（7）计量单位

单位编码	单位名称	单位组编码	主计量单位编码	固定换算率
01	千克	01		
02	件	01		
03	个	01		
04	台	01		
05	台	02	是	
0501	盒	02	否	10
0502	箱	02	否	100

（8）存货档案

存货编码	存货名称	存货分类	计量单位组	计量编码	存货属性	参考成本/元	参考售价/元	启用日期
01	双组份底漆	01	01	千克	外购、生产耗用	250		2016/1/1
02	清漆固化剂	01	01	千克	外购、生产耗用	150		2016/1/1
03	卡西米模具	02	02	台	自制、销售	2 500	5 000	2016/1/1
04	LG 模具	02	02	台	自制、销售	1 500	2 500	2016/1/1

（9）结算方式

结算方式编码	结算方式名称	是否票据管理	结算方式编码	结算方式名称	是否票据管理
1	现金	否	302	银行承兑汇票	否
2	支票	是	4	银行汇票	否
201	现金支票	是	5	汇兑	否
202	转账支票	是	501	信汇	否
3	商业汇票	否	502	电汇	否
301	商业承兑汇票	否			

（10）付款条件

付款条件编码：01。付款条件：2/10，1/20，n/30。

（11）开户银行

开户银行编码：01。开户银行名称：工商银行琼山支行。账号（人民币户）：2201829501032651101。

2.1.4 启用系统管理模块

1．启动和注册系统管理模块

（1）启动系统管理模块

 具体操作

选择"开始"|"程序"|"用友 T6 – 企业管理软件"|"系统服务"|"系统管理"命令，打开"用友 T6 – 企业管理软件〖系统管理〗"窗口，即启动系统管理模块，如图2.3所示。

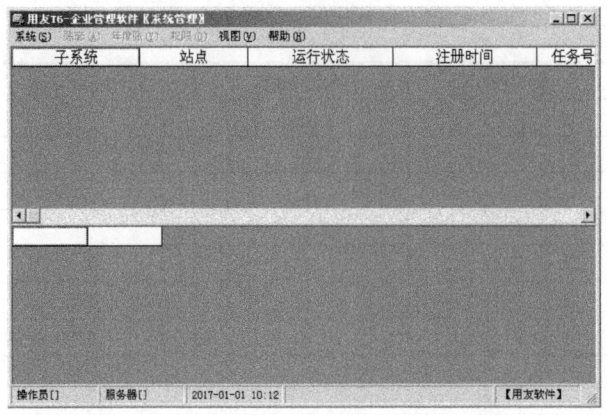

图 2.3 "用友 T6－企业管理软件〖系统管理〗"窗口

（2）注册系统管理模块

T6 允许注册系统管理模块的身份有系统管理员（admin）和账套主管。以这两种身份登录后的操作是有严格区别的。其中，以系统管理员（admin）身份登录系统管理模块后，可以负责系统总体控制，增加和修改管理员密码，建立、引入和输出账套，管理系统中所有的账套等；以账套主管的身份登录系统管理模块后，可以修改所管辖的账套、建立年度账、清空年度数据、引入输出年度账等。注意，在建立账套前，只能由系统设置的系统管理员（admin）进行登录。

具体操作

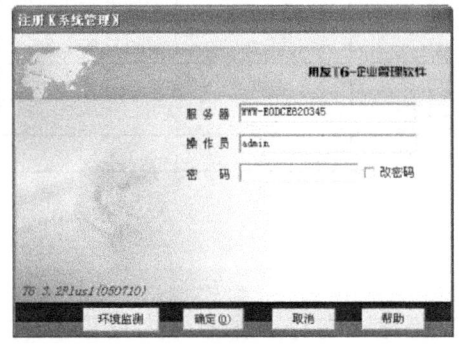

图 2.4 "注册〖系统管理〗"对话框

1）在系统管理窗口中，选择"系统"|"注册"命令，打开"注册〖系统管理〗"对话框，如图 2.4 所示。

2）在"注册〖系统管理〗"对话框中，一般采用默认的服务器，操作员是 admin，在"密码"文本框中输入正确的密码。第一次以 admin 身份注册系统管理模块时，密码一般为空。如果要修改密码，则应选中"改密码"复选框，然后单击"确定"按钮，在提示对话框中输入并确定新密码，最后单击"确定"按钮即可。

2．用户管理

为了保证系统与数据的安全和保密，本系统提供了操作员设置功能，能够设置操作分工权限。此处的用户管理是对具体账套的用户管理，即对用户使用某一个具体账套的权限进行控制，它能控制哪些用户可以登录到指定的账套中，对账套中的哪些子系统或哪些模块有使用或管理的权限等。

（1）增加用户

具体操作

在系统管理窗口中，选择"权限"|"用户"命令，打开"用户管理"窗口。单击工具栏中的"增加"按钮，打开"增加用户"对话框，如图 2.5 所示。

① 编号：用来标识注册操作员的代码，最多不能超过 10 位数字。用户必须输入，并且唯一。

② 姓名：操作员的全名。用户必须输入。并且唯一。

③ 口令：该操作员进行系统登录时的密码。

④ 所属部门：该操作员所在的部门或科室。

⑤ Email 地址：该操作员的电子邮箱地址。可以为空。

⑥ 手机号：该操作员的手机号码。可以为空。

例如，增加海南佳旭有限公司的 6 个用户：黄俊芳、袁海波、邓日全、刘敏业、李先进和谢佳武。首先增加用户黄俊芳，则"编号"输入 001，"姓名"输入"黄俊芳"，"口令"输入 1，"所属部门"输入"财务部"。然后单击"增加"按钮，继续增加其他用户。

（2）修改用户

增加用户以后，可以通过修改功能，查看某个用户的相关信息，也可以修改用户信息。具体操作是在"用户管理"窗口中选择某个要修改的用户，然后单击"修改"按钮，或者直接双击某个要修改的用户，即可打开"修改用户信息"对话框进行查询或修改相关信息，修改完毕，单击"修改"按钮，则修改的信息即被保存。

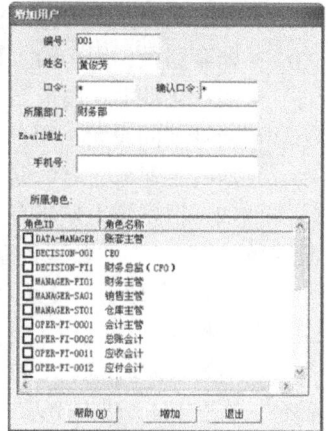

图 2.5 "增加用户"对话框

提示：人员编号唯一。人员编号一旦保存就不能修改。

（3）删除和注销操作员

如果用户信息已经不再使用了，还没有启用之前可使用删除功能将该用户删除。具体操作是在"用户管理"窗口选择需要删除的用户，然后单击"删除"按钮即可。已启用的操作员不能从系统中删除，如果不想使用该操作员，可以在系统中进行注销操作。其具体操作是选择需要注销的用户，然后单击"修改"按钮，或者是双击该用户，打开"用户修改"对话框后，单击"注销当前用户"按钮，则该按钮自动变成"启用当前用户"按钮，最后单击"修改"按钮，则选择的用户即被注销。

3. 账套管理

账套是指一组相互关联的账务数据。一般来说，可以为企业中每一个独立核算的单位建立一个账套。系统最多可以建立 999 套账。账套管理包括账套的建立、修改、删除、自动备份等。

（1）账套的建立

① 输入账套信息。

以系统管理员（admin）的身份进入系统管理窗口后，选择"账套"|"建立"命令，打开"账套信息"对话框，如图 2.6 所示。

- 已存账套：为了避免账套重复，系统将系统内已有的账套以下拉列表框的形式列在此处。用户在建立新账套时可以参考。
- 账套号：用来输入新建账套的编号。用户必须输入并且唯一，不能和已存账套的编号重复。

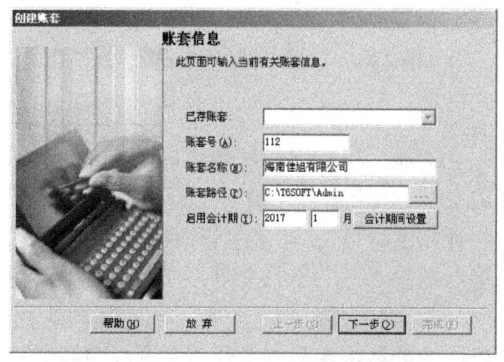

图 2.6 "账套信息"对话框

- 账套名称：用来输入新建账套的名称。用户必须输入。
- 账套路径：用来输入新建账套所要被放置的路径。用户必须输入，可以参照输入。
- 启用会计期：用来输入新建账套将被启用的时间，具体到"月"。用户必须输入。
- 会计期间设置：用户在输入启用会计期后，单击"会计期间设置"按钮，打开"会计日历——建账"对话框，从中可以选择启用年度和月份。

例如，根据海南佳旭有限公司的账套信息，在"账套信息"对话框中，在"账套号"文本框中输入112，在"账套名称"文本框中输入"海南佳旭有限公司"，"账套路径"一般采用默认设置，"启用会计期"设置为"2017年1月"。输入完毕后单击"下一步"按钮，打开"单位信息"对话框。

② 输入单位信息。"单位信息"对话框用于记录本单位的基本信息，包括单位名称、单位简称、单位地址、法人代表、邮政编码、联系电话、传真、电子邮件、税号和备注，如图2.7所示。

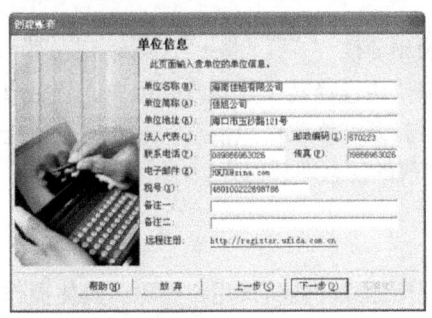

图2.7 "单位信息"对话框

此处，单位名称和单位简称必须输入，其他均可不输入。单位名称（即企业全称）只在打印发票时使用，其他情况下用单位简称。

例如，根据海南佳旭有限公司的账套信息，在"单位信息"对话框中，"单位名称"输入"海南佳旭有限公司"，"单位简称"输入"佳旭公司"，"单位地址"输入"海口市玉沙路121号"，"邮政编码"输入570223，"联系电话"输入089866963026，"传真"输入089866963026，"税号"输入460100222698786等，相关信息输入完毕后，单击"下一步"按钮，打开"核算类型"对话框。

③ 输入核算类型。"核算类型"对话框用于记录本单位的基本核算信息，如图2.8所示。

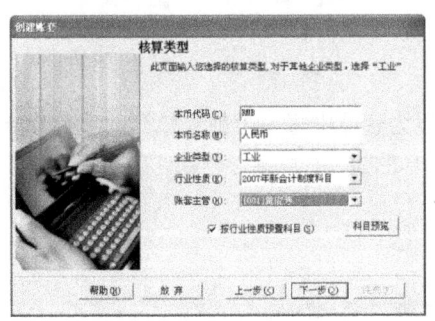

图2.8 "核算类型"对话框

- 本币代码：用来输入新建账套所用的本位币的代码，如人民币的代码为RMB。
- 本币名称：用来输入新建账套所用的本位币的名称。T6一般已设置本币名称为人民币。
- 账套主管：用来输入新建账套账套主管的姓名。可以从下拉列表框中选择输入，也可以在建立账套后通过"用户管理"窗口设置账套主管的权限。
- 按行业性质预置科目：如果希望预置所属行业的标准一级科目，则选中该复选框，否则可以不进行设置。单击"科目预览"按钮，打开"科目参照"对话框，从中可以浏览预设的会计科目。

例如，根据海南佳旭有限公司的账套信息，在"核算类型"对话框中，"本币代码"输入RMB，"本币名称"输入"人民币"，"企业类型"选择"工业"，"行业性质"选择"2007年新会计制度科目"，账套主管选择"[001]黄俊芳"，选中"按行业性质预置科目"复选框。输入完毕后单击"下一步"按钮，打开"基础信息"对话框。

④ 确定基础信息分类。确定基础信息分类指确定单位的相关分类信息，包括存货、客户、供应商分类核算和有无外币核算。"基础信息"对话框如图2.9所示。

- 存货、客户、供应商是否分类：如果用户单位的存货、客户和供应商较多，且类别繁多，可以选中相应的复选框，表明用户要对存货、客户和供应商进行分类管理；如果用户单位的存货、客户和供应商较少，且类别单一，用户也可以选择不进行存货、客户和供应商分类。但是如果用户选择了存货、客户和供应商要分类，那么在进行基础信息设置时，必须先设置存货、客户和供应商分类，然后才能设置存货、客户和供应商档案；如果用户选择存货、客户和供应商不分类，那么在进行基础信息设置时，用户可以直接设置存货、客户和供应商档案。
- 有无外币核算：如果用户单位有外币业务，可以选中此复选框。

例如，根据海南佳旭有限公司的资料显示，在"基础信息"对话框中，选中"存货是否分类""供应商是否分类"和"有无外币核算"复选框。

设置完毕，单击"完成"按钮，弹出"可以创建账套了吗？"提示对话框，单击"是"按钮。系统会自动创建账套，然后打开"分类编码方案"对话框。

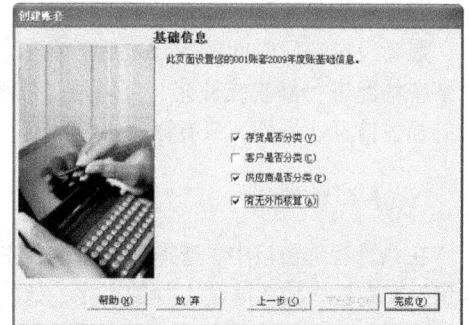

图 2.9 "基础信息"对话框

⑤ 确定分类编码方案。为便于对经济业务进行分级核算、统计和管理，系统将对会计科目、企业部门等进行编码，即规定各种编码级次及各级的长度。根据资料所给内容，修改系统的默认值，如图 2.10 所示。

- 科目编码级次：系统最大限制为 9 级 15 位，且任何一级的最大长度都不得超过 9 位编码。一般单位的科目编码级次用 42222 即可。用户在此设置的科目编码级次和长度将决定用户单位的科目编码如何编制。
- 客户、供应商分类和部门编码级次：系统的最大限制为 5 级 12 位，且任何一级的编码长度都不得超过 9 位编码。用户在此设置的客户、供应商分类和部门的编码级次和长度将决定用户单位的客户、供应商和部门编码如何编制。

例如，根据海南佳旭有限公司的账套信息，在"分类编码方案"对话框中，将"科目编码级次"改为 42222，"部门编码级次"改为 12，"供应商分类编码级次"改为 23，其他项目编码级次采用默认值。修改完毕，单击"保存"按钮，再单击"退出"按钮，打开"数据精度定义"对话框，如图 2.11 所示。

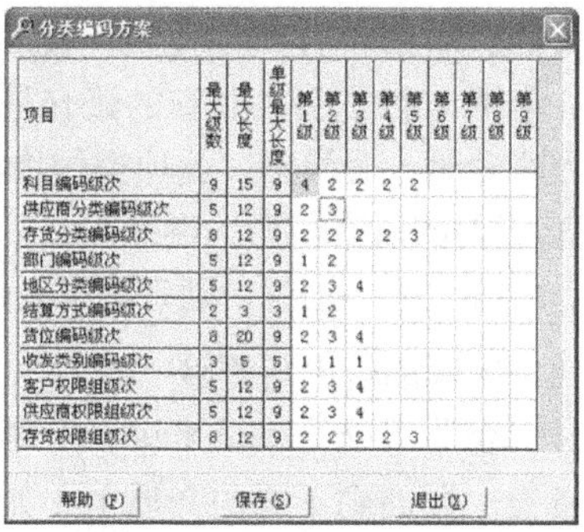

图 2.10 分类编码方案的设置

图 2.11 "数据精度定义"对话框

⑥ 确定数据精度。由于各个单位对数量、单价的核算精度要求不一致，为了适应各用户企业的不同需求，系统提供了自定义数据精度的设置程序，即定义数据的小数位数。例如，根据海南佳旭有限公司的账套信息，在"数据精度定义"对话框中采用系统默认值。然后单击"确认"按钮，系统会自动弹出"××账套建立成功。……现在进行系统启用的设置？"提示对话框。如果想马上启用子系统，则单击"是"按钮；如果不想马上启用子系统，则单击"否"按钮。账套"海南佳旭有限公司"创建成功。

（2）账套的修改

账套经过一段时间的运行之后，在未使用相关信息的基础上，由于企业的实际情况，需要对某些情况进行修改或补充，可以通过修改账套功能修改相关信息。通过此功能还可以查看账套的相关信息。另外，只有账套主管才有权修改账套。

具体操作

在系统管理窗口中，选择"系统"|"注册"命令，打开"注册〖系统管理〗"对话框。在"操作员"文本框中输入账套主管的名字，如此处输入"黄俊芳"或其代码001，输入账套主管的密码，选择要修改的账套，以及选择会计年度和操作日期，然后单击"确定"按钮。选择"账套"|"修改"命令，即可进入该账套的修改状态。系统自动列示所选账套的账套信息、单位信息、核算信息、基础信息等，账套主管可以根据企业的实际情况，对允许修改的内容进行修改，然后单击"完成"按钮，即完成对账套的修改工作。

提示

（3）账套数据的引入

账套数据的引入是将系统外的账套数据引入到本系统中。例如，当账套数据遭到破坏时，将最近备份的账套数据引入到本账套中。该功能的增加将有利于集团公司的操作，子公司的账套数据可以定期被引入母公司系统中，以便进行有关账套数据的分析和合并工作。

具体操作

图2.12 "引入账套数据"对话框

在系统管理窗口中，以系统管理员身份注册，选择"账套"|"引入"命令，如图2.12所示。选中D盘中的名称为"海南佳旭2017年1月"的文件夹并双击，选择要引入的账套文件后，单击"打开"按钮。如果系统本身有一套账与将要引入账套的账套号相同，则引入账套时，会弹出"此项操作将覆盖[××]账套当前的所有信息，继续吗？"提示对话框。单击"是"按钮，则系统引入账套。

（4）账套的输出与删除

对于企业系统管理员来讲，定时将企业数据备份，存储到不同的介质上（如软盘、光盘、网络磁盘等），可以提高数据的安全性。如果企业由于不可预知的原因（如地震、火灾、计算机病毒、人为的误操作等）需要对数据进行恢复，此时根据备份数据进行恢复就可以将企业的损失降到最低。当然,对于异地管理的公司,这种方法还可以解决审计和数据汇总的问题。T6提供了输出账套功能,即将所选的账套数据进行压缩备份并生成备份文件。

 具体操作

1)以系统管理员身份,进入系统管理窗口。选择"账套"|"输出"命令,打开"账套输出"对话框,在此对话框的下拉列表框中选择所要输出的账套。如果要删除当前账套,则选中"删除当前输出账套"复选框,否则可直接单击"确认"按钮。

2)在"选择备份目标"对话框中,选中备份的账套路径,找到事先建立的文件夹双击,使之变成打开的形式,然后单击"确认"按钮,系统自动开始备份。备份后弹出"硬盘备份完毕"提示对话框。

(5)自动备份

为了减轻系统管理员的工作量,以便更好地对系统进行管理,T6提供了自动备份的功能。其作用是自动定时对设置的账套进行输出(备份)。这种方式的好处是可以同时输出多个账套,而且可以进行定时设置,从而实现自动输出。

 具体操作

以系统管理员或账套主管身份注册,在系统管理窗口中选择"系统"|"设置备份计划"命令,打开"设置备份计划"对话框,从中可以根据实际情况进行备份计划设置。

(6)年度账管理

在系统中,用户不仅可以建立多个账套,且每一个账套中可以存放不同年度的会计数据,因此需要对年度账进行管理。系统规定年度账只能由账套主管来管理。

① 年度账的建立。年度账的建立是在已有上年度账套的基础上,通过建立年度账,自动将上个年度账的基本档案信息结转到新的年度账中。对于上年余额等信息需要在年度账结转操作完成后,由上年自动转入下年的新年度账中。

案例: 建立海南佳旭有限公司2018年的新年度账。

 具体操作

以账套主管的身份注册,选择需要进行建立新年度账套和上年的时间,进入系统管理窗口。注册2017年度账,然后选择"年度账"|"建立"命令,系统会自动打开"建立年度账"对话框。在该对话框中,"账套"和"会计年度"都是系统默认的,此时不能进行修改操作,如图2.13所示。单击"确认"按钮,系统弹出"确认建立[2018]年度账吗?"提示对话框,单击"是"按钮,进入基础信息数据传输状态。传输完毕,系统弹出"建立年度:[2018]成功。"提示对话框,如图2.14所示,单击"确定"按钮即可。

② 年度数据结转。建立新年度账后,用户可以执行供应链管理、固定资产管理、工资管理、总账等模块的结转上年数据的操作。年度结转流程如图2.15所示。对于水平方向的模块是不分先后顺序的,但对于垂直方向的顺序是自上而下的。无论用户使用的模块是否齐全,只要用户应用了其中的任意几个,就要依照此顺序执行。

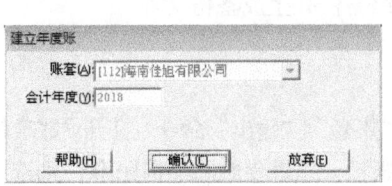

图2.13 建立年度账

图2.14 建立年度账成功

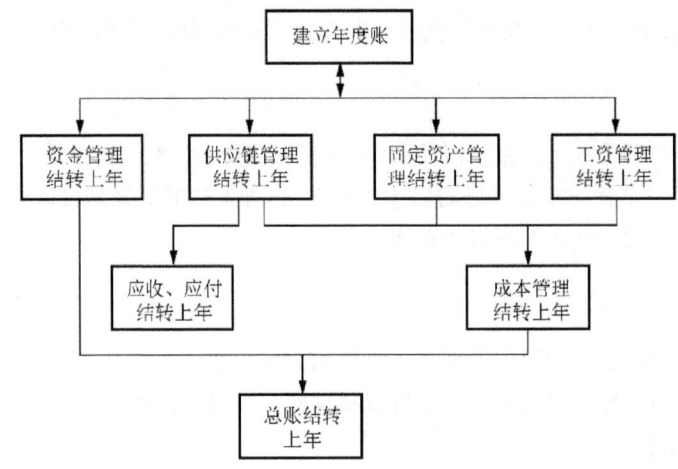

图2.15 年度结转流程

具体操作

1）以账套主管的身份选择账套注册登录，进入系统管理窗口。（此时注册的年度应该是需要进行结转的年度，例如，需要将2017年的数据结转到2018年，应以2018年注册进入。）

2）在系统管理窗口中选择"年度账"|"结转上年数据"命令，可以执行供应链管理、资金管理、固定资产管理、工资管理、总账等模块的结转上年数据的操作。各相关模块确认后，有各相关模块的系统检查和提示。由于各模块的内容不同，所以检查和提示的内容也不尽相同。

③ 年度账的引入和输出。引入和输出年度账与账套操作中的引入和输出的含义基本相同，作用都是对数据进行备份与恢复。所不同的是，年度账套操作中的引入和输出不是针对整个账套，而是针对账套中的某一年度的年度账进行的。年度账的引入操作方法与账套的引入操作方法基本一致，不同之处在于引入的是年度数据备份文件。在输出操作的对话框中选择的是具体的年度而非账套。如果要删除当前年度账，则选中"删除当前输出年度"复选框，否则可直接单击"确认"按钮。

④ 清空年度数据。年末启用新年度账时，需要将上年度中的相关账户的余额及其他信息结转到新年度账中。但是，有时用户不希望将上年度的余额或其他信息全部转到下一年度，这时候，便可使用清空年度数据的功能。"清空年度数据"并不是将年度账的所有数据全部清空，而是保留一些信息，主要有基础信息、系统预置的科目报表等。保留这些信息主要是为了方便用户使用清空后的年度账重新做账。具体操作是在系统管理窗口中，以账套主管的身份注册，然后选择"年度账"|"清空年度数据"命令，即可打开"清空年度数据"对话框进行操作。

4. 设置权限模块

账套建立以后，要对操作员进行岗位职责的划分和操作权限的设置，以此来防止与业务无关人员擅自使用软件。在T6中设置操作员权限主要是对两部分进行设置，一部分是设置账套主管的权限，另一部分是设置其他操作员的权限。

（1）设置账套主管的权限

例如，设置黄俊芳为海南佳旭有限公司的账套主管。

具体操作

在系统管理窗口中，以系统管理员的身份注册，选择"权限"|"权限"命令，打开"操作员权限"窗口。从中选择"黄俊芳""[112]海南佳旭有限公司"，并选中"账套主管"复选框，如图2.16所示。随后在"设置用户：[001]账套主管权限吗？"提示对话框中，单击"是"按钮。如果想取消账套主管的权限，只要取消选中"账套主管"复选框即可。

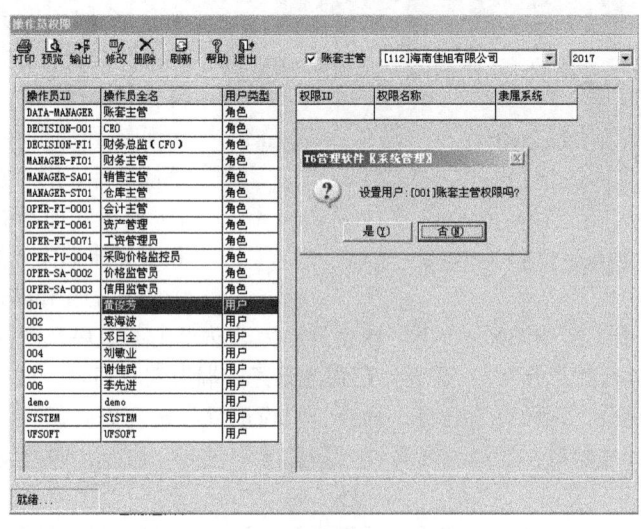

图2.16 "操作员权限"窗口

（2）设置操作员权限

例如，设置海南佳旭有限公司会计袁海波的权限。其操作是：在"操作员权限"窗口中选择"袁海波""[112]海南佳旭有限公司"，然后单击"修改"按钮，打开"增加和调整权限"对话框，选中"总账""UFO报表""应收""应付""工资管理""固定资产"复选框，单击"确定"按钮即可。同理赋予其他操作员的权限。

（3）删除操作员权限

系统管理员或账套主管可以对非账套主管操作员已经拥有的权限进行删除。其操作步骤是在"操作员权限"窗口中，在右侧的权限显示区里选择要删除的权限的具体内容，然后单击"删除"按钮。如果想删除全部权限的内容，则只要选中该操作员，直接单击"删除"按钮即可。

提示： ● 如果以账套主管的身份注册，只能分配子系统的权限。但需要注意的是，系统一次只能对一个账套的某一个年度账进行分配，一个账套可以有多个账套主管。

● 正在使用的用户权限不能修改或删除。

5. 视图管理模块

（1）刷新

系统管理模块一个很重要的用途就是对各个子模块的运行进行适时的监控。为此，该模块将正在登录到系统管理模块的子模块及其正在执行的功能在窗口中列示，以便系统管理员或账套主管进行监控。如果要查看最新的信息，则需要启用刷新功能。

 具体操作

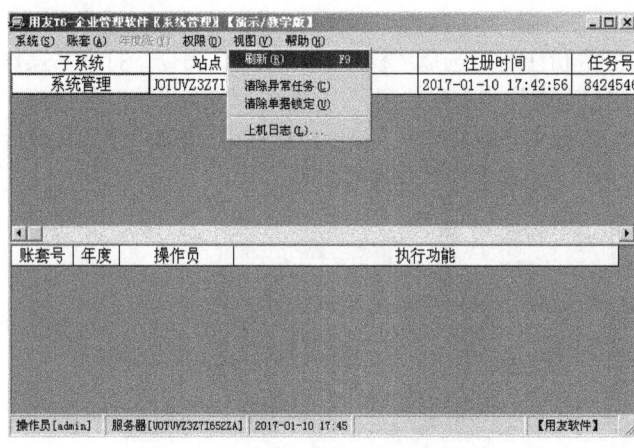

图2.17 选择"视图"|"刷新"命令

在系统管理窗口中，以系统管理员的身份或者本账套的账套主管身份注册后，选择"视图"|"刷新"命令，如图2.17所示。

（2）清除异常任务

T6除了提供手动进行异常任务的清除之外，还提供了增强自动处理异常任务的功能，从而不必每次必须由系统管理员登录系统管理模块后手动清除。用户在使用过程中，可在T6服务管理器中设置服务器端异常和服务器端失效的时间，以提高使用中的安全性和高效性。如果用户服务器端超过异常限制时间未工作或由于不可预见的原因非法退出某模块，则视为异常任务，在系统管理窗口显示"运行状态异常"。系统会在到达服务器端失效时间时，自动清除异常任务。在等待时间内，也可选择"清除异常任务"命令，自行删除异常任务。其具体操作是以系统管理员的身份进入系统管理窗口，选择"视图"|"清除异常任务"命令，即可删除异常任务。

（3）上机日志

为了保证账套数据的安全，为审计留下更充足的线索，系统可以随时对用户、操作起止时间、操作的具体内容进行自动记录，形成上机日志。可以在系统管理窗口中选择"视图"|"上机日志"命令，通过"过滤"按钮输入过滤条件后，单击"确认"按钮，即可查看各个用户的上机日志。如果想查看最新的上机日志，可以单击"刷新"按钮，即可刷新上机日志的内容。

（4）清除单据锁定

在软件使用过程中由于不可预见的原因可能会造成单据锁定，导致单据不能正常操作，此时使用清除单据锁定功能，可恢复正常。其具体操作是以系统管理员的身份进入系统管理窗口，选择"视图"|"清除单据锁定"命令，即可清除单据锁定。

6. 获得帮助

在使用T6过程中，用户有时会碰到各种问题，该软件提供了强大的帮助功能，使用户可随时获得各种形式的帮助，以解决在操作过程中可能碰到的问题。用户可以直接使用"帮助"菜单或者按F1键进入帮助对话框，从中可以查找相关的信息，从而获得帮助。可以采用3种方式在对话框中获得帮助。

（1）使用目录获得帮助

如果希望获得某一方面比较系统、全面的帮助信息，可以使用目录选项。目录选项中以条目的方式列出相关主题信息，用户可以根据实际需要进行查找，单击相关的主题，则会在对话框的右侧出现相关的信息。如果条目的右侧有"＋"图标，说明此条目还有子条目，则应双击"＋"图标，以进一步查找所需的信息。

（2）使用索引命令获得帮助

使用索引命令可以快速查找帮助内容。在"索引"文本框中输入要查找的主题词，则在列表框中会出现相同或相近的主题词。双击出现在列表框中的主题词，则与主题词相关的帮助信息会自动出现在对话框的右侧。

（3）使用搜索命令获得帮助

使用搜索命令可以快速查找帮助内容。在"索引"文本框中输入想要查找的单词，然后单击"列出主题"按钮或按 Enter 键，则在列表框中会出现相同或相近的单词。双击出现在列表框中的单词或单击"显示"按钮，则相关的帮助信息会自动出现在右侧的列表框中。

2.2 基础设置

2.2.1 基础信息

1．系统启用

本功能用于设置 T6 中各个子系统开始使用的日期，并记录启用日期和启用人。用户在进入某个子系统前首先必须启用它。系统启用有两种方法：一种方法是在系统管理模块建立账套之后马上启用；另外一种方法是在企业门户中启用。

（1）在系统管理模块中启用

在系统管理模块中建立账套时，当用户创建完一个账套后，系统会自动打开"创建账套"对话框，如图 2.18 所示，从中可以选择立即进行系统启用设置。单击"是"按钮，系统会自动打开"系统启用"对话框，如图 2.19 所示。从中选择要启用的系统，然后在"启用会计期间"栏内输入启用的年、月数据，单击"确定"按钮后，保存此次的启用信息，并将当前操作员写入"启用人"栏。

图 2.18 "创建账套"对话框

例如，海南佳旭有限公司的启用总账日期是 2017 年 1 月 1 日，当创建账套后，系统自动打开如图 2.18 所示的对话框，单击"是"按钮，打开"系统启用"对话框，从中选中"总账"，然后在打开的"日历"对话框中选择 2017 年 1 月 1 日，单击"确定"按钮，系统自动弹出"确实要启用当前系统吗？"提示对话框，如图 2.20 所示。单击"是"按钮，总账系统启用完毕。按此方法启用应收、应付、固定资产和工资管理系统。

☞ 提示：只有系统管理员和账套主管有系统启用权限。

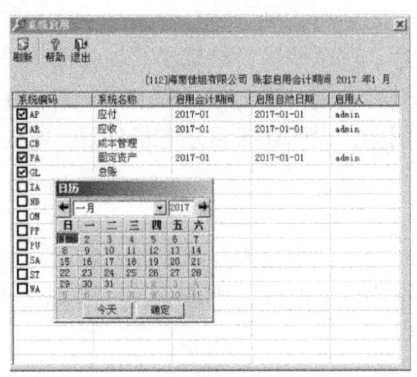

图2.19 "系统启用"对话框

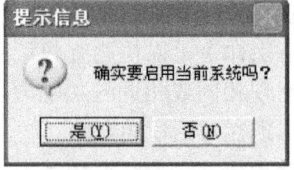

图2.20 提示信息

（2）在企业门户中启用

如果在创建账套时没有立即启用账套，也可以在企业门户中进行设置。

 具体操作

1）选择"开始"|"程序"|"用友T6－企业管理软件"|"企业门户"命令，打开"注册〖企业门户〗"对话框，如图2.21所示。

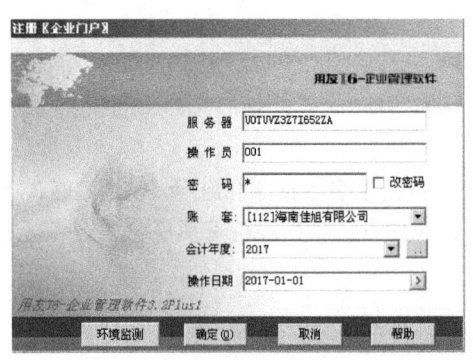

图2.21 "注册〖企业门户〗"对话框

① 服务器：在客户端登录，则选择服务器端的服务器名称；在服务器端或单机用户则选择本地服务器。一般默认采用系统自动显示的服务器。

② 操作员：输入本次需要登录的操作员名称或代码。

③ 密码：输入本次需要登录的操作员的密码。如果要修改密码，选中"改密码"复选框。输入密码后只要单击"账套"下拉列表框，系统会根据当前操作员的权限显示该操作员可以登录的账套号、会计年度。

④ 操作日期：在"操作日期"文本框中输入操作时间，一般是当前时间。输入格式为yyyy－mm－dd。也可单击 按钮选择一个自然时间。

例如，海南佳旭有限公司账套的账套主管黄俊芳注册企业门户，则"操作员"输入"黄俊芳"或001，"密码"输入1，"操作日期"输入2017－01－01，然后单击"确定"按钮，进入企业门户窗口。

2）在企业门户窗口中，选择"设置"|"基本信息"|"系统启用"命令，打开"启用系统"对话框，从中可进行系统启用的设置。

提示：只能对已经安装的产品进行启用。所有系统进入时都要判断系统是否已经启用。未启用的系统不能登录。

2. 编码方案

本功能主要用于设置有级次档案的分级方式和各级编码长度。可分级设置的内容有科目编码、客户分类编码、部门编码、存货分类编码、地区分类编码、货位编码、供应商分类编码、收发类别编码和结算方式编码。编码级次和各级编码长度的设置将决定用户单位如何编制基础数据的编号,进而构成用户分级核算、统计和管理的基础。

如果在创建账套时没有进行分类编码的设置,则可以日后在企业门户中进行设置。如果在创建账套时已经进行分类编码的设置,日后也可以在企业门户中对分类编码进行修改。

 具体操作

在企业门户窗口中,选择"设置"|"基本信息"|"编码方案"命令,打开"分类编码方案"对话框,从中进行编码方案的设置或修改。

3. 数据精度

如果在创建账套时没有进行数据精度的设置,则可以日后在企业门户中进行设置。如果在创建账套时已经进行数据精度的设置,日后也可以在企业门户中对数据精度进行修改。

 具体操作

在企业门户窗口中,选择"设置"|"基本信息"|"数据精度"命令,打开"数据精度定义"对话框,从中进行数据精度的设置或修改。

2.2.2 机构设置

1. 部门档案

部门指某使用单位下的具有分别进行财务核算或业务管理要求的单元,可以是实际中的部门机构,也可以是虚拟的核算单元。按照已经定义好的部门编码级次原则输入部门编号及其信息,最多可分 5 级,编码总长 12 位。部门档案包含部门编码、名称、负责人、部门属性等信息。

 具体操作

1)在企业门户窗口中,选择"设置"|"基础档案"|"机构设置"|"部门档案"命令,打开"部门档案"窗口,如图 2.22 所示。

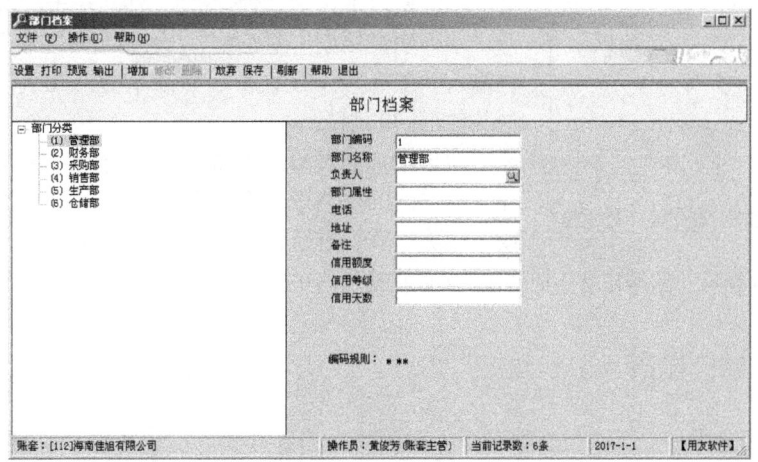

图 2.22 "部门档案"窗口

① 部门编码：符合编码级次原则。必须输入，且唯一。
② 部门名称：必须输入。
③ 负责人、电话、地址、备注：部门的辅助信息，可以为空。
④ 部门属性：输入管理部门、采购部门、销售部门等部门分类属性。可以为空。
⑤ 信用信息：包括信用额度、信用等级、信用天数，即该部门对本部门负责的客户的信用额度和最大信用天数，可以为空。如果在销售管理系统的销售选项设置对话框中的"信用控制"选项卡中选择有部门信用控制，则需要在这里输入相应信息。

例如，增加海南佳旭有限公司管理部。在"部门档案"窗口中，单击"增加"按钮，光标会自动出现在右侧的"部门编码"文本框中，在此输入部门编码 1，然后在"部门名称"文本框中输入"管理部"。以此方法输入部门属性、电话、地址、备注、信用额度、信用等级等信息。相关信息输入完毕后，单击"保存"按钮，在"部门档案"窗口左侧的列表框中就会出现增加的部门——管理部。同理增加财务部、采购部、销售部、生产部和仓储部。

如果某个部门增加以后发现有误或者根据实际情况需要修改或删除，则可以通过修改或删除功能来实现。其具体操作是在"部门档案"窗口中选择要修改或删除的部门，然后单击"修改"或"删除"按钮即可。

2. 职员档案

该功能主要用于设置企业各职能部门中需要进行核算和业务管理的职员信息。必须先设置好部门档案才能在这些部门下设置相应的职员档案。除了固定资产和成本管理系统外，其他均需使用职员档案。如果企业不需要对职员进行核算和管理要求，则可以不设置职员档案。

 具体操作

在企业门户窗口中，选择"设置"|"基础档案"|"机构设置"|"职员档案"命令，打开"职员档案"窗口。选中要增加的职员所属的部门，然后单击"增加"按钮，打开"增加职员档案"对话框，从中用户可根据自己企业的实际情况，在"职员编码""所属部门""职员名称""职员属性""Email 地址""手机号"和信用信息等文本框中输入适当内容。其中"职员编码""所属部门""职员名称"必须输入。

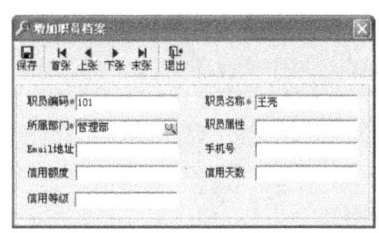

图 2.23 "增加职员档案"对话框

例如，增加海南佳旭有限公司管理部职员王亮。在"职员档案"窗口中选中"管理部"，然后单击"增加"按钮，打开"增加职员档案"对话框，"职员编码"输入 101，职员名称输入"王亮"（图 2.23），然后单击"保存"按钮。同理增加其他部门的职员。

如果增加职员以后发现，职员输入信息有误或者根据企业实际情况需要修改或删除某职员，则可通过单击"修改"或"删除"按钮进行修改或删除。

☞ **提示**：职员编码一旦保存就不能修改，所以在输入编码时应仔细核对。职员被使用后就不能删除。

2.2.3 往来单位设置

1. 供应商分类

有些企业供应商比较多，并且分布在各个行业及地区。T6 提供了供应商分类功能，便于用户对企业的供应商进行分类管理,建立供应商分类体系。可将供应商按行业、地区等进行划分,设置供应商分类后,根据不同的分类建立供应商档案。没有对供应商进行分类管理需求的用户可以不使用本功能。

在企业门户窗口中,选择"设置"|"基础档案"|"往来单位"|"供应商分类"命令,打开"供应商分类"窗口,从中单击"增加"按钮,输入类别编码和类别名称,然后单击"保存"按钮,则系统自动保存此次增加的供应商分类。

例如,增加海南佳旭有限公司供应商类别省内,则在"供应商分类"窗口中,"类别编码"输入01,"类别名称"输入"省内"(见图2.24),然后单击"保存"按钮。同理增加类别省外。

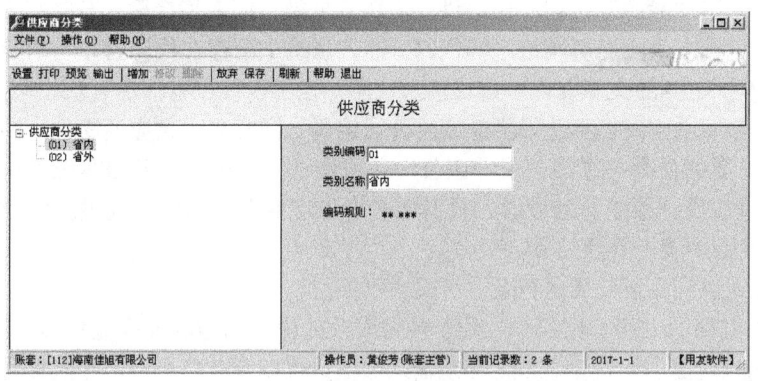

提　示

图 2.24　增加供应商分类

要想增加下级供应商分类,需选择上级供应商分类后再单击"增加"按钮,根据编码原则输入分类编码。如果增加的供应商类别有误或者根据企业实际情况需要修改或删除,则选择要修改的供应商分类,单击"修改"或"删除"按钮即可。

2. 供应商档案

建立供应商档案可以对供应商的数据进行分类、汇总和查询,以便加强往来管理。使用供应商档案管理往来供应商时,先要搜集、整理与本单位有业务关系的供应商的基本信息,以便在设置供应商档案时将信息准确地输入。

在企业门户窗口中,选择"设置"|"基础档案"|"往来单位"|"供应商档案"命令,打开"供应商档案"窗口。从中选择要输入供应商所属的最末级分类码,单击"增加"按钮,打开"增加供应商档案"对话框。从中单击"基本"标签,打开"基本"选项卡,如图2.25所示。

① 供应商编码:供应商编码必须唯一。供应商编码可以用数字或字符表示,最多可输入20位数字或字符。

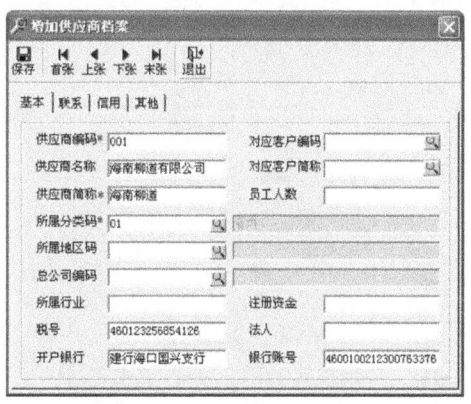

图 2.25　"基本"选项卡

② 供应商名称：可以是汉字或英文字母。供应商名称最多可写 49 个汉字或 98 个字符。供应商名称用于销售发票的打印。

③ 供应商简称：可以是汉字或英文字母，供应商名称最多可写 30 个汉字或 60 个字符。供应商简称用于业务单据和账表的屏幕显示。

④ 对应客户编码、对应客户简称：在"供应商档案"窗口中输入对应客户名称时不允许记录重复，即不允许有多个供应商对应一个客户的情况出现。例如，在 001 供应商中输入了对应客户编码 666 时，则在保存该供应商信息时同时需要将 666 客户档案中的对应供应商编码记录存为 001。

⑤ 员工人数：输入本企业员工人数。只能输入数值，不能有小数。此信息为企业辅助信息，可以不填，也可以随时修改。

⑥ 所属分类码：单击"参照"按钮，选择供应商所属分类，或者直接输入分类编码。

⑦ 所属地区码：可输入供应商所属地区的代码。输入系统中已存在代码时，自动转换成地区名称，显示在该文本框右侧的文本框内。建议输入代码，也可以使用参照输入法。

⑧ 总公司编码：参照供应商档案选择供应商总公司编码，同时显示供应商简称。供应商总公司指当前供应商所隶属的最高一级的公司，该公司必须是已经通过供应商档案设置功能设置的另一个供应商。在供应商开票结算处理时，具有同一个供应商总公司的不同供应商的发货业务，可以汇总在一张发票中统一开票结算。

⑨ 所属行业：输入供应商所归属的行业。可输入汉字。

⑩ 税号：输入供应商的工商登记税号，用于销售发票的税号内容的屏幕显示和打印输出。

⑪ 注册资金：输入企业注册资金总额。必须输入数值，可以有 2 位小数。此信息为企业辅助信息，可以不填，也可以随时修改。

⑫ 法人：输入供应商的企业法人代表的姓名。

⑬ 开户银行：输入供应商的开户银行的名称。如果供应商的开户银行有多个，在此处输入该企业同用户之间发生业务往来最常用的开户银行。

⑭ 银行账号：输入供应商在其开户银行中的账号。可输入 50 位数字或字符。银行账号应对应于开户银行所填写的内容。如果供应商在某开户银行中的银行账号有多个，在此处输入该企业同用户之间发生业务往来最常用的银行账号。

例如，增加海南佳旭有限公司的供应商。在"增加供应商档案"对话框中的"基本"选项卡中，"供应商编码"输入 001，"供应商名称"输入"海南柳道有限公司"，"所属分类码"选择 01，"税号"输入 460123256854126，"开户银行"输入"建行海口国兴支行"，"银行账号"输入 4600100212300763376。输入完毕后单击"联系"标签，进入"联系"选项卡，如图 2.26 所示。

例如，海南柳道有限公司地址是海口市国贸区 68 号，则在"联系"选项卡的"地址"文本框中输入"海口市国贸区 68 号"等相关信息。输入完毕后单击"信用"标签，打开"信用"选项卡，如图 2.27 所示。

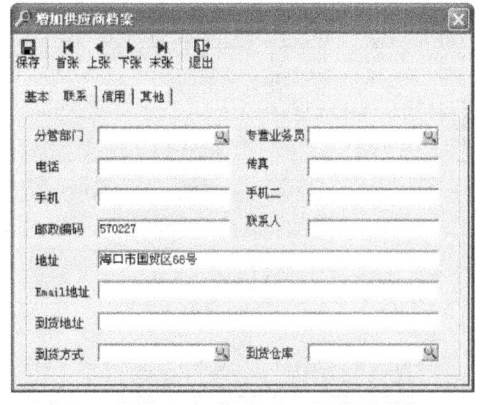

图 2.26 "联系"选项卡

提　示

在"信用"选项卡中，相关信息输入完毕后，继续单击"其他"标签，打开"其他"选项卡，如图2.28所示。

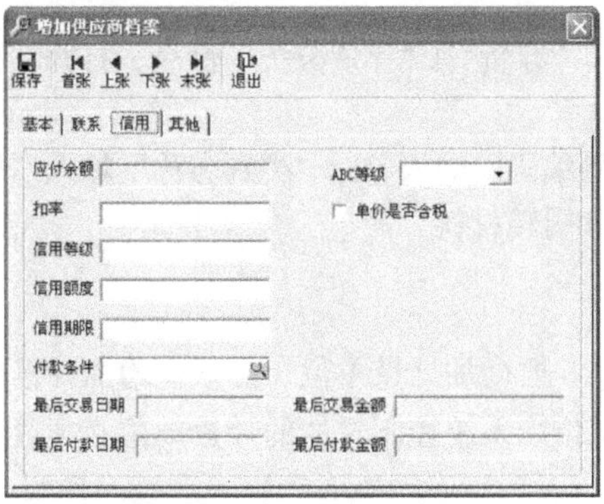

图2.27 "信用"选项卡 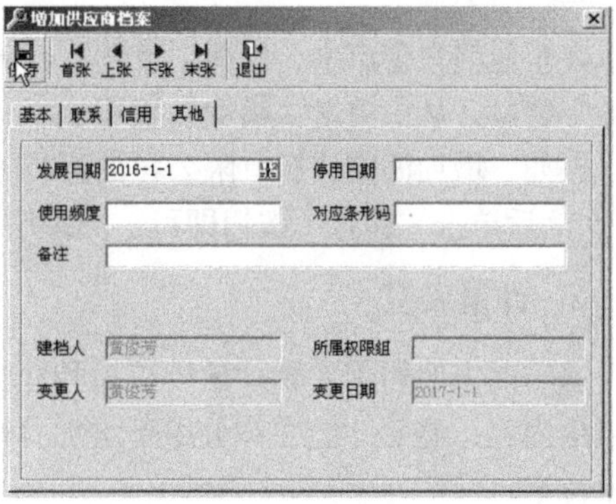　　　　图2.28 "其他"选项卡

在"其他"选项卡中，相关信息输入完毕后，单击"保存"按钮即可。

例如，海南佳旭有限公司与海南柳道有限公司的发展日期是2016年1月1日，则在"其他"选项卡中的"发展日期"文本框中输入2016-1-1，然后单击"保存"按钮。

3. 客户分类

有些企业客户比较多，并且分布在各个行业及地区。T6提供了客户分类功能，便于对企业的客户进行分类管理，建立客户分类体系。可将客户按行业、地区等进行划分，设置客户分类后，根据不同的分类建立客户档案。没有对客户进行分类管理需求的用户可以不使用本功能。客户分类的具体操作和方法与供应商分类具体操作和方法相似，在此不再赘述。

4. 客户档案

建立客户档案，主要用于设置往来客户的档案信息，以便于用户对客户资料管理和业务数据进行输入、统计和分析。如果用户在建立账套时选择了客户分类，则必须在设置完成客户分类档案的情况下才能编辑客户档案。客户档案的具体操作和方法与供应商档案具体操作和方法相似，在此不再赘述。

5. 地区分类

企业可以根据自身管理要求对客户、供应商的所属地区进行相应的分类，建立地区分类体系，以便对业务数据进行统计和分析。使用T6中的采购管理、销售管理、库存管理、应收款管理和应付款管理系统都会用到地区分类。地区分类最多有5级，企业可以根据实际需要进行分类。地区分类的具体操作和方法与供应商分类具体操作和方法相似，在此不再赘述。

2.2.4 存货设置

1. 存货分类

企业可以根据对存货的管理要求对存货进行分类管理，以便对业务数据进行统计和分析。存货分类最多可分8级，编码总长不能超过30位，每级级长用户可自由定义。存货分类用于设置存货分类编码、名称及所属经济分类。

 **具体操作**

在企业门户窗口中,选择"设置"|"基础档案"|"存货"|"存货分类"命令,打开"存货分类"窗口,从中单击"增加"按钮。

例如,增加海南佳旭有限公司的存货分类,"类别编码"输入 01,"类别名称"输入"原材料",然后单击"保存"按钮即可。同理增加产成品和周转材料。

2. 计量单位

该功能主要用于设置计量单位组和计量单位信息。要增加计量单位,必须先增加计量单位分组的内容,然后才能在该分组下增加具体的计量单位。系统控制具体的计量单位必须放在计量单位下。

计量单位组分无换算、浮动换算、固定换算 3 种类别。每个计量单位组中有一个主计量单位、多个辅助计量单位,可以设置主、辅计量单位之间的换算率,还可以设置采购、销售、库存和成本管理系统所默认的计量单位。先增加计量单位组,再增加组下的具体计量单位内容。

① 无换算计量单位组:在该组下的所有计量单位都以单独形式存在,各计量单位之间不需要输入换算率。系统默认为主计量单位。

② 浮动换算计量单位组:设置为浮动换算率时,可以选择的计量单位组中只能包含两个计量单位。此时存货卡片窗口显示该计量单位组中的主计量单位和辅计量单位。

③ 固定换算计量单位组:设置为固定换算率时,可以选择的计量单位组中可以包含两个(不包括两个)以上的计量单位,且每一个辅计量单位对主计量单位的换算率不为空。此时存货卡片窗口显示该计量单位组中的主计量单位。

 具体操作

1)在企业门户窗口中,选择"设置"|"基础档案"|"存货"|"计量单位"命令,打开"计量单位"窗口。从中单击"分组"按钮,打开"计量单位分组"对话框,如图 2.29 所示,从中单击"增加"按钮,然后输入分组的相关信息,输入完毕后单击"保存"按钮即可。

例如,增加海南佳旭有限公司计量单位分组无换算组,"计量单位组编码"输入 01,"计量单位组名称"输入"无换算组","计量单位组类别"输入"无换算",然后单击"保存"按钮。同理增加固定换算组。

所有分组增加完毕,单击"退出"按钮,返回到"计量单位"窗口。

2)在"计量单位"窗口中选择相应的分组,然后单击"单位"按钮,打开"计量单位设置"对话框,如图 2.30 所示。从中单击"增加"按钮,输入计量单位的相关信息,然后单击"保存"按钮即可。

例如,增加海南佳旭有限公司的计量单位千克。在"计量单位"窗口中选择"无换算组",然后单击"单位"按钮,在打开的"计量单位设置"对话框中单击"增加"按钮,"计量单位编码"输入 01,"计量单位名称"输入"千克",最后单击"保存"按钮。同理,增加其他计量单位。

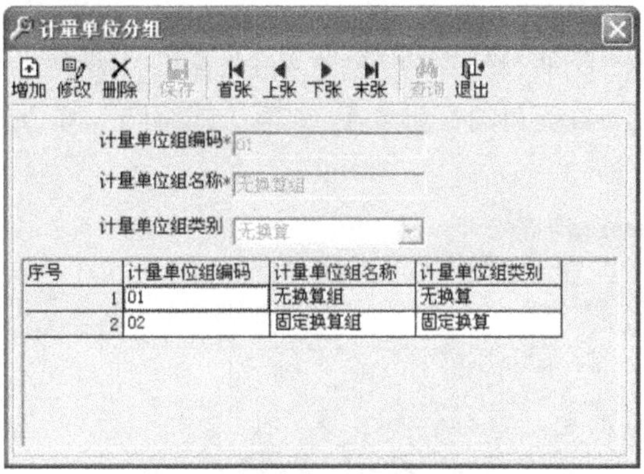

第 2 章 系统服务和基础信息设置

图 2.29 "计量单位分组"对话框

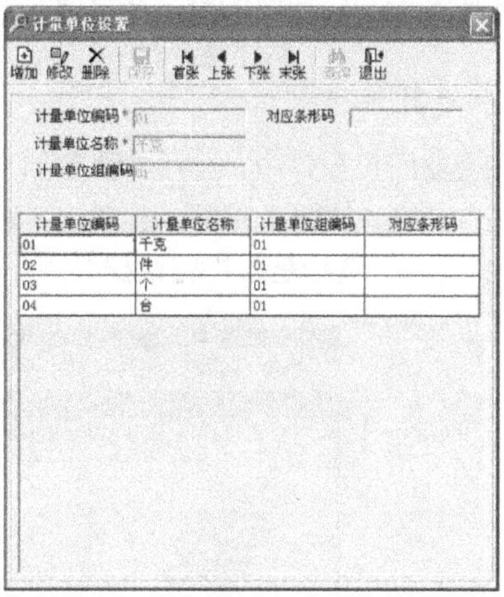

图 2.30 "计量单位设置"对话框

3. 存货档案

存货档案主要用于设置企业在生产经营中使用到的各种存货信息，以便于用户对这些存货进行资料管理、实物管理和业务数据的统计、分析。本功能用于完成对存货目录的设立和管理，随同发货单或发票一起开具的应税劳务等也应设置在存货档案中。同时提供基础档案在输入中的方便性，完备基础档案中的数据项，提供存货档案的多计量单位设置。

具体操作

在企业门户窗口中，选择"设置"|"基础档案"|"存货"|"存货档案"命令，打开"存货档案"窗口，从中先选择某一存货分类，然后单击"增加"按钮，打开"增加存货档案"对话框，输入相关信息，如图 2.31 所示。输入完毕后单击"保存"按钮即可。

例如，增加海南佳旭有限公司的存货。在"存货档案"窗口的左侧选择"存货分类"为"原材料"，然后单击"增加"按钮，在"增加存货档案"对话框的"基本"选项卡中，"存货编码"输入 01，"存货名称"输入"双组份底漆"，"计量单位组"选择"无换算组"，"主计量单位"选择"千克"，"存货分类"选择 01，"存货属性"选中"外购""生产耗用"复选框。然后单击"成本"标签，打开"成本"选项卡，"参考成本"输入 250，输入完毕后单击"保存"按钮即可。同理增加其他存货。

2.2.5 收付结算

1. 结算方式

该功能用来建立和管理在经营活动过程中所使用的收款、付款结算方式，其与财务结算方式一致，如现金结算、商业汇票、银行汇票等。为了方便管理，提高银行对账的效率，总账系

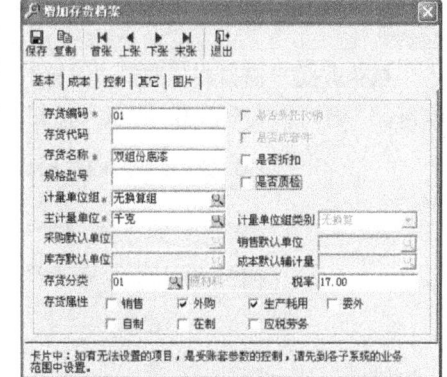

图 2.31 "增加存货档案"对话框

统一般要设置与银行间的资金结算方式。

具体操作

在企业门户窗口中，选择"设置"|"基础档案"|"收付结算"|"结算方式"命令，打开"结算方式"窗口，如图 2.32 所示。单击"增加"按钮，在窗口的右侧输入"结算方式编码"和"结算方式名称"，选择是否进行票据管理。

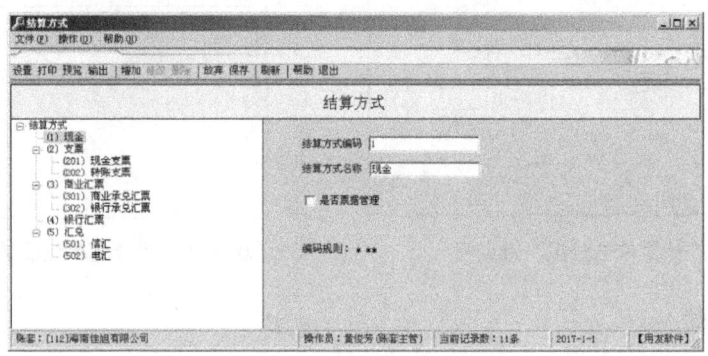

图 2.32 "结算方式"窗口

例如，增加海南佳旭有限公司的结算方式现金。在"结算方式"窗口中的"结算方式编码"输入 1，"结算方式名称"输入"现金"。输入完毕后单击"保存"按钮，则结算方式"现金"显示在"结算方式"窗口的左侧，表示保存成功。同理增加其他结算方式。值得注意的是，要先增加上级结算方式，才能增加下级结算方式。

2. 付款条件

付款条件也叫现金折扣，是指企业为了鼓励客户提前偿付货款而允诺债务人在不同的期限内付款可享受不同比例的折扣。付款条件将主要在采购订单、销售订单、采购结算、销售结算、客户目录、供应商目录中引用。系统最多同时支持 4 个时间段的折扣。

具体操作

在企业门户窗口中，选择"设置"|"基础档案"|"收付结算"|"付款条件"命令，打开"付款条件"窗口，从中单击"增加"按钮，然后在出现的空白行中输入相关信息，如图 2.33 所示。

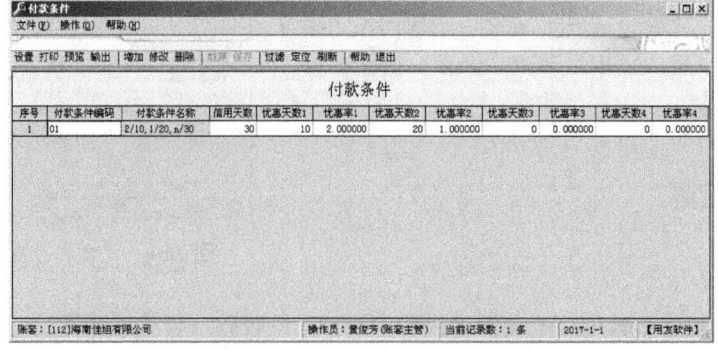

图 2.33 "付款条件"窗口

① 付款条件编码：用以标识某付款条件。用户必须输入，且输入值唯一。付款条件编码可以用数字 0～9 或字符 A～Z 表示，但编码中&、"、;、- 以及空格禁止使用。付款条件编码最多可输入 3 个字符。

② 付款条件名称：系统自动根据用户输入的信用天数、优惠天数、优惠率显示该付款条件的完整信息。

③ 信用天数：是指最大的可延期付款天数，如果超过此天数，则不仅要按全额支付货款，还可能支付延期付款利息或违约金。此项数值必须输入，最大值为 999。

④ 优惠天数 1、优惠天数 2、优惠天数 3、优惠天数 4：是指享受折扣优待的第 1、2、3、4 个时间段的最大天数，它应小于信用天数。最大值为 999。

⑤ 优惠率 1、优惠率 2、优惠率 3、优惠率 4：是指在优惠天数 1、优惠天数 2、优惠天数 3、优惠天数 4 这几个优惠天数范围内付款而享受的优惠，一般按照百分比计算。

例如，增加海南佳旭有限公司的付款条件"2/10，1/20，n/30"。在"付款条件"窗口中单击"增加"按钮，然后在出现的空白行中"付款条件编码"输入 01，"信用天数"输入 30，"优惠天数 1"输入 10，"优惠率 1"输入 2，"优惠天数 2"输入 20，"优惠率 2"输入 1，最后单击"保存"按钮，则在"付款条件名称"文本框中自动出现"2/10，1/20，n/30"。

3. 开户银行

本系统支持多个开户行及账号的情况。此功能用于维护及查询使用单位的开户银行信息。

在企业门户窗口中，选择"设置"|"基础档案"|"收付结算"|"开户银行"命令，打开"开户银行"窗口，从中单击"增加"按钮，显示区增加一空白行，用户可根据自己企业的实际情况，在相应文本框中输入开户银行编码、开户银行名称和银行账号等信息，如图 2.34 所示。

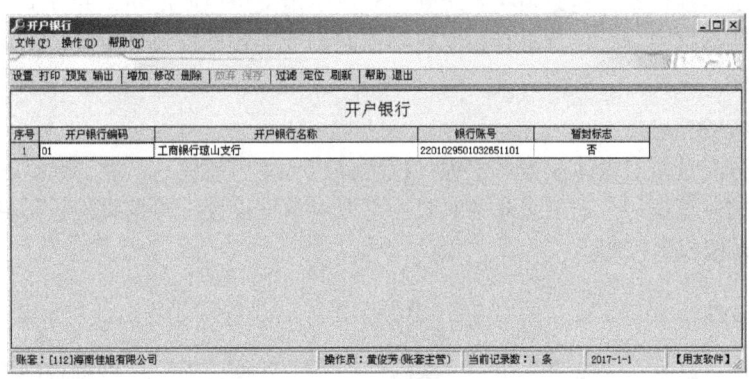

图 2.34 "开户银行"窗口

① 开户银行编码：用来标识某开户银行及账号。可手工输入，也可以由系统自动给定。输入值必须唯一。编码可以用数字 0～9 或字符 A～Z 表示，但编码中&、"、;、- 以及空格禁止使用。开户银行编码最多可输入 3 个字符。

② 开户银行名称：用来输入使用单位的开户银行名称。用户必须输入，名称可以重复。开户银行名称最多可输入 30 个字符或 15 个汉字。

③ 银行账号：用来输入使用单位在开户银行中的账号名称。用户必须输入，且必须唯一。

银行账号最多可输入20个字符。

④ 暂封标志：用来标识账号的使用状态。如果这个账号临时不用，可以单击设置暂封标志为有效。

例如，增加海南佳旭有限公司的银行账号2201829501032651101。在"开户银行编码"输入01，"开户银行名称"输入"工商银行琼山支行"，"银行账号"输入2201829501032651101。

如果已经增加的银行不再需要，可以通过删除功能将其删除。其操作方法是选择要删除的开户银行，单击"删除"按钮即可。

☞ **提示**：开户银行一旦被引用，就不能进行修改或删除。

2.2.6 数据权限设置

1. 数据权限控制设置

本功能是数据权限设置的前提，用户可以根据需要先在数据权限默认设置表中选择需要进行权限控制的对象，系统将自动根据该表中的选择在数据权限设置中显示所选对象。

 具体操作

在企业门户窗口中，选择"设置"|"基础档案"|"数据权限"|"数据权限控制设置"命令，打开"数据权限控制设置"对话框，针对记录级业务对象和字段级业务对象，从中选择是否进行控制，如果选择进行控制则选中相应的复选框。

2. 数据权限设置

此功能是设置用户所能操作的档案、单据的数据权限，用于控制后续业务处理允许编辑、查看的数据范围。前提条件是必须在系统管理模块中定义角色或用户，并分配功能级权限后才能在这里进行数据权限分配以及进行数据权限控制设置。数据权限分配包括记录权限分配和字段权限分配两种。

（1）记录权限分配

记录权限分配是指对具体业务对象进行权限分配。使用前提是：在"数据权限控制设置"对话框中选择控制至少一个记录级业务对象。可以对单据设计、单据模板、科目、凭证类别、项目等进行记录级权限控制。

 具体操作

在企业门户窗口中，选择"设置"|"基础档案"|"数据权限"|"数据权限设置"命令，打开"权限浏览"窗口。在"权限浏览"窗口中选中"记录"单选按钮，选择要分配权限的用户或角色名称，选择的用户或角色名称显示在窗口的右上角，在业务对象的下拉列表框中选择具体的业务对象。单击"授权"按钮，打开"记录权限设置"对话框，在"分配对象"下拉列表框中选择分配对象，并根据当前所选的用户或角色业务对象进行明细的数据权限分配工作。

例如，对用户袁海波设置，分配对黄俊芳所填制的凭证有查询、删除、审核、弃审的权限控制。在"权限浏览"窗口中，选择用户"袁海波"，"业务对象"选择"用户"，单击"授权"按钮。打开"记录权限设置"对话框，将用户"黄俊芳"从左侧的"禁用"列表框通过">"按钮选到右侧的"可用"列表框中，如图2.35所示，最后单击"保存"按钮即可。

(2) 字段权限分配

字段权限分配是对单据中包含的字段进行权限分配。目前出于安全、保密性考虑，有的用户提出一些单据或列表中有些栏目应限制查看权限。例如，限制仓库保管员看到出、入库单据上的有关产品（商品）价格信息。T6 提供了字段权限分配功能。使用前提是：在"数据权限控制设置"对话框中选择控制至少一个字段级业务对象，设置的对象只有为客户、供应商、存货档案和业务单据。其具体操作方法与记录权限分配操作方法一致，在此不再赘述。

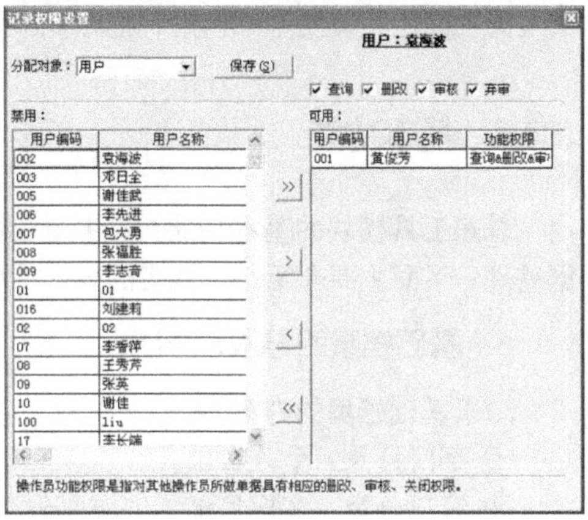

3. 金额权限的设置

本功能用于设置用户可使用的金额级别，对业务对象提供金额级权限设置——采购订单的金额审核额度、科目的制单金额额度。在设置这两个金额权限之前必须先设置对应的金额级别。

图 2.35 "记录权限设置"对话框

(1) 设置科目、采购订单金额级别

科目金额级别设置用于控制操作员制单时使用科目的金额。

具体操作

在企业门户窗口中，选择"设置"|"数据权限"|"金额权限分配"命令，打开"金额权限设置"窗口。从中选择"业务对象"为"科目级别"，单击"级别"按钮，打开"金额级别设置"窗口，从中可以进行金额级别设置。采购订单级别设置与此相同。

提示：设置科目金额级别时，上下级科目不能同时出现。如果已经设置了 1001 科目的金额级别，则不能再设置一个 100101 科目的金额级别，此时设置的 1001 科目的金额级别对其下级科目全部适用，即所有 1001 的下级科目拥有相同的金额级别。

(2) 分配科目、采购订单金额权限

在"金额权限设置"对话框中，单击"增加"按钮，在列表最后增加一个用户金额级别权限记录。双击"用户编码"，参照选择，系统自动显示用户名，选择已设置好的金额级别，一个用户只能选择一个级别。单击"放弃"按钮，将放弃当前行的增加、修改——对于新增行则将当前行删除，对于修改行则将当前行的修改内容恢复到修改前状态。

提示：● 用户可对科目、采购订单设置不同的级别，分别保存。

● 设置科目级别时，当对一个用户设置一个级别后，相当于该用户对所有的科目均具有相同的级别。如果该科目没有设置金额级别，即表示该科目不受金额级别控制。

2.3 总账工具模块

2.3.1 总账工具模块概述

用户通过总账工具模块可以实现同一机器不同账套或同一账套不同机器之间的数据传递。

其主要功能包括复制基础档案、记账凭证引入和账簿数据管理。

2.3.2 基本功能

总账工具模块的基本功能包括基础档案的导入、导出，远程数据传输，凭证引入和账簿数据整理。下面主要介绍基础档案的导入、导出，凭证引入和账簿数据整理。

1. 基础档案的导入、导出

（1）基础档案的内容
① 部门目录、个人目录。
② 客户分类、客户目录、供应商分类、供应商目录、地区分类。
③ 存货分类、计量单位、存货目录。
④ 仓库档案、收发类别、采购类型、销售类型、产品结构、成套件、费用项目、发运方式、货位档案、非合理损耗类型。
⑤ 会计科目、凭证类别、外币币种、项目大类分类、项目目录。
⑥ 结算方式、付款条件、常用摘要。
⑦ 重算凭证对方科目。

（2）基础档案的复制
① 复制基础档案的顺序。
复制基础档案的顺序如表2.1所示。

表2.1 复制基础档案的顺序

顺序号	复制内容	顺序号	复制内容
1	部门目录	9	计量单位编码
2	个人目录	10	存货个人目录
3	地区分类、客户分类、供应商分类	11	仓库、货位
4	付款条件	12	产品结构、成套件
5	发运方式	13	收发类别
6	客户个人目录、供应商个人目录	14	销售类型、采购类型
7	存货分类	15	币种
8	计量单位组	16	会计科目

说明：结算方式、费用项目、常用摘要、项目（项目大类、项目目录）、凭证类别、非合理损耗类型的设置没有顺序，可在任意时刻导入。

② 复制基础档案的注意事项。
- 复制基础档案时，如果源数据中没有该档案，则不能进行复制。
- 对于有分级的基础档案，如会计科目、部门目录、项目目录等，目的账套的相应档案应为空，否则不能进行复制。
- 对于无分级的公共目录，如个人目录、成套件目录等，将把不同的目录追加复制到目的账套中。

2. 凭证引入

用户可以将凭证数据引入到目的账套。凭证引入主要用于不同账套或不同财务软件之间的凭证的复制，以避免重复劳动。操作时源数据为*.TXT（文本文件）格式。

3. 账簿数据整理

用户可以进行账簿的数据整理。由于修改辅助账类会导致在数据库中存在一定数量的无用数据，这些数据虽然并不影响查账、对账，但有可能影响 UFO 工具取数的正确性。执行此功能时最好先做数据备份工作，以免出现错误。

2.3.3 操作方法

在桌面上选择"开始"|"程序"|"用友 T6 – 企业管理软件"|"系统服务"|"总账工具"命令，打开"总账工具"窗口。在该窗口中可分 3 步完成操作。

第一步，选择文件数据。

打开"总账工具"窗口，选择"数据源"为"文件数据"。单击参照按钮，选择要参照的文件数据（.txt 文件、.mdb 文件）。

第二步，选择 SQL Server 数据。

在"总账工具"窗口中，选择"数据源"为 SQL Server。单击参照按钮，打开"数据源信息"对话框，如图 2.36 所示。从中输入 SQL Server 服务器、用户、密码、会计年度、账套号，单击"确定"按钮。相关信息如果存在，就会显示在此对话框中；如果有误则显示错误信息。单击"确定"按钮，系统在"总账工具"窗口中显示账套号、会计年度、操作员、操作日期。

第三步，选择目的数据。

在"总账工具"窗口中，选择目的数据，单击"注册"按钮，打开"注册〖公用目录设置〗"对话框，如图 2.37 所示。从中输入服务器、操作员、密码，根据权限显示账套。选择账套、会计年度，输入操作日期。单击"确定"按钮，系统将在"总账工具"窗口中显示账套号、会计年度、操作员、操作日期。选择要复制档案的图标按钮，进行数据复制。

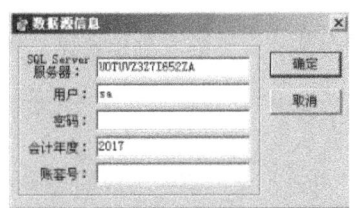

图 2.36 "数据源信息"对话框

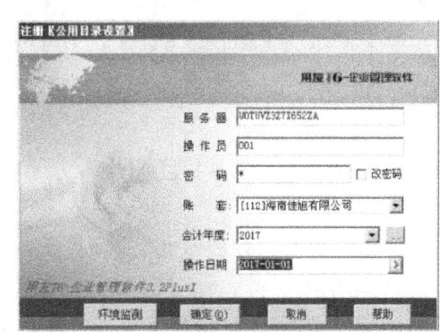

图 2.37 "注册〖公用目录设置〗"对话框

☞ 提示：● 凭证引入时可以设置是否做平衡检查。
● 选择要复制档案的图标按钮，进行数据复制。
● 目的数据账套在建账时不要选择按行业性质预置科目，否则会计科目无法复制。
● 复制成功显示成功信息，否则显示错误信息。

课后习题与实验

实验一 系统管理和基础信息设置

实验目的：通过实验熟悉会计软件系统初始化的一般方法。

实验准备：将系统日期修改为 2017 年 7 月 1 日。

实验要求：分别以 admin 和 01 的身份进行以下操作。

1. 设置操作员。
2. 建立账套。
3. 操作员权限分配。
4. 设置基础信息。
5. 备份 555 账套。

课后习题区

实验资料：

1. 系统管理资料

（1）操作员信息

编号	姓名	口令	编号	姓名	口令
01	许志刚	1	05	欧新元	5
02	范好强	2	06	杨红林	6
03	马 武	3	07	曹新德	7
04	何中华	4			

（2）账套相关信息

① 账套信息。

账套号：555。账套名称：上海奥斯罗特电器公司。账套路径：（默认）。启用会计期：2017 年 7 月。

② 单位信息。

单位名称：上海奥斯罗特电器公司。单位简称：奥斯罗特。公司地址：上海市奉贤区科工路 908 号。邮编：201417。电话：021-32818088。传真：021-32918100。税号：33256789。

③ 核算类型。

记账本位币：人民币（RMB）。企业类型：工业。行业性质：2007 年新会计制度科目。账套主管：许志刚。是否按行业预置科目：是。

④ 基础信息。

客户是否分类：是。供应商是否分类：是。存货是否分类：是。有无外币核算：有。

⑤ 编码方案。

科目编码级次：42222。其他项目编码级次采用默认值。

⑥ 数据精度 2 位。

⑦ 启用总账子系统日期为 2017 年 7 月 1 日。

（3）权限分配

① 许志刚：账套主管。

② 范好强：会计，负责公共目录设置、总账（除出纳管理、出纳签字）、报表、固定资产、工资管理。

③ 马武：负责出纳管理、出纳签字。

第2章 系统服务和基础信息设置

④ 何中华：负责应收管理、应付管理。
⑤ 欧新元：负责采购管理相关业务。
⑥ 杨红林：负责销售管理相关业务。
⑦ 曹新德：负责库存管理和存货核算相关业务。

2. 基础信息设置资料

（1）部门档案

部门编码	部门名称	部门编码	部门名称	部门编码	部门名称	部门编码	部门名称
1	综合行政部	3	销售部	5	人力资源部	7	生产部
2	财务部	4	采购部	6	市场开发部	8	仓储部

（2）职员档案

职员编号	职员名称	所属部门	职员编号	职员名称	所属部门
101	李建林	综合行政部	304	何国强	销售部
102	王双喜	综合行政部	305	朱立安	销售部
103	邓春龄	综合行政部	306	马海林	销售部
104	张定锋	综合行政部	401	欧新元	采购部
105	李东锋	综合行政部	402	黄艳	采购部
201	许志刚	财务部	501	马少斌	人力资源部
202	范好强	财务部	502	刘忠易	人力资源部
203	马武	财务部	601	王红国	市场开发部
204	何中华	财务部	602	吴良强	市场开发部
301	杨红林	销售部	701	李贵立	生产部
302	赵冰	销售部	702	谢旭	生产部
303	何海梅	销售部	801	曹新德	仓储部

（3）客户分类

分类编码	分类名称	分类编码	分类名称
01	本地客户	02	外地客户

（4）客户档案

客户编码	客户名称	客户简称	地址	邮编	发展日期	开户银行	银行账号	所属分类
001	西米电器有限公司	西米电器	北京市朝阳区开拓路1号	100011	2016/4/26	工商银行北京朝阳区支行	4601245689836985698	02
002	幽明卡罗国际贸易有限公司	幽明卡罗	上海市和平区胜利路2号	200022	2016/8/8	中国银行上海和平区支行	31577803000414876	01
003	罗地亚有限公司	罗地亚	海南省海口市人民大道168号	570227	2016/6/26	工商银行海口支行	2201829401102132560	02
004	红星电器有限公司	红星电器	上海市嘉松中路138弄	201708	2016/3/28	工商银行上海嘉松支行	31577803000312632	01
005	中怀电器有限公司	中怀电器	上海市曹新路2168弄21号	200326	2016/9/28	农业银行上海曹新路支行	31577803000526226	01

（5）供应商分类

分类编码	分类名称	分类编码	分类名称
01	长期供应商	02	短期供应商

（6）供应商档案

供应商编码	供应商名称	供应商简称	地址	邮编	发展日期	开户银行	银行账号	所属分类
001	广泽五金有限公司	广泽公司	北京市海淀区小营路3号	100022	2016/1/1	银行北京海淀区支行	460123658975463214	01
002	金密科技有限公司	金密科技	广东省深圳市福田区彩田路122号	518046	2016/12/26	工商银行深圳市福田区支行	2201367548925365476	01
003	上海丰田器材有限公司	丰田器材公司	上海市嘉华路268弄9号	201806	2016/2/26	工商银行上海嘉华支行	31577803000416356	01
004	卓鑫螺丝制品有限公司	卓鑫公司	海南省海口市海甸岛五西路158号	570228	2015/3/28	中国银行海口市海甸支行	4623655732145698754	02
005	海南顺辉设备工程有限公司	顺辉公司	海南省海口市金龙路68号	570220	2015/6/1	中国银行海口市金龙路支行	460133265987856952	02

（7）存货分类

存货类别设置	存货类别名称	存货类别设置	存货类别名称	存货类别设置	存货类别名称
01	原材料	02	产成品	03	周转材料

（8）计量单位分组

计量单位分组编码	计量单位分组名称	计量单位分组类别
01	无换算组	无换算
02	固定换算组	固定换算

（9）计量单位

单位编码	单位名称	单位组编码	主计量单位编码	固定换算率
01	千克	01		
02	件	01		
03	台	01		
04	卷	01		
05	件	02	是	
0501	盒	02	否	2
0502	箱	02	否	4

（10）存货档案

存货编码	存货名称	存货分类	计量单位组	主计量单位	存货属性	参考成本/元	参考售价/元	启用日期
01	不锈钢	01	01	卷	外购、生产耗用	100		2017/7/1
02	铝合金	01	01	件	外购、生产耗用	500		2017/7/1
03	紫铜	01	02	件	外购、生产耗用	2 500		2017/7/1

（续表）

存货编码	存货名称	存货分类	计量单位组	主计量单位	存货属性	参考成本/元	参考售价/元	启用日期
04	塑料	01	01	件	外购、生产耗用	1 000		2017/7/1
05	电冰箱	02	01	台	自制、销售	1 500	4 500	2017/7/1
06	空调	02	01	台	自制、销售	2 500	5 000	2017/7/1
07	洗衣机	02	01	台	自制、销售	1 000	2 500	2017/7/1

（11）结算方式

结算方式编码	结算方式名称	是否票据管理	结算方式编码	结算方式名称	是否票据管理
1	现金	否	302	银行承兑汇票	否
2	支票	是	4	银行汇票	否
201	现金支票	是	5	汇兑	否
202	转账支票	是	501	信汇	否
3	商业汇票	否	502	电汇	否
301	商业承兑汇票	否	6	委托收款	否

（12）付款条件

付款条件编码：01。付款条件：2/10，1/20，n/30。

（13）开户银行

开户银行编码：01。开户银行：工商银行上海奉贤支行。银行账号：31577803000429738。

第 3 章 总账系统

学习要求

1. 了解总账系统的工作原理和功能结构。
2. 理解总账系统与其他功能模块的联系。
3. 熟悉总账系统的基本操作业务流程。
4. 掌握总账系统初始化,能够处理日常的会计核算(包括记账凭证的输入、修改、审核、记账、期末转账业务处理、结账等),辅助核算、银行对账、支票登记等业务。

3.1 总账系统概述

总账系统,也称账务处理系统,是 T6 的核心模块,也是会计信息系统的一个子系统。许多企事业单位的会计信息化工作往往都是从总账系统开始的。

3.1.1 总账系统的总体介绍

1. 总账系统的概念

在企业、行政事业单位中,会计核算的主要任务是连续、完整、准确、及时地反映和监督企事业单位资金活动的情况。而要完成这一任务必须要有一套完整的会计核算方法体系,包括设置会计账户、复式记账、填制和审核会计凭证、登记会计账簿、账产清查、成本计算、编制会计报表,并对会计核算资料进行综合分析等内容。总账系统包括设置会计账户、复式记账、填制和审核会计凭证、登记和管理会计账簿。在手工会计方式下,会计核算工作是根据业务的种类和工作量的大小进行分工的,并没有明确强调账务处理的概念。在会计信息化方式下,为了加强各种会计核算之间的联系,充分发挥计算机进行数据处理的先进功能,把设置账户、填制和审核凭证、复式记账、登记会计账簿等功能集中于一个核算模块,统称为总账系统。总账系统的任务就是通过对会计科目与各类会计凭证、会计账簿等进行初始化设置,把一个通用的总账系统转化为能符合本单位会计核算要求的专用总账系统,在此基础上进行输入和审核各类会计凭证,登记各类总账、日记账、明细账,进行年终结转等日常业务处理。

2. 总账系统的基本内容

① 总账系统的初始化设置主要包括外币设置、会计科目设置、期初余额输入、凭证类别的设置和选项的设置等。

② 凭证处理主要包括凭证编制、常用凭证定义、出纳签字、审核凭证和记账。

③ 出纳管理主要包括现金和银行日记账、银行对账、资金日报表和支票管理等实用功能。

④ 辅助核算主要包括部门核算、客户往来核算、供应商往来账核算和项目核算。

⑤ 账簿管理主要包括总账、发生额和余额表、明细账、日记账、多栏账、日报表、辅助账等账簿的查询和打印输出。

⑥ 期末处理是系统总结某一会计期间的经营活动情况后，转至下一期的必做事项，包括期末结汇（如有外汇）、结转期间收支、自动转账和结账等。

3.1.2 总账系统与其他功能模块的联系

在 T6 中，总账系统是最基本、最重要的一个模块。它在整个系统中处于核心地位，既可以单独使用，也可以与其他系统同时使用。总账系统是各种应收、应付往来核算，工资核算，进销存的材料核算，固定资产的核算，产成品的成本核算，销售核算，以及账务分析、决策支持系统等功能模块的传输中心、信息存储和汇总中心。其他进行专项核算任务的各子系统必须将核算结果产生的信息资料送到总账系统进行集中处理，才能实现信息的交换、汇总和存储。同时，各子系统在核算中也需要从总账系统中提取一些会计数据进行专项处理。如图 3.1 所示为总账系统与其他系统的联系。

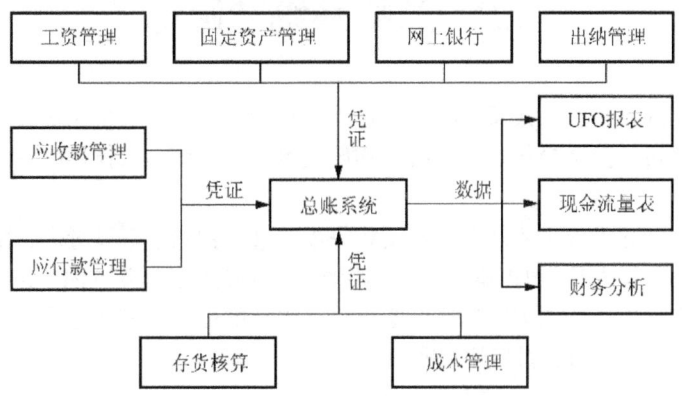

图 3.1 总账系统与其他系统的联系

3.1.3 总账系统基本操作业务流程

1. 新用户的操作流程

第一次使用总账系统，应按如图 3.2 所示的操作流程进行。

2. 老用户的操作流程

老用户使用以前的账套数据时，应按如图 3.3 所示的操作流程进行。

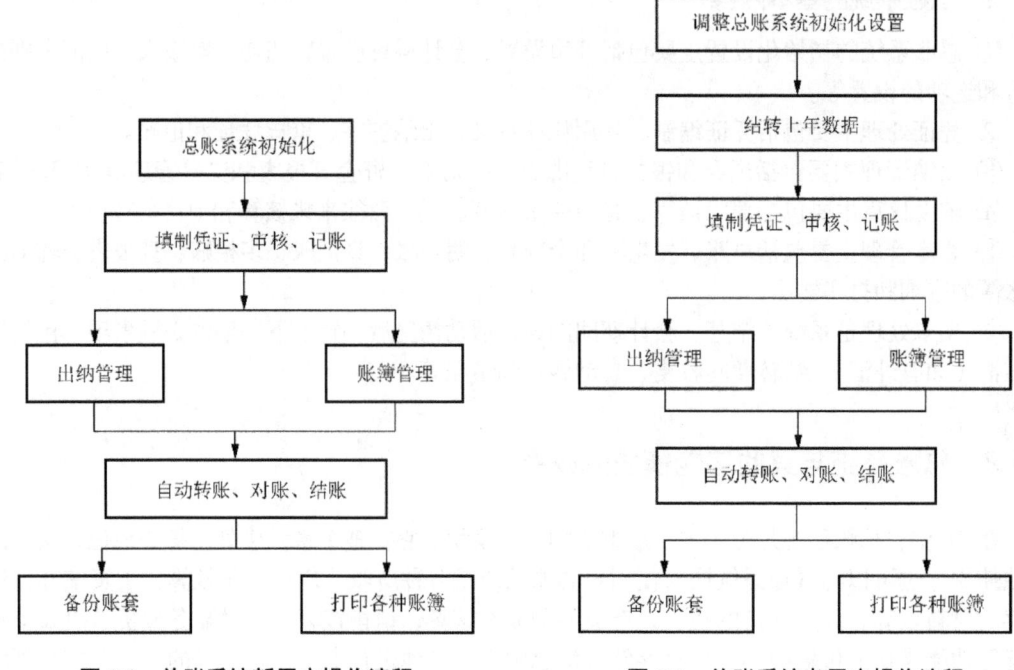

图 3.2　总账系统新用户操作流程　　　　图 3.3　总账系统老用户操作流程

3.2　总账系统初始化

作为系统使用的基础，总账系统的初始化工作至关重要。首次使用会计软件时，最好指定专人或由财务主管进行此项操作。由于有些初始设置必须在第一次使用时一次设置，以后不能改变，因此要认真对待。

总账系统的初始化设置一般是在系统安装完成并进行初始参数设置后，由系统管理员（一般是本单位的财务主管人员）根据本单位的实际情况设置完成。其基本内容包括设置账簿选项、输入期初余额、定义常用凭证与常用摘要等。值得注意的是，在进入总账系统之前必须先在企业门户中或者在开始创建账套时启用总账。

3.2.1　案例资料

本书以海南佳旭有限公司 2017 年 1 月份的业务为例，来介绍总账账务处理过程。海南佳旭有限公司的总账数据资料如下。

1. 外币及汇率（币符：USD。币名：美元。固定汇率：1∶7.20。）
2. 会计科目及2017年1月期初余额表

科目名称	辅助核算	科目类型	方　　向	币别/计量	期初余额
库存现金（1001）	日记	资产	借		5 000
银行存款（1002）	银行日记	资产	借		125 000
工行存款（100201）	银行日记	资产	借		80 000
中行存款（100202）	银行日记	资产	借		45 000
			借	美元	6 250
应收票据（1121）	客户往来	资产	借		58 500
银行承兑汇票（112101）	客户往来	资产	借		0
商业承兑汇票（112102）	客户往来	资产	借		58 500
应收账款（1122）	客户往来	资产	借		36 100
预付账款（1123）	供应商往来	资产	借		20 000
其他应收款（1221）	个人往来	资产	借		2 000
坏账准备（1231）		资产	贷		1 500
在途物资（1402）		资产	借		
原材料（1403）		资产	借		
双组份底漆（140301）	数量核算	资产	借	千克	
清漆固化剂（140302）	数量核算	资产	借	千克	
库存商品（1405）		资产	借		155 000
卡西米模具（140501）	数量核算	资产	借		155 000
			借	台	62
LG模具（140502）	数量核算	资产	借	台	
周转材料（1411）		资产	借		1 000
低值易耗品（141101）		资产	借		
包装物（141102）		资产	借		1 000
在库（14110201）		资产	借		
在用（14110202）		资产	借		2 000
摊销（14110203）		资产	借		-1 000
固定资产（1601）		资产	借		9 228 000
累计折旧（1602）		资产	贷		533 474.40
短期借款（2001）		负债	贷		56 000
应付票据（2201）	供应商往来	负债	贷		93 600
银行承兑汇票（220181）	供应商往来	负债	贷		
商业承兑汇票（220182）	供应商往来	负债	贷		93 600
应付账款（2202）	供应商往来	负债	贷		30 050
预收账款（2203）	客户往来	负债	贷		60 000
应付职工薪酬（2211）		负债	贷		
工资（221101）		负债	贷		
福利费（221102）		负债	贷		
应交税费（2221）		负债	贷		
应交增值税（222101）		负债	贷		

(续表)

科目名称	辅助核算	科目类型	方　向	币别/计量	期初余额
进项税额（22210101）		负债	贷		
销项税额（22210102）		负债	贷		
应交所得税（222102）		负债	贷		
实收资本（4001）		权益	贷		8 814 487.84
资本公积（4002）		权益	贷		
资本溢价或股本溢价（400201）		权益	贷		
其他资本公积（400202）		权益	贷		
盈余公积（4101）		权益	贷		
法定盈余公积（410101）		权益	贷		
任意盈余公积（410102）		权益	贷		
本年利润（4103）		权益	贷		
利润分配（4104）		权益	贷		120 000
提取法定盈余公积（410401）		权益	贷		
提取任意盈余公积（410402）		权益	贷		
应付现金股利或利润（410403）		权益	贷		
转作股本的利润（410404）		权益	贷		
盈余公积补亏（410405）		权益	贷		
未分配利润（410406）		权益	贷		120 000
生产成本（5001）		成本	借		78 512.24
直接材料（500101）	项目核算	成本	借		50 000
直接人工（500102）	项目核算	成本	借		19 512.24
制造费用（500103）	项目核算	成本	借		9 000
制造费用（5101）		成本	借		
折旧费（510101）		成本	借		
工资（510102）		成本	借		
主营业务收入（6001）	数量核算	损益	贷	台	
卡西米模具（600101）	数量核算	损益	贷	台	
LG模具（600102）	数量核算	损益	贷	台	
主营业务成本（6401）	数量核算	损益	借	台	
卡西米模具（640101）	数量核算	损益	借	台	
LG模具（640102）	数量核算	损益	借	台	
销售费用（6601）		损益	借		
管理费用（6602）	部门核算	损益	借		
工资（660201）	部门核算	损益	借		
办公费（660202）	部门核算	损益	借		
差旅费（660203）	部门核算	损益	借		
折旧费（660204）	部分核算	损益	借		
其他（660205）	部门核算	损益	借		

说明：指定现金总账科目为库存现金，银行存款总账科目为银行存款，现金流量科目为库存现金、银行存款、其他货币资金。

3. 辅助账期初余额表

应收票据——商业承兑汇票　　余额：借 58 500 元

日　期	客户简称	摘　要	方　向	金　额	凭证号
2016－12－31	佑通公司	销售商品	借	58 500	转－65

应收账款　　余额：借 36 100 元

日　期	客户简称	摘　要	方　向	金　额	凭证号
2016－12－28	LG 公司	代垫运费	借	1 000	转－26
2016－12－26	盘起公司	销售商品	借	35 100	转－16

预付账款　　余额：贷 20 000 元

日　期	客户简称	摘　要	方　向	金　额	凭证号
2016－12－22	海南柳道	采购原材料	贷	20 000	付－8

其他应收款　　余额：借 2 000 元

日　期	客户简称	摘　要	方　向	金　额	凭证号
2016－12－23	王亮	预借差旅费	借	2 000	付－9

应付账款　　余额：贷 30 050 元

日　期	客户简称	摘　要	方　向	金　额	凭证号
2016－11－26	海南柳道	采购原材料	贷	29 250	转－20
2016－12－20	湖南永和	对方代垫运费	贷	800	转－12

应付票据——商业承兑汇票　　余额：借 93 600 元

日　期	客户简称	摘　要	方　向	金　额	凭证号
2016－10－19	深圳天祥	采购原材料	借	93 600	转－29

预收账款　　余额：贷 60 000 元

日　期	客户简称	摘　要	方　向	金　额	凭证号
2016－12－29	LG 公司	预收货款	贷	60 000	收－8

生产成本　　余额：借 78 512.24 元

科目名称	卡西米模具	LG 模具	合　计
直接材料（500101）	30 000	20 000	50 000
直接人工（500102）	9 512.24	10 000	19 512.24
制造费用（500103）	4 000	5 000	9 000
合　计	43 512.24	35 000	78 512.24

4. 凭证类别

凭证类别	限制类型	限制科目	凭证类别	限制类型	限制科目
收款凭证	借方必有	1001，100201，100202	付款凭证	贷方必有	1001，100201，100202
转账凭证	凭证必无	1001，100201，100202			

5. 项目档案

① 项目大类：生产成本（普通项目）。

② 核算科目：500101（直接材料）、500102（直接人工）、500103（制造费用）。

③ 定义项目分类如下。

分类编码	分类名称	分类编码	分类名称
1	自行开发	2	委托开发

④ 定义项目目录如下。

项目编号	项目名称	是否结算	所属分类码
101	卡西米模具	否	1
102	LG模具	否	1

6. 选项

选项设置为：支票控制，制单序时控制，赤字控制（资金及往来科目），允许修改、作废他人的凭证，可以使用应收受控科目，可以使用应付受控科目，凭证审核控制到操作员，出纳凭证必须经由出纳签字，可查询他人凭证，现金流量科目必录现金流量项目，系统编号，固定汇率。

7. 2017年1月份发生的经济业务

① 1月1日，王亮出差回来，报销差旅费2 000元（其从财务处借款2 000元）。

② 1月1日，收到海南盘起工业有限公司转来的一张转账支票30 000元（票号为3562），偿还前欠货款。

③ 1月5日，向海南盘起工业有限公司销售卡西米模具2台，售价总金额为10 000元，开出增值税发票一张，票号为89675，增值税税率为17%，并收到转账支票一张11 700元（票号为3662）。

④ 1月6日，以库存现金支付管理部门水费1 020.9元。

⑤ 1月21日，以电汇方式向深圳天祥制品有限公司购买管理部门办公用品1 000元。

⑥ 1月22日，取得出租包装物租金收入1 500元，以现金支票收讫（票号为3689）。

⑦ 1月25日，采购部刘敏业向海南柳道有限公司购买原材料双组份底漆32千克，共计8 000元，增值税税率为17%，用现金支票付讫（票号为3886）。材料已验收入库。

⑧ 1月31日，出租包装物报废，摊销剩余价值1 000元。（采用五五摊销法。）

⑨ 1月31日，结转已售卡西米模具2台，5 000元。（通过销售成本自动转账方式由系统自动生成。）

⑩ 1月31日，结转期间损益。（通过期间损益转账方式由系统自动生成。）

⑪ 1月31日，计算所得税，所得税税率为25%。（通过自定义转账方式由系统自动生成。）

⑫ 1月31日，结转所得税费用。（通过期间损益转账方式由系统自动生成。）

⑬ 1月31日，结转本年利润。（通过自定义转账方式由系统自动生成。）

8. 银行对账

2016年12月31日，海南佳旭有限公司工行人民币企业日记账调整前余额为80 000元，银行对账单调整前余额为60 000元。公司收到现金支票一张20 000元（票号为3528），已入账，还没来得及送银行。2017年1月31日，公司办理电话费委托工行付款，当月发生电话费5 000元，银行已划转，截至该日，票据还在交换中，没到达企业。2017年1月31日的银行对账单如下。

日　　期	结算方式	票　　号	借方金额	贷方金额	借方余额
2016年12月31日					60 000
2017年1月1日	202	3562	30 000		
2017年1月2日	201	3528	20 000		
2017年1月5日	202	3662	11 700		
2017年1月21日	502			1 000	
2017年1月22日	201	3689	1 500		
2017年1月25日	201	3886		9 360	
2017年1月31日				5 000	
2017年1月31日					112 940

3.2.2　总账系统初始化

1. 外币及汇率设置

如果企业有外币业务，在此就要进行外币及汇率的设置。

如果使用固定汇率，则应在每月月初输入记账汇率（期初汇率），月末计算汇兑损益时输入调整汇率（期末汇率）；如果使用浮动汇率，则应每天输入当日汇率。

具体操作

在企业门户窗口中，选择"设置"|"基础档案"|"财务"|"外币设置"命令，打开"外币设置"窗口，从中单击"增加"按钮，如图3.4所示。

① 币符及币名：所定义外币的符号及名称，如美元，其币符定义为USD，名称定义为"美元"。币符为必输项。

② 汇率小数位：定义外币的汇率小数位数。系统默认为5位。

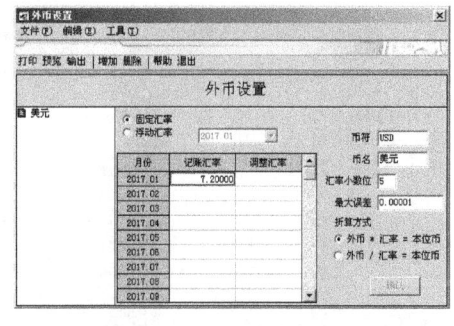

图3.4　"外币设置"窗口

③ 折算方式：分为直接汇率与间接汇率两种，用户可以根据外币的使用情况选定汇率的折算方式。直接汇率即外币×汇率=本位币，间接汇率即外币÷汇率=本位币。

④ 外币最大误差：在记账时，如果外币×（或÷）汇率－本位币>最大折算误差，则系统给予提示，系统默认最大折算误差为0.000 01，即不相等时就提示。如果用户希望在制单时不提供最大折算误差提示，可以将最大折算误差设为一个比较大的数值，如设为1000 000。

⑤ 固定汇率与浮动汇率：选中"固定汇率"单选按钮即可输入各月的月初汇率，选中"浮动汇率"单选按钮即可输入所选月份的各日汇率。

⑥ 记账汇率：在平时制单时，系统自动显示此汇率。如果用户使用固定汇率（月初汇率），则记账汇率必须输入，否则制单时汇率为0。

⑦ 调整汇率：月末汇率。在期末计算汇兑损益时用，平时可不输入。期末时可输入期末汇率，用于计算汇兑损益。本汇率不做其他用途。

例如，设置海南佳旭有限公司的外币美元及其汇率。在"外币设置"窗口中，单击"增加"按钮，然后"币符"输入USD，"币名"输入"美元"，选中"固定汇率"单选按钮，"汇率小数位"输入2，"最大误差"输入0.01，"折算方式"选中"外币*汇率＝本位币"单选按钮，最后单击"确认"按钮。所增加的美元自动出现在"外币设置"窗口中的左侧，然后选中已增加的外币美元，在"记账汇率"所对应的时间2017年1月输入7.20即可。

 **提示**：此处仅供用户输入固定汇率与浮动汇率，并不决定在制单时使用固定汇率还是浮动汇率。"选项"对话框中的"汇率方式"的设置决定制单使用固定汇率还是浮动汇率。

2. 会计科目设置

会计科目是填制会计凭证、登记会计账簿、编制会计报表的基础。会计科目是对会计对象具体内容分门别类进行核算所规定的项目。会计科目是一个完整的体系，它是区别于流水账的标志，是复式记账和分类核算的基础。会计科目设置的完整性影响会计过程的顺利实施，会计科目设置的层次深度直接影响会计核算的详细、准确程度。计算机总账系统要进行日常的财务核算，就必须设置相应的会计科目。

（1）增加会计科目

为了提高工作效率，系统一般会预先设置一级会计科目和部分二级科目。用户可以根据企业的实际情况增加二级、三级等明细会计科目。

 具体操作

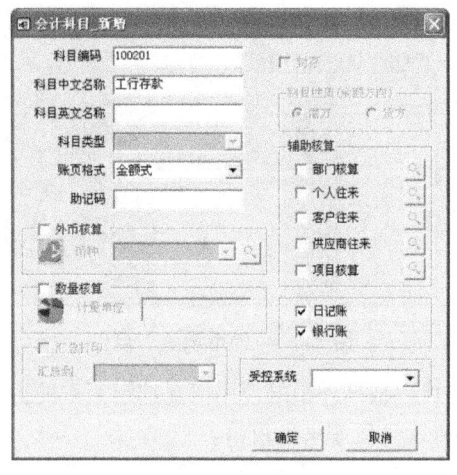

图3.5 "会计科目_新增"对话框

在企业门户窗口中，选择"设置"|"基础档案"|"财务"|"会计科目"命令，打开"会计科目"窗口，从中选择要增加下级的会计科目，然后单击"增加"按钮，打开"会计科目_新增"对话框，如图3.5所示。

① 科目编码：科目编码应是科目全编码，即从一级科目至本级科目的各级科目编码组合。其中，各级科目编码必须唯一，且必须按其级次的先后次序建立，即先有上级科目，然后才能建立下级明细科目。科目编码中的一级科目编码必须符合现行的会计制度。通常，商品化会计软件在建立账套时，会自动装入规范的一级会计科目。

② 科目名称：科目名称是指本级科目名称，通常分为科目中文名称和科目英文名称。科目中文名称和英文名称不能同时为空。

③ 科目类型：科目类型是指会计制度中规定的科目类型，分为资产、负债、所有者权益、成本、损益。

④ 账页格式：定义该科目在账簿打印时的默认打印格式。通常系统会提供金额式、外币金额式、数量金额式、外币数量式4种账页格式供选择。

⑤ 助记码：用于帮助记忆科目，以提高输入和查询速度。通常科目助记码不必唯一，可以重复。

⑥ 科目性质（余额方向）：增加记借方的科目，科目性质为借方；增加记贷方的科目，科

目性质为贷方。一般情况下，只能在一级科目设置科目性质，下级科目的科目性质与其一级科目的相同。已有数据的科目不能再修改科目性质。

⑦ 辅助核算：也叫辅助账类，用于说明本科目是否有其他核算要求。系统除完成一般的总账、明细账核算外，还提供部门核算、个人往来核算、客户往来核算、供应商往来核算、项目核算 5 种专项核算功能供选用。在设置辅助核算时应慎重，因为如果科目已有数据，而又对科目的辅助核算进行修改，那么，很可能会造成总账与辅助账对账不平。

⑧ 其他核算：用于说明本科目是否有其他要求，如银行账、日记账等。一般情况下，现金科目要设为日记账，银行存款科目要设为银行账和日记账。

⑨ 外币核算：用于设置该科目是否有外币核算，以及核算的外币名称。

⑩ 数量核算：用于设置该科目是否有数量核算，以及数量计量单位。

例如，增加海南佳旭有限公司会计科目工行存款。选中其上级会计科目"银行存款"，单击"增加"按钮，打开"会计科目_新增"对话框后，"科目编码"输入 100201，"科目中文名称"输入"工行存款"，选中"日记账"和"银行账"复选框，其他采用默认设置。输入完毕后单击"确定"按钮，系统会自动在"银行存款"下面增加"工行存款"。按此方法增加其他明细会计科目。

（2）修改会计科目

会计科目增加以后如果发现有错误或者根据企业实际情况需要修改某些信息，系统提供了修改功能。

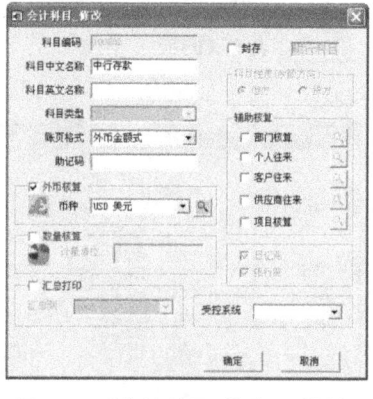

提示

在"会计科目"窗口中选中要修改的会计科目，单击"修改"按钮或双击该科目，打开"会计科目_修改"对话框，单击"修改"按钮，根据需要修改相应内容，如将"100202 中行存款"的核算方式修改为"外币核算"，如图 3.6 所示。修改完毕后单击"确定"按钮。

图 3.6　"会计科目_修改"对话框

（3）删除会计科目

如果某些会计科目目前暂时不需要用或者不适合企业科目体系的特点，可以在未使用之前将其删除。但是非末级科目不能删除，并且科目一旦删除后不能自动恢复，只能重新增加被删除的会计科目。

在"会计科目"窗口中，选中需要删除的会计科目，单击"删除"按钮，弹出"记录删除后不能恢复！真的删除此记录吗？"提示对话框，单击"确定"按钮即可。

提示：已有数据的会计科目，应先将该科目及下级科目余额清零后，再删除。

（4）辅助会计科目的设置

有些会计科目不需要增加明细会计科目，但是需要添加一些辅助核算项目，如应收账款要设置为客户往来，管理费用要设置为部门核算等，就不能通过"增加"按钮，而是通过"修改"按钮来完成。

例如，将海南佳旭有限公司的应收账款设置为客户往来。

**具体操作**

在"会计科目"窗口中,选中要设置辅助核算的会计科目"应收账款",然后单击"修改"按钮或直接双击该科目,打开"会计科目_修改"对话框,从中进行设置。单击"修改"按钮,然后在"会计科目_修改"对话框的"辅助核算"选项组中选中"客户往来"复选框,如果还要使用应收款管理系统模块,则受控系统选择"应收系统"。但是只有在"选项"对话框中选中"可以使用应收系统受控科目"复选框,才能在总账系统中使用该科目。

(5)指定会计科目

指定会计科目包括指定现金总账科目、指定银行总账科目和指定现金流量科目。现金总账科目和银行总账科目是出纳的专管科目,只有指定会计科目后才能执行出纳签字,查看现金、银行存款日记账,从而实现库存现金、银行存款管理的保密性。在指定现金科目、银行科目之前,应将库存现金、银行存款科目设置为日记账科目。指定的现金流量科目供 UFO 报表取数使用。在输入凭证时,对于指定的现金流量科目,系统自动弹出对话框要求用户指定当前输入分录的现金流量项目。只有在这里指定现金流量科目,才能在填制凭证时输入现金流量项目。要设为现金流量科目的有库存现金、银行存款、其他货币资金。

具体操作

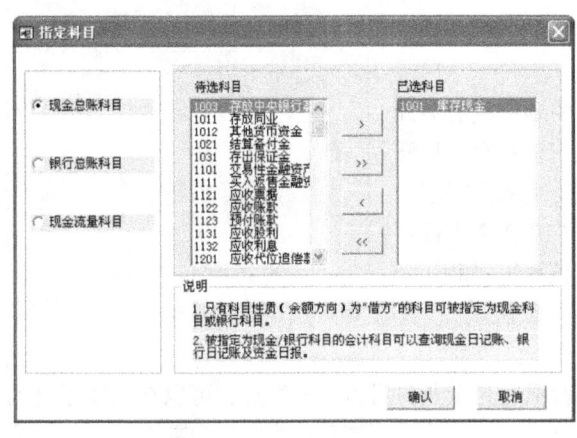

图 3.7 "指定科目"对话框

在"会计科目"窗口中,选择"编辑"|"指定科目"命令,打开"指定科目"对话框,通过单击 ">" "≫" 按钮选择库存现金、银行存款的总账科目。选择完毕后,单击"确认"按钮即可。

例如,指定海南佳旭有限公司现金总账科目。在"指定科目"对话框中选中左侧的"现金总账科目"单选按钮,在"待选科目"列表框中选中"1001 库存现金"选项,然后单击 ">" 按钮,则系统自动将该科目从"待选科目"列表框移至"已选科目"列表框,如图3.7所示。同理指定银行总账科目和现金流量科目。

3. 凭证类别设置

许多单位为了便于管理和登账,一般会对会计凭证进行分类编制。但由于各单位的分类标准不尽相同,所以系统提供了凭证类别设置功能。可以按照本单位的需要对凭证进行分类。

具体操作

在企业门户窗口中,选择"设置"|"基础档案"|"财务"|"凭证类别"命令,打开"凭证类别预置"对话框,如图3.8所示。

T6提供了几种常见凭证类型划分方式,分别是记账凭证,收款、付款、转账凭证,现金、银行、转账凭证,现金收款、现金付款、银行收款、银行付款、转账凭证等,同时企业还可以根据实际情况选择自定义凭证类别。凭证类别一旦设置,在填制凭证时,就必须符合这些条件。如果不符合这些限制条件,系统拒绝保存。

例如,设置海南佳旭有限公司的凭证类别是收款、付款、转账凭证。在"凭证类别预置"对话框中选中"收款凭证 付款凭证 转账凭证"单选按钮,然后单击"确定"按钮,打开"凭证类别"窗口。在设置凭证类别的过程中,有些会计软件还设立了凭证科目必有或必无项目的选择功能,如图3.9所示。

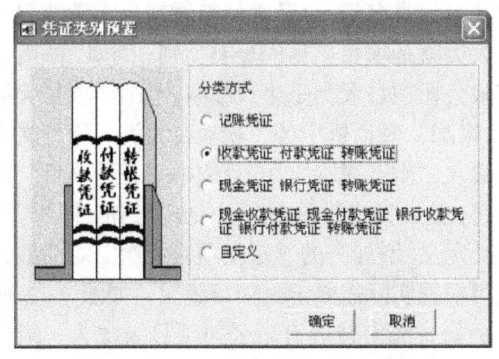

图3.8 "凭证类别预置"对话框

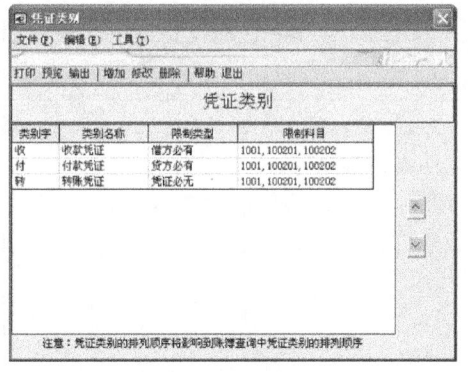

图3.9 "凭证类别"窗口

① 借方必有:制单时,此类凭证借方至少有一个限制科目有发生。
② 贷方必有:制单时,此类凭证贷方至少有一个限制科目有发生。
③ 凭证必有:制单时,此类凭证无论借方还是贷方至少有一个限制科目有发生。
④ 凭证必无:制单时,此类凭证无论借方还是贷方不可有一个限制科目有发生。
⑤ 无限制:制单时,此类凭证可使用所有合法的限制科目由用户输入,可以是任意级次的科目;科目之间用逗号分隔,数量不限,也可参照输入,但不能重复输入。
⑥ 借方必无:金额发生在借方的科目集必须不包含借方必无科目。可在凭证保存时检查。
⑦ 贷方必无:金额发生在贷方的科目集必须不包含贷方必无科目。可在凭证保存时检查。

例如,在海南佳旭有限公司账套的"凭证类别"窗口中,在"收款凭证"的"限制类型"栏中,双击限制类型,打开"限制类型"下拉列表,选择"借方必有"选项;然后双击限制科目,可以单击"参照"按钮,选中 1001 和"100201,100202",也可以直接输入"1001,100201,100202"。按照同样的方法设置付款凭证和转账凭证。

提 示

4. 项目管理

企业在实际业务处理中会对多种类型的项目进行核算和管理,如在建工程、对外投资、在产品成本、课题等。在手工会计方式下,一般是直接在具体的项目下开设明细账进行核算,这样必然增加了明细科目的级次,同时给会计核算和管理资料带来了极大的困难。T6 提供了项目核算与管理功能,企业可以将具有相同特性的一类项目定义成一个项目大类,在总账业务处理的同时进行项目核算与管理。一个项目大类可以核算多个项目,为了便于管理,企业还可以对这些项目进行分级管理。但是必须将需要进行项目核算的科目在"会计科目"窗口中设置为项目账类后,才能定义项目和目录。

（1）定义项目大类

具体操作

1）在企业门户窗口中，选择"设置"|"基础档案"|"财务"|"项目目录"命令，打开"项目档案"窗口，如图3.10所示。

2）单击"增加"按钮，打开"项目大类定义_增加"对话框，如图3.11所示。从中可输入新增项目大类名称，以及选择新增项目大类的属性。项目大类就是项目核算的分类类别。例如，海南佳旭有限公司项目大类是生产成本，则在"项目大类定义_增加"对话框中的"新项目大类名称"文本框中输入"生产成本"，并且选中"普通项目"单选按钮，输入完毕后单击"下一步"按钮，打开"项目大类定义_增加"的"定义项目级次"对话框，在此可根据实际需要定义项目级次，如图3.12所示。例如，海南佳旭有限公司项目级次为一级1位，则在此采用默认的一级1位。单击"下一步"按钮，打开"项目大类定义_增加"的"定义项目栏目"对话框，如图3.13所示。

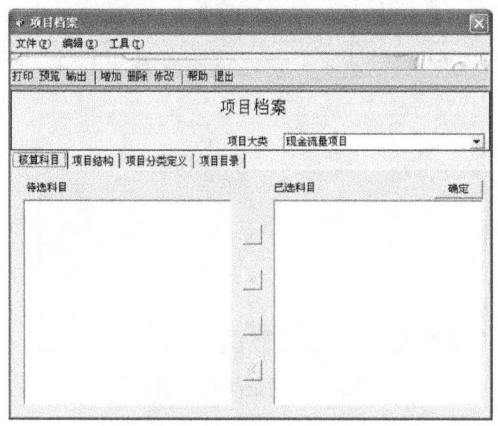

图3.10 "项目档案"窗口

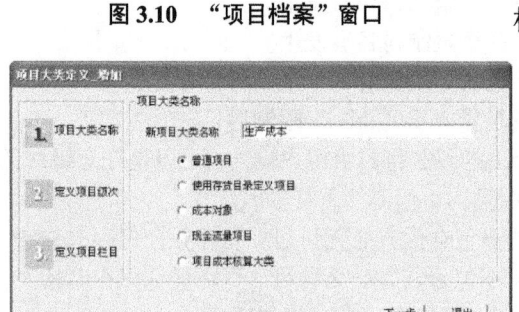

图3.11 "项目大类定义_增加"对话框

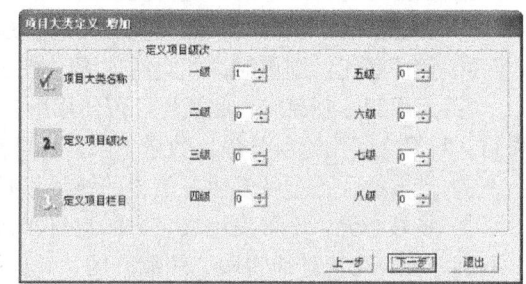

图3.12 定义项目级次

一个项目除了项目名称外，有时还应加一些其他备注说明。例如，课题核算除了课题名称以外，还有如课题性质、课题承担单位、课题负责人等备注说明。这些备注说明均可以设置为项目栏目。用户可以根据实际需要定义项目栏目。例如，海南佳旭有限公司采用系统默认值，然后单击"完成"按钮，返回"项目档案"窗口。

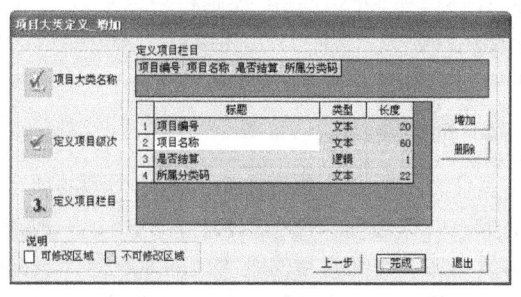

图3.13 定义项目栏目

提示：● 项目大类的名称是该类项目的总称，而不是会计科目名称。

● 系统允许在同一单位中同时进行几个大类的项目核算。

● 如果使用存货核算系统，在定义"生产成本"项目大类时，可以使用存货核算系统中已定义的存货目录作为项目目录。

（2）指定核算科目

指定核算科目就是设置项目大类的核算科目。这些核算科目将作为该项目大类在以后的数据输入、计算汇总中的依据。使用前提是，只有在会计科目设置中设置项目辅助核算属性的科目才能作为项目大类核算科目。例如，对产成品、生产成本、商品采购、库存商品、在建工程等科目设置项目辅助核算。

具体操作

在"项目档案"窗口中，在"项目大类"下拉列表中选择"生产成本"，单击"核算科目"标签，在左侧的"待选科目"列表框中选择核算科目，如"直接材料""直接人工""制造费用"，然后单击 > 或 >> 按钮，系统自动将选定的"直接材料""直接人工""制造费用"核算科目从"待选科目"列表框移至"已选科目"列表框中。单击"确定"按钮进行保存，如图3.14所示。

提示：一定要单击"确定"按钮才能进行保存，否则系统会自动放弃。

（3）项目分类定义

为了便于统计，可以对同一项目大类下的项目进行进一步划分，这就需要对项目进行分类。

例如，增加海南佳旭有限公司的项目分类定义"自行开发"和"委托开发"。

具体操作

在"项目档案"窗口中，单击"项目分类定义"标签，选择项目大类。单击下部的"增加"按钮，然后在"分类编码"文本框中输入1，在"分类名称"文本框中输入"自行开发"，输入完毕后单击"确定"按钮。同理增加委托开发，如图3.15所示。

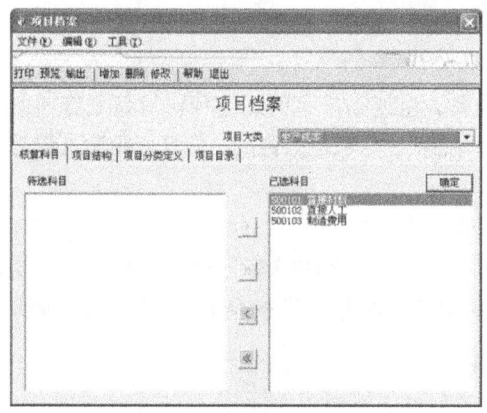 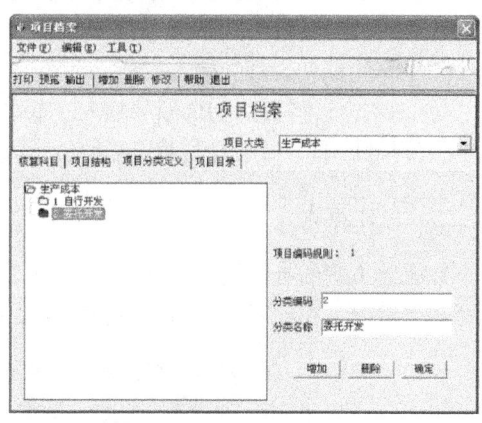

图3.14 指定核算科目　　　　　　　　图3.15 增加项目分类

提示：输入分类编码和分类名称后要单击"确定"按钮，而不是"增加"按钮。

（4）定义项目目录

定义项目目录是将各个大类中的具体项目输入系统。具体输入的内容取决于项目中所拟定义的项目名称或数据。

例如，增加海南佳旭有限公司项目目录——卡西米模具和LG模具。

 **具体操作**

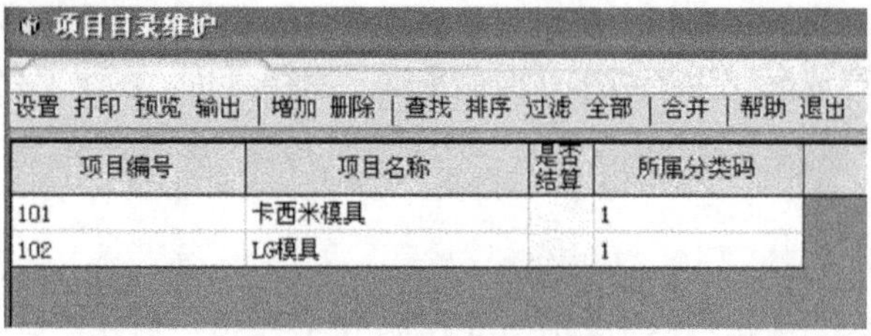

图3.16 增加项目档案

在"项目档案"窗口中,选择"项目目录"选项卡,单击"维护"按钮,打开"项目目录维护"窗口,然后单击"增加"按钮,在出现的空白行中输入"项目编号"为101、"项目名称"为"卡西米模具","是否结算"采用默认设置,"所属分类码"选择1。同理增加LG模具,如图3.16所示。

① 项目编号:用于标识具体项目的代码。由于项目编号是以后输入和核算项目数据信息的依据,所以用户必须输入且唯一。

② 项目名称:具体项目的名称。用户可以根据项目结构中设置的输入类型和长度输入项目名称。项目名称可以重复。

③ 是否结算:可双击"是否结算"栏,设置已结算标志。

④ 所属分类码:用于标识该项目属于哪一个项目大类。

5. 期初余额输入

如果用户是第一次使用总账系统,为了保证会计数据连续完整,并与手工账簿数据相衔接,还需要将各种基础数据输入系统。T6提供了期初余额输入功能,可以将经过整理的手工账科目的期初余额输入计算机。如果系统中已有上年的数据,则直接使用结转上年余额功能,将上年各账户余额自动结转到本期。

(1)年初期初余额的输入

① 基本会计科目期初余额的输入。基本会计科目,也就是没有明细会计科目且没有辅助核算的会计科目,即一级会计科目。这种会计科目的"期初余额"栏是白色的,可以直接输入数据。

 具体操作

以账套主管的身份选择"财务会计"|"总账"|"设置"|"期初余额"命令,打开"期初余额录入"窗口,在此窗口中的基本会计科目的"期初余额"栏输入期初余额,如图3.17所示。

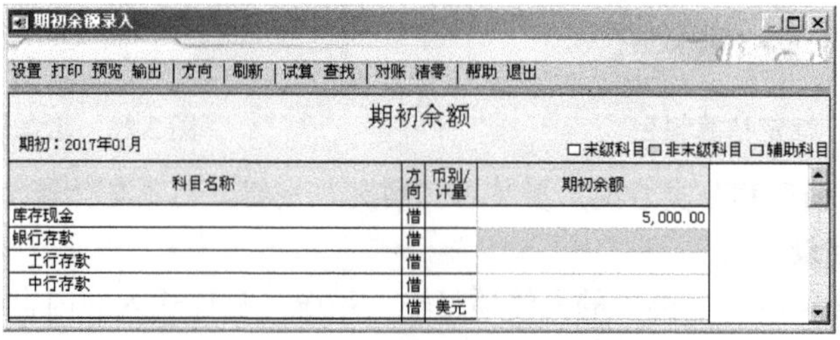

图3.17 基本会计科目期初余额的输入

例如,输入库存现金期初余额5 000元。在"期初余额录入"窗口的库存现金所对应的"期初余额"栏输入5000。同理可以输入其他基本会计科目的期初余额。

② 明细会计科目的期初余额的输入。有明细会计科目的期初余额,不能直接输入数据,其

在"期初余额录入"窗口显示的区域是灰色的。其期初余额是系统根据其下级会计科目的期初余额自动汇总计算出来的。也就是只要在该会计科目的末级输入期初余额,系统会自动计算其上级科目的余额。例如,输入银行存款 125 000 元,其具体操作是在"期初余额录入"窗口中,选择工行存款的"期初余额"栏,然后输入 80000,选择中行存款的"期初余额"栏,然后输入 45000,另在美元"期初余额"栏输入 6250,如图 3.18 所示。银行存款会自动显示 125 000 元。

图 3.18 明细会计科目的期初余额的输入

③ 辅助核算会计科目的期初余额的输入。如果某会计科目设置了往来核算、项目核算等辅助核算,如应收账款设置了客户往来,则期初余额不能直接输入,并且其在"期初余额录入"窗口显示的区域是黄色的。输入这类会计科目的期初余额要双击该黄色区域,系统会进入一个单独的对话框供用户输入。

例如,输入海南佳旭有限公司客户海南盘起工业有限公司所欠的货款 35 100 元。

 具体操作

在"期初余额录入"窗口中,双击"应收账款"的期初余额,打开"客户往来期初"窗口,从中单击"增加"按钮,然后依次输入"日期"为 2016－12－26、"凭证号"为"转－16"、"客户"为"盘起公司"、"摘要"为"销售商品",系统默认"方向"为"借",金额输入 35100,输入完毕。同理增加应收 LG 公司的 1 000 元,如图 3.19 所示。

④ 试算平衡。期初余额及累计发生额输入后,为了保证初始数据的正确性,必须依据"资产＋共同＋成本＝负债＋权益＋损益"的原则进行试算平衡。校验工作由计算机自动完成。校验完成后,系统会自动生成一个校验结果报告。如果试算结果不平衡,那么应依次逐项进行检查、更正后,再次进行试算平衡,直至平衡为止,如图 3.20 所示。

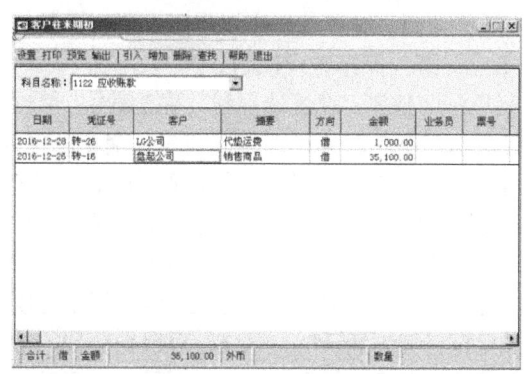

图 3.19 辅助核算会计科目的期初余额的输入

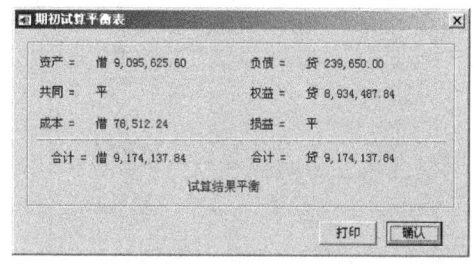

图 3.20 期初试算平衡

⑤ 对期初余额进行对账。用户如果初次使用,对系统不太熟悉,在进行期初设置时的一些不经意的修改可能会导致总账与辅助总账、总账与明细账核对有误,T6 提供了对期初余额对账

的功能，可以及时地做到账账核对，并尽可能地修正错误的账务数据。

 具体操作

在"期初余额录入"窗口中，单击"对账"按钮，打开"期初对账"对话框。单击"开始"按钮，对当前期初余额进行对账。对账后如果发现有错误，可单击"显示对账错误"按钮，系统将把对账中发现的问题列示出来。

（2）年中期初余额的输入

如果用户是在年中建账，则"期初余额录入"窗口比年初余额的窗口多了"年初余额""累计借方""累计贷方"3个栏目，如图3.21所示。例如，企业7月份开始使用总账系统，建账月份为7月，则用户可以输入7月初的期初余额以及1—6月的借、贷方累计发生额，系统自动计算年初余额。具体操作方法与年初期初余额输入的方法相同，在这里不再赘述。

图3.21　年中期初余额输入

6．选项

系统启用后，如果默认账套参数与实际需要不符，用户应根据实际情况，通过设置总账系统选项，正确选择适合本单位的各种参数，以达到会计核算和财务管理的目的。总账系统的"选项"对话框包括"凭证""账簿""会计日历"和"其他"4个选项卡。

提　示

 具体操作

进入总账（在企业门户窗口中选择"业务"|"财务会计"|"总账"命令）后，选择"设置"|"选项"命令，打开"选项"对话框，如图3.22所示。

（1）"凭证"选项卡

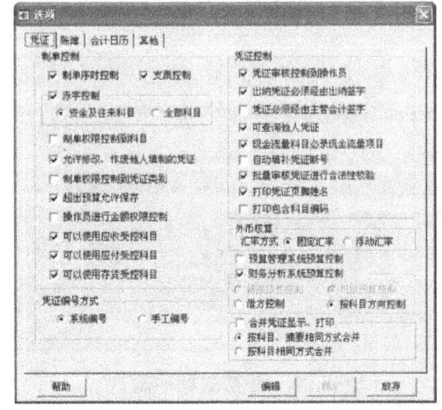

图3.22　"选项"对话框

① 制单控制。制单控制主要用于设置在填制凭证时，系统应对哪些操作进行控制。

● 制单序时控制：此复选框和"系统编号"单选按钮联用，制单时凭证编号必须按日期顺序排列。例如，11月26日编制27号凭证，则11月27日只能开始编制28号凭证，即制单序时。如果有特殊需要可以将其改为不序时制单。

● 支票控制：如果选中此复选框，则在制单时使用银行科目编制凭证时，系统针对票据管理的结算方式进行登记。如果输入的支票号在支票登记簿中已存在，则系统提供登记支票报销的功能，否则，系统提供登记支票登记簿的功能。

- 赤字控制：如果选中此复选框，在制单时，当资金及往来科目或全部科目的最新余额出现负数时，系统将予以提示。
- 制单权限控制到科目：要在系统管理的功能权限中设置科目权限，再选中此复选框，权限设置才有效。选中此复选框，则在制单时，操作员只能使用具有相应制单权限的科目制单。
- 允许修改、作废他人填制的凭证：如果选中此复选框，在制单时可修改或作废别人填制的凭证，否则不能修改。
- 制单权限控制到凭证类别：要在系统管理的功能权限中设置凭证类别权限，再选中此复选框，权限设置才有效。选中此复选框，则在制单时，只显示此操作员有权限的凭证类别。同时在凭证类别参照中按人员的权限过滤出有权限的凭证类别。
- 操作员进行金额权限控制：选中此复选框，可以对不同级别的人员进行金额大小的控制。例如，财务主管可以对20万元以上的经济业务制单，一般财务人员只能对20万元以下的经济业务制单，这样可以减少由于不必要的责任事故带来的经济损失。如果为外部凭证或常用凭证调用生成，则处理与预算处理相同，不做金额控制。
- 超出预算允许保存：选中右侧的预算控制选项后此复选框才起作用。从财务分析系统取预算数，如果制单输入分录时超过预算也可以保存超预算分录，否则不予保存。
- 可以使用应收、应付和存货受控科目：如果科目为应收、应付和存货核算系统的受控科目，为了防止重复制单，系统只允许应收、应付和存货核算系统使用此科目进行制单。总账系统是不能使用此科目制单的。因此如果用户希望在总账系统中也能使用这些科目填制凭证，则应选中"可以使用应收受控科目""可以使用应付受控科目"和"可以使用存货受控科目"复选框。

② 凭证控制。

- 权限设置：如果只允许某操作员审核其本部门操作员填制的凭证，则应选中"凭证审核控制到操作员"复选框；如果要求库存现金、银行科目凭证必须由出纳人员核对签字后才能记账，则选中"出纳凭证必须经由出纳签字"复选框；如果要求所有凭证必须由主管签字后才能记账，则选中"凭证必须经由主管会计签字"复选框；如果允许操作员查询他人凭证，则选中"可查询他人凭证"复选框。

提 示

- 自动填补凭证断号：如果选择"凭证编号方式"为"系统编号"，则在新增凭证时，系统按凭证类别自动查询本月的第一个断号默认为本次新增凭证的凭证号。若无断号则为新号，与原编号规则一致。
- 现金流量科目必录现金流量项目：选中此复选框后，在输入凭证时如果使用现金流量科目则必须输入现金流量项目及金额。
- 批量审核凭证进行合法性校验：批量审核凭证时针对凭证进行二次审核，提高凭证输入的正确率。合法性校验与保存凭证时的合法性校验相同。
- 打印凭证页脚姓名：用于设置在打印凭证时，是否自动打印制单人、出纳人员、审核人、记账人的姓名。
- 打印包含科目编码：用于设置在打印凭证时，是否自动打印科目编码。

③ 外币核算。如果用户的企业有外币业务，则应选择相应的汇率方式——固定汇率或浮动汇率。固定汇率是指在制单时，一个月只按一个固定的汇率折算本位币金额。浮动汇率是指在

制单时，按当日汇率折算本位币金额。

④ 凭证编号方式：系统在填制凭证功能中一般按照凭证类别按月自动编制凭证编号，即系统编号，但有的企业需要系统允许在制单时手工输入凭证编号，即手工编号。

⑤ 预算控制：该选项从财务分析系统取数。选中该选项，则制单时，如果某一科目下的实际发生数导致多个科目及辅助项的发生数及余额总数超过预算数与报警数的差额，则报警。注意报警只针对总账的凭证。

⑥ 合并凭证显示、打印：选中此复选框，则在填制凭证、查询凭证、出纳签字和审核凭证时，以系统选项中的设置显示。在科目明细账显示或打印时凭证按科目、摘要相同方式或按科目相同方式合并显示或打印，并在明细账显示窗口提供是否合并显示的选项。

例如，设置海南佳旭有限公司的选项。在"选项"对话框的"凭证"选项卡中选中"支票控制""制单序时控制""赤字控制（资金及往来科目）""允许修改、作废他人填制的凭证""可以使用应收受控科目""可以使用应付受控科目""凭证审核控制到操作员""出纳凭证必须经由出纳签字""可查询他人凭证""现金流量科目必录现金流量项目""系统编号""固定汇率"。

（2）"账簿"选项卡

单击"账簿"标签，可查看账簿及凭证打印的格式。

提示

（3）"会计日历"选项卡

单击"会计日历"标签，可查看各会计期间的起始日期与结束日期，以及启用会计年度和启用日期。

（4）"其他"选项卡

单击"其他"标签，可查看该账套的其他一些信息。

7. 账簿清理

当年初建完账以后，发现账建得太乱或错误太多，此时可能希望将该账冲掉，然后重新建账，这时执行"账簿清理"命令后系统会将已建好的账全部冲掉，然后重新开始建账。账簿清理将冲掉本年各账户的余额和明细账，并将上年的会计科目、部门目录、个人目录、客户分录、供应商分类、项目目录、凭证类别转入本年。如果本年为账套启用年，则冲掉本年各账户的余额和明细账，只保留会计科目、部门目录、客户目录、供应商分类、项目目录和凭证类别等。执行"账簿清理"命令后，应重新调整科目和余额。因为执行"账簿清理"命令将冲掉本年输入的所有余额和发生额，所以执行时一定要慎重。最好在执行该命令前先进行数据备份。

 具体操作

进入总账后，选择"设置"|"账簿清理"命令，打开"口令确认"对话框，从中输入账套主管口令，然后单击"确定"按钮，打开"账簿清理"对话框，从中选择要清理的内容，最后单击"清理"按钮，系统将冲掉本年各账户的余额和明细账。如果进入"账簿清理"对话框时不想冲掉本年各账户的余额和明细账，则单击"不清理"按钮，退出"账簿清理"对话框。

提示：只有账套主管才能进行账簿清理。

3.3 凭证处理

3.3.1 填制凭证

当初始设置工作完成并确保正确以后，就可以进行总账系统的日常业务处理工作了。总账系统日常业务处理是会计核算中经常性的工作，是实行计算机记账后，会计日常业务处理中的重要部分。日常业务处理的任务是通过输入和处理记账凭证，审核凭证，记账，查询和打印输出各种凭证、日记账、明细账及总分类账，然后进行月末对账和结账等，最终生成和输出各种常用报表。

1. 记账凭证的填制

记账凭证是登记账簿的依据，是总账系统的唯一数据来源。填制凭证也是最基础和最繁杂的工作。在实行计算机处理账务后，电子账簿的准确性与完整性完全依赖于记账凭证，因而在实际工作中必须力求准确而完整地输入记账凭证。在实际工作中，填制记账凭证主要有两种方式：一种是直接在计算机上，根据审核无误、准予报销的原始凭证填制记账凭证，也称为前台处理；另一种是先由人工制单，而后集中输入到计算机，也称为后台处理。具体采用上述哪种方式，使用单位可根据实际情况进行选择。

例如，1月1日，王亮出差回来，报销差旅费2 000元（其从财务处借款2 000元）。

具体操作

进入总账后，选择"凭证"|"填制凭证"命令，打开"填制凭证"窗口，从中单击"增加"按钮，增加一张空白的凭证。依次输入凭证类别、凭证日期、附单据数、摘要、科目名称、借方金额。输入完毕，按 Enter 键，继续输入下一行，输完贷方内容后单击"保存"按钮，弹出"凭证已成功保存"提示对话框。单击"确定"按钮，则输入的凭证信息就会保存下来，出现如图 3.23 所示的窗口。

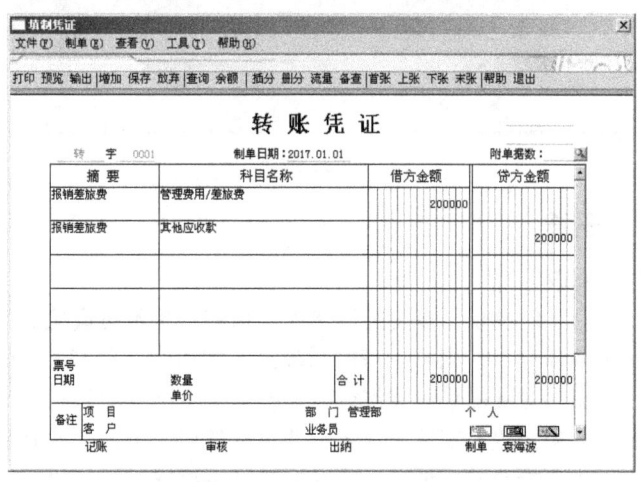

图 3.23 "填制凭证"窗口

① 类别字：指凭证的类别，可直接输入类别字或者单击旁边的按钮进行参照选择凭证类别字，确定后按 Enter 键，系统将自动生成凭证编号，并将光标定位在"制单日期"上。

② 凭证编号：如果在"选项"对话框中选中"系统编号"单选按钮，则由系统按时间顺序自动编号，不需要用户操作，否则就需要手工编号。系统规定每张凭证可以有 5 笔分录，当某号凭证超过 5 笔分录时，系统会自动在凭证号码上标上几分之一。例如，收 – 0006 号 0002/0003 表示收款凭证第 0006 号凭证共有 3 张分单，当前光标所在分录在第二张分单上。

③ 制单日期：系统自动取当前业务日期为记账凭证填制的日期，可以进行修改或参照输入。例如，本题制单日期为 2017 年 1 月 1 日。

④ 附单据数：在此处输入原始单据张数后按 Enter 键。

⑤ 摘要：输入本笔分录的经济业务说明。摘要要求简洁明了。按 F2 键或单击参照按钮可以输入常用摘要，但常用摘要的输入不会清除原来输入的内容。常用摘要是指企业在处理日常业务数据时，在输入单据或凭证的过程中，因为业务的重复发生，经常会有许多摘要完全相同或大部分相同，如果将这些常用摘要保存起来，在输入单据或凭证时随时调用，必将大大提高业务处理效率。调用常用摘要也可以在输入摘要时直接输入摘要代码。

提 示

⑥ 科目名称：科目必须为末级科目。科目可以输入科目编码、中文科目名称、英文科目名称或助记码；或者按 F2 键参照输入；也可以通过单击旁边的参照按钮参照输入。

⑦ 金额：输入该笔分录的借方或贷方本币发生额，金额不能为 0，但可以是红字。红字金额以负数形式输入。如果方向不符，可按空格键调整金额方向。

2. 辅助核算信息的输入

如果某会计科目设置了辅助信息，如管理费用设置了部门核算、应收账款设置了客户往来、应付账款设置了供应商往来，则在输入这些会计科目后，系统会打开"辅助项"对话框。例如，1 月 1 日，王亮出差回来，报销差旅费 2 000 元（其从财务处借款 2 000 元）。当输入"管理费用/差旅费"（该科目为部门核算）后，系统会打开"辅助项"对话框。在"部门"文本框中输入"管理部"或单击右边的 按钮选择输入，如图 3.24 所示。

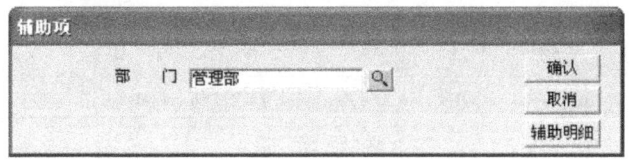

图 3.24 "辅助项"对话框

3. 凭证的修改和删除

（1）未记账凭证的修改

在填制凭证时，尽管系统提供了多种控制错误的措施，仍不可避免地会出现错误。如果在填制或审核凭证时发现凭证有误，则可以借助系统提供的功能，对错误凭证进行修改。在信息化账务处理系统中，对错误凭证的修改要严格按照会计制度的要求进行。对不同状态下的错误凭证，要采用不同的方式来修改。在凭证还未记账以前的修改方式有两种：一是对已输入但未审核的错误凭证，进入到要修改的凭证后，将光标移到要修改的地方直接进行修改即可，但凭证编号和凭证类别不能修改；二是对已审核但未记账的错误凭证应先取消审核，再进行修改。

（2）已经记账凭证的修改

已经记账的凭证有错误，也有两种修改方法。

① 红字冲销法或蓝字补充法。所谓红字冲销法是指将错误凭证用增加一张"红字"凭证进行全额冲销，再编制一张正确的"蓝字"凭证进行更正。这种方法和手工的红字冲销方法是一致的。

红字冲销法适用的范围：记账后，发现记账凭证中的应借、应贷会计科目或记账方向有错误，且记账凭证同账簿记录的金额一致；记账后，发现记账凭证中应借、应贷的会计科目、记账方向没有错误，只是记账金额发生错误，而且所记入账簿的金额大于应记正确的金额。

具体操作

在"填制凭证"窗口中，选择"制单"|"冲销凭证"命令，打开"冲销凭证"对话框，如图 3.25 所示。输入要冲销的凭证的月份 2017.01，"凭证类别"输入"转 转账凭证"，"凭证号"输入 001，最后单击"确定"按钮。系统自动生成一张红字冲销凭证，如图 3.26 所示。

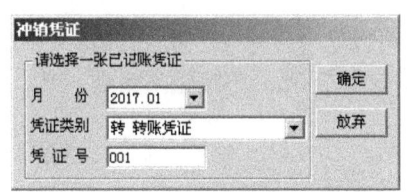

图 3.25 "冲销凭证"对话框

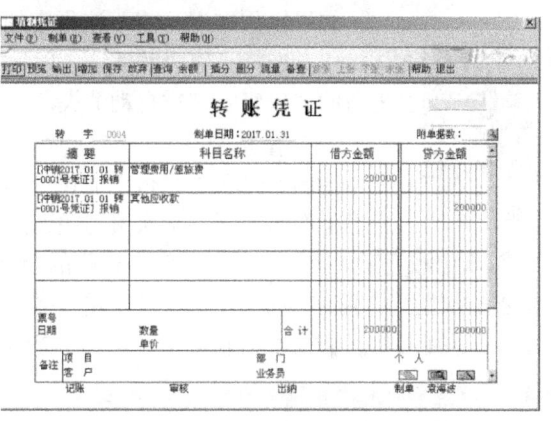

图 3.26 冲销凭证生成

所谓蓝字补充法是指用增记金额的方式更正错账的方法。一般适用于记账后，发现记账凭证中的会计科目无错误且所记金额小于应记金额的情况。具体操作是将少记的金额重新填制一张与原凭证会计科目、记账方向相同的凭证（摘要内注明"补充×年×月×日×号凭证少记金额"），然后审核、记账，补足少记的金额。

② 通过恢复记账的方法。具体操作是首先以账套主管的身份进入总账系统，取消记账（详细步骤在后面恢复记账处介绍），再以审核员和出纳人员的身份去取消审核和取消出纳签字。最后以制单人的身份进入总账系统，进行凭证的修改。

（3）作废及删除凭证

日常操作过程中，在凭证未审核之前如果凭证有误需要作废或删除，可以使用作废/恢复功能将这些凭证作废，并且可通过整理凭证功能彻底删除它们。

例如，对上述冲销凭证进行删除。

具体操作

在"填制凭证"窗口中，通过查询功能找到要删除的凭证，选择"制单"|"作废/恢复"命令。系统自动在凭证左上角显示"作废"字样，表示该凭证已作废。如果不想保留作废凭证，

可以选择"制单"|"整理凭证"命令，打开"请选择凭证期间"提示对话框，如图 3.27 所示。选择要删除凭证的所属日期后，单击"确定"按钮，打开"作废凭证表"对话框，如图 3.28 所示。双击要删除的凭证所对应的"删除"栏，系统出现 Y 标志。最后单击"确定"按钮。系统即将这些凭证从数据库中删除，并对剩下的未记账凭证重新排号。

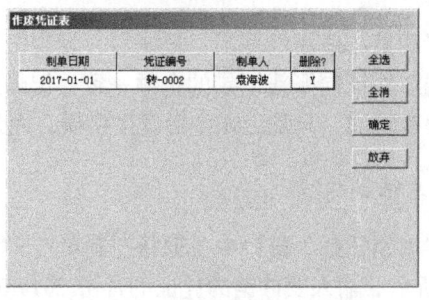

图 3.27　选择作废凭证的期间　　　　图 3.28　"作废凭证表"对话框

如果操作有误，将不该作废的凭证进行了作废处理，则可以取消作废。具体操作是选择已作废的凭证，然后选择"制单"|"作废/恢复"命令，则凭证左上角的"作废"字样自动消失。

（4）查询凭证

提　示

在制单过程中，可以通过查询功能对凭证进行查看，以便随时了解经济业务发生的情况，并确保填制凭证的正确性。

① 未记账凭证的查询。对于还没有记账的会计凭证，可以通过两种方法进行查询：第一种方法是直接进入"填制凭证"窗口，从中单击"查询""上张""下张"等按钮来完成；第二种方法是通过查询功能来完成。下面介绍第二种查询方法。

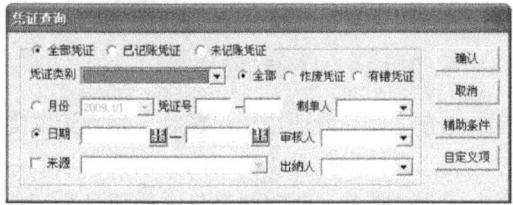

 具体操作

进入总账后，选择"凭证"|"查询凭证"命令，打开"凭证查询"对话框，如图 3.29 所示。从中输入相关查询条件，确认后，显示符合条件的凭证列表。在凭证一览表中双击某张凭证，则系统显示此张凭证供用户查看。

图 3.29　"凭证查询"对话框

- 若选中"已记账凭证"单选按钮，则可在已记账凭证中查询；若选中"未记账凭证"单选按钮，则可在未记账凭证中查询。
- 凭证类别：用于选择要查询的凭证类别。
- 月份和凭证号：选择查询月份和凭证号范围。
- 日期：如果要专门查询某一段时间的凭证，选中"日期"单选按钮，此时凭证号范围不可选。
- 全部、作废凭证、有错凭证：选中"全部"单选按钮，则显示所有符合条件的凭证列表；选中"作废凭证"或"有错凭证"单选按钮，则显示所有符合条件的作废或有错的凭证。
- 来源：用于选择凭证来源于哪个外部系统。为空表示来源于所有系统的凭证。
- 审核人、出纳人：用于选择要查询的是哪位审核人审核及哪位出纳员制作的凭证。
- 辅助条件：如果要按科目、摘要、金额等辅助信息进行查询，可单击"辅助条件"按钮输入辅助查询条件。

● 自定义项：如果要按科目自定义项查询，可单击"自定义项"按钮输入自定义项查询条件。

② 已记账凭证的查询。如果想查看已经记账凭证的信息，只有一种方法，即通过查询功能来完成。操作步骤与未记账凭证的第二种方法相同，在此不再赘述。

③ 现金流量凭证的查询。使用本功能可以按照已记账、未记账和全部凭证，或按已填流量项目、未填流量项目等不同的查询范围查看现金流量凭证。

进入总账后，选择"凭证"|"现金流量凭证查询"命令，打开"现金流量凭证查询"对话框，如图3.30所示。从中输入相关查询条件，然后单击"确认"按钮，打开"现金流量查询及修改"窗口，如图3.31所示，系统会根据输入的查询条件显示符合条件的凭证列表。左边显示现金流量凭证，右边显示与左边凭证对应的现金流量项目。如果想修改某现金流量，则在左边的现金流量凭证表中选择要修改的现金流量凭证，单击"修改"按钮即可。

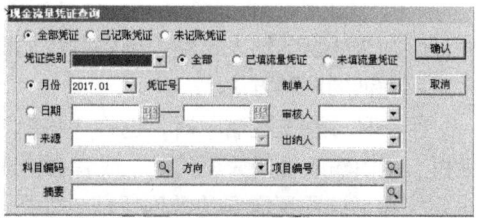

图3.30 "现金流量凭证查询"对话框

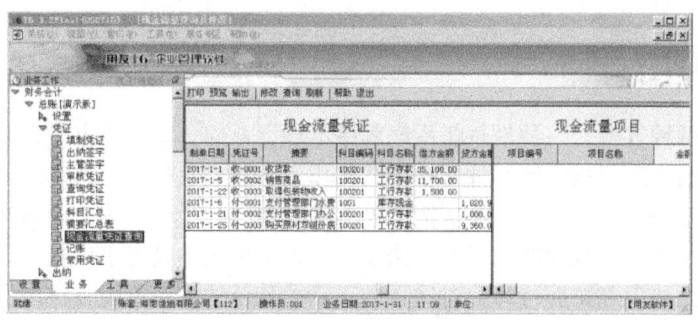

图3.31 "现金流量查询及修改"窗口

（5）常用凭证

① 常用凭证的生成。一般企业有些经济业务是相同的，因而在填制凭证的过程中，经常会有许多凭证完全相同或部分相同，如果将这些常用的凭证保存起来，在填制会计凭证时随时调用，将大大提高业务处理的效率。生成常用凭证的方法有两种，下面分别介绍这两种方法的操作步骤。

第一种生成常用凭证的方法是通过常用凭证功能生成。

进入总账后，选择"凭证"|"常用凭证"命令，打开"常用凭证"窗口，从中单击"增加"按钮，然后在"编码"中输入常用凭证的编码。编码是调用常用凭证的依据，必须唯一。在"说明"中输入该张常用凭证的内容摘要。"凭证类别"选择"记账凭证"，方便以后参照调用常用凭证时，只显示该凭证类别范围内的常用凭证。"附单据数"输入原始凭证的张数，输入完毕后单击"详细"按钮，打开"常用凭证"详细输入窗口，从中输入常用凭证的会计科目信息、数量等相关详细的资料。

第二种生成常用凭证的方法是在填制凭证时生成。

具体操作

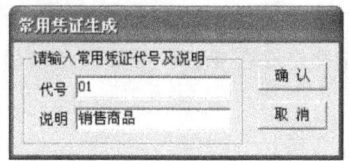

图 3.32 "常用凭证生成"对话框

在直接填制凭证的过程中,当用户认为某张凭证可以作为常用凭证保存时,可直接在"填制凭证"窗口中选择"制单"|"生成常用凭证"命令,打开"常用凭证生成"对话框,如图 3.32 所示,从中输入代号和说明,单击"确认"按钮即可。

② 调用常用凭证。如果在"常用凭证"窗口中已定义了与目前将要填制的凭证相类似或完全相同的凭证,调用此常用凭证会加快凭证的输入速度。调用常用凭证后,对金额为 0 的分录系统不予保存。下面介绍调用常用凭证的两种方法。

第一种方法是在制单时,选择"编辑"|"调用常用凭证"命令,打开"调用常用凭证"对话框,从中输入常用凭证代号,或者在输入常用凭证的编号处单击参照按钮,或者按 F2 键选择输入,即可调用所需要的常用凭证。如果调出的常用凭证与用户当时的业务有出入或缺少部分信息,用户可直接将其修改成所需的凭证。

第二种方法是在总账系统中选择"凭证"|"常用凭证"命令,系统自动打开"调用常用凭证"对话框,从中选择将调用的常用凭证代号,然后单击"选入"按钮即可调出该常用凭证。

3.3.2 审核凭证

审核凭证有两种方式,一种是总账系统程序本身设置的自动纠错审核,另一种是由具有审核权限的人员进行人工审核。这两种审核方式的作用不能相互替代。自动纠错审核一般只能对凭证的某些错误进行检测,如借贷不平衡、输入不存在的会计科目等。而像串户、借贷方向以及借贷金额的同增加或同减少的错误就无法发现。人工审核是具有审核权限的人员为了防止填制凭证过程中发生错误和舞弊行为,对凭证的正确性和合法性进行检查核对的工作,主要审核记账凭证是否与原始凭证相符、会计分录是否正确、业务金额是否与原始凭证相符等。在进行人工审核时,如果审核人认为凭证有错或有异议,应标记有错,交给填制人员修改后再审核;如果认为凭证正确,就发出签字的指令,计算机会自动将具有审核权限的操作员的姓名输入到凭证上。凭证只有经过审核,才能记账。审核凭证主要包括出纳签字和凭证审核两方面工作。

1. 出纳签字

出纳凭证由于涉及企业库存现金的收入与支出,应加强对出纳凭证的管理。出纳人员可通过出纳签字功能对制单人填制的带有库存现金、银行存款科目的凭证进行检查核对,主要核对出纳凭证的库存现金、银行存款的金额是否正确,审查认为错误或有异议的凭证,应交给填制人员修改后再核对。出纳签字以前要更换成具有签字权限的出纳人员。

例如,海南佳旭有限公司出纳人员邓日全对收付款凭证进行审核。

具体操作

1)以出纳人员邓日全的身份进入总账后,选择"凭证"|"出纳签字"命令,打开"出纳签字"对话框,如图 3.33 所示,从中输入出纳签字凭证的条件后,

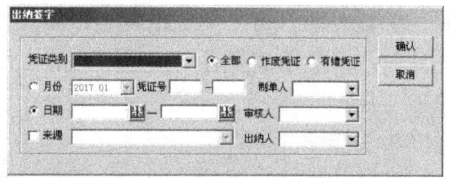

图 3.33 "出纳签字"对话框

单击"确认"按钮，系统会自动显示凭证一览表，如图3.34所示。

2）在凭证一览表中双击某张凭证，或者单击"确定"按钮，系统会显示待签字的凭证。当出纳人员确认该张凭证正确无误后，单击"签字"按钮，凭证底部的"出纳"处会自动签上出纳人员的姓名，如图3.35所示。

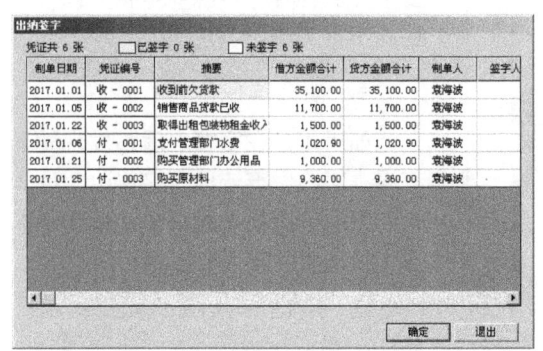

图3.34 显示符合条件的凭证

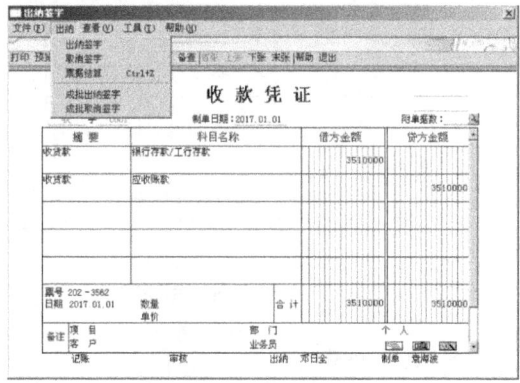

图3.35 出纳签字

3）单击凭证上方的"下张"或"上张"按钮，继续对其他凭证进行签字。如果想提高工作效率，系统提供了对已审核的凭证进行成批签字的功能。选择凭证上方的"出纳"|"成批出纳签字"命令，可进行成批签字的操作。

提示

2. 审核凭证

凭证审核是审核人按照会计制度，对制单人员填制的记账凭证进行检查、核对，主要审核记账凭证是否与原始凭证相符，会计分录是否正确等。在审查过程中发现错误或有异议的凭证，应交给填制人员修改后再审核。只有具有审核权限的人才能使用本功能。注意，在进行审核操作前要对审核人员进行数据权限设置，审核人除了要具有审核权外，还需要有对制单人所制凭证的审核权。该权限在"基础设置"的"数据权限"中设置。同时凭证的填制与审核人不能为同一个人，因此在凭证审核之前，必须更换操作员为具有审核权限的审核人员。

例如，海南佳旭有限公司的审核人是黄俊芳，审核袁海波所填制的凭证。

 具体操作

1）以审核人黄俊芳的身份进入总账后，选择"凭证"|"审核凭证"命令，打开"凭证审核"对话框。从中输入审核凭证的条件后，单击"确认"按钮，系统自动显示凭证一览表。

提示

2）在凭证一览表中双击需要审核的凭证，或者单击"确定"按钮，系统自动出现待审核的记账凭证。确认该张凭证正确无误后，单击"审核"按钮，凭证底部的审核处自动签上审核人员的姓名并自动跳入下一张凭证。继续进行审核，或者单击凭证上方的"下张"或"上张"按钮，继续对其他凭证进行审核，如图3.36所示。为了提高工作效率，系统提供了成批审核功能。选择凭证上方的"审核"|"成批审核凭证"命令，可进行凭证的成批审核操作。

3. 主管签字

在许多企业中为加强对会计人员制单的管理，常采用经主管会计签字后的凭证才有效的管

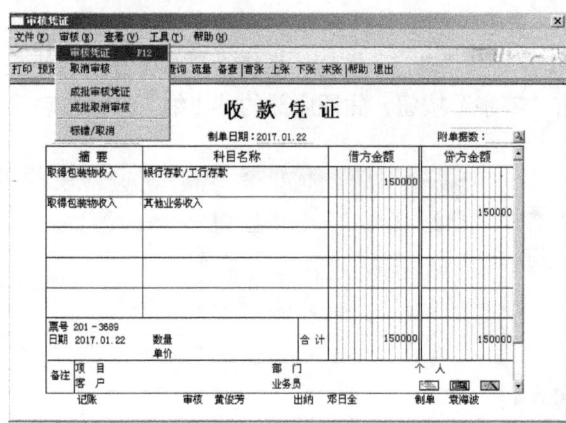

图 3.36 凭证审核

理模式。因此，T6 提供了主管签字功能，即其他会计人员制作的凭证必须经主管签字才能记账。使用的前提是在"选项"中选中"凭证必须经主管签字"。具体操作步骤与审核凭证一样，在此不再赘述。

4. 取消审核

如果用户在审核之后，发现凭证有误，想不留痕迹地直接修改凭证，则需要取消审核才能修改。取消审核签字只能由签字人自己进行。

1）以审核人黄俊芳的身份进入总账后，选择"凭证"|"审核凭证"命令，打开"凭证审核"对话框。

2）从中输入审核凭证的条件后，单击"确认"按钮，系统自动显示凭证一览表。

3）在凭证一览表中双击需要取消审核的凭证，或者单击"确定"按钮，系统自动出现待取消审核的记账凭证。单击"审核"按钮，凭证底部的审核人员的姓名自动消失。通过单击凭证上方的"下张"或"上张"按钮，继续对其他凭证进行取消审核。

系统提供了成批取消审核的功能。选择凭证上方的"审核"|"成批取消审核"命令，可进行成批取消审核的操作。

取消出纳签字与取消主管会计签字的方法同取消审核的操作方法一致，在这里不再赘述。

提示：如果是已记账的凭证，则需要先取消记账，再取消审核。

3.3.3 记账与取消记账

1. 记账

记账即是登记账簿，是会计工作中的重要环节。凭证经出纳人员、审核人员、主管人员签字后即可登记账簿。在手工方式下，记账是由会计人员根据已审核的记账凭证，以及所附有的原始凭证进行逐笔或汇总后登记有关的总账和明细账的过程。而在信息化方式下，记账是由具有记账权限的操作员发出记账指令，由计算机按照预先设计的记账程序，自动地进行合法性检查、科目汇总、登记账簿等的过程。

1）进入总账后，选择"凭证"|"记账"命令，打开"记账——选择本次记账范围"对话框，如图 3.37 所示。

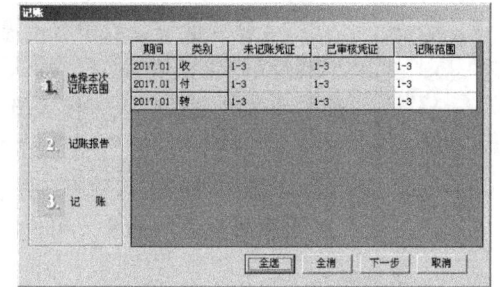

图 3.37 选择记账范围

2）从中选择本次记账的凭证范围或者单击"全选"按钮，然后单击"下一步"按钮，打开"记账——记账报告"对话框。系统先对凭证进行合法性检查，并显示记账报告。如果发现不合法凭证，系统提示错误；如果未发现不合法凭证，将显示所选凭证的汇总表及凭证总数，供用户核对，如图 3.38 所示。

3）核对无误后单击"下一步"按钮，打开"记账——记账"对话框。单击"记账"按钮。如果是第一次使用，系统会自动打开"期初试算平衡表"对话框，以后将不再出现。从中单击"确定"按钮，系统自动登录有关的总账和明细账。

4）记账完毕，系统弹出"记账完毕！"提示对话框，如图 3.39 所示。单击"确定"按钮。至此，总账、明细账、辅助账等所有的账簿都登记完毕。

在记账过程中，如果不想继续记账，可单击"取消"按钮取消本次记账工作。记账过程中一旦断电或因其他原因造成中断后，系统将自动调用恢复记账前状态，恢复数据，再重新记账。

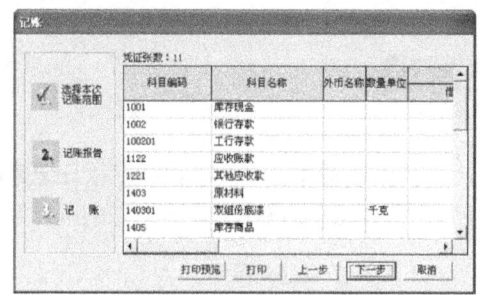
图 3.38　记账报告

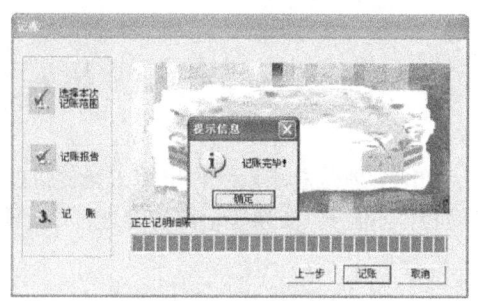
图 3.39　记账

2. 取消记账

如果用户事后发现本月已记账的凭证有错误且必须在本月进行修改，可以利用恢复记账前状态功能，将本月已记账的凭证恢复到未记账前状态。但是对于已结账的月份，不能恢复记账前状态。如需恢复，必须先取消结账。

提示

具体操作

1）进入总账后，选择"期末"|"对账"命令，打开"对账"窗口，单击 2017.01 月份所在行，按 Ctrl + H 组合键，弹出"恢复记账前状态功能已被激活"提示对话框。如果弹出"恢复记账前状态功能已被隐藏"提示对话框，则再次按 Ctrl + H 组合键，一直到系统弹出"恢复记账前状态功能已被激活"提示对话框为止，如图 3.40 所示。单击"确定"按钮，在"对账"窗口中单击"退出"按钮。

2）选择"凭证"|"恢复记账前状态"命令，打开"恢复记账前状态"对话框，如图 3.41 所示。

① 最近一次记账前状态：这种方式一般用于记账时系统造成的数据错误的恢复。

② 2017 年 01 月初状态：用于恢复到 2017 年 1 月初未记账时的状态。

3）选中"2017 年 01 月初状态"单选按钮，单击"确定"按钮，然后在弹出的提示对话框中输入账套主管的密码，系统会自动进行恢复记账。恢复记账完毕，弹出"恢复记账完毕"提示对话框，单击"确定"按钮即可。

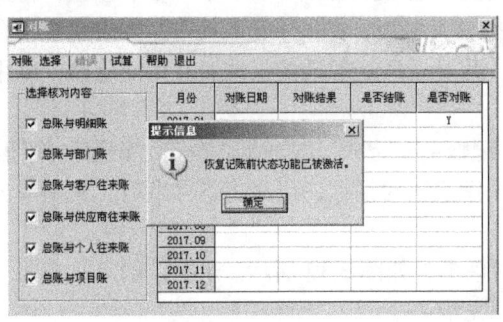

图 3.40 激活记账前状态功能

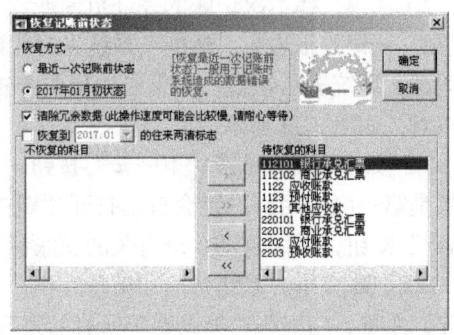

图 3.41 "恢复记账前状态"对话框

3.4 出纳管理

出纳管理是总账系统为出纳人员提供的一套管理工具,包括库存现金、银行存款日记账的查询和打印输出,支票登记簿的管理,资金日报表的查询,以及银行对账、长期未达账的审计等。

3.4.1 日记账及资金日报表

1. 日记账查询

按照会计制度的要求,库存现金和银行存款类科目应登记日记账,因此在设置会计科目时,应将库存现金设置为"日记账",银行存款设置为"银行日记账"。同时必须将"库存现金"指定为"现金总账"科目,将"银行存款"指定为"银行总账"科目。这样当收、付款凭证记账后,系统将自动生成现金日记账和银行存款日记账数据。日记账功能主要用于查询和打印输出。下面主要介绍现金日记账的查询方法和步骤。

 具体操作

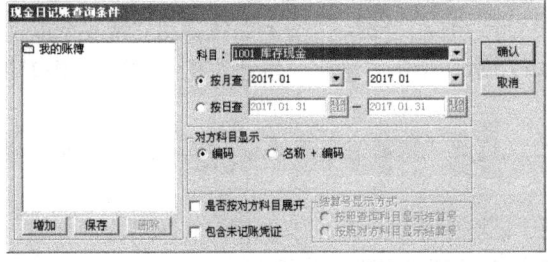

图 3.42 "现金日记账查询条件"对话框

1)进入总账后,选择"出纳"|"现金日记账"命令,打开"现金日记账查询条件"对话框,如图 3.42 所示。

2)在"科目"下拉列表中选择要查询的科目"1001 库存现金",然后单击"确认"按钮就可打开"现金日记账"窗口查看相关的内容。

银行存款日记账的查询步骤与现金日记账基本相同,所不同的只是银行存款日记账多一个结算号。结算号用于对账。

2. 资金日报表

资金日报表功能用于查询、输出库存现金、银行存款科目某日的发生额及余额情况。资金日报表的查询步骤与现金日记账基本相同，在此不再赘述。

3.4.2 支票登记簿

在手工记账时，银行出纳通常建立支票领用登记簿，用来登记支票领用情况，为此 T6 为出纳人员提供了支票登记簿功能，以供其详细登记支票领用人、领用日期、支票用途、是否报销等情况。当应收、应付系统或资金系统有支票领用时，自动填写。当需要使用支票登记簿功能时，需要在会计科目中设置银行账，同时应在系统初始化结算方式设置中选中"是否票据管理"复选框，以及在"选项"中选择"支票控制"。登记支票有两种方法：一种方法是在填制银行凭证的时候，自动出现支票登记簿供用户进行支票的登记；另一种方法是直接在总账中进行支票登记。下面介绍后面一种登记支票的步骤。

具体操作

进入总账后，选择"出纳"|"支票登记簿"命令，打开"支票登记"窗口，单击"增加"按钮，在此窗口中出现一行空白行，如图 3.43 所示。

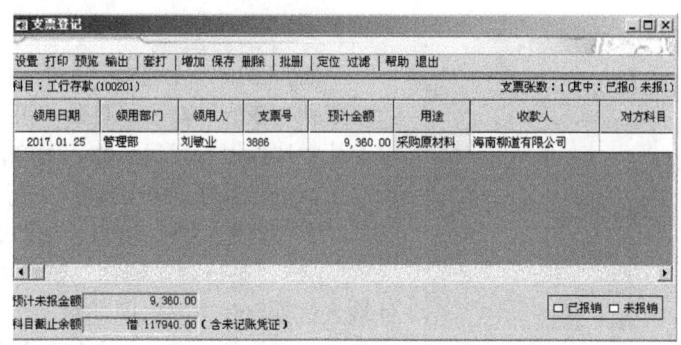

图 3.43 "支票登记"窗口

① 领用部门、领用人：可以参照部门档案、职员档案输入。
② 支票号：支票号可达 30 位，必须唯一。
③ 预计金额：为该支票金额。
④ 用途：指的是支票的用途，可输入 30 个字符。
⑤ 收款人：可输入 100 个字符。
⑥ 付款银行名称：选择本张支票的付款银行。可以参照输入在基础设置中设置的开户银行。
⑦ 报销日期：该日期不能在领用日期之前。支票登记簿中的报销日期，一般是由系统自动填写的，但对于有些已报销而由于人为原因造成系统未能自动填写报销日期的支票，用户可手工填写。将光标移至"报销日期"，然后输入报销日期即可。
⑧ 实际金额：实际报销金额。

例如，1 月 25 日，采购部刘敏业向海南柳道有限公司购买原材料双组份底漆 32 千克，总价款 8 000 元，增值税税率为 17%，用现金支票付讫，票号 3886，材料已验收入库。其操作如下。

在"支票登记"窗口中，"领用日期"输入 2017.01.25，"领用部门"输入"采购部"，"领用人"输入"刘敏业"，"支票号"输入 3886，"预计金额"输入 9360，"用途"输入"采购原材料"，

"付款银行名称"选择"工商银行琼山支行","银行账号"输入 2201829501032651101,输入完毕后单击"保存"按钮即可。

3.4.3 银行对账

银行对账是货币资金管理的主要内容,是企业出纳人员最基本的工作之一。为了能够准确掌握银行存款的实际金额,及时了解实际可动用的货币资金数额,防止记账发生差错,企业必须定期将银行存款日记账与银行出具的对账单进行核对,并编制银行存款余额调节表。在计算机总账系统中,要求银行对账的科目是在科目设置时定义为"银行账"辅助账类的科目。银行对账一般通过以下几个步骤完成:输入银行对账期初余额,输入银行对账单,银行对账,编制余额调节表和核销已达账。

1. 输入银行对账期初余额

为了保证银行对账的正确性,在使用银行对账功能进行对账之前,必须在开始对账的月初先将日记账、银行对账单未达项输入系统。

 具体操作

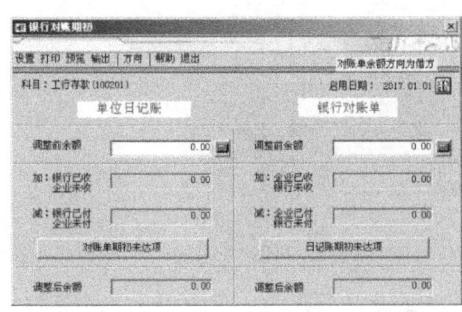

图 3.44 "银行对账期初"窗口

1)进入总账后,选择"出纳"|"银行对账"|"银行对账期初录入"命令,打开"银行科目选择"对话框,从中选择银行科目名称。例如,海南佳旭有限公司对工行进行对账,此处选择"工行存款(100201)",打开"银行对账期初"窗口,如图3.44所示。

2)在"银行对账期初"窗口中的"启用日期"处输入该银行账户的启用日期 2017.01.01,然后在左侧单位日记账的"调整前余额"文本框中输入单位银行日记账调整前余额。例如,海南佳旭有限公司 2017 年 1 月 1 日单位银行日记账调整前余额为 80 000 元,则在此处输入 80000。在右侧的银行对账单"调整前余额"文本框中输入银行对账单调整前余额。例如,海南佳旭有限公司 2017 年 1 月 1 日银行对账单调整前余额为 60 000 元,则在此处输入 60000。

3)如果有上月未达账项属于银行已收,企业未收,或者银行已付,企业未付,即银行未达账项的情况,则单击"对账单期初未达项"按钮,系统打开"银行方期初"窗口,如图 3.45 所示。从中单击"增加"按钮,然后输入银行未达账项的期初余额。输入完毕,单击"保存"按钮即可。如果属于企业已收,银行未收,或者企业已付,银行未付,即日记账未达账项的情况,则单击"日记账期初未达项"按钮,系统打开"企业方期初"窗口,如图 3.46 所示。从中单击"增加"按钮,然后输入企业未达账项的期初余额。输入完毕,单击"保存"按钮即可。全部输入完毕后,系统将根据调整前余额及期初未达项自动计算出银行对账单与单位日记账的调整后余额。例如,海南佳旭有限公司有日记账期初未达账项 20 000 元,调整后银行对账单与单位日记账的余额都为 80 000 元。

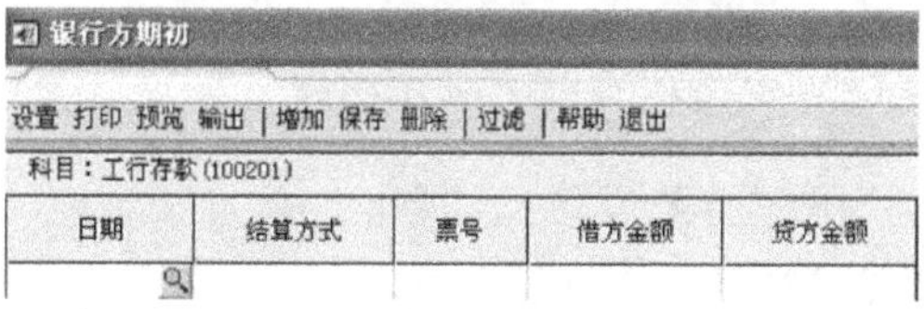

第3章 总账系统

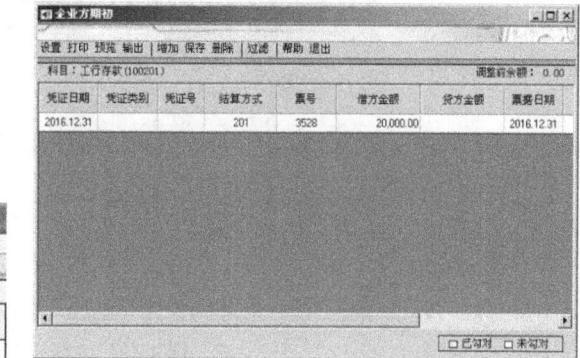

图3.46 "企业方期初"窗口

图3.45 "银行方期初"窗口

2. 输入银行对账单

银行对账单功能用于平时输入、查询和引入银行对账单。在此功能中显示的银行对账单为启用日期之后的对账单。

具体操作

进入总账后，选择"出纳"|"银行对账"|"银行对账单"命令，打开"银行科目选择"对话框，从中选择银行名称以及起止月份，然后单击"确定"按钮。

例如，显示海南佳旭有限公司工行对账单。此处选择工行存款，月份输入2017.01—2017.01，单击"确定"按钮，打开"银行对账单"窗口，如图3.47所示。单击"增加"按钮可增加一笔银行对账单。单击"过滤"按钮可按条件过滤对账单供用户查询。在此输入的结算方式同制单时所使用的结算方式可相同，也可不同，但是在此输入的票号应同制单时输入的票号相同。

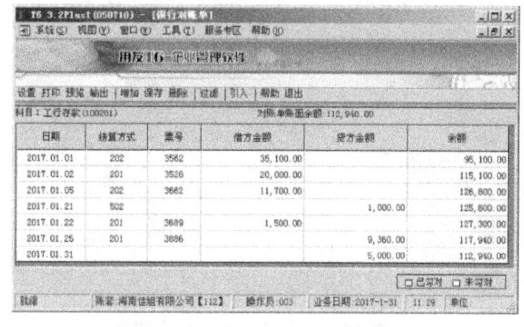

图3.47 "银行对账单"窗口

3. 银行对账

系统提供两种对账方式：自动对账和手工对账。自动对账，即由计算机进行银行对账，是指计算机根据对账依据将银行日记账未达账项与银行对账单进行自动核对、勾销。手工对账是对自动对账的补充。采用自动对账后，可能还有一些特殊的已达账项尚未勾出，却被视做未达账项，为了保证银行账能够准确无误，可以通过手工对账进行调整勾销。

具体操作

1) 进入总账后，选择"出纳"|"银行对账"|"银行对账"命令，在"银行科目选择"对话框中选择银行名称和所对月份。例如，对海南佳旭有限公司工行对账，则在"银行科目选择"对话框中选择银行名称"工行存款（100201）"和月份2017.01—2017.01，单击"确定"按钮，打开"银行对账"窗口，如图3.48所示。出现的对账窗口，左边为单位日记账，右边为银行对账单。

83

图 3.48　"银行对账"窗口

2）单击"对账"按钮，然后在弹出的对话框中选择对账条件，单击"确认"按钮。系统开始按照用户设置的对账条件对账，自动对账两清的记录标记"○"，且已两清的记录背景色为淡黄色。如果自动对账后发现还有一些特殊的已达账项尚未勾出，则可进行手工对账，即直接在单位日记账和银行对账单下面已达账项所对应的"两清"栏里双击，使之出现 Y 标志。

4．银行存款余额调节表查询、输出

在对银行账进行两清勾对后，便可调用此功能查询、打印银行存款余额调节表，以检查对账是否正确。进行此项操作，屏幕显示所有银行科目的账面余额及调整余额。

进入总账后，选择"出纳"|"银行对账"|"余额调节表查询"命令，打开"余额调节表查询"对话框。如要查看某科目的调节表，单击"查看"按钮或双击该行，系统会自动打开该银行账户的银行存款余额调节表。例如，查看工行存款的余额调节表，具体操作是在"余额调节表查询"对话框中选择工行存款，然后单击"查看"按钮，系统打开工行存款的余额调节表，如图 3.49 所示。

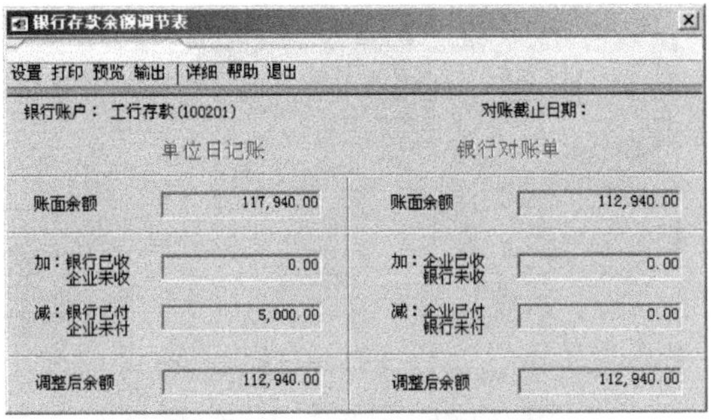

图 3.49　工行存款余额调节表

5．查询对账勾对情况

正确对账后，已达账项数据已无保留价值，因此，通过查询余额调节表及对账勾对情况，确信对账准确，便可以通过核销已达账功能核销用于对账的银行日记账和银行对账单的已达账项。

具体操作

进入总账后，选择"出纳"|"银行对账"|"查询对账勾对情况"命令，在"银行科目选择"对话框中选择银行名称，如工行存款，打开"查询对账勾对情况"对话框，从中检查银行存款的勾对情况。检查正确无误后，单击"退出"按钮。

6．核销已达账

在核销已达账项之前，应先查询单位日记账及银行对账单的对账结果，在检查无误后，即可核销已达账项。核销后的单位日记账及银行对账单的数据，将不再参与以后银行存款的查询、

勾对。核销后已达账项消失，不能被恢复。如果银行对账不平衡，则不能使用核销银行账的功能。核销银行账不影响银行日记账的查询和打印。

具体操作

进入总账后，选择"出纳"|"银行对账"|"核销银行账"命令，在"银行科目选择"对话框中选择将要核销的银行名称，如工行存款，弹出"用户是否确实要进行银行账核销？"提示对话框。单击"是"按钮，银行账核销完毕。

3.5 账簿管理

3.5.1 基本会计核算账簿管理

1. 总账的查询及打印输出

企业发生的经济业务，经过制单、审核、记账操作之后，就形成了正式的会计账簿。为了能够及时了解账簿中的数据资料，并满足对账簿数据的统计分析及打印的需要，总账系统提供了强大的查询功能。通过总账查询不但可以查询各总账科目的年初余额、各月发生额合计和月末余额，而且还可查询所有二至六级明细科目的年初余额、各月发生额合计和月末余额。查询总账时，标题显示为所查科目的一级科目名称＋总账，如应收账款总账。联查总账对应的明细账时，明细账显示为应收账款明细账。

具体操作

1）进入总账后，选择"账表"|"科目账"|"总账"命令，系统打开"总账查询条件"对话框，如图3.50所示。

① 科目：可输入起止科目范围。为空时，系统认为是所有科目。

② 级次：在确定科目范围后，可以查该范围内的某级科目。如果将科目级次输入为1－1，则只查一级科目；如果将科目级次输入为1－3，则只查一至三级科目。如果需要查所有末级科目，则选中"末级科目"复选框即可。

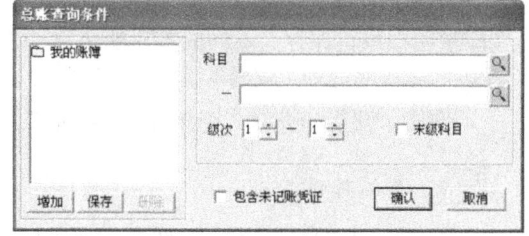

图3.50 "总账查询条件"对话框

③ 包含未记账凭证：若想查询包含未记账凭证的总账，选中"包含未记账凭证"复选框即可。

2）在"总账查询条件"对话框中，直接输入或单击参照按钮参照输入会计科目，选择起止科目范围，在"级次"微调框中选择级次范围，单击"确认"按钮，显示查询结果。可以选择"科目"下拉列表中的选项，查询其他总账，如图3.51所示。例如，查找1001库存现金总账，则科目范围设为1001—1001，级次设为1—1，单击"确认"按钮后，打开库存现金总账窗口。按同样的方法可查询其他的会计科目的总账结果。

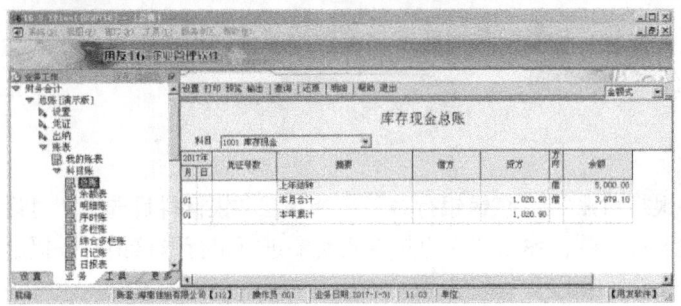

图 3.51 库存现金总账

2. 余额表查询

余额表用于查询、统计各级科目的本期发生额、累计发生额和余额等。传统的总账是根据总账科目分页设账，而利用余额表则可输出某月或某几个月的所有总账科目或明细科目的期初余额、本期发生额、累计发生额、期末余额。发生额及余额表查询与总账查询基本相似，这里不再赘述。

3. 明细账的查询与打印

明细账的查询与打印功能用于平时查询各账户的明细发生情况，及按任意条件组合查询明细账。在查询过程中可以包含未记账凭证。本功能提供了 3 种明细账的查询格式：普通明细账、按科目排序明细账、月份综合明细账。普通明细账是按科目查询，按发生日期排序的明细账；按科目排序明细账是按非末级科目查询，按其有发生的末级科目排序的明细账；月份综合明细账是按非末级科目查询，包含非末级科目总账数据及末级科目明细数据的综合明细账。这样可以使用户对各级科目的数据关系一目了然。明细账的查询与总账查询基本相似，这里不再赘述。

4. 序时账的查询

序时账的查询功能用于按时间顺序排列每笔业务的明细数据。序时账的查询与总账查询基本相似，这里不再赘述。

5. 多栏账

多栏账是总账系统中一个很重要的功能。用户可以使用该功能设计自己企业需要的多明细账，按明细科目保存为不同的多栏账名称，在以后的查询中只需要选择多明细账直接查询即可。在查询多栏账以前，必须先定义多栏账。

例如，设置和查询"应交税费——应交增值税"会计科目的多栏账。

具体操作

1）进入总账后，选择"账表"|"科目账"|"多栏账"命令，打开"多栏账"窗口。单击"增加"按钮，打开"多栏账定义"对话框，从"核算科目"下拉列表中选择多栏账的核算科目，系统自动带出多栏账名称。如果需要别的名称可以在"多栏账名称"文本框中直接修改，如图 3.52 所示。本例从"核算科目"下拉列表中选择"222101 应交增值税"选项，系统会自动显示多栏账名称"应交增值税多栏账"。

2）定义多栏账栏目。系统提供两种定义方式：自动编制栏目和手动编制栏目。一般是先进行自动编制再进行手动调整，可提高输入效率。

① 单击"自动编制"按钮，系统将根据所选核算科目的下级科目自动编制多栏账分析栏目。例如，核算科目为"222101 应交增值税"，则单击"自动编制"按钮，系统将自动把"222101 应交增值税"的下级科目设为多栏账分析栏目，如图 3.53 所示，分析方向与科目性质相同。

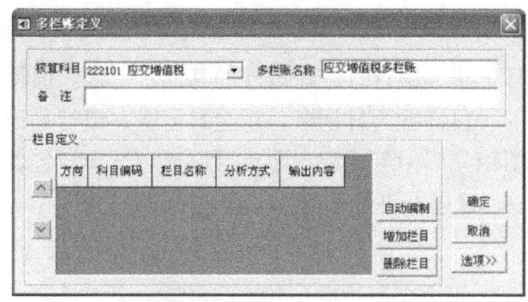
图3.52 多栏账定义一

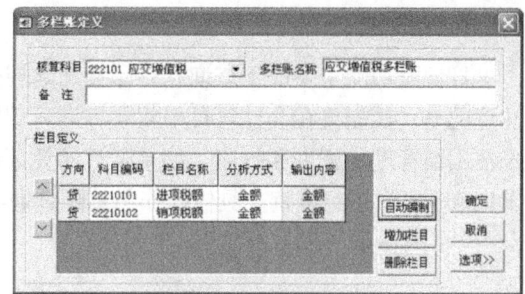
图3.53 多栏账定义二

② 手动编制：单击"增加栏目"按钮可自行增加栏目。选择栏目后单击"删除栏目"按钮可删除该栏目。双击表中栏目或按空格键，可编辑修改该栏目。单击"∧"和"∨"按钮可调整该栏目的排列顺序。

③ 栏目说明。

- 方向：确定所选科目的分析方向是借方分析还是贷方分析。借方分析即分析科目的借方发生额，贷方分析即分析科目的贷方发生额。
- 科目编码：确定所分析的科目。
- 栏目名称：确定在多栏账表头中显示的栏目名称。
- 分析方式：若选按金额分析，则系统只输出其分析方向上的发生额；若选按余额分析，则系统对其分析方向上的发生额按正数输出，其相反发生额按负数输出。例如，海南佳旭有限公司"222101应交增值税"科目为余额分析，系统将其贷方发生额按正数输出，其借方发生额按负数输出。
- 输出内容：系统默认输出金额。如果用户需要输出该科目的外币金额或数量，可在此进行选择。

3）定义栏目后，单击"确定"按钮，则222101应交增值税多栏账增加完毕。单击"增加"按钮可继续增加其他多栏账。

如果想查看多栏账，则打开"多栏账"窗口后，单击"查询"按钮或双击要查询的多栏账，打开"多栏账查询"对话框，如图3.54所示，从中选择所要查询的多栏账及查询月份，如"多栏"选择"应交增值税多栏账"，"月份"选择2017.01—2017.01，单击"确认"按钮，则显示应交增值税多栏账查询结果，如图3.55所示。

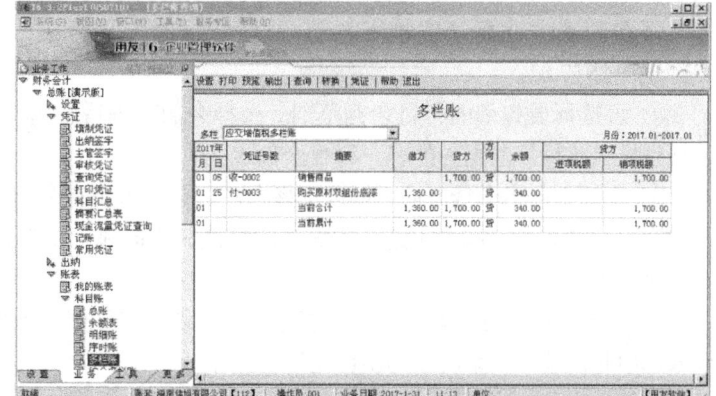

图3.54 "多栏账查询"对话框　　　　图3.55 多栏账查询结果

6. 日记账

日记账功能主要用于查询和打印输出除现金日记账、银行日记账以外的其他日记账。值得注意的是，首先要在会计科目中将要查询日记账的科目设置为日记账。现金日记账、银行日记账在出纳管理中查询和打印。如果某日的凭证已填制完毕但未登记入账，可以通过选择"包含未记账凭证"进行查询。具体操作与总账查询类似，这里不再赘述。

7. 日报表

日报表功能用于查询和打印输出某日所有科目的发生额及余额情况（不包括现金、银行存款科目）。具体操作与总账查询类似，这里不再赘述。

3.5.2 各种辅助核算账簿管理

辅助账账簿核算管理包括客户往来、个人往来、部门核算、供应商往来等账簿的总账、明细账的查询和打印输出，以及部分收支分析和项目统计表的查询输出。当使用应收、应付系统时，客户往来和供应商往来不在总账系统中进行，而在应收、应付系统中进行。在此仅介绍客户往来辅助账查询的基本操作方法，其他辅助账的操作和查询方法基本相同。客户往来辅助账管理包括客户往来余额表、客户往来明细账、客户往来两清、客户往来催款单、客户往来账龄分析。

1. 客户往来余额表

客户往来余额表包括客户科目余额表、客户余额表、客户三栏余额表、客户部门余额表、客户项目余额表、客户业务员余额表、客户分类余额表、客户地区分类余额表。这里只介绍客户科目余额表。客户科目余额表用于查询某往来科目下所有客户的发生额和余额情况。

具体操作

1）进入总账后，选择"账表"|"客户往来辅助账"|"客户往来余额表"|"客户科目余额表"命令，打开"客户科目余额表"对话框，如图3.56所示。从中选择要查询的科目和起止月份。例如，查询海南佳旭有限公司1月份应收账款科目余额，则在"客户科目余额表"对话框中的"科目"下拉列表中选择"应收账款"，月份选择起止月份2017.01—2017.01。

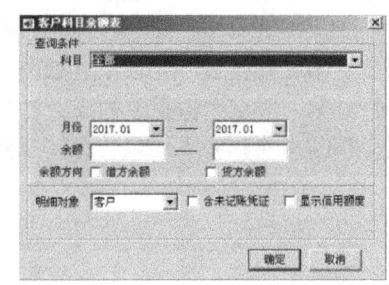

图3.56 "客户科目余额表"对话框

① 可选择要查询的科目余额范围。选择余额范围后，余额表显示此科目范围内的客户科目余额表。

② 余额方向指借贷方向，可以选择余额表是显示所有余额在借方的客户还是显示余额在贷方的客户。如果全选或全不选，系统将不分余额方向显示所有符合其他条件的往来客户发生额及余额情况。

③ 如果选中"含未记账凭证"复选框，系统将未记账凭证中符合条件的数据列入结果；如果未选中此复选框，系统仅列出已记账的数据。

2)单击"确定"按钮,显示按选择条件查询的结果,如图 3.57 所示。在科目余额表窗口中,单击"查询"按钮,打开"条件输入"对话框,可以重新输入查询条件进行查询;单击"明细"按钮或双击当前某个客户的记录,可以联查到当前科目、当前月份范围的明细账;单击"详细"按钮,可以查看明细客户往来的数据,再次单击该按钮,可以隐去明细信息;单击"累计"按钮,可以查看年初至今的累计信息,再次单击该按钮,可以隐去累计信息。

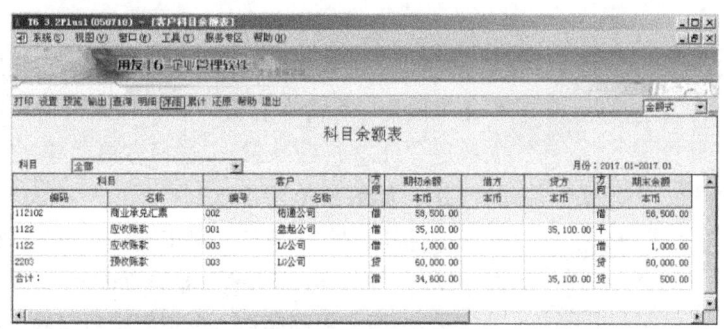

图 3.57 科目余额表

2. 客户往来明细账

客户往来明细账包括客户科目明细账、客户明细账、客户三栏明细账、客户部门明细账、客户项目明细账、客户业务员明细账、客户分类明细账、客户地区分类明细账、客户多明细账。在此只介绍客户明细账的查询步骤和方法。客户明细账用于查询某个往来客户所有科目的明细账情况。

具体操作

1)进入总账后,选择"账表"|"客户往来辅助账"|"客户往来明细账"|"客户明细账"命令,打开"客户明细账"对话框,如图 3.58 所示。从中选择要查询的客户和起止月份。例如,查询海南佳旭有限公司客户盘起公司的明细账,在"客户明细账"对话框中的"客户"下拉列表中选择"盘起公司",起止月份选择 2017.01—2017.01。

2)输入完毕后单击"确定"按钮,系统自动出现盘起公司的查询结果,如图 3.59 所示。

图 3.58 "客户明细账"对话框

图 3.59 客户明细账

3. 客户往来两清

可以在客户往来两清中进行客户往来款项的清理勾对工作,以便及时了解应收款的结算情况以及未达账情况。系统提供自动与手工勾对两种方式供用户清理客户欠款。供应商往来的清理操作与客户往来类似。

具体操作

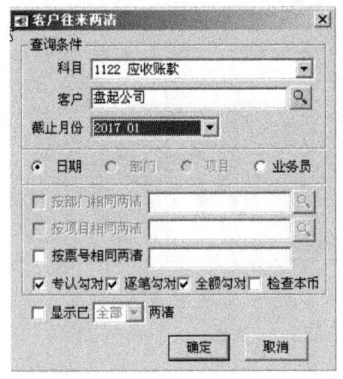

图 3.60 "客户往来两清"对话框

1)进入总账后,选择"账表"|"客户往来辅助账"|"客户往来两清"命令,打开"客户往来两清"对话框,从中输入科目"1122 应收账款",选择客户"盘起公司"、截止月份 2017.01,如图 3.60 所示。

① 按部门相同两清:对于同一科目下部门相同、借贷方向相反、金额一致的两笔分录自动勾对。

② 按项目相同两清:对于同一科目同一往来客户下,辅助核算项目相同的往来款项多笔借方(贷方)合计相等的情况自动勾对。

③ 按票号相同两清:对于同一科目下相同票号、借贷方向相反、金额一致的两笔分录自动勾对。

④ 显示已两清:用于选择是否包含两清部分。如选中该复选框,则查询结果中包含已两清的客户往来。

⑤ 专认勾对:按业务号勾对,通过用户在制单过程中指定业务编号或字符,作为往来账勾对标志,对于同一科目下业务号相同、借贷方向相反、金额一致的两笔分录自动勾对。

⑥ 逐笔勾对:在用户未指定业务号的情况下,系统按照金额一致、方向相反的原则自动勾对同一科目下同一往来客户的往来款项。

⑦ 全额勾对:为了提高对账成功率,对于同一科目同一往来客户下,可能存在着借方(贷方)的某项合计等于对方科目的某几项合计,尤其是带有业务号的往来款项,全额勾对将对这些合计项进行勾对。

2)输入完毕后单击"确定"按钮,系统自动出现科目"应收账款"、客户"盘起公司"的客户往来两清情况,如图 3.61 所示。从中单击"自动"按钮,可进行自动勾对;单击"取消"按钮,可自动取消勾对;单击"检查"按钮,可对已勾对的账进行平衡检查;单击"总账"按钮,可联查到当前科目及客户的余额表;单击"凭证"按钮,可联查到相关的凭证。

4. 客户往来催款单

客户往来催款单可以显示客户欠款情况,从而可以及时清理客户欠款。

进入总账后,选择"账表"|"客户往来辅助账"|"客户往来催款单"命令,打开"客户往来催款"对话框,如图 3.62 所示。从中输入需要查询的相关客户的内容,然后单击"确定"按钮,系统会显示要查询的客户往来催款单。

第3章 总账系统

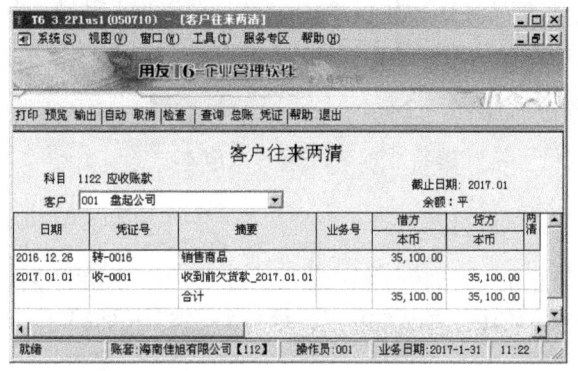

图 3.61 与盘起公司的两清情况

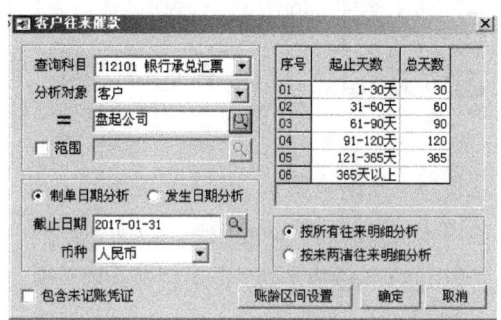

图 3.62 "客户往来催款"对话框

5. 客户往来账龄分析

如果企业中客户货款情况一直是让用户烦恼的问题，那么用户可以通过本功能及时了解各单位往来款余额的时间分布情况，进行科学的账龄分析，及时通过客户往来催款单催要货款或通过调整客户的信用额度控制客户延期付款的状况。具体操作和分析与客户往来催款基本一致，这里不再赘述。

3.6 期末业务处理

期末业务处理是指会计人员将本月所发生的日常经济业务全部登记入账后，在每个会计期末都需要完成的一些特定的会计工作，主要包括期末转账业务、试算平衡、对账以及结账等。由于各会计期间的许多期末业务均具有较强的规律性，因此由计算机来处理期末会计业务，不但可以规范会计业务的处理，还可以大大提高处理期末业务的工作效率。

3.6.1 定义转账凭证

1. 销售成本结转

销售成本结转是将月末商品（或产成品）销售数量乘以库存商品（或产成品）的平均单价计算各类商品销售成本并进行结转。

 具体操作

进入总账后，选择"期末"|"转账定义"|"销售成本结转"命令，打开"销售成本结转设置"对话框，在"凭证类别"下拉列表中选择"转 转账凭证"选项。

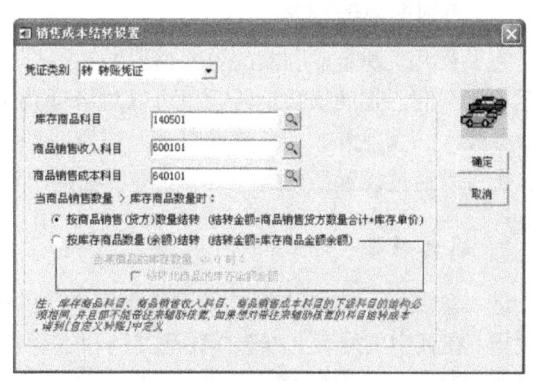

图 3.63 "销售成本结转设置"对话框

提示

输入或单击参照按钮选择"库存商品科目"为140501、"商品销售收入科目"为600101、"商品销售成本科目"为640101,单击"确定"按钮,如图3.63所示。

2. 售价(计划价)销售成本结转

本功能提供按售价(计划价)结转销售成本或调整月末成本。

 具体操作

进入总账后,选择"期末"|"转账定义"|"售价(计划价)销售成本结转"命令,打开"售价(计划价)销售成本结转"对话框,从中输入相关的信息。输入完毕后,单击"确定"按钮即可。

3. 汇兑损益

汇兑损益功能用于期末自动计算外币账户的汇兑损益,并在转账生成中自动生成汇兑损益转账凭证。汇兑损益只处理以下外币账户:外汇存款户,外币库存现金,外币结算的各项债权、债务;不包括所有者权益类账户、成本类账户和损益类账户。

 具体操作

进入总账后,选择"期末"|"转账定义"|"汇兑损益"命令,打开"汇兑损益结转设置"对话框,如图3.64所示。在"凭证类别"下拉列表框中选择"转 转账凭证"选项,"汇兑损益入账科目"选择,6603,双击"是否计算汇兑损益"栏,系统出现Y标志。最后单击"确定"按钮。

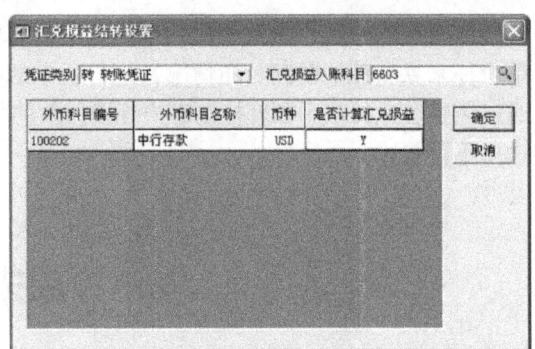

图3.64 "汇兑损益结转设置"对话框

提示:● 为了保证汇兑损益计算正确,填制某月的汇兑损益凭证时必须先将本月的所有未记账凭证记账。

● 汇兑损益入账科目不能是有辅助账科目、有数量核算的科目或有外币核算的科目。

● 若启用了应收(付)系统,且在应收(付)的选项中选中"详细核算",应先在应收(付)系统做汇兑损益,生成凭证并记账,再在总账中做相应科目的汇兑损益。

4. 期间损益结转设置

为了及时反映企业利润的盈亏情况,在一个会计期间结束时,需要将损益类科目的余额结转至本年利润。期间损益结转设置可以对管理费用、销售费用、财务费用、主营业务收入、其他业务收入、营业外收入、营业外支及投资收益等科目进行结转。此外,有外币核算业务的单位,也可以通过设置汇兑损益结转业务,在期末对汇兑损益进行自动计算并结转。

 具体操作

进入总账后,选择"期末"|"转账定义"|"期间损益"命令,打开"期间损益结转设置"对话框。在其中的列表上方选择凭证类别和本年利润科目。"本年利润科目"可直接输入或按F2键参照选择。如果用户的本年利润科目又分为多个下级科目,则可在下面的列表框中输入,并与相应的损益科目对应,如图3.65所示。输入完毕后单击"确定"按钮。

第 3 章 总账系统

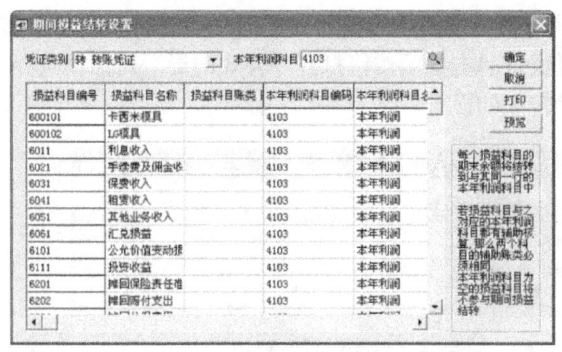

提　示

图 3.65　"期间损益结转设置"对话框

例如，将海南佳旭有限公司的损益类会计科目转入本年利润转账凭证的设置为：在"期间损益结转设置"对话框中，"凭证类别"选择"转 转账凭证"，"本年利润科目"输入 4103，然后单击"确定"按钮即可。

5. 自定义转账设置

为了实现不同使用单位能够在不同时期完成会计期末某些固定业务的自动转账，T6 提供了自定义转账设置功能。使用单位可以利用此功能完成工资费用的分配，所得税费、营业税等税金的计算，部门核算、项目核算、个人核算等业务的自动结转过程。自定义转账设置的内容包括转账序号、转账说明、凭证类别、摘要、科目编码、部门、项目、方向和金额公式等信息。

例如，定义按本年净利润的 25%计算企业所得税的转账凭证。

 具体操作

1）设置转账目录。

进入总账后，选择"期末"|"转账定义"|"自定义结转"命令，打开"自定义转账设置"窗口。从中单击"增加"按钮，打开"转账目录"对话框，如图 3.66 所示。

① 转账序号：是该张转账凭证的代号。转账编号不是凭证号，转账凭证的凭证号在每月转账时自动产生。一张转账凭证对应一个转账编号。转账编号可任意定义，但只能输入数字 1~9，不能重号。

② 转账说明：用于输入每笔转账业务的简要概述。如果预先设置了常用摘要，可单击 按钮或按 F2 键参照常用摘要输入，也可手工输入。

③ 凭证类别：定义该张转账凭证

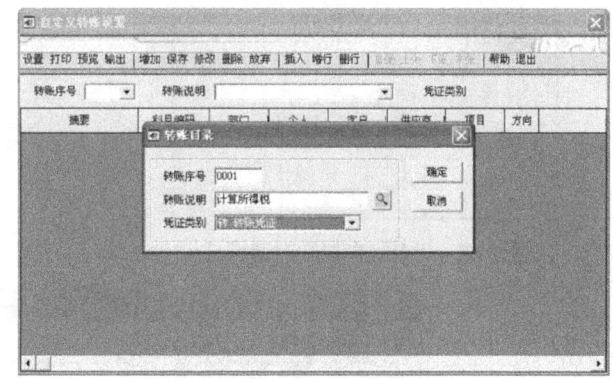

图 3.66　"转账目录"对话框

的凭证类别。一般在期末处理自动生成的凭证都是转账凭证。

例如，在"转账目录"对话框中，"转账序号"输入 0001，"转账说明"输入"计算所得税"，"凭证类别"选择"转 转账凭证"。输入完毕后单击"确定"按钮，返回到"自定义转账设置"窗口，如图 3.67 所示。系统会自动出现摘要信息、转账序号、转账说明和凭证类别。科目编码是输入每笔转账凭证的科目，可单击参照按钮参照输入；方向是指结转科目的结转借贷方向；金额公式可以输入计算公式，也可通过单击参照按钮打开"公式向导"对话框选择"公式名称""函数名""科目"等，来完成自动转账的设置。

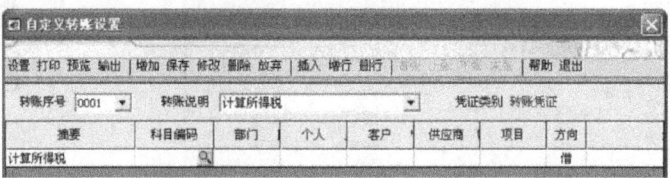

图 3.67　"自定义转账设置"窗口

2）定义借方转账分录信息。

例如，计算所得税借方信息，科目为"所得税费用"，方向为"借方"，金额公式为"4103本年利润本月的净发生额*0.25"。

打开如图 3.67 所示的窗口后，系统自动增加一行空白行并自动在"摘要"栏显示"计算所得税"，在"科目编码"栏输入所得税费用的编码 6801，"方向"选择"借"。金额公式的输入步骤是首先双击"金额公式"栏，出现按钮，单击该按钮，打开"公式向导"对话框一。在此对话框左侧的"公式名称"列表框中选择"净发生额"或右侧的函数名"JE( )"，如图 3.68 所示。

单击"下一步"按钮，打开"公式向导"对话框二，从中选择本年利润的科目编码为 4103，"期间"选择"月"，其他采用默认设置，如图 3.69 所示。最后单击"完成"按钮，返回"自定义转账设置"窗口。在"金额公式"栏会显示"JE(4103,月)"，然后在此公式后面输入"*0.25"，如图 3.70 所示。

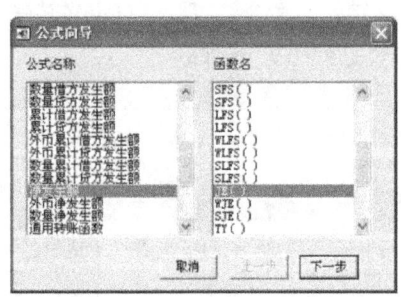
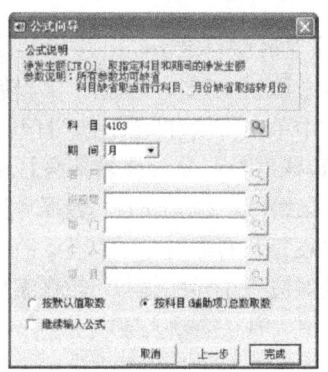

图 3.68　"公式向导"对话框一　　　图 3.69　"公式向导"对话框二

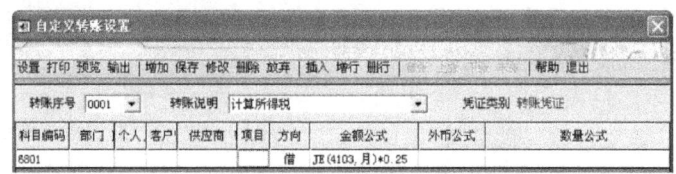

图 3.70　自定义转账借方分录信息

3）定义转账贷方分录信息。

例如，计提所得税贷方信息，科目为"应交税费——应交所得税"，方向为"贷"，金额公式为"4103本年利润本月的净发生额*0.25"。

借方分录信息输入后，在"自定义转账设置"窗口中，单击上方的"增行"按钮，系统会自动增加一行空白行。输入科目编码 222102，双击"金额公式"栏，出现 按钮，单击 按钮，打开"公式向导"对话框一。在此对话框左侧的"公式名称"选择"净发生额"或右侧的函数名"JE( )"。单击"下一步"按钮，打开"公式向导"对话框二，从中选择本年利润的科目编码 4103，"期间"选择"月"，其他采用默认设置。单击"完成"按钮，公式就会显示"JE(4103,月)"，然后在此公式后面输入"*0.25"，如图 3.71 所示。

图 3.71　自定义转账贷方分录信息

6. 对应结转设置

对应结转不仅可进行两个科目一对一结转，还提供科目的一对多结转功能。对应结转的科目可为上级科目，但其下级科目的科目结构必须一致（相同明细科目），如有辅助核算，则两个科目的辅助账类也必须一一对应。注意本功能只结转期末余额。

提　示

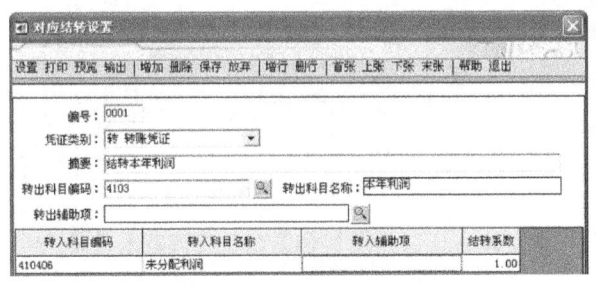

图 3.72　"对应结转设置"窗口

具体操作

进入总账后，选择"期末"|"转账定义"|"对应结转"命令，打开"对应结转设置"窗口，如图 3.72 所示。

① 编号：用于设置该张转账凭证的代号。

② 凭证类别：用于设置结转时使用的凭证类别。

③ 摘要：用于输入每一笔转账凭证分录的摘要，可单击参照按钮参照输入。

④ 转出科目编码：将此科目的余额转出到转入科目中，可单击参照按钮或按 F2 键参照科目输入，有辅助项还需输入辅助项内容。

⑤ 转出辅助项：如果有部门、客户、供应商等辅助项时，在此输入辅助项内容，也可参照输入。

⑥ 转入科目编码：可单击参照按钮或按 F2 键参照科目输入。可有多个转入科目，辅助项可与转出科目不同。

⑦ 结转系数：转入科目取数＝转出科目取值×结转系数。系统默认为 1。

例如，将本年利润结转到"利润分配——未分配利润"科目中。在"对应结转设置"窗口中，"编号"输入 0001，"凭证类别"选择"转 转账凭证"，"摘要"输入"结转本年利润"，输入或单击参照按钮选择"转出科目编码"4103。再单击"增行"按钮，"转入科目编码"输入410406，"结转系数"输入 1。输入完毕后单击"保存"按钮。

3.6.2 生成转账凭证

1. 销售成本结转生成

当在销售成本结转设置中已经定义好公式，公式里面所涉及的会计科目的金额都已经入账以后，就可以生成凭证了。生成的凭证系统会自动传递到未记账凭证中。并且当用户一次性定义好公式后，以后月末只需执行本功能即可快速生成转账凭证。

具体操作

进入总账后，选择"期末"|"转账生成"命令，打开"转账生成"对话框，然后在"结转月份"下拉列表中选择2017.01，选中"销售成本结转"单选按钮，然后单击"确定"按钮，打开"销售成本结转一览表"对话框，如图3.73所示。单击"确定"按钮，系统显示生成的转账凭证，如图3.74所示。

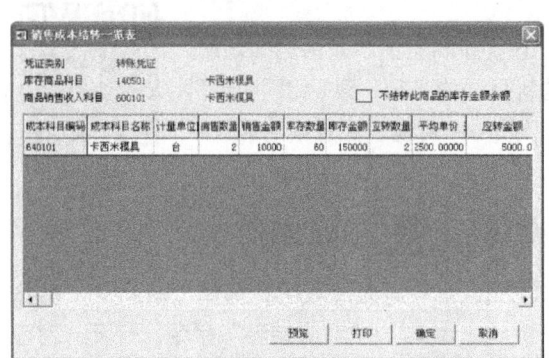

图3.73　"销售成本结转一览表"对话框

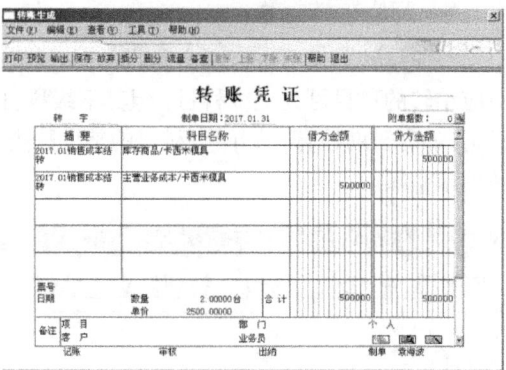

图3.74　销售成本凭证

☞提示：采用自动结转生产销售成本的，则库存商品在输入期初余额时，应该输入数量。

2. 售价（计划价）销售成本结转

当在售价（计划价）销售成本结转设置中已经定义好公式，且公式里面所涉及的会计科目的金额都已经入账以后，就可以生成凭证了。生成的凭证系统会自动传递到未记账凭证中。并且当用户一次性定义好公式后，以后月末只需执行本功能即可快速生成转账凭证。具体操作和销售成本结转凭证的生成基本一致，这里不再赘述。

3. 汇兑损益

当在汇兑损益结转设置中已经定义好公式，且公式里面所涉及的会计科目都已经入账以后，就可以生成凭证了。生成的凭证系统会自动传递到未记账凭证中。并且当用户一次性定义好公式后，以后月末只需执行本功能即可快速生成转账凭证。具体操作和销售成本结转凭证的生成基本一致，这里不再赘述。

4. 期间损益结转

期间损益结转功能用于在一个会计期间终了将损益类科目的余额结转到本年利润科目，从而及时反映企业利润的盈亏情况，主要是对于管理费用、销售费用、财务费用、销售收入、营业外收支等科目的结转。前提条件是所有的损益类的会计科目的金额都已经入账。

第 3 章 总账系统

具体操作

进入总账后,选择"期末"|"转账生成"命令,打开"转账生成"对话框,"结转月份"选择 2017.01,选中"期间损益结转"单选按钮,则显示要结转期间损益的损益类科目,如图 3.75 所示。如果生成一张凭证,则在"类型"下拉列表中选择"全部",然后在下面的列表框中选择需要结转的科目,双击"是否结转"栏显示 Y 标志,表示该科目将执行结转。也可单击"全选"或"全消"按钮,表示全部选择或全部取消选择要结转的凭证。如果收入和支出分别转入本年利润,即生成两张凭证,则在"类型"下拉列表中选择"收入"或"支出",此时下面的列表框中自动只出现"收入"或"支出"科目,然后直接单击"全选"按钮即可。

例如,将海南佳旭有限公司损益类科目的金额结转到本年利润科目,收入、支出结转到一张转账凭证。在"转账生成"对话框中,选中"期间损益结转","类型"选择"全部",单击"全选"按钮,最后单击"确定"按钮,系统自动生成一张期间损益的转账凭证,如图 3.76 所示。单击"保存"按钮,系统自动将当前凭证追加到未记账凭证中。

图 3.75 "转账生成"对话框 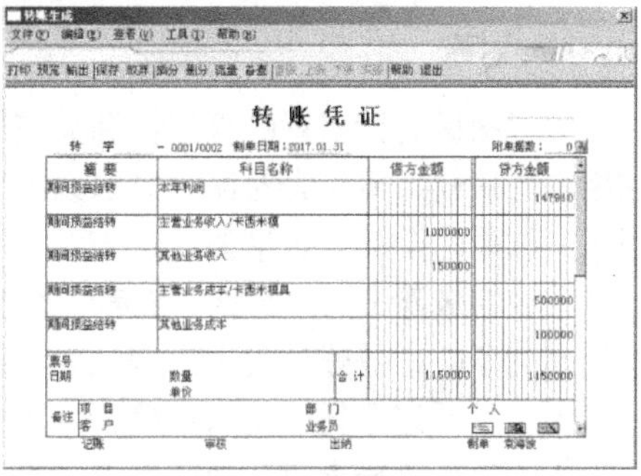   图 3.76 转账凭证的生成

5. 自定义转账生成

当在转账设置中已经定义好公式,且公式里面所涉及的会计科目的金额都已经入账以后,就可以生成凭证了。生成的凭证会自动传递到未记账凭证中,且自动转账生成的凭证也需要审核、记账,但注意不需要出纳签字,因为自动转账生成的凭证一般为转账凭证,不涉及库存现金和银行存款科目。

具体操作

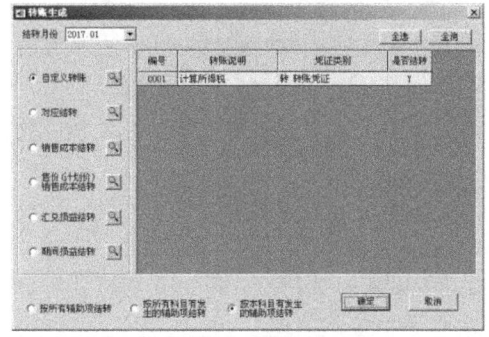

打开总账后,选择"期末"|"转账生成"命令,打开"转账生成"对话框,然后在"结转月份"下拉列表中选择 2017.01,选中"自定义转账"单选按钮。在"是否结转"栏双击显示 Y 标志,或单击"全选"按钮,如图 3.77 所示。然后单击"确定"按钮,系统即显示生成的转账凭证。

图 3.77 自定义转账凭证生成

提示:●转账生成之前,注意转账月份为当前会计月份。

●在生成凭证时,必须注意业务发生的先后次序,否则计算金额时,就容易出现差错。

6. 对应结转生成

当在转账设置中已经定义好公式，且公式里面所涉及的会计科目的金额都已经入账以后，就可以生成凭证了。生成的凭证系统会自动传递到未记账凭证中。并且当用户一次定义好公式后，以后月末只需执行本功能即可快速生成转账凭证。具体操作和自定义转账凭证的生成基本一致，这里不再赘述。

提示： ● 转账生成之前，注意转账月份为当前会计月份。

● 进行转账生成之前，应将相关经济业务的记账凭证登记入账。

● 在生成凭证时，必须注意业务发生的先后次序，否则计算金额时，就容易出现差错。

3.6.3 对账与结账

无论是在手工方式下，还是在总账系统中，在每一个会计期末都要对本会计期间的会计业务进行期末对账与结账，并要求在结账前进行试算平衡。

1. 对账

为了确保会计核算的真实性和完整性，符合"账账相符、账证相符、账实相符"的要求，在期末结账前，应首先对账。总账系统中的对账是系统对账簿数据进行核对，以检查记账是否正确，账簿的金额是否平衡，这与手工会计核算方式下的对账不同。手工方式下的对账工作是会计人员将账簿之间的数据、账簿与会计凭证的内容、账簿记录与实物数量之间进行人工核对，目的是为了防止登账过程中出现人为的错误。而信息化方式下的对账是由系统自动完成的。一般来说，只要记账凭证输入正确，计算机自动记账后各种账簿都应是正确、平衡的，但由于非法操作、计算机病毒或其他原因有时可能会造成某些数据被破坏，因而引起账账不符，为了保证账证相符、账账相符，用户应经常使用本功能进行对账，至少一个月一次，一般可在月末结账前进行。进入系统时，如果隐藏了"恢复记账前状态"功能，而又要使用它，必须打开"对账"窗口按 Ctrl+H 组合键激活恢复记账前状态功能。对账的内容主要是指核对各类账簿与凭证的记录内容来完成账证核对，核对总账与明细账及辅助账的数据来完成账账核对。

具体操作

图 3.78 "对账"窗口

进入总账后，选择"期末"|"对账"命令，打开"对账"窗口，如图 3.78 所示。在此窗口中将光标定位在要进行对账的月份，如 2017.01，单击"选择"按钮或双击"是否对账"栏，再单击"对账"按钮，开始自动对账，并显示对账结果。如果用户想检查试算是否平衡，则单击"试算"按钮，可以对各科目类别余额进行试算平衡，系统会自动弹出提示试算是否平衡的对话框，单击"确认"按钮返回，再单击"退出"按钮，完成对账工作。

2. 结账

结账是指把一定时期内发生的全部经济业务登记入账，在此基础上计算、记录并结转各账簿的本期发生额和期末余额，并终止本期的账务处理工作。结账以后，本月的会计业务处理宣告结束。所有的账簿数据，除了通过查询系统进行查询输出外，其他操作将受到限制。如果发现账簿有错误，可以通过下月补充凭证予以更正。在手工会计处理中，都有结账的过程，在计算机会计处理中也应有这一过程，以符合会计制度的要求，因此T6特别提供了结账功能。结账只能每月进行一次。前提条件是在结转总账之前一定要先将已启用的其他子系统结账，最后才能对总账系统进行结账。每月只能结账一次，而且结账必须按月连续进行。即使启用系统月份以前的空账，也要完成各月结账的操作。

具体操作

1）进入总账后，选择"期末"|"结账"命令，打开"结账——开始结账"对话框，如图3.79所示。

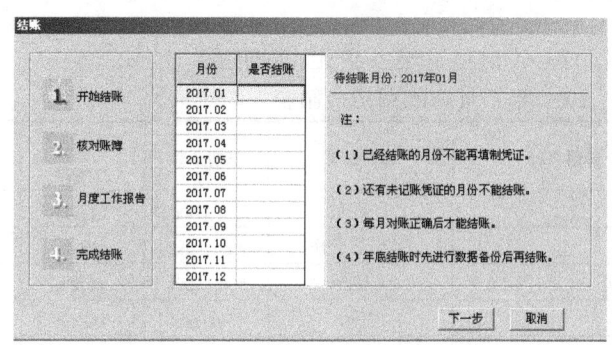

图 3.79 "结账——开始结账"对话框

2）选中要结账月份2017.01，然后单击"下一步"按钮，打开"结账——核对账簿"对话框。

3）在此对话框中单击"对账"按钮，系统会对要结账的月份自动进行总账与明细账、部门账、客户往来账、供应商往来账、个人往来账以及项目账的核对，并显示对账结果。在对账的过程中，可以单击"停止"按钮中止对账。对账完毕，单击"下一步"按钮，打开"结账——月度工作报告"对话框。

4）在此对话框中可查看月度工作报告的具体内容。如果本月工作全部处理完毕，则可单击"下一步"按钮，打开"结账——完成结账"对话框；如果还有没处理的工作，在此对话框会显示"×年×月工作未通过工作检查，不可以结账"信息。

5）若符合结账要求，在"结账——完成结账"对话框中单击"结账"按钮，系统将自动进行结账。

3. 取消结账

用户结账后，如果发现有误，可以通过反结账功能取消结账。取消结账的操作只能由账套主管执行。具体操作步骤是：进入总账后，选择"期末"|"结账"命令，打开"结账"对话框，在此对话框中按 Ctrl+Shift+F6 组合键即可进行反结账。

提　示

课后习题与实验

实验二　总账系统初始化

实验目的：通过实验，掌握总账系统初始化的主要内容和操作方法；理解总账系统初始化的基本功能和操作方法；熟悉期初余额输入的基本方法。

实验准备：引入实验一"系统管理和基础设置"的账套备份数据，将系统日期修改为 2017 年 7 月 1 日，由操作员 01 注册进入 555 账套总账系统管理。

课后习题区

实验要求：

1. 设置外币。
2. 设置会计科目。
3. 设置凭证类别。
4. 设置项目目录。
5. 输入期初余额。
6. 备份 555 账套。

实验资料：

1. 外币及汇率（币符：USD。币名：美元。固定汇率 1∶7.2。）
2. 会计科目及其 2017 年 7 月总账期初余额表

编　号	会计科目名称	辅助设置	年初余额	累计借方发生额	累计贷方发生额	期初余额
1001	库存现金	日记账	5 000	16 000	12 000	9 000
1002	银行存款	银行/日记账	2 427 400	68 000	86 000	2 409 400
100201	工行存款	人民币	2 367 400	38 000	86 000	2 319 400
100202	中行存款	美元	60 000	30 000		90 000
		美元				12 500
1012	其他货币资金		61 200	32 000	61 200	32 000
1121	应收票据	客户往来	60 000	36 100	60 000	36 100
112101	银行承兑汇票	客户往来				
112102	商业承兑汇票	客户往来	60 000	36 100	60 000	36 100
1122	应收账款	客户往来	98 650	46 600	56 000	89 250
1123	预付账款	供应商往来	68 000	68 000	68 000	68 000
1221	其他应收款	个人往来	26 200	9 800	18 000	18 000
1402	在途物资	数量核算	88 000	25 000	88 000	25 000
140201	铝合金	数量核算（件）	20 000		20 000	0
140202	不锈钢	数量核算（卷）	68 000		68 000	0
140203	塑料	数量核算（件）				0
140204	紫铜	数量核算		25 000		25 000
		件				10
1403	原材料	数量核算	172 500	90 000	117 000	145 500
140301	铝合金	数量核算	62 500	30 000	35 000	57 500
		件				115

(续表)

编号	会计科目名称	辅助设置	年初余额	累计借方发生额	累计贷方发生额	期初余额
140302	不锈钢	数量核算 卷	58 000	20 000	50 000	28 000 280
140303	塑料	数量核算 件	12 000	30 000	12 000	30 000 30
140304	紫铜	数量核算 件	40 000	10 000	20 000	30 000 12
1405	库存商品	数量核算	120 000	127 500	55 000	192 500
140501	电冰箱	数量核算 台	60 000	30 000	15 000	75 000 50
140502	洗衣机	数量核算 台	10 000	35 000	20 000	25000 25
140503	空调	数量核算 台	50 000	62 500	20 000	92 500 37
1406	发出商品					0
1411	周转材料		35 000	65 000	15 000	85 000
141101	包装物					0
141102	低值易耗品		35 000	65 000	15 000	85 000
1511	长期股权投资			212 800		212 800
1601	固定资产		320 000	120 000		440 000
1602	累计折旧		120 000		68 922	188 922
1701	无形资产		120 000			120 000
1702	累计摊销		20 000		30 000	50 000
2001	短期借款		98 000	60 000	6 800	44 800
2101	交易性金融负债		10 000	10 000	15 000	15 000
2201	应付票据	供应商往来	132 000	132 000	152 100	152 100
220101	银行承兑汇票	供应商往来				
220102	商业承兑汇票	供应商往来	132 000	132 000	152 100	152 100
2202	应付账款	供应商往来	120 000	120 000	119 000	119 000
2203	预收账款	客户往来	18 000	18 000	32 000	32 000
2211	应付职工薪酬			120 000	240 000	120 000
221101	工资			120 000	240 000	120 000
221102	职工福利					
221103	社会保险费					
221104	工会经费					
221105	职工教育经费					
2221	应交税费		18 000	16 000	9 000	11 000
222101	应交增值税					
22210101	进项税额					
22210102	销项税额					

(续表)

编　号	会计科目名称	辅助设置	年初余额	累计借方发生额	累计贷方发生额	期初余额
222102	应交城市维护建设税		10 000	8 000	9 000	11 000
222103	未交增值税		8 000	8 000		0
222104	应交所得税					
2231	应付利息		85 000	60 000	72 000	97 000
2232	应付股利					0
2241	其他应付款					0
2501	长期借款					0
4001	实收资本		2 333 700	179 922	1 90 100	2 343 878
4002	资本公积		188 150	3 200	4 800	189 750
400201	资本溢价					
400202	其他资本公积		188 150	3 200	4 800	189 750
4101	盈余公积		86 500		60 000	146 500
410101	法定盈余公积		86 500		60 000	146 500
410102	任意盈余公积					
4104	利润分配		372 600			372 600
410401	提取法定盈余公积					
410402	提取任意盈余公积					
410403	应付现金股利或利润					
410404	转作股本的利润					
410405	盈余公积补亏					
410406	未分配利润		372 600			372 600
5001	生产成本	项目核算				
500101	直接材料	项目核算				
500102	直接人工	项目核算				
500103	制造费用	项目核算				
5101	制造费用					
510101	周转材料					
510102	折旧费					
6001	主营业务收入	数量核算（台）				
600101	电冰箱	数量核算（台）				
600102	洗衣机	数量核算（台）				
600103	空调	数量核算（台）				
6401	主营业务成本	数量核算（台）				
640101	电冰箱	数量核算（台）				
640102	洗衣机	数量核算（台）				
640103	空调	数量核算（台）				
6601	销售费用					
660101	工资					
660102	折旧费					
660103	其他					
6602	管理费用					

(续表)

编 号	会计科目名称	辅助设置	年初余额	累计借方发生额	累计贷方发生额	期初余额
660201	工资	部门核算				
660202	职工福利	部门核算				
660203	养老保险费	部门核算				
660204	水电费	部门核算				
660205	折旧费	部门核算				
660206	业务招待费	部门核算				
660207	差旅费	部门核算				
660208	其他	部门核算				

说明：指定现金总账科目为库存现金，银行存款总账科目为银行存款，现金流量科目为库存现金、银行存款、其他货币资金。凡设数量核算的科目，其账页格式为"数量金额式"。

3. 辅助账期初余额表

应收账款　余额：借 89 250 元

日　期	客　户	摘　要	方　向	金　额	凭证号
2017 年 6 月 1 日	西米电器有限公司	销售商品	借	35 100	转 - 2
2017 年 6 月 3 日	中怀电器有限公司	销售商品	借	52 650	转 - 3
2017 年 6 月 3 日	中怀电器有限公司	代垫运杂费	借	1 500	转 - 3

预付账款　余额：贷 68 000 元

日　期	供应商	摘　要	方　向	金　额	凭证号
2017 年 6 月 10 日	广泽五金有限公司	预付货款	贷	68 000	付 - 2

应收票据——商业承兑汇票　余额：借 36 100 元

日　期	客　户	摘　要	方　向	金　额	凭证号
2017 年 6 月 12 日	红星电器有限公司	销售商品	借	36 100	转 - 10

应付账款　余额：贷 119 000 元

日　期	供应商	摘　要	方　向	金　额	凭证号
2017 年 6 月 5 日	卓鑫螺丝制品有限公司	采购原材料	贷	117 000	转 - 4
2017 年 6 月 5 日	卓鑫螺丝制品有限公司	对方代垫运杂费	贷	2 000	转 - 4

其他应收款　余额：借 18 000 元

日　期	个　人	摘　要	方　向	金　额	凭证号
2017 年 6 月 23 日	王双喜	预借差旅费	借	18 000	付 - 9

预收账款　余额：贷 32 000 元

日　期	客　户	摘　要	方　向	金　额	凭证号
2017 年 6 月 7 日	幽明卡罗国际贸易有限公司	预收货款	贷	32 000	收 - 10

应付票据——商业承兑汇票　余额：贷 152 100 元

日　期	供应商	摘　要	方　向	金　额	凭证号
2017 年 6 月 12 日	上海丰田器材有限公司	采购原材料	贷	152 100	转 - 13

4. 凭证类别

凭证类别	限制类型	限制科目	凭证类别	限制类型	限制科目
收款凭证	借方必有	1001,100201,100202	付款凭证	贷方必有	1001,100201,100202
转账凭证	凭证必无	1001,100201,100202			

5. 项目档案

（1）项目大类：生产成本

（2）核算科目：500101 直接材料；500102 直接人工；500103 制造费用

（3）项目分类定义

分类编码	分类名称	分类编码	分类名称
1	自行生产	2	外购

（4）定义项目目录

项目编号	项目名称	是否结算	所属分类码
101	电冰箱	否	1
102	洗衣机	否	1
103	空调	否	1

6. 选项

支票控制；制单序时控制；赤字控制（资金及往来科目）；允许修改、作废他人的凭证；可以使用应收受控科目；可以使用应付受控科目；凭证审核控制到操作员；出纳凭证必须经由出纳签字；可查询他人凭证；现金流量科目必录现金流量项目；系统编号；固定汇率。

实验三　总账系统日常业务处理

实验目的： 通过实验，掌握总账系统日常业务处理的主要内容和操作方法；理解总账的基本功能和操作方法；熟悉出纳管理、账簿查询和期末处理的作用和基本方法。

实验准备： 引入实验二"总账系统初始化"的账套备份数据，将系统日期修改为 2017 年 7 月 31 日，由操作员 02 注册进入 555 账套总账管理系统。

实验要求：

1. 凭证的输入。　　3. 凭证的记账。　　5. 自动转账。　　7. 结账。
2. 凭证的记账。　　4. 账簿查询。　　　6. 对账。

实验资料一：

7 月份发生的经济业务如下。

1）1 日，公司与中怀电器有限公司签订协议，采用预收款方式向中怀电器有限公司销售电冰箱 10 台。单价 4 500 元，增值税额为 7 650 元；中怀电器有限公司应在协议签订时预付 60% 的货款（按销售价格计算），剩余货款于两个月后支付。当日收到一张 27 000 元的转账支票（票号为 RZ689）。

2）2 日，银行转来收款通知（结算方式为委托收款，票号为 626），已收西米电器有限公司所欠货款 35 100 元。

3）2 日，以电汇方式（票号为 868）支付人力资源部电话费用 6 300 元。

4）3 日，本公司将资本公积 10 000 元转增资本。

5）4 日，开出现金支票一张（票号为 RZ003），从工商银行提取现金 120 000 元，准备发放工资。

6）4 日，采购人员拿商业承兑汇票向卓鑫螺丝制品有限公司购入紫铜 80 件，单价 2 500 元。专用发票上记载的货款为 200 000 元，增值税税额为 34 000 元。发票账单已收到，材料尚未入库。

7）5 日，以库存现金发放工人工资 120 000 元。

8）5 日，4 日采购的紫铜验收入库。

9）6 日，向幽明卡罗国际贸易有限公司销售空调 15 台，单价 5 000 元。货款尚未收到，已办妥托收手续，适用增值税税率为 17%。

10）7 日，公司向红星电器有限公司销售洗衣机 25 台，单价 2 500 元。以现金支票（票号为 RZ004）代垫运杂费 6 000 元，适用增值税税率为 17%。款项未收。

11）8 日，本公司向上海丰田器材有限公司采购不锈钢 5 000 卷，单价 100 元，所需支付的款项总额为 585 000 元。材料已验收入库，款未付。取得增值税专用发票。

12）10 日，公司生产车间领用低值易耗品一批。实际成本为 3 000 元，全部计入当期制造费用。

13）11 日，以电汇方式（票号为 966）购买诚远股份有限公司的股票 10 000 股作为长期股权投资，占诚远股份有限公司 10%的股份。每股买入价为 10.2 元，每股价格中包含有 0.2 元的已宣告分派的现金股利。另支付相关税费 7 000 元。

14）17 日，从银行借入一笔生产经营短期借款，共计 120 000 元，期限为 9 个月，年利率为 8%，以电汇方式汇入（票号为 968）。

15）18 日，采用电汇方式（票号为 969）向金密有限公司购入包装物一批。价款为 50 000 元，增值税税额为 8 500 元。发票账单已收到，货物也已经验收入库。

16）21 日，以转账支票（票号为 RZ896）支付价款 50 000 元从二级市场购入乙公司发行的股票 5 000 股。每股价格 10 元（含已宣告但未发行的现金股利 0.6 元），另支付交易费用 1 000 元。公司将持有的乙公司股票划分为交易性金融资产。

17）21 日，综合行政部李建林报销招待费用 2 540 元，以现金支付。

18）26 日，人力资源部马少斌预借差旅费 1 000 元，以现金支付。

19）28 日，现金支付综合行政部水费 760 元、办公用电费 960 元，以现金支付。

20）28 日，上月购买的 10 件紫铜到达企业并验收入库。

21）28 日，生产部领用紫铜 50 件，其中 20 件用于生产空调，20 件用于生产电冰箱，10 件用于生产洗衣机。

22）29 日，将本期发生的制造费用按照 2∶2∶1 的比例分配到产品空调、电冰箱和洗衣机的生产成本中。

23）结转本期销售成本（利用转账定义"销售成本结转"）。

24）结转本期损益类科目（收入与支出分开结转）。

25）计算本期所得税，并将所得税结转到本年利润。

26）结转本年利润。

实验资料二：银行对账。

上海奥斯罗特电器公司 2017 年 6 月 31 日，工行人民币企业日记账调整前余额为 2 319 400 元。2017 年 6 月 30 日，银行对账单调整前余额为 2 354 500 元。6 月 30 日，银行收到西米电器有限公司转来 35 100 元，票据还在交换当中，没有到达企业（结算方式为委托收款，票号为 626）。7 月 30 日，银行收到幽明卡罗国际贸易有限公司转来的货款 87 750 元，票据还在交换当中，没有到达企业。月终，银行对账单如下。

日　期	结算方式	票　号	借方金额	贷方金额	借方余额
2017年6月30日					2 354 500
2017年7月1日	202	RZ689	27 000		
2017年7月2日	502	868		6 300	
2017年7月4日	201	RZ003		120 000	
2017年7月7日	201	RZ004		6 000	
2017年7月11日	502	966		109 000	
2017年7月17日	502	968	120 000		
2017年7月18日	502	969		58 500	
2017年7月21日	202	RZ896		51 000	
2017年7月30日	6	985	87 750		
2017年7月30日					238 450

要求：

1. 第1）~21）题直接从凭证输入。第23）题通过自动转账的销售成本结转。第24）题通过自动转账的期间损益结转。第22）题通过自动转账的自定义结转。第25）题分别通过自动转账的自定义结转和期间损益结账。第26）题通过自动转账的对应结转。

2. 输入期初日记账、银行账未达账项，输入7月份的银行对账单，进行银行对账，查询单位日记账及银行对账单的对账结果，查询工行存款余额调节表。

第 4 章 报表管理系统

学习要求

1. 了解报表管理系统的功能与特点。
2. 理解报表管理系统中有关的基本概念。
3. 熟悉报表管理系统的基本操作流程。
4. 掌握报表格式设置、公式设置及报表数据的处理方法。

4.1 报表管理系统概述

会计报表是会计核算、记录的交易和事项的客观反映。它是依据日常会计核算资料加工编制的,全面反映企业在一定时期内经营成果、现金流量和截止时点的财务状况的书面报告文件。作为企业财务会计报告核心内容的会计报表,它为企业内部各管理部门及外部相关部门提供了最为重要的会计信息,有利于报表使用者进行管理和决策。

会计报表按照报送对象,可分为对外报送报表和对内报送报表。我国对外报送报表体系已基本与国际接轨,主要有资产负债表、利润表和现金流量表;对内报送报表主要有成本分析表、费用明细表和销售情况表等。

4.1.1 报表管理系统总体介绍

1. 报表管理系统

编制会计报表是每个会计期末最重要的工作之一,从一定意义上说,是一个会计期间工作完成的标志。会计报表的编制过程有很强的规律性。例如,在各个年度编制资产负债表时,编制方法一样,只是基础数据不同而已,如果通过人工来计算、编制,是一件费时、费工、费力的事情,而且产生的数据准确度不一定高,从而影响报表数据的使用效率。在我国,计算机的应用日益广泛,为利用计算机来编制报表提供了条件。概括起来讲,目前的报表系统主要有专用报表系统、电子报表系统和通用会计报表系统 3 类。报表管理系统是将计算机技术与会计报表的编制方法相结合而设计的，专门用于报表数据处理的系统，是会计信息系统中的一个独立的子系统。利用报表管理系统既可编制对外报表，又可编制对内报表。

2. UFO 报表系统

UFO（User's Friend Soft，用友财务软件）报表系统是用友软件股份有限公司开发的电子表格软件。

UFO 报表系统独立应用时，用于处理日常办公事务，可以完成表格制作、数据运算、图形制作、打印等电子表格软件的所有功能。该系统是在 Windows 下运行的管理型软件，具备了 Windows 的多任务、多媒体、网络通信等特点，并丰富了工资管理的功能，从而给客户以全新的感受。UFO 报表系统采用面向对象的开发思想，严格地以客观对象为处理目标，彻底摆脱了结构划分的弊端，使得财务人员操作起来更自然、更方便。只要掌握 Windows 的基本操作，就可以操作报表管理软件。

UFO 报表系统与总账系统同时应用时，作为通用财务报表系统使用，适用于各行业的财务、会计、人事、计划、统计、税务、物资等部门。目前，UFO 报表系统已在工业、商业、交通业、服务业、金融保险业、房地产与建筑业、行政事业等各行业和领域得到了推广和应用。

4.1.2 UFO 报表系统的主要功能

UFO 报表系统作为 T6 的重要组成部分，提供了丰富的报表取数公式——可以从 T6 各子系统取数，帮助用户编制各类管理分析报表。

UFO 报表与其他电子表格的最大区别在于它是真正的三维立体表，在此基础上提供了丰富的实用功能，完全实现了三维立体表的四维处理能力。其提供了各行业报表模板（包括现金流量表），并具有文件管理、格式管理、数据处理、图表处理、丰富的打印和强大的二次开发等功能。

1. 提供各行业报表模板（包括现金流量表）

UFO 报表系统提供了 21 个行业的标准财务报表模板，包括最新的现金流量表，使用它们可以轻松地生成复杂报表。它还提供了自定义模板的新功能，使用户可以根据本单位的实际需要定制报表模板。

2. 文件管理功能

UFO 报表系统提供了各类文件管理功能，并且能够在不同文件格式间转换，包括文本文件、MDB 文件、Excel 文件、Lotus 1-2-3 文件等。

UFO 报表系统支持多窗口同时显示和处理，可同时打开的文件和图形窗口多达 40 个。此外，还提供了标准财务数据的导入和导出功能，从而可以同其他流行会计软件交换数据。

3. 格式管理功能

UFO 报表系统提供了丰富的格式设计功能，如设置表尺寸、设置组合单元、画表格线（包括斜线）、调整行高和列宽、设置字体和颜色、设置显示比例等，使用户可以制作出符合各种要求的报表；内置了 11 种套用格式和 36 个行业的标准财务报表模板，让用户能轻松制表。

4. 数据处理功能

UFO 报表系统以固定的格式管理大量表页，能将多达 99 999 张具有相同格式的报表资料统一在一个报表文件中管理，并且在每张表页之间建立有机的联系。该系统还提供了排序、审核、舍位平衡、汇总功能；提供了绝对单元公式和相对单元公式，可以方便、迅速地定义计算公式；提供了种类丰富的函数，可以从总账管理、应收款管理、应付款管理、工资管理、固定资产管理、销售管理、采购管理、库存管理等系统中提取数据，生成财务报表。

5. 图表处理功能

UFO 报表系统采用图文混排，可以很方便地组织图形数据，制作出包括直方图、立体图、圆饼图、折线图等 10 种形式的分析图表，而且还可以编辑图表的位置、大小、标题、字体、颜色等，并打印输出图表。

6. 丰富的打印功能

UFO 报表系统采用所见即所得的打印方式，报表和图形都可以打印输出。系统提供了打印预览功能，用户可以随时观看报表或图形的打印效果。在打印时，可以格式化数据，可以设置财务报表的表头和表尾，可以在 30%～300%倍之间缩放打印，可以横向或纵向打印等。

7. 强大的二次开发功能

UFO 报表系统自动记录命令窗口中输入的多个命令，可将有规律性的操作过程编制成批处理文件，还提供了 Windows 风格的自定义菜单。综合利用批处理，可以在短时间内开发出适合本企业的专用系统。

4.1.3 UFO 报表系统与其他系统的联系

UFO 报表系统主要是从其他财务系统提取编制报表所需的数据。总账、工资管理、固定资产管理、应收款管理、应付款管理、财务分析、采购管理、销售管理、库存管理、存货核算等子系统均可向 UFO 报表系统传递数据，以生成财务部门所需的各种财务报表。UFO 报表系统与其他系统之间的数据传递关系如图 4.1 所示。

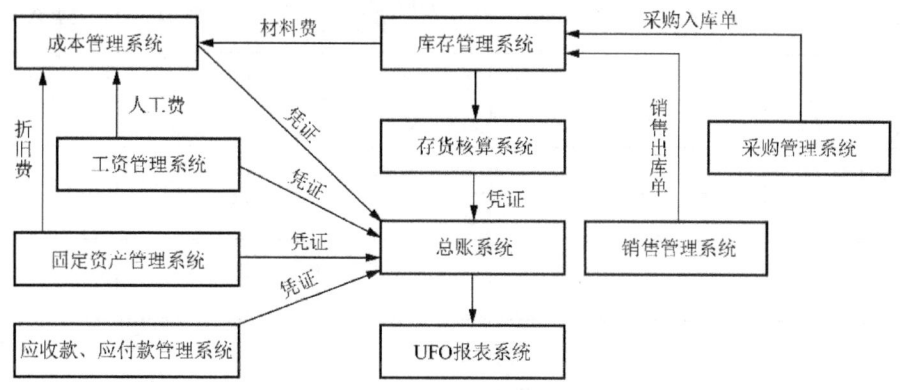

图 4.1 UFO 报表系统与其他系统之间的数据传递关系

4.1.4 报表管理系统的基本操作流程

在手工条件下，编制会计报表的基本过程可分为 3 步：第 1 步，设计并绘制表格线及填写有关说明文字；第 2 步，查阅账簿内容，计算并填写数据；第 3 步，根据数据间的勾稽关系检查数据的正确性。

在信息化环境下，其基本处理流程可以分为报表的格式和公式设置、报表的数据处理和报表输出，如图 4.2 所示。

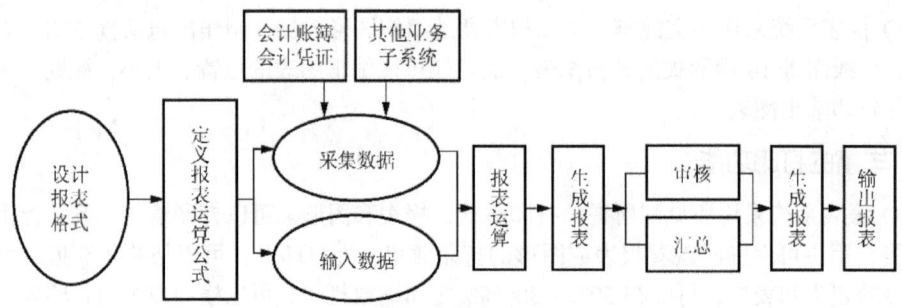

图 4.2 报表管理系统的基本处理流程

4.1.5 报表管理系统的报表结构与基本概念

1. 报表结构

按照报表结构的复杂性，可将报表分为简单表和复合表两类。简单表是规则的二维表，由若干行和列组成；复合表是简单表的某种组合。

简单表的格式一般由 4 个基本要素组成——标题、表头、表体和表尾，如图 4.3 所示。

资　产	期末余额	年初余额	负债及所有者权益 （或股东权益）	期末余额	年初余额
流动资产			流动负债		
货币资金			短期借款		
交易性金融资产			交易性金融负债		
…			…		
资产总计			负债和所有者权益 （或股东权益）总计		

资产负债表　　会企01表　元

单位名称：　　　年　月　日

会计主管：　　　制表人：

图 4.3 报表结构

① 标题：用来描述报表的名称。报表的标题可能不止一行，有时还会有副标题、修饰线等内容。

② 表头：用来描述报表的编制单位名称、日期等辅助信息和报表栏目。报表的栏目名称是表头的最主要内容，决定了报表的纵向结构、报表的列数以及每一列的宽度。有的报表栏目比较简单，只有一层，而有的报表栏目却比较复杂，需分若干层次。

③ 表体：是报表的核心，决定了报表的横向组成。它是报表数据的表现区域，是报表的主体。表体在纵向上由若干行组成，这些行称为表行；在横向上，每个表行又由若干个栏目构成，这些栏目称为表列。

④ 表尾：是指表体以下进行辅助说明的部分以及编制人、审核人等内容。

2. 基本概念

（1）格式状态和数据状态

UFO 报表系统将含有数据的报表分为两大部分来处理，即报表格式设计工作与报表数据处理工作。报表格式设计工作和报表数据处理工作是在不同的状态下进行的，单击"格式/数据"按钮可以在格式状态和数据状态之间进行切换。

① 格式状态。在格式状态下，可设计报表的格式，如表尺寸、行高和列宽、单元属性、单元风格、组合单元、关键字、可变区等。报表的 3 类公式——单元公式（计算公式）、审核公式、舍位平衡公式也在格式状态下定义。在格式状态下所作的操作对本报表所有的表页都起作用。在格式状态下不能进行数据的输入、计算等操作。在该状态下，用户所看到的是报表的格式，报表的数据全部被隐藏。

② 数据状态。在数据状态下，可管理报表的数据，如输入数据、增加或删除表页、审核、舍位平衡、做图形、汇总、合并报表等。在该状态下，用户看到的是报表的全部内容，包括格式和数据，但不能修改报表的格式。

（2）单元、单元属性及单元风格

① 单元。单元是组成报表的最小单位。单元名称由所在行、列标识，行号用数字 1～9 999 表示，列标用字母 A～IU 表示。例如，A3 表示第 1 列第 3 行的那个单元。

单元有以下 3 种类型。

- 数值单元。这是报表的数据，在数据状态下输入。数值单元的内容最多可以是 15 位有效数字。数字可以直接输入或由单元中存放的单元公式运算生成。当建立一个新表时，所有单元的类型默认为数值。
- 字符单元。字符单元也是报表的数据，在数据状态下输入。字符单元的内容可以是汉字、字母、数字及各种键盘可输入的符号组成的一串字符。一个单元中最多可输入 63 个字符或 31 个汉字。字符单元的内容也可由单元公式生成。
- 表样单元。这是报表的格式，用来定义一个没有数据的空表所需的所有文字、符号或数字。一旦单元被定义为表样，那么在其中输入的内容对所有表页都有效。表样在格式状态下输入和修改，在数据状态下不允许修改。一个单元中最多可输入 63 个字符或 31 个汉字。

② 单元属性。这是指单元在报表中所要处理的内容的类型。系统根据需要提供了数字型、字符型和表样型 3 种类型。

③ 单元风格。这是指单元内容的格式，包括对报表进行修饰，改变字体、字号、对齐方式，加背景、边框等。

（3）区域与组合单元

① 区域。区域由一张表页上的一组单元组成，自起点单元至终点单元是一个完整的矩形块。

在 UFO 报表系统中，区域是二维的，最大的区域是一个二维表的所有单元，最小的区域是一个单元。在描述一个区域时，开始单元（左上角单元）与结束单元（右下角单元）之间用冒号（英文状态下冒号）连接。例如，A3:C4 表示第 3 行第 1 列至第 4 行第 3 列为一个区域。

② 组合单元。组合单元由相邻的两个或更多的单元组成，这些单元必须是同一种单元类型。UFO 报表系统在处理报表时将组合单元视为一个单元。可以组合同一行相邻的几个单元，可以组合同一列相邻的几个单元，也可以把一个多行多列的平面区域设为一个组合单元。组合单元的名称可以用区域的名称或区域中单元的名称来表示。例如，把 A1～F1 定义为一个组合单元，就可以用 A1、F1 或 A1:F1 表示。

（4）固定区与可变区

固定区是指组成一个区域的行数和列数的数量是固定的数目，一旦设置好以后，在其中的单元总数是不变的。可变区是指一个区域的行数或列数是不固定的。可变区的最大行数或最大列数是在格式设计中设置的。在一个报表中只能设置一个可变区，或是行可变区，或是列可变区。行可变区是指可变区中的行数是可变的；列可变区是指可变区中的列数是可变的。设置可变区后，屏幕上只显示可变区的第 1 行或第 1 列，其他行列隐藏在表体内——在以后的数据操作中，行列数随着用户的需要而增减。有可变区的报表称为可变表，没有可变区的报表称为固定表。

（5）二维表和三维表

确定某一数据位置的要素称为"维"。在一张有方格的纸上填写一个数，则这个数的位置可通过行和列（二维）来描述。

如果将一张有方格的纸称为表，那么这个表就是二维表，通过行（横轴）和列（纵轴）可以找到这个二维表中任何位置的数据。如果将多个相同的二维表叠在一起，找到某一个数据的要素就需增加一个，即表页号（Z 轴）。这一叠表称为一个三维表。如果将多个不同的三维表放在一起，要从这些三维表中找到一个数据，则又需增加一个要素，即表名。三维表中的表间操作即称为"四维运算"。

（6）关键字

在 UFO 报表系统中用来确定某张表所在位置的鉴别标志，称为关键字。系统中共提供了单位名称、单位编号、年、季、月、日 6 种关键字，主要用来对账表进行定位、取数等操作。

- 单位名称：字符型（最大 28 个字符），为该报表表页编制单位的名称。
- 单位编号：字符型（最大 10 个字符），为该报表表页编制单位的编号。
- 年：数字型（1980～2099），为该报表表页反映的年度。
- 季：数字型（1～4），为该报表表页反映的季度。
- 月：数字型（1～12），为该报表表页反映的月份。
- 日：数字型（1～31），为该报表表页反映的日期。

除此之外，UFO 报表系统还有自定义关键字功能。例如，当定义为"周"和"旬"时，具有特殊含义，可以用于在业务函数中代表取数日期。在实际工作中，可以根据具体需要灵活运用这些关键字。

（7）表页

一个 UFO 报表系统最多可容纳 99 999 张表页。每一张表页是由许多单元组成的。一个报表中的所有表页具有相同的格式，但其中的数据不同。

表页在报表中的序号在表页的下方以标签的形式出现，称为页标。页标用"第 1 页"～"第

99999 页"表示。"@页号"表示当前表页,如@3、@5。

(8)公式

UFO 报表系统中的公式共有 3 种,即单元公式、审核公式、舍位公式。

① 单元公式:可定义报表数据间的运算关系。

② 审核公式:用于审核报表内或报表间的勾稽关系是否正确。

③ 舍位公式:用于对报表数据进行进位或小数取整后重新调整平衡关系。

(9)账表一体化

UFO 报表系统可以通过编辑取数公式自动从总账系统中提取数据,生成各种会计报表,从而实现了账表一体化。

4.1.6 UFO 报表系统的窗口组成

UFO 报表系统的窗口由报表窗口、图表窗口和图表对象窗口组成。

1. 报表窗口

选择"文件"|"新建"命令,或者单击"新建"按钮,将打开一个系统自动创建的名为 report1 的报表窗口,如图 4.4 所示。

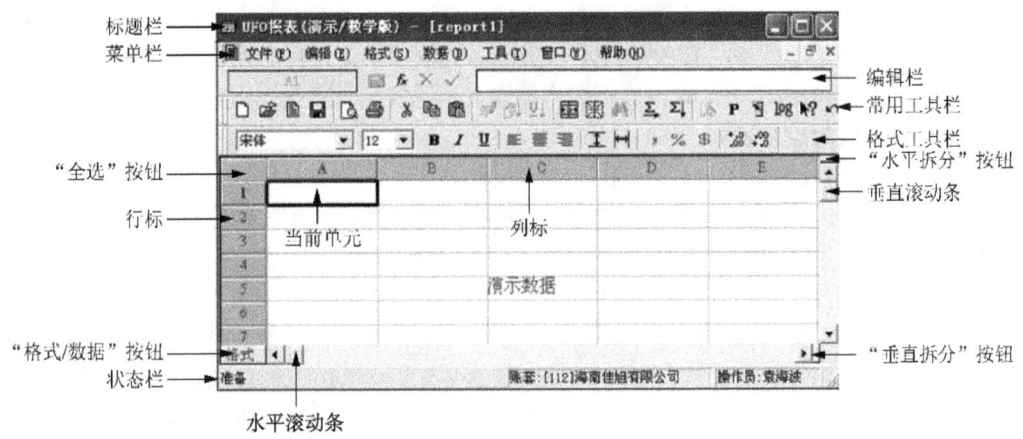

图 4.4 报表窗口

(1)标题栏

标题栏显示软件名称和当前文件名。

(2)菜单栏

菜单栏显示报表菜单。

(3)编辑栏

编辑栏用于编辑单元中的内容。编辑栏左侧的文本框为名字框,用于显示当前选中区域——在格式状态下时,只显示选中区域的名字;在数据状态下时,显示选中区域的名字和表页号。在编辑栏中,按钮用于定义单元公式;按钮用于放弃输入的内容;按钮用于确认输入的内容。当前单元中已有的内容将自动显示在编辑栏右侧的文本框中。

（4）工具栏

单击工具栏中的按钮可执行相应的命令。当鼠标指针移动到按钮上并稍作停留时，在按钮下方显示其简单提示，在状态栏中则显示此按钮能够完成的功能。拖动工具栏可使工具栏位于屏幕的各个位置。工具栏分为常用工具栏和格式工具栏。

（5）"全选"按钮、行标、列标、当前单元和拆分按钮

① "全选"按钮。"全选"按钮位于报表的左上角，单击它之后，当前表页的所有单元全部被选中。

② 行标。单击行标，可选中整行。在行标上拖动鼠标可选中一个多行区域。行标与行标之间为行高调节区，将鼠标指针移动到行标之间时，指针形状会改变，拖动鼠标即可调整行高。

③ 列标。单击列标，可选中整列。在列标上拖动鼠标可选中一个多列区域。列标与列标之间为列宽调节区，将鼠标指针移动到列标之间时，指针形状会改变，拖动鼠标即可调整列宽。

④ 当前单元。具有输入特性的单元被称为当前单元。当前单元显示为加粗黑方框。

⑤ 拆分按钮。拆分按钮分为"水平拆分"按钮和"垂直拆分"按钮。将鼠标指针放置在拆分按钮上时指针形状会改变，拖动鼠标即可将窗口拆分为多个子窗口。

（6）"格式/数据"按钮

单击"格式/数据"按钮可在格式状态和数据状态之间进行切换。

（7）页标

单击"格式/数据"按钮进入数据状态，页标会显示出来。页标是表页在报表中的序号，在表页的下方用"第 1 页"~"第 99999 页"表示。建立一个新文件时默认只有一张表页，页标为"第 1 页"。页标为白色表示这张表页为当前表页——要想对某张表页进行操作，首先要单击它的页标，使其成为当前表页。

（8）页标滚动按钮

当表页数较大时，所有的页标不可能同时显示，使用页标滚动按钮可使要查找表页的页标显示在屏幕上。使用页标滚动按钮时，只是页标随之移动，当前表页不变。

（9）水平滚动条

水平滚动条的两端有两个按钮，单击向左按钮可在屏幕上显示表页左面的内容，单击向右按钮可在屏幕上显示表页右面的内容。水平滚动条中有一个滑块，把鼠标指针放在滑块上，按住鼠标左键拖动也可左右移动显示表页。在数据状态下，把鼠标指针移动到水平滚动条左端的竖条上，待形状改变后，拖动鼠标可以改变水平滚动条的长短。

（10）垂直滚动条

垂直滚动条的两端有两个按钮，单击向上按钮可在屏幕上显示表页上部的内容，单击向下按钮可在屏幕上显示表页下部的内容。

（11）状态栏

状态栏内动态显示当前操作的相关信息。

2. 图表窗口

选择"工具"|"图表窗口"命令，将打开图表窗口。图表窗口由标题栏、菜单栏、工具栏、水平滚动条、垂直滚动条、状态栏等部分组成。

3. 图表对象窗口

在数据状态下,双击图表对象,将出现图表对象窗口。图表对象窗口由标题栏、菜单栏、工具栏、"全选"按钮、行标、列标和当前单元、"格式/数据"按钮、页标、页标滚动按钮、水平滚动条、垂直滚动条、状态栏等部分组成。

4.2 报表格式设计与公式定义

4.2.1 报表格式设计

报表格式设计是制作报表的基本操作,它决定了整张报表的外观和结构。对不同的报表,格式定义的内容也会有所不同。

报表格式设计的基本操作流程是:启动 UFO 报表系统,创建新表→设置表尺寸→画表格线→设置单元属性→设置单元风格→定义组合单元→设置关键字在表页上的位置。

下面以海南佳旭有限公司 112 账套,2017 年 1 月份的利润表格式为例,来说明 UFO 报表的格式设计,如图 4.5 所示。

利润表

			会企 02 表
编制单位:海南佳旭有限公司	2017 年 1 月		元
项 目		本期金额	上期金额
一、营业收入			
减:营业成本			
税金及附加			
销售费用			
管理费用			
财务费用			
资产减值损失			
加:公允价值变动收益(损失以"-"号填列)			
投资收益(损失以"-"号填列)			
其中:对联营企业和合营企业的投资收益			
二、营业利润(亏损以"-"号填列)			
加:营业外收入			
减:营业外支出			
其中:非流动资产处置损失			
三、利润总额(亏损总额以"-"号填列)			
减:所得税费用			
四、净利润(净亏损以"-"号填列)			
五、每股收益			
(一)基本每股收益			
(二)稀释每股收益			

图 4.5　报表格式设计的用例

1. 启动 UFO 报表系统，创建新表

启动报表管理系统创建一个新的会计报表文件后，建立的是一个报表簿，可容纳多张报表。空白报表建立起来以后，所有单元的类型均默认为数值单元，状态栏为格式状态。这时，可以在这张报表上开始设计格式，并在保存文件时用自己的文件名为这张报表命名。

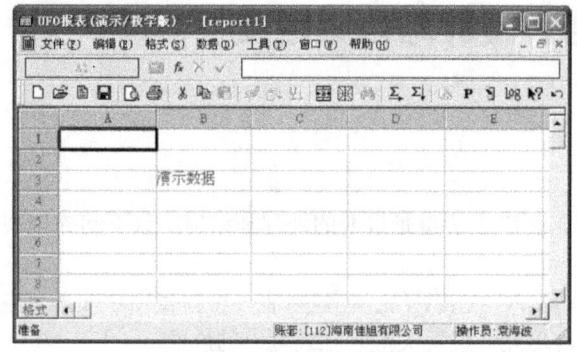

注册进入企业门户后，选择"财务会计"|"UFO 报表"|"文件"|"新建"（或者单击工具栏中的"新建"按钮）命令，自动创建一个空的报表文件，文件名显示在标题栏中，为 report1，如图 4.6 所示。

2. 报表格式设计

报表的格式在格式状态下设计，对整个报表都有效。

（1）定义表尺寸

图 4.6　新建报表

表尺寸即报表表页的行数和列数。报表尺寸默认时为 50 行 × 7 列，最大不超过 9 999 行 × 255 列。表尺寸可随时修改。

在格式状态下，选择"格式"|"表尺寸"命令，打开"表尺寸"对话框，如图 4.7 所示。在"行数"微调框中输入所需行数 24，在"列数"微调框中输入所需列数 3，然后单击"确认"按钮。

☞**提示**：要修改报表的行列，可以通过"编辑"菜单中的"插入""追加""删除""交换行列"命令来实现。

（2）调整行高和列宽

在 UFO 报表系统中，行高限制在 0 ~ 160 毫米，默认为 5 毫米；列宽限制在 0 ~ 220 毫米，默认为 25 毫米。在格式状态和数据状态下都可进行行高和列宽的调整。调整行高和列宽的操作类似，下面以调整行高为例来说明。

① 在格式状态下修改行高。

在 UFO 报表系统的格式状态下，选中第 1 行，再选择"格式"|"行高"命令（或者单击工具栏中的"行高"按钮），打开"行高"对话框，如图 4.8 所示。在对话框中输入所需的行高值 12，单击"确认"按钮，即完成对行高的调整。

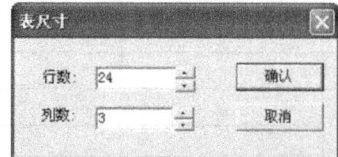

图 4.7　"表尺寸"对话框

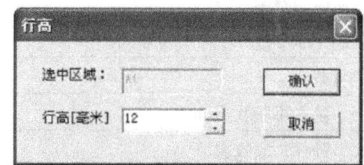

图 4.8　"行高"对话框

第 4 章 报表管理系统

> 提示：单击表页左上角的"全选"按钮后调整行高，可一次调整所有行的行高。要调整某个区域的行高，则选中该区域，调整其中的一行，即可调整整个区域的行高。列宽的调整方法与行高的调整方法相似。

② 在数据状态下修改行高和列宽。

 具体操作

在 UFO 报表系统的格式状态下，将鼠标指针移到两行之间，待其变为 ✢ 形状后，拖动鼠标即可调整行高。同理，将鼠标指针移到两列之间，待其变为 ◄► 形状后，拖动鼠标即可调整列宽。

（3）画表格线

报表的画线类型有网线、横线、竖线、框线、正斜线、反斜线 6 种。表线样式有空线、细实线、虚线、粗实线等共 8 种。单元和区域的周边格线由各种线型绘制，默认线型为空，即不绘制格线。

 具体操作

在 UFO 报表系统的格式状态下，选中要画线的区域，如选中 A4:C24 区域。然后选择"格式"│"区域画线"命令（或者单击工具栏中的"区域画线"按钮），打开"区域画线"对话框，如图 4.9 所示。在"画线类型"选项组和"样式"下拉列表中选择一种类型和样式，再单击"确认"按钮，然后在选定区域中按指定方式画线。如果想删除区域中的表格线，则在对话框中选择"样式"下拉列表中的"空线"选项即可。

> 提示：需要画斜线时，选中"正斜线"或"反斜线"单选按钮，以及"样式"下拉列表中的线型。要删除线条，则选中相应的线条类型，再在"样式"下拉列表中选择"空线"选项。

（4）设置组合单元

这是指把几个相邻单元合并成一个单元。

 具体操作

在 UFO 报表系统的格式状态下，选中 A1:C1 区域，选择"格式"│"组合单元"命令，打开"组合单元"对话框，如图 4.10 所示。在其中单击"整体组合"按钮。

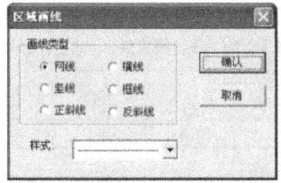

图 4.9 "区域画线"对话框

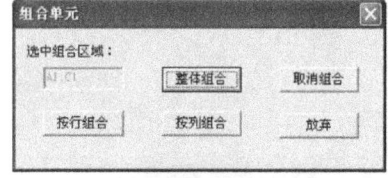

图 4.10 "组合单元"对话框

如果要取消组合，则选中要取消组合的组合单元，再选择"格式"│"组合单元"命令，打开"组合单元"对话框，单击"取消组合"按钮即可。

（5）设置单元属性及单元风格

这是指将固定内容的单元，如项目、本期金额、上期金额等定义为表样单元，将需要输入数字的单元定义为数值单元，将需要输入字符的单元定义为字符单元，还要设置单元的字体、字号、颜色、图案、折行显示等。

提　示

（6）设置可变区

这是指确定可变区在表页上的位置和大小。

（7）确定关键字的位置

这是指确定关键字在表页上的位置，如单位名称、年、月、日等在表页上的位置。

（8）输入表样文字

设计好报表格式之后，即可输入表样单元的内容，如项目、本期金额、上期金额等。

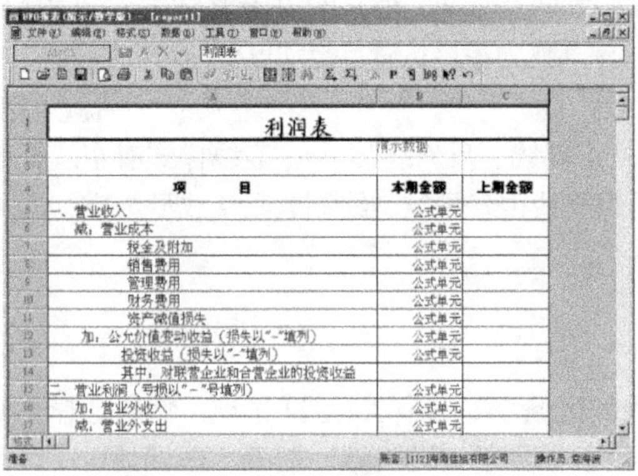

 具体操作

在 UFO 报表系统的格式状态下，选中组合单元 A1:C1，然后输入"利润表"。依次选中 A4、B4、C4 单元，分别输入"项目""本期金额""上期金额"。之后依次选中 A5、A6、…、A24 单元，分别输入"一、营业收入""减：营业成本"…"（二）稀释每股收益"。输入完毕后进入报表窗口，效果如图 4.11 所示。

图 4.11　输入表样文字

3. 设置关键字

（1）关键字的设置

UFO 报表系统共提供了单位名称、单位编号、年、季、月、日 6 种关键字和一个自定义关键字。关键字的显示位置在格式状态下设置。每个报表可以定义多个关键字。自定义关键字的名字由用户自己定义，最多 10 个字符。关键字的值在数据状态下输入，可以是 1～30 000 的数字。

 具体操作

在 UFO 报表系统的格式状态下，选中要设置关键字的单元 A3，再选择"数据"｜"关键字"｜"设置"命令，打开"设置关键字"对话框，如图 4.12 所示。在其中选中"单位名称"单选按钮，单击"确定"按钮后可看到选定单元中显示关键字名称为红色。按照相同方法，分别设置"年""月"关键字。然后，在 C2 单元中输入"会企 02 表"、C3 单元中输入"元"。完成之后的报表窗口如图 4.13 所示。

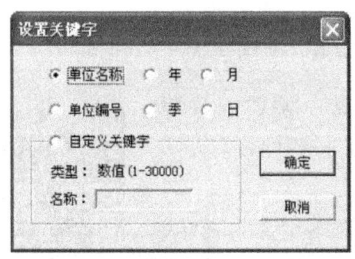

图 4.12　"设置关键字"对话框

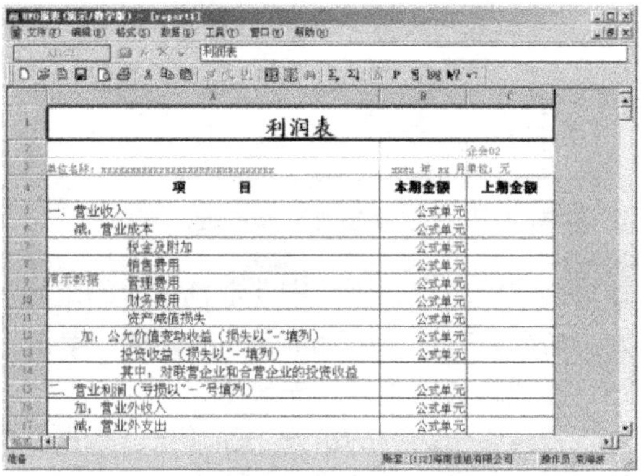

图 4.13　设置完关键字的报表窗口

（2）取消关键字

若关键字设置有误，可以将其取消。

具体操作

在UFO报表系统的格式状态下，选择"数据"｜"关键字"｜"取消"命令，打开"取消关键字"对话框，如图4.14所示。选中要取消的关键字对应的复选框，则该关键字被取消。

（3）关键字位置的调整

设置关键字之后，可以改变关键字在单元中的左右位置。

具体操作

在UFO报表系统的格式状态下，选择"数据"｜"关键字"｜"偏移"命令，打开"定义关键字偏移"对话框，如图4.15所示。在其中输入关键字的偏移量。单元偏移量的设置范围是-300～300，负数表示向左偏移，正数表示向右偏移。

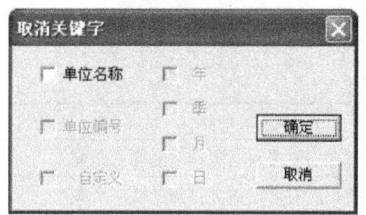
图4.14　"取消关键字"对话框

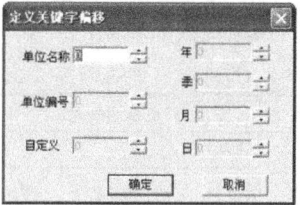
图4.15　"定义关键字偏移"对话框

提示：●每个关键字只能有一个定义，第2次定义一个已经定义的关键字时，系统自动取消第1次的定义。

●在每个单元中可以设置多个关键字，其显示位置由单元偏移量控制。

●一次可以取消多个关键字的定义。

4.2.2　定义报表公式

在UFO报表系统中，由于各种报表之间存在着密切的数据间的逻辑关系，因此，报表中对各种数据的采集、运算就要用到不同的公式。UFO报表有3类公式：单元公式（也称计算公式）、审核公式和舍位平衡公式。公式定义应在格式状态下进行。

1. 单元公式

单元公式是指为报表单元进行赋值的公式。利用它可以将单元赋值为数值，也可以赋值为字符。对于需要从报表本身或其他模块（如总账、工资管理、固定资产管理等模块）中取数以及一些小计、合计、汇总等数据的单元，都可以利用单元公式进行取数。

（1）单元取数公式定义

单元取数公式有5种类型：账务函数取数、凭证取数函数、从表内单元取数、从其他报表中取数、从其他表页中取数。下面以资产负债表和利润表为例来具体说明单元取数公式的设置。

① 账务函数取数。由于报表上绝大部分项目的数据都来源于账簿，因此我们把具有这种数据来源的表达式称为账务函数。它是报表系统与总账系统及其他系统相联系的桥梁。不同的编

制方案对这些函数的应用方法也不一样。

账务函数的基本格式如下。

函数名(<科目编码>,<会计期间>,[<方向>],[<账套号>],[<会计年度>],[<编码 1>],[<编码 2>],[截止日期])

其中，科目编码——表示取哪一个科目的数据。

会计期间——表示取某一年哪一个月的数据。可以是全年、季、月等变量，也可以用具体数字表示年、季、月。

方向——借或贷。

账套号——表示取哪一套账的数据。为数字型字符串。默认时为第 1 套账（默认的账套号可通过"数据"|"账套初始"命令设置）。

提示

会计年度——数据取数的年度。可以省略，省略时取默认的会计年度。该值也可通过"账套初始"命令设置。

编码 1 与编码 2——与科目编码的核算账类有关。可以取科目的辅助账，如无辅助核算可以不设置。

主要的账务函数如表 4.1 所示。

表 4.1 主要的账务函数

报表名称	账务函数名	取数含义
资产负债表	期初（QC）	提取资产类、负债类和所有者权益类科目的期初余额
	期末（QM）	提取资产类、负债类和所有者权益类科目的期末余额
	求和（PTOTAL）	提取表内有关项目合计数
利润表	发生（FS）	提取收入类科目的贷方发生额或费用类科目的借方发生额
	净额（JE）	提取损益类科目的借方发生额与贷方发生额相抵减后的差额
	对方科目发生（DFS）	提取损益类科目与"本年利润"科目相对应的损益结转发生额
	扩展对方科目发生（DFSEX）	提取损益类科目中，出现收入类的借方发生额和费用类的贷方发生额
	SELECT	本表他页取数函数

下面举例说明资产负债表和利润表中相关项目账务函数取数公式的定义。

● 资产负债表"年初余额"和"期末余额"，相关项目账务函数取数公式。

资产负债表通过提供"年初数"和"期末数"两组数据，可以反映本年度发生的经济业务对资产、负债、所有者权益的影响结果。

年初数运算公式中的"会计期间"有两种表达方法，这里以"货币资金→C6 单元"为例。

第一种：C6 = QC("1001",全年,,,年,,) + QC("1002",全年,,,年,,) + QC("1012",全年,,,年,,)。含义就是货币资金的年初数来源于总账系统中全年"库存现金""银行存款""其他货币资金"科目上年期末余额之和。

第二种：C6 = QC("1001",1,,,年,,) + QC("1002",1,,,年,,) + QC("1012",1,,,年,,)。含义就是货币资金的年初数来源于总账系统中本年 1 月份"库存现金""银行存款""其他货币资金"科目的期初数之和。

年末数运算公式的"会计期间"只有一种表示方法，即以"月"表示。

仍以"货币资金"项目为例，期末数的运算公式为：QM（"1001",月,,,年,,）+ QM（"1002",月,,,年,,）+ QM（"1012",月,,,年,,）。

● 利润表"本期金额"和"上期金额"，相关项目账务函数取数公式。

利润表是反映企业一定会计期间经营成果的报表。该表是按照该期间各项收入、费用以及构成利润的各个项目分类分项编制而成的,因此本表所提供的数据都是本期收入或费用的发生额。

利润表"本月数"栏的"营业收入"和"营业成本"运算公式可设置如下。

营业收入:B5 = FS("6001",月,"贷",,年) + FS("6051",月,"贷",,年)。含义就是营业收入的本月数来源于总账系统中,"主营业务收入"的本期发生额与"其他业务收入"的本期发生额之和。

营业成本:B6 = FS("6401",月,"借",,年) + FS("6402",月,"借",,年)。含义就是营业成本的本月数来源于总账系统中,"主营业务成本"的本期发生额与"其他业务成本"的本期发生额之和。

管理费用:B9 = FS("6602",月,"借",,年)。含义就是管理费用的本月数来源于总账系统中,"管理费用"的本期发生额。

上期金额:C = SELECT(B,年@ = 年 and 月@ = 月 + 1)。

② 凭证取数函数。凭证取数函数是指到记账凭证中搜寻数据的函数。在编制对内会计报表时,表上的有些数据无法从账簿中取得,只能从记账凭证中取数。

例如,本年度管理费用中用货币资金支付的费用就需要从凭证中取得。

凭证取数函数的基本格式如下。

函数名(<科目编码>,<对方科目编码>,<会计期间>,<方向>,[<摘要>],[<摘要匹配方式>],[<账套号>],[<会计年度>],[<编码 1>],[<编码 2>])

其中,函数名——函数名有 3 种,金额式的函数名为"对方科目发生"或 DFS;数量式的函数名为"数量对方科目发生"或 SDFS;外币式的函数名为"外币对方科目发生"或 WDFS。

方向——合法的方向为借、贷、j、d。

摘要匹配方式——是指取数时摘要内容的精确程度。模糊匹配用" = ",精确匹配用" = = "。模糊匹配是指经济业务中的摘要内容包含函数中的摘要内容;精确匹配是指经济业务中的摘要内容与函数中的摘要内容完全一致。

- DFS("660201","1001",1,"借",,,"112", 2017)的含义就是返回 112 账套 660201 科目 2017 年 1 月份且其对方科目为 1001 的该业务金额。
- DFS("6603",1,"1002","借","利息收入"," = ","112",2017)的含义就是返回 112 套账 6603 科目 2017 年 1 月份的发生业务中,摘要等于"利息收入"且其对方科目为 1002 的业务金额。

提示:"本期金额"栏采用对方科目取数函数(也称凭证取数函数)时,结转收入、费用的凭证只能是一借一贷的凭证,不能是多借多贷、一借多贷或多借一贷。

③ 从表内单元取数。表页内部的计算公式,是指数据存放位置和数据来源位置,都没有超出本表本页范围的计算公式。表页内部的计算公式可以分为两种。

- 一个单元的公式。固定区中一个单元公式是最简单的公式,这种公式可以给数值单元或字符单元赋值。例如,资产负债表中,期末余额"流动资产合计"B17 = PTOTAL(B6:B16)。
- 区域公式。当某一区域内各单元的公式极其相似时,需要用到区域公式。区域公式使一个区域的计算结果等于另一个区域或其他几个区域的计算结果。例如,利润表中,"本期金额"栏其他项目的运算公式可以依区域公式类推,"上期金额"栏的运算公式采用本表他页取数函数,假定"营业收入"栏为第 5 行,"净利润"栏为第 21 行,"上期金额"栏为第 3 列,则 C5:C21 区域的运算公式可以做如下表达。

C5:C21 = SELECT(B5:B21,月@ = 月 + 1)

④ 从其他报表中取数。从其他报表中取数公式即他表取数公式,用于从另一个报表某期间

某页中某个或某几个单元中采集数据，在进行报表与报表之间的取数时，不仅要考虑数据取自哪一张表的哪一个单元，还要考虑数据来源于哪一页。编辑表间计算公式与同一报表内各表页间的计算公式类似，主要区别在于其把本表表名换为他表表名。

取他表确定表页数据的表示格式如下。

<目标区域> = "<报表名[.REP]>" – ><数据源区域>[@<页号>]

当<页号>省略时默认为本表各页分别取他表各页数。例如，C4 = "syb" – >C5@4，表示当前表页 C4 的值等于表 syb.rep 第 4 页 C5 的值。

⑤ 从其他表页中取数。报表可由多个表页组成，并且表页之间具有极其密切的联系，如一个表页可能代表同一单位但不同会计期间的同一报表。因此，一个表页中的数据可能取自上一会计期间表页的数据。本表他页取数公式可完成此类操作。

表页内部统计公式用于在本表页指定区域内做出诸如求和、求平均值、计数、求最大值、求最小值、求统计方差等统计结果的运算，主要实现表页中相关数据的计算、统计功能。应用该公式时，要按所求的统计量选择公式的函数名和统计区域。

对于取自于本表其他表页的数据可以利用某个关键字作为表页定位的依据，或者直接以页标号作为定位依据，指定取某个表页的数据。对确定页号表页数据的表示格式如下。

<目标区域> = <数据源区域>@<页号>

例如，A3 = C4@1，表示当前页 A3 单元取当前表第 1 页 C4 单元的值。

取他表确定页号表页的数据用以下格式可以方便地取得已知页号的他表表页数据。

<目标区域> = "<他表表名>" – ><数据源区域>[@<页号>]

当<页号>省略时默认为本表各页分别取他表各页数据。例如，令当前表页 C5 的值等于表 Y 第 4 页 C5 的值：C5 = "Y" – >C5@4。

（2）定义单元公式的方法

在 UFO 报表系统中，运算公式的输入方法主要有两种，即直接输入公式法和函数向导法。

① 直接输入公式。有 3 种方式打开"定义公式"对话框。
- 选择"数据"|"编辑公式"命令。
- 单击编辑栏中的 fx 按钮。
- 在需编辑公式的单元中按"="键。

案例：为 B5 单元定义公式，即"营业收入"的本月数 = "主营业务收入"的本期发生额 + "其他业务收入"的本期发生额。

具体操作

图 4.16 "定义公式"对话框

在 UFO 报表系统的格式状态下，选中需要定义公式的 B5 单元，单击编辑栏中的 fx 按钮（或按"="键），打开"定义公式"对话框，从中直接输入本月账务发生额函数公式 FS("6001",月,"贷",,年) + FS("6051",月,"贷",,年)，如图 4.16 所示，最后单击"确认"按钮。

提示：在输入单元公式时，凡是涉及数学符号的，均需输入英文半角字符，否则系统将认为公式输入错误而不能保存。

② 利用函数向导输入公式。利用函数向导输入公式是指根据报表系统的提示相应输入报表

计算公式。

案例: 为 B6 单元定义公式,即"营业成本"的本月数 = "主营业务成本"的本期发生额 + "其他业务成本"的本期发生额。

 具体操作

在 UFO 报表系统的格式状态下,选中需要定义公式的 B6 单元,选择"数据"|"编辑公式"| "单元公式"命令,或者单击 fx 按钮(或者按"="键),打开"定义公式"对话框。单击"函数向导"按钮,打开"函数向导"对话框,如图 4.17 所示。在"函数分类"列表框中选择"用友账务函数",在"函数名"列表框中选择"发生(FS)",单击"下一步"按钮,打开"用友账务函数"对话框,如图 4.18 所示。单击参照按钮,打开"账务函数"对话框,如图 4.19 所示。选择账套号 112,选择会计年度 2017,输入科目 6401,选择期间"月",选择方向"借",单击"确定"按钮返回"用友账务函数"对话框,如图 4.20 所示。单击"确定"按钮返回"定义公式"对话框,如图 4.21 所示。接着输入"+",单击"函数向导"按钮,重复上述步骤,最后又返回到"定义公式"对话框,如图 4.22 所示。单击"确认"按钮。

提 示

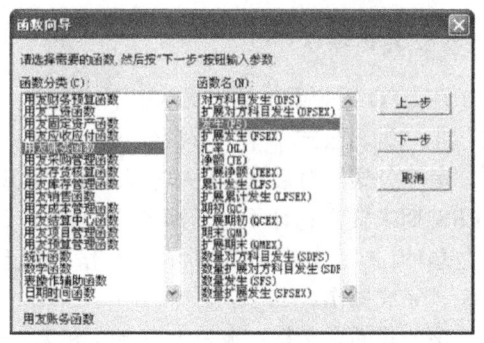

图 4.17 "函数向导"对话框

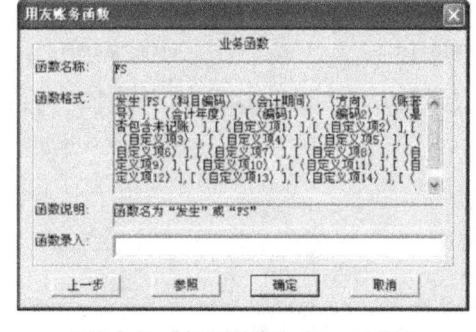

图 4.18 "用友账务函数"对话框

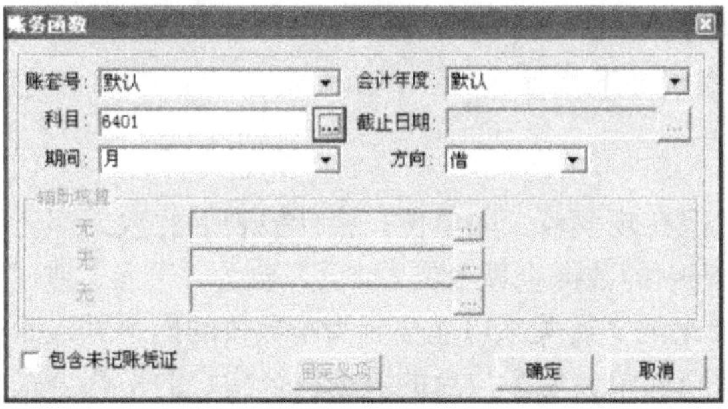

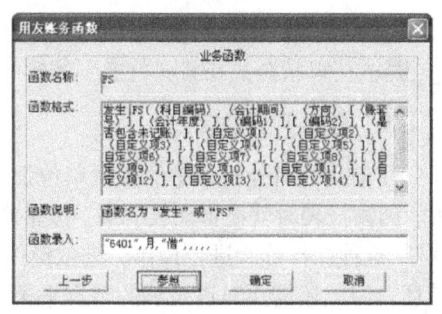

图 4.19 "账务函数"对话框

图 4.20 输入函数

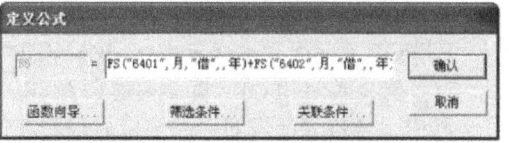

图 4.21 输入函数

图 4.22 继续输入函数

2. 审核公式

UFO 报表系统特意提供了数据的审核公式，它将报表数据之间的勾稽关系用公式表示出来。

审核公式关系到公式和提示信息的组成。定义报表审核公式，首先要分析报表中各单元之间的关系，确定审核关系，然后根据确定的审核关系定义审核公式，其中审核关系必须正确，否则审核公式会起到相反的效果，即由于审核关系不正确，导致一张数据正确的报表被审核为错误，而编制报表者又无从修改。审核公式是把报表中某一单元或某一区域与另外某一单元、某一区域或其他字符之间用逻辑运算连接起来。

审核公式的格式如下。

<表达式><逻辑运算符><表达式>[说明信息]

逻辑运算符有 =、>、<、>=、<=、<>。其中，等号"="的含义不是赋值，而是表示等号两边的值要相等。

由于报表中各个数据之间一般都存在某种勾稽关系，因此，可以利用这种勾稽关系定义审核公式，以进一步检验报表编制的结果是否正确。

案例： 以资产负债表为例，说明审核公式的设置。假定资产期末数的单元为 B37，负债和所有者权益期末合计数的单元为 E37。

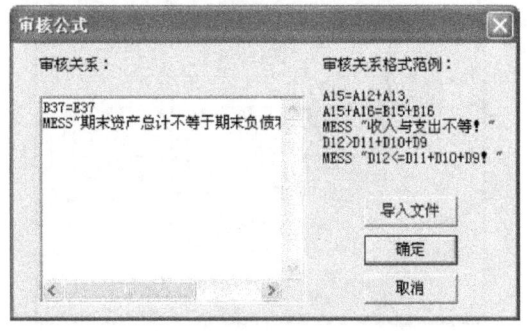

图 4.23 "审核公式"对话框

具体操作

在 UFO 报表系统的格式状态下，选择"数据"｜"编辑公式"｜"审核公式"命令，打开"审核公式"对话框，从中输入"B37 = E37 MESS"期末资产总计不等于期末负债和所有者权益总计！""，如图 4.23 所示。单击"确定"按钮，完成操作。

该公式的含义是：报表 B37 单元的数据必须等于 E37 单元的数据，否则在对话框中会显示"期末资产总计不等于期末负债和所有者权益总计！"的提示信息。

☞ **提示：** 审核公式在格式状态下编辑，在数据状态下执行。

3. 舍位平衡公式

目前我国对外报表中的金额单位都是元，但在规模较大的单位，会计报表上的数据都比较大，阅读报表时就显得比较麻烦，故常常将报表中的数据金额单位由"元"改为"千元"或"万元"，这种操作称为进位操作。进位操作后，原来的平衡关系可能会因为小数位的四舍五入而被破坏，因此还需要对进位后的数据平衡关系重新调整，使舍位后的数据符合指定的平衡公式。这种用于对报表数据舍位及重新调整报表舍位之后平衡关系的公式称为舍位平衡公式。

舍位平衡公式的格式如下。

REPORT "<舍位表文件名>" RANGE<区域>[,<区域>]*WEI<位数>[FORMULA<平衡公式>[,<平衡公式>]*[FOR<页面筛选条件>]]

其中，舍位表文件名——舍位后报表文件的名称，与当前报表文件名不能相同。存放地点默认在当前目录下。

区域——需要进行舍位的区域。

位数——舍位位数。可输入 1~8 位。舍位位数为 1 时，区域中的数据除以 10；舍位位数为 2 时，区域中的数据除以 100，以此类推。

例如，原始报表数据平衡关系为 50.23 + 5.24 = 55.47，若舍掉一位数，即除以 10 后数据平衡关系成为 5.02 + 0.52 = 5.55，原来的平衡关系被破坏，应调整为 5.02 + 0.53 = 5.55。报表经舍位之后，重新调整平衡关系的公式称为舍位平衡公式。其中，进行进位的操作叫做舍位，舍位后调整平衡关系的操作叫做平衡调整公式。

定义舍位平衡公式需要指明舍位表文件名、区域及舍位位数，并且必须输入平衡公式。

案例：将数据由元进位为千元，定义利润表的舍位平衡公式。

在 UFO 报表系统的格式状态下，选择"数据"|"编辑公式"|"舍位公式"命令，打开"舍位平衡公式"对话框，如图 4.24 所示。在"舍位表名"文本框中输入"利润表"，在"舍位范围"文本框中输入"B19:B21"，在"舍位位数"文本框中输入 3，在"平衡公式"列表框中输入"B21 = B19 – B20"，然后单击"完成"按钮，完成操作。

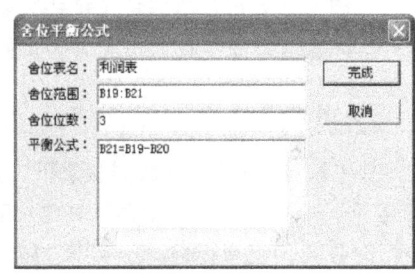

图 4.24　"舍位平衡公式"对话框

4.2.3　报表保存

报表的格式设置完成之后，为了确保以后能够随时调出使用并生成报表数据，应将会计报表的格式保存起来。

提示：● rep 为用友报表文件专用扩展名。

● 如果没有保存就退出系统，系统将弹出"是否保存报表？"提示对话框。

4.3　报表数据处理

报表数据处理主要包括生成报表数据、审核报表数据和舍位平衡操作等工作。数据处理工作必须在数据状态下进行。处理时，计算机会根据已定义的单元公式、审核公式和舍位平衡公式自动进行取数、审核及舍位等操作。

会计报表数据处理通常是针对某一特定的表页进行的。因此，在进行数据处理时，还可能需要对表页进行管理，如增加、删除、插入表页等。

4.3.1　进入报表数据状态

进入报表数据状态既可以选择从菜单栏进入，也可以直接单击"格式/数据"按钮进入。

4.3.2 账套初始工作

报表的一些原始数据是取自于某个指定账套的,如果在定义单元公式时没有指定某个账套或会计年度,则在生成报表数据之前,需要确认单元数据是取自于哪一个账套和会计年度。账套初始工作既可以在格式状态下进行,也可以在数据状态下进行。

4.3.3 输入关键字

关键字是表页定位的特定标志。在格式状态下设置完成关键字后,只有在数据状态下对其进行实际赋值才能使其真正成为表页的鉴别标志,为表页间、表间的取数提供依据。

具体操作

在 UFO 报表系统的数据状态下,选择"数据"|"关键字"|"录入"命令,打开"录入关键字"对话框,在此对话框中输入单位名称。"年""月"关键字的值由系统默认为当前系统操作的时间,也可以修改,如图 4.25 所示。单击"确认"按钮,返回报表窗口,如图 4.26 所示。

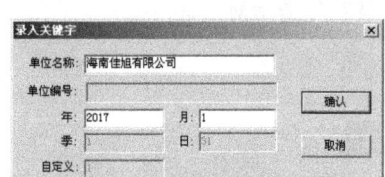

图 4.25 "录入关键字"对话框

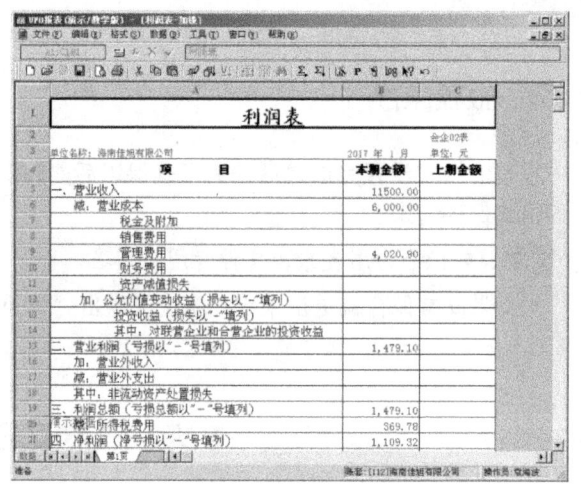

图 4.26 报表窗口

提示: 每一张表页均对应不同的关键字,输出时随同单元一起显示。日期关键字可以确认报表数据取数的时间范围,即确定数据生成的具体日期。

4.3.4 整表重算

当完成报表的格式设计和关键字的输入之后,便可以计算指定账套和指定时间的报表数据了。计算报表数据是在数据状态下进行的,既可以在输入完报表的关键字后直接计算,也可以使用菜单命令计算,即选择"数据"|"整表重算"命令启动报表中所有的单元公式进行重算。不需再计算时,可以单击"UFO 报表"窗口编辑栏上的"表页不计算"按钮,使本表页以后不再重算;需要重新计算时,再次单击"表页不计算"按钮即可。当本表单元公式中涉及其他表

或其他系统数据时，必须进行整表重算后才能更新数据。

 具体操作

在 UFO 报表系统的数据状态下，选择"数据"｜"整表重算"命令，弹出"是否确定全表重算？"提示对话框，如图 4.27 所示。单击"是"按钮，即可完成报表数据的计算。

图 4.27 提示整表重算对话框

4.3.5 表页管理

1. 增加表页

向一个报表中增加表页有追加和插入两种方式。

① 追加表页，即在最后一张表页后面增加新的表页。

 具体操作

在 UFO 报表系统的数据状态下，选择"编辑"｜"追加"｜"表页"命令，打开"追加"对话框。在"追加表页数量"文本框中输入追加表页数，确认后追加相应表页。

② 插入表页，即在当前表页前面增加新的表页。

 具体操作

在 UFO 报表系统的数据状态下，选择"编辑"｜"插入"｜"表页"命令，打开"插入"对话框。在"插入表页数量"文本框中输入要插入的表页数，确认后在当前表页之前增加新表页。

2. 交换表页

交换表页是将指定的任一表页中的全部数据进行交换。

 具体操作

在 UFO 报表系统的数据状态下，选择"编辑"｜"交换"｜"表页"命令，打开"交换"对话框。在"源表页号"和"目标表页号"文本框中输入要互相交换位置的表页页号。可以一次交换多个表页，多个表页号用","隔开。

例如，要同时交换报表的第 1 页和第 2 页、第 3 页和第 4 页、第 10 页和第 20 页，则可在"源表页号"文本框中输入"1,3,10"；在"目标表页号"文本框中输入"2,4,20"，即可完成操作。

3. 删除表页

删除表页是将指定的整个表页删除，报表的表页数相应减少。

 具体操作

在 UFO 报表系统的数据状态下，选择"编辑"｜"删除"｜"表页"命令，打开"删除表页"对话框。如果不指定表页号和删除条件，则系统将在确认后删除当前表页。如果要删除指定表页号的表页，则在"删除表页"文本框中输入要删除的表页号。可以同时删除多张表页，多个表页号之间用","隔开。例如,在"删除表页"文本框中输入"1,3,10",确认后则删除第1、第3和第10页。如果要删除符合删除条件的表页,在"删除条件"文本框中输入删除条件,或者单击"条件"按钮,在"定义条件"对话框中定义删除条件。

4.4 报表模板

在会计报表系统中,一般都提供了多种常用的会计报表格式和公式,这种报表称为报表模板。在每个报表模板中,都详细设计了该报表的格式和公式。利用报表模板可以快速建立一张符合实际需要的财务报表。另外,对于一些本企业常用但报表模板中没有提供标准格式的报表,在定义完这些报表以后,可以将其定制为报表模板,在以后使用时可以直接调用该模板,省时省力。

4.4.1 调用报表模板生成报表数据

如果需要一个标准的财务报表,如资产负债表、利润表等,可以利用UFO报表系统提供的财务报表模板自动生成标准财务报表。UFO报表系统提供了11种报表格式和21个行业报表模板,包括了70多张标准财务报表(如现金流量表),也可以包含用户自定义的模板。用户可以根据所在行业挑选相应的报表,套用其格式和计算公式。套用报表模板和套用格式需要在格式状态下进行。

案例:利用模板调用海南佳旭有限公司112账套,2017年1月31日的资产负债表。

具体操作

在UFO报表系统的格式状态下,选择"格式"|"报表模板"命令,打开"报表模板"对话框,从中选择行业"一般企业(2007年新会计制度科目)"和财务报表名"资产负债表",如图4.28所示。单击"确认"按钮,弹出"模板格式将覆盖本表格式!是否继续?"提示对话框,单击"确定"按钮,生成一张空的标准财务报表,如图4.29所示。单击"格式/数据"按钮,转为数据状态,打开"录入关键字"对话框,输入单位名称、日期,如图4.30所示。单击"确认"按钮,选择"数据"|"整表重算"命令,即可生成资产负债表的数据,如图4.31所示。

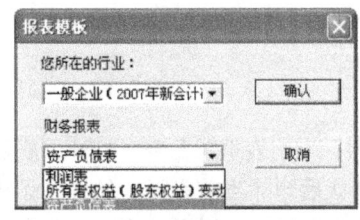

图4.28 "报表模板"对话框　　　　图4.29 标准财务报表

第 4 章 报表管理系统

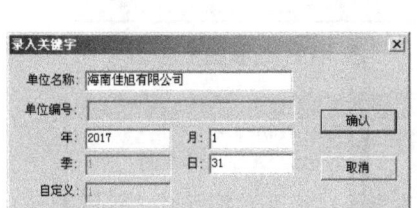

图 4.30 "录入关键字"对话框

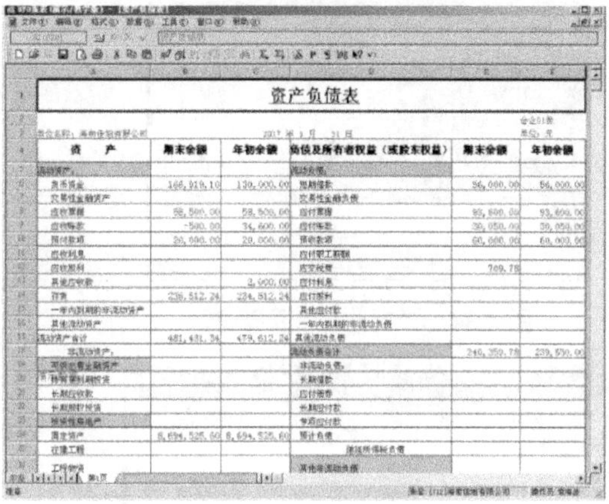

图 4.31 生成报表

4.4.2 自定义报表模板

用户除了可以使用系统中的财务报表模板外,还可以根据本单位的实际需要定制内部报表模板,并将自定义的模板加入系统提供的模板库内。也可以根据本行业的特征,增加或删除各个行业及其内置的模板。

案例: 为海南佳旭有限公司定义管理费用明细表模板。

定制行业,可以将本单位名称或单位所属的行业加入到模板的行业类型中,在套用模板时可以直接选择定制的行业或单位名称。

具体操作

在 UFO 报表系统中制作出本单位的报表模板后,选择"格式"│"自定义模板"命令,打开"自定义模板"对话框,如图 4.32 所示。单击"增加"按钮,打开"定义模板"对话框,从中输入模板所属的行业名称(也可以是单位名称),如"海南佳旭有限公司",如图 4.33 所示。单击"确定"按钮,该行业被加入"自定义模板"对话框的"行业名"列表框中,如图 4.34 所示。选择新增的行业名"海南佳旭有限公司",单击"下一步"按钮,设置模板名,如图 4.35 所示。单击"增加"按钮,打开"添加模板"对话框,在该对话框中的"查找范围"下拉列表中选择模板保存路径,"模板名"选择"管理费用明细表.rep",如图 4.36 所示。单击"添加"按钮,则自定义的模板加入到"自定义模板"对话框中的"模板名"列表框中,选择"管理费用明细表",在对话框下部自动显示模板路径,如图 4.37 所示。单击"完成"按钮,自定义模板操作结束。

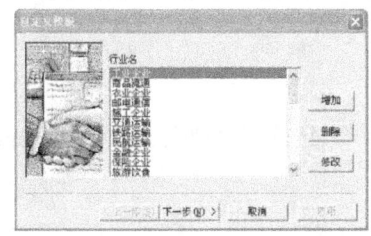

图 4.32 "自定义模板"对话框

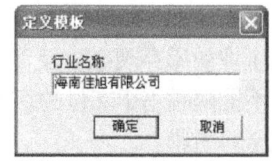

图 4.33 "定义模板"对话框

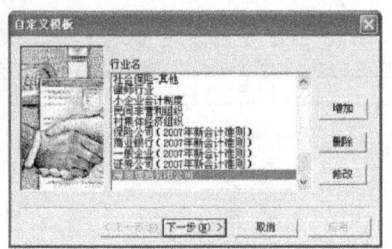

图 4.34 "行业名"列表框

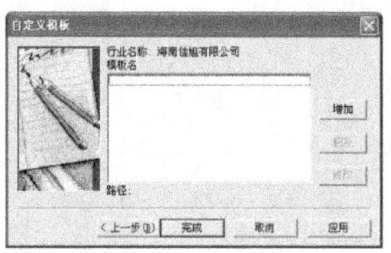

图 4.35 设置模板名

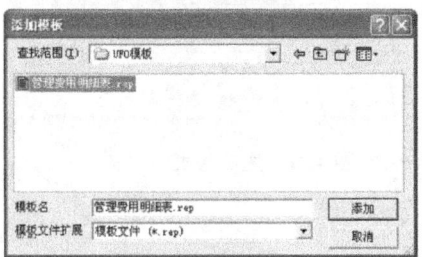

图 4.36 "添加模板"对话框

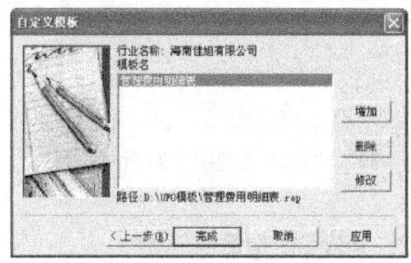

图 4.37 已加入自定义模板

在"自定义模板"对话框中，通过"删除"按钮可以将不需要的行业从"行业名"列表框中去除，如果想恢复删除的行业则单击"增加"按钮进行操作。如果要重新定义行业名，选中需要改变的行业名，然后单击"修改"按钮，在打开的对话框中重新输入。通过"删除"按钮可以删除选定的模板。要恢复已删除的模板，单击"增加"按钮，可以重新输入模板路径和名称。若要修改模板名，首先选中需要改变的模板名，然后单击"修改"按钮，在打开的对话框中重新输入模板名。

4.5 现金流量表

4.5.1 现金流量表概述

1. 现金流量表的含义

编制现金流量表是为报表使用者提供企业一定期间内现金流入和流出的信息，以便报表使用者了解和评价企业获得现金的能力，并据以预测企业未来的现金流量。企业的现金流量可以分为经营活动产生的现金流量、投资活动产生的现金流量和筹资活动产生的现金流量3种。

2. 基本概念

（1）现金

现金指企业的库存现金以及可以随时用于支付的存款，包括库存现金、银行存款和其他货币资金等。不能随时用于支付的存款不属于现金。

（2）现金等价物

现金等价物是指企业持有的期限短、流动性强、易于转换为已知金额现金、价值变动风险很小的投资。期限短，一般是指从购买日起 3 个月内到期。现金等价物通常包括 3 个月内到期的债券投资等。权益性投资变现的金额通常不确定，因而不属于现金等价物。企业应当根据具体情况，确定现金等价物的范围。现金等价物一经确定，不得随意变更。

（3）现金流量

现金流量是某一段时期内企业现金流入和流出的数量。应该注意的是，企业以现金形式所做的转换不会产生现金流量，如从银行提取现金等。

3. 现金流量表系统的主要功能

① 自动生成财政部最新发布的现金流量表及其附表。
② 可对企业的现金流量按日、月、季、年进行准确反映。
③ 可对已生成的期间现金流量表进行汇总。
④ 可按用户设置的应收、应付科目和增值税税率，自动进行价税分离。
⑤ 对多借多贷的凭证提供了多种自动拆分方法，同时用户也可以根据实际情况手工拆分。
⑥ 对一借多贷、多借一贷的凭证提供全自动拆分。
⑦ 对现金流量表及附表上的项目，可根据实际需要进行适当的修改、增加。
⑧ 可解决汇率变动对现金的影响，适用于有外币核算的企业。
⑨ 提供了便捷的方案导出和方案引入功能。
⑩ 可查询、打印所有分析期间的现金流量表。
⑪ 对生成的分析表均提供另存为报表文件、文本文件、DBase 文件、Access 文件、Excel 文件和 Lotus 1－2－3 文件的功能，以便用户进一步处理报表。
⑫ 提供了选择新会计制度的报表模板的功能。

4.5.2 现金流量表系统与其他系统之间的关系

现金流量表系统不能单独运行，其处理数据来源于总账系统，因此，现金流量表只有基于总账系统才能运行。该系统与 UFO 报表系统也有接口，可通过指定路径，直接取得其他 rep 表页的数据。

本系统可以对总账系统和 UFO 报表系统的数据进行计算分析，生成现金流量表。生成后的现金流量表以 rep 报表形式保存，可以在本系统查询，也可以通过数据输出功能输出到指定目录中，用 UFO 报表或财务分析系统进行调用。现金流量表与其他系统的关系如图 4.38 所示。

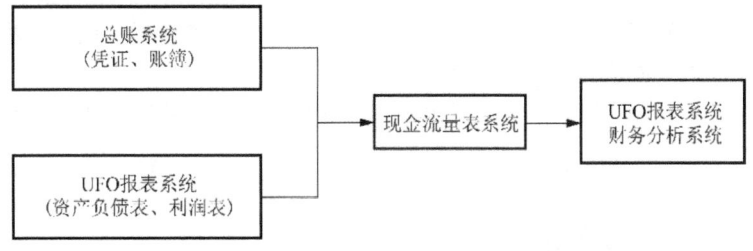

图 4.38　现金流量表系统与其他系统的关系

4.5.3 现金流量表系统的操作流程

现金流量表系统的操作流程如图 4.39 所示。

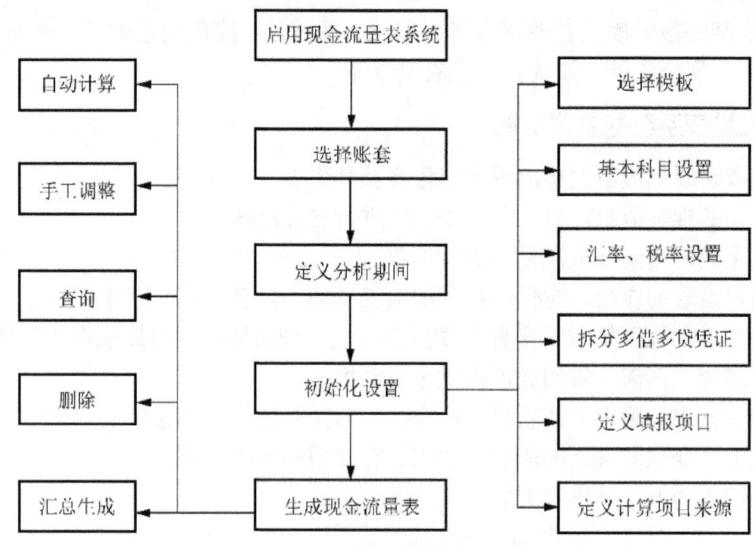

图 4.39 现金流量表系统的操作流程

4.5.4 现金流量表的编制方法

现金流量表有两种编制方法：直接法和间接法。

1. 直接法

直接法通过现金收入和支出的主要类别反映来自企业经营活动、投资活动、筹资活动的现金流量。直接法一目了然，现金流入的来源和流出的去向都有明显列示。

2. 间接法

间接法是以本期损益表中的净利润为起算点，通过对相关项目的调整，计算出企业经营活动的现金流量。本期损益表中的净利润是按权责发生制计算的，企业的现金流量是按收付实现制计算的。简而言之，间接法的项目调整依据就是其与直接法之间不一致的地方。

我国现行会计准则规定，企业在用直接法填报现金流量表的同时，以间接法计算经营活动的现金流量，作为现金流量表的附注部分。

在本系统中，如果没有特别指出，涉及编制现金流量表的方法时，既包括直接法编制，也包括间接法编制。

4.5.5 现金流量表的编制方案

现金流量表的编制方案是指编制现金流量表的总体方案。编制方案约定了如下内容：现金流量表的填报项目、现金流量表的计算项目，以及现金流量表计算项目的数据来源定义。

4.5.6 现金流量表的具体编制

1. 启动现金流量表

注册进入企业门户后,选择"财务会计"|"现金流量表"命令,打开"现金流量表日期设置"对话框,如图 4.40 所示。单击"确定"按钮,打开"现金流量表"对话框,如图 4.41 所示。单击"继续"按钮,打开"现金流量表"窗口,如图 4.42 所示。

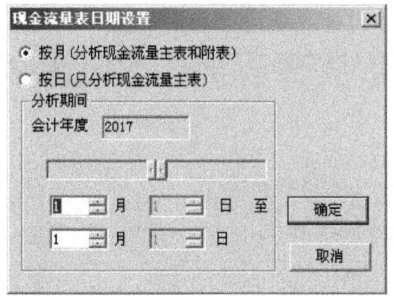

图 4.40 "现金流量表日期设置"对话框

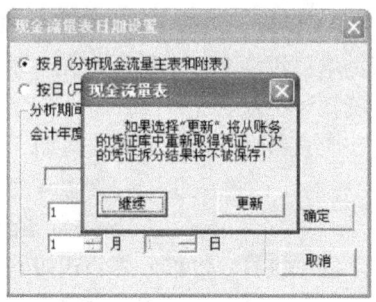

图 4.41 "现金流量表"对话框

2. 初始化设置

(1)选择模板

选择模板是指进行新、旧会计制度报表模板的选择,系统默认的是新会计制度报表模板,如图 4.43 所示。

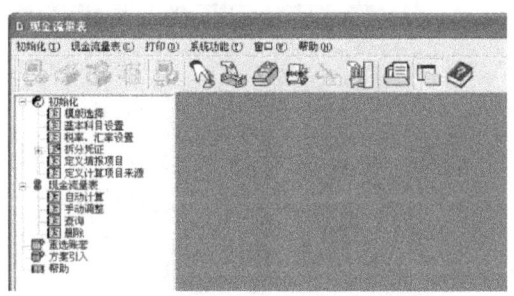

图 4.42 "现金流量表"窗口

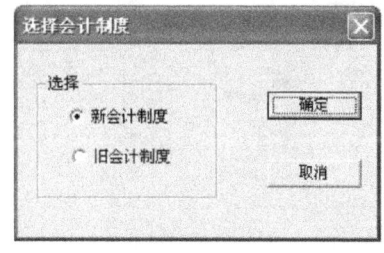

图 4.43 "选择会计制度"对话框

(2)基本科目设置

① 现金科目。一般情况下,现金流量表的现金对应企业会计中的"库存现金""银行存款""其他货币资金"等科目。

② 应收、应付科目。因为现金流量表要求企业将应收、应付账款中的货款和增值税税款分别进行核算,并将其现金流入、流出填列到不同的项目中去,但是,很多企业并没有分别核算,这就要由用户选择应收、应付科目。如果用户在总账系统中已经建立了应收、应付科目的价税明细科目的核算,就不应在此选择,只需将其内容置为空,系统则不进行价税分离(建议将应收、应付科目设立货款和增值税税款等明细科目进行核算,这样就无须在此设置应收、应付科目)。如果用户在总账系统中没有建立应收、应付科目的价税明细科目,则应该在此选择,系统将按用户在"税率设置"栏指定的税率自动将选择的应收、应付科目的发生额分解成货款和税款。

应收科目包括应收账款、应收票据和预收账款；应付科目包括应付账款、应付票据和预付账款。

在"基本科目设置"对话框中单击欲选科目，使其变为蓝色，然后单击">"按钮，则该科目即被选入已选科目中，如图4.44所示。

（3）税率、汇率设置

① 税率设置。税率设置是指设置增值税税率，其中包括进项税率和销项税率。系统将按用户设置的增值税税率自动将用户在"基本科目设置"对话框中选择的应收、应付科目的发生额分解成货款和税款。

对于应收科目，价税分离公式如下。

$$应收-货款=应收科目发生额\div(1+销项税率)$$
$$应收-税款=应收-货款\times销项税率$$

对于应付科目，价税分离公式如下。

$$应付-货款=应付科目发生额\div(1+进项税率)$$
$$应付-税款=应付-货款\times进项税率$$

- 直接输入。用户可以直接在"设置税率"选项卡中的"进项税率"和"销项税率"文本框中输入数值，系统默认其为百分比。例如，当用户输入数值为17时，系统自动按17%进行运算，如图4.45所示。这种方法适用于发生应收、应付账款业务时含有增值税并且税率较为单一的企业。

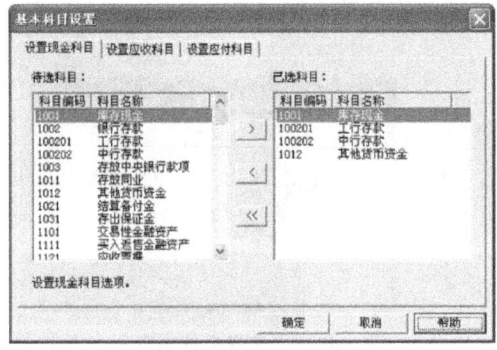
图4.44 "基本科目设置"对话框

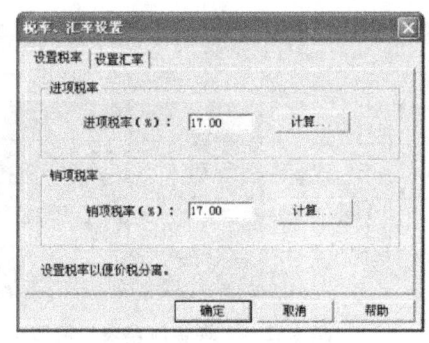
图4.45 "设置税率"选项卡

- 计算平均税率。对于发生应收、应付账款业务时，不是每次都有价税处理问题，并且每次采用的税率都不相同的企业，系统提供了一种更为精确的计算平均税率方法，即按税额占采购或收入的比例自动计算税率，具体计算如下。

进项税率 =（进项税额÷商品、材料采购支出）×100%

= （应交税费-应交增值税-进项税额科目的借方发生额合计÷采购科目的借方发生额合计）×100%

销项税率 =（销项税额÷销售收入）×100%

= （应交税费-应交增值税-销项税额科目的贷方发生额合计÷销售收入科目的贷方发生额合计）×100%

单击"进项税率"选项组中的"计算"按钮,将打开"计算进项税率"对话框。
单击"销项税率"选项组中的"计算"按钮,将打开"计算销项税率"对话框。

② 汇率设置。汇率设置适用于有外币核算的企业。本系统根据用户在"设置汇率"选项卡中设置的外币核算科目及相应期末汇率,计算主表上的"汇率变动对现金的影响额"项目,并计算附表上的"现金及现金等价物净增加情况"中所涉及的外币问题。

(4) 拆分凭证

① 拆分"多借多贷"凭证。基于现金流量表的填报要求,本系统在生成现金流量表之前,要对企业的凭证进行一次规范性处理,用以明确每笔业务的流向。规范性处理是将多借多贷、一借多贷和一贷多借的凭证按需要都拆分成一借一贷的凭证,并且同时进行价税分离。经过拆分的凭证,只是在形式上发生了变化,各科目的金额仍与总账系统相等。

在现金流量表中拆分凭证时,只需要用户参与对多借多贷凭证的拆分,如图 4.46 所示。

② 凭证准备。当所有多借多贷的凭证都拆分完毕后,就可执行"凭证准备"命令了。在此,系统自动将一借多贷和一贷多借的凭证都拆分成一借一贷的凭证,同时还进行价税分离的工作。

(5) 定义填报项目

填报项目是反映在现金流量表上的项目,对此,系统已经按财政部发布的现金流量表进行了预置,一般不需要用户改动。但为了适应特殊需求和未来变化,也可以由用户适当增加或修改。

在"项目大类"下拉列表中列出了现金流量表主表及附表中规定的各项目大类名称,用户可以在其中选择,但不可修改。当选定某个项目大类后,相应的项目将显示在"大类所属项"列表框中。

在"大类所属项"列表框中,可以对项目进行适当的修改、增加或删除,如果用户需要生成与预置项目不同的现金流量表,就应先在此定义;列表框中的"行次"由系统自动控制,用户不能修改,如图 4.47 所示。

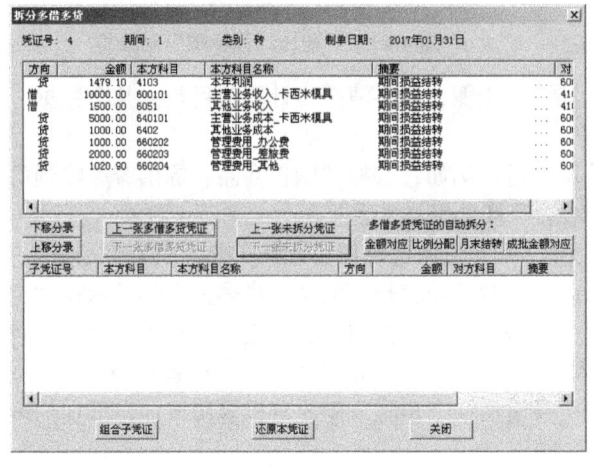

图 4.46　拆分凭证

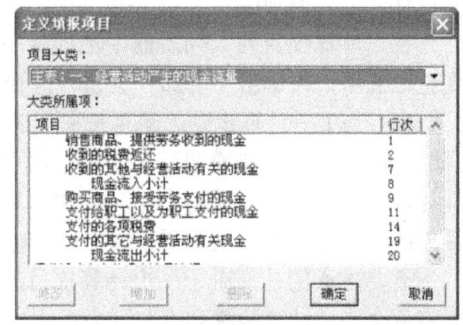

图 4.47　"定义填报项目"对话框

(6) 定义计算项目来源

计算项目是为了反映填报项目的组成而设置的中间项目。计算项目描述具体的数据来源,即用户按照计算项目设置现金流量表的取数公式,然后指定计算项目和填报项目之间的关系。

通过凭证分析的方法来设置计算项目来源,即各项目应该从哪些一借一贷凭证中取数及其正负号。

例如,可以定义填报项目为"销售商品、提供劳务收到的现金",定义计算项目为"当期销售商品、提供劳务收到的现金""当期收到前期的应收账款和应收票据""当期预收的账款""当期销售退回而支付的现金""当期收回前期核销的坏账"。则:填报项目"销售商品、提供劳务收到的现金" = 计算项目"当期销售商品、提供劳务收到的现金" + 计算项目"当期收到前期的应收账款和应收票据" + 计算项目"当期预收的账款" – 计算项目"当期销售退回而支付的现金" + 计算项目"当期收回前期核销的坏账"。

可见,用户通过计算项目可以保存更为明细的现金流量数据,可以更细致地对现金流量表进行分析。在现金流量表编制方案中,计算项目和填报项目之间的对应关系完全由系统提供,用户无须指定。

"计算项目列"列表框中的内容对应相应的填报项目,计算项目和填报项目绝大多数是一一对应的,且计算项目全部由系统提供,用户不可修改、增加或删除。

计算项目和填报项目之间一一对应时,计算项目对应现金流量表上的相应填报项目所在的行次,如图4.48所示。单击"增加"按钮,打开"增加计算步骤"对话框,如图4.49所示。

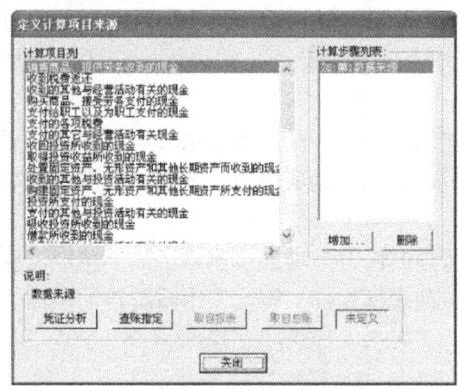
图4.48 "定义计算项目来源"对话框

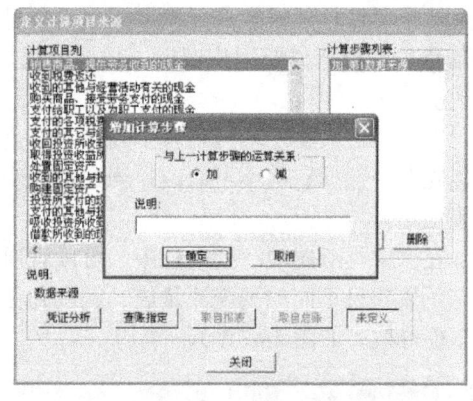
图4.49 "增加计算步骤"对话框

对于一个计算项目,用户可以逐步定义其计算步骤,即弄清楚本计算项目是由几个数据、通过什么运算得到的。

在"计算项目列"列表框中选择某一计算项目。例如,选择"销售商品、提供劳务收到的现金"选项,再单击"增加"按钮,打开"增加计算步骤"对话框。

在"与上一计算步骤的运算关系"选项组中,用户可以选择相邻计算步骤间的运算关系——"加"或"减"。在"说明"文本框中用户可以输入对该计算步骤的文字描述,它将显示在"定义计算项目来源"对话框中的"说明"位置。单击"确定"按钮,在"定义计算项目来源"对话框的"计算步骤列表"列表框中,将相应增加一条步骤。例如,"加:第1数据来源"。

需要注意的是,对于一个计算项目,每次只增加一个步骤,用户可以多次增加,增加的步骤将逐个在"计算步骤列表"列表框中显示出来。

在"计算步骤列表"列表框中,只有最后一个步骤可以通过"删除"按钮进行删除。具体操作为:选择最后一条步骤,然后单击"删除"按钮即可。如果用户想删除其他步骤,可先选择该步骤,然后单击"未定义"按钮,系统自动将该步骤的值默认为0,即与删除效果相同。

第4章 报表管理系统

每一个步骤可以定义一种数据来源。对于计算项目的数据来源,系统提供了5种方法:凭证分析、查账指定、取自报表、取自总账、未定义。其中,对应主表的计算项目,系统提供凭证分析、查账指定、未定义3种方法;对应附表的计算项目则5种方法都可以。

在"现金流量表"窗口中选择"初始化"|"输出数据来源"命令后,生成一个 UFO 7.X 的报表(*.rep),其中列出了用户定义的所有计算项目的计算步骤和数据来源,如图 4.50 所示。

图 4.50 选择"输出数据来源"命令

3. 生成现金流量表

当用户完成初始化工作后,选择"现金流量表"|"自动计算"命令,就可以生成现金流量表,如图 4.51 所示。

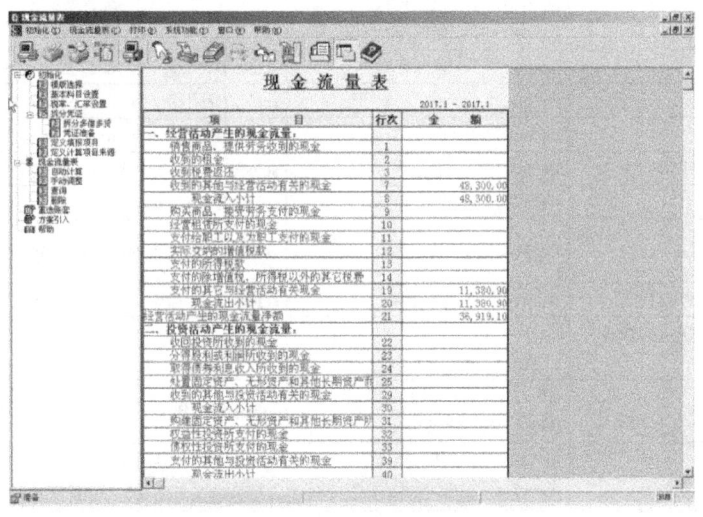

图 4.51 生成现金流量表

课后习题与实验

实验四 报表编制

实验目的:通过实验,理解报表编制的原理及流程;掌握使用 UFO 报表系统设计报表格式的方法、步骤、报表取数公式和计算公式的编辑方法,以及利用模板生成报表的方法。

实验准备:引入实验三"总账系统日常业务处理"的账套备份数据,将系统日期修改为 2017 年 7 月 31 日,由操作员 02 注册进入 555 账套 UFO 报表系统。

课后习题区

实验要求：

1. 设计上海奥斯罗特电器公司 7 月份的利润表。
2. 按照 2007 年新会计准则编辑利润表的取数公式和计算公式。
3. 保存利润表格式至已建立好的文件夹中。
4. 生成自制利润表 7 月份的数据并保存。
5. 利用报表模板生成资产负债表 7 月 31 日的数据并保存。

实验资料：

报表表样如下。

利润表

会企 02 表

编制单位：上海奥斯罗特电器公司　　　　　　　2017 年 7 月　　　　　　　　　　　　　　　　元

项　目	本期金额	上期金额
一、营业收入	fs("6001",月,"贷",,年) + fs("6051",月，"贷",,年)	select(B5,年@ = 年 and 月@ = 月 + 1)
减：营业成本	fs("6401",月,"借",,年) + fs("6402",月,"借",,年)	select(B6,年@ = 年 and 月@ = 月 + 1)
税金及附加	fs("6403",月,"借",,年)	select(B7,年@ = 年 and 月@ = 月 + 1)
销售费用	fs("6601",月,"借",,年)	select(B8,年@ = 年 and 月@ = 月 + 1)
管理费用	fs("6602",月,"借",,年)	select(B9,年@ = 年 and 月@ = 月 + 1)
财务费用（收益以"－"号填列）	fs("6603",月,"借",,年)	select(B10,年@ = 年 and 月@ = 月 + 1)
资产减值损失	fs("6701",月,"借",,年)	select(B11,年@ = 年 and 月@ = 月 + 1)
加：公允价值变动收益（损失以"－"号填列）	fs("6101",月,"贷",,年)	select(B12,年@ = 年 and 月@ = 月 + 1)
投资收益（损失以"－"号填列）	fs("6111",月,"贷",,年)	select(B13,年@ = 年 and 月@ = 月 + 1)
其中：对联营企业和合营企业的投资收益		
二、营业利润（亏损以"－"号填列）	B5 – B6 – B7 – B8 – B9 – B10 – B11 + B12 + B13	select(B15,年@ = 年 and 月@ = 月 + 1)
加：营业外收入	fs("6301",月,"贷",,年)	select(B16,年@ = 年 and 月@ = 月 + 1)
减：营业外支出	fs("6711",月,"借",,年)	select(B17,年@ = 年 and 月@ = 月 + 1)
其中：非流动资产处置损失（净收益以"－"号填列）		
三、利润总额（亏损总额以"－"号填列）	B15 + B16 – B17	select(B19,年@ = 年 and 月@ = 月 + 1)
减：所得税费用	fs("6801",月,"借",,年)	select(B20,年@ = 年 and 月@ = 月 + 1)
四、净利润（净亏损以"－"号填列）	B19 – B20	select(B21,年@ = 年 and 月@ = 月 + 1)
五、每股收益		
（一）基本每股收益		
（二）稀释每股收益		

第 5 章

工资管理系统

学习要求

1. 学会对工资管理系统进行初始化。
2. 掌握用会计软件进行工资核算及发放的原理和方法。
3. 掌握工资个人所得税的代扣处理。
4. 熟悉工资计提和分摊的设置及凭证处理。

工资核算是任何一个单位财会部门最基本的业务,不仅关系到每一位职工的切身利益,而且也是影响企业产品成本的重要因素。手工进行工资核算,数据处理复杂,工作量相当大,需要占用财务人员大量的精力和时间,并且容易出错,而采用计算机进行处理,特别是采用工资核算软件进行处理,可以克服手工会计处理的种种问题,有效地提高工资核算的准确性和及时性。

工资的核算与管理是企业整个信息系统的重要组成之一。工资管理系统是 T6 中功能强大、操作简便的部分,能适用于各种行业企业单位及行政事业单位,同时还提供强大的工资结构分析功能以及对同一企业存在的多种工资核算类型的解决方案。

5.1 工资及其管理系统介绍

5.1.1 工资

1. 工资的概念

工资是指定期以货币的形式支付给劳动者的报酬,通常的工资指的是职工的报酬。在工资管理系统中处理的工资项目不仅包括职工工资、奖金、津贴和补贴,还包括职工福利费、养老保险费、医疗保险费、工伤保险费、失业保险费、生育保险费、住房公积金及各种扣款、个人所得税等。应当说,只要是与个人报酬相关的项目,在这个系统中都将体现出来,所以在工资管理系统中提到的工资往往是广义的。

2. 工资管理

工资管理主要包括工资的计算、汇总、发放和分摊。要求按《劳动法》规定，准确、及时地计算出职工的应发工资、应扣工资及实发工资等项目。单位应编制工资结算清单，一般一式两份，分别用于存档、送银行；编制工资汇总表用于财务做账；编制个人工资发放明细给职工核对工资。对于不同的工资制度，工资发放方法有差异，工资的等级及工资标准也都不同。工资的发放形式有计时工资和计件工资两种。

在会计业务中，一般通过"应付职工薪酬"科目进行工资的核算与管理。《企业会计准则第9号——职工薪酬》中，将职工薪酬的范围确定为"企业为获得职工提供的服务而给予职工的各种形式的报酬以及其他相关支出"，并规定在职工为企业提供服务的会计期间，企业应根据职工提供服务的受益对象，将应确认的职工薪酬计入相关资产成本或当期损益。这也就明确了工资的管理主要就是将工资进行核算及分摊，让工资能真正反映出企业的各种成本。

3. 工资的会计核算

工资的会计核算主要涉及工资发放的核算、工资计提和分摊的核算，对于按工资项目计提的福利费、工会经费和职工教育经费等的分摊也在工资管理系统中进行处理。不同类型的单位具体工资项目明细不同，对应的工资会计核算也有所不同。以一般企业为例，其工资核算所涉及的主要会计科目的核算过程如下。

（1）"应付职工薪酬"科目

职工薪酬包括：①职工工资、奖金、津贴和补贴；②职工福利费；③医疗保险费、养老保险费、失业保险费、工伤保险费和生育保险费等社会保险费；④住房公积金；⑤工会经费和职工教育经费；⑥非货币性福利；⑦因解除与职工的劳动关系给予的补偿；⑧其他与获得职工提供的服务相关的支出。

"应付职工薪酬"科目反映和监督企业应付职工薪酬的计提和结算情况，本科目期末一般无余额。由于该科目核算的内容较多，因此，一般要求设置"工资""职工福利""社会保险费""住房公积金""工会经费""职工教育经费"及"非货币性福利"等二级会计科目进行明细核算。

（2）相关科目

与工资处理相关的会计科目主要有"生产成本""制造费用""管理费用""销售费用"和"在建工程"等。这些科目主要反映和监督工资等项目的分摊去向，具体有如下处理。

① 发放工资。根据企业工资汇总表、职工签字确认的工资结算单、各种代扣凭证及银行或现金凭证做如下会计分录。

借：应付职工薪酬——工资
　　贷：银行存款（或库存现金）
　　　　其他应付款（代扣的款项等）
　　　　应交税费——应交个人所得税

② 分摊工资。每个月月末应对本月发放的工资按职工的不同岗位及不同性质进行分摊，会计分录如下。

借：生产成本（直接生产工人工资）
　　制造费用（车间管理人员工资等）
　　管理费用（行政管理人员工资、解除劳务补偿等）
　　销售费用（企业销售人员工资）

在建工程（固定资产工程建设人员工资）
　　　　贷：应付职工薪酬——工资
　　③ 计提保险费。保险费是指企业按照国务院、各地方政府或企业年金计划规定的基准和比例计算，向社会保险经办机构交纳的养老保险费、医疗保险费、失业保险费、工伤保险费和生育保险费。会计分录如下。
　　借：生产成本（直接生产工人）
　　　　制造费用（车间管理人员）
　　　　管理费用（行政管理人员）
　　　　销售费用（企业销售人员）
　　　　在建工程（固定资产工程建设人员）
　　　　贷：应付职工薪酬——社会保险费
　　企业按职工工资一定比例计提的福利费、工会经费和职工教育经费等类似于以上处理方法。

5.1.2 工资管理系统功能介绍

1. 工资管理系统概述

　　工资管理系统根据各个企业的不同要求，可进行工资项目、工资计算公式等设置，以满足企业核算工资的各种需要。T6 的工资管理系统提供处理多个工资类别，使用单位可按不同类别（部门）的人员来设置具体的工资项目；可以设置人员的基础信息，对人员进行变动调整处理；能进行工资数据管理，以满足企业工资管理与核算的需要；还提供了计算和代扣个人所得税的功能。利用会计软件进行工资处理主要包括 3 个部分：工资系统初始化、日常业务处理和期末业务处理。

2. 主要功能介绍

（1）初始设置
　　尽管各个单位的工资核算都有很多共性，但是也存在着各式各样的差异。通过对工资系统进行初始设置，企业可以根据需要建立工资账套数据，设置工资系统运行时所必需的各项基础信息，为日常的处理建立一个应用环境。初始设置的内容主要包括以下几个方面。
　　① 工资账套参数设置。工资管理系统提供多种工资类别核算、工资核算时使用的币种、扣零处理、个人所得税处理以及是否核算计件工资等账套参数设置。
　　② 基础档案设置。工资管理系统提供了对人员附加信息设置的功能。例如，人员类别、部门的选择设置；人员档案的设置；代发工资的银行名称设置等；而且还可以由企业自选设计工资的项目以及计算公式，并且提供计件工资标准设置和计件工资方案设置，以满足要进行计件工资核算的企业需要。

（2）工资业务处理
　　工资管理系统对企业所有人员的工资数据进行管理，对人员的增减、工资变动进行登记处理，还能自动计算个人所得税；结合工资发放形式进行扣零设置，或者向代发工资的银行传输工资数据，自动对工资数据进行计算和汇总；支持计件工资核算模式；自动完成工资的分摊和相关费用的计提工作，并且可以直接生成机制凭证传递到总账系统；同时，工资管理系统还提供对不同工资类别数据的汇总，从而实现工资统一核算和管理的功能。

(3)各种工资报表处理及统计分析

工资核算的结果最终是要通过报表和凭证来体现的。工资管理系统提供了各种工资表、汇总表、明细表、统计表和分析表等,并且提供了凭证查询和自定义报表查询功能。这些能满足企业多层次、多角度查询的需要。

总之,工资管理系统能对工资进行发放、核算及各种项目的综合管理,同时也兼备了强大、全面的功能。但在使用工资管理系统之前,应该规划设置部门的规范、人员编码的编码规则和人员类别的划分形式,整理好工资项目以及核算的方法,并准备好人员档案数据、工资数据等基本信息。

5.1.3 工资管理系统与其他系统的联系

工资管理系统与其他系统共享基础数据:生产管理系统将人员的考勤表、生产耗用工时和产量记录等原始资料传递给工资管理系统;工资管理系统将工资分摊的结果生成转账凭证,传递到总账系统;工资管理系统向成本核算系统传送相关成本费用的数据;工资管理系统可与总账系统互查凭证,等等。当然,企业也可独立运行工资管理系统。

工资管理系统与其他系统的联系如图 5.1 所示。

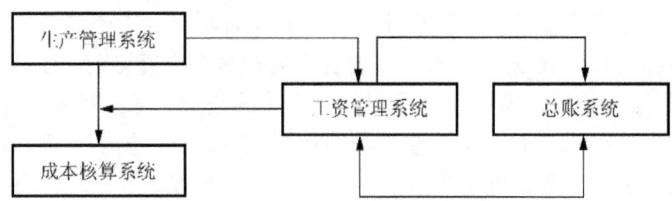

图 5.1　工资管理系统与其他系统的联系

5.1.4 工资管理系统的基本业务流程

1. 新用户操作流程(见图 5.2)

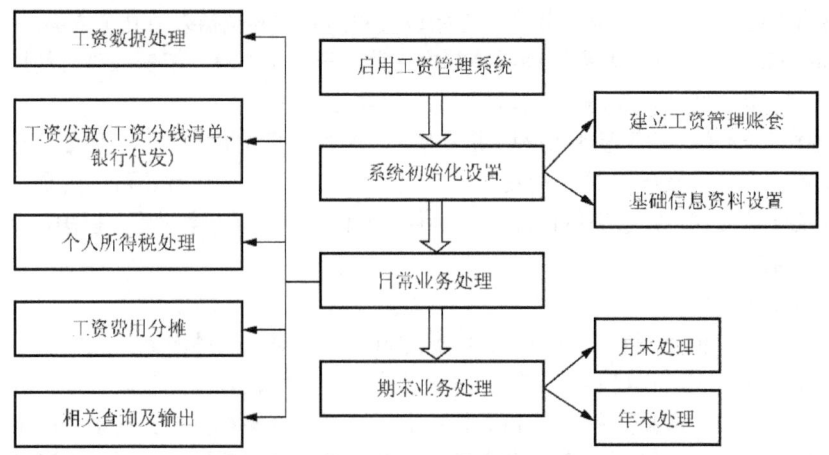

图 5.2　新用户操作流程

2. 老用户操作流程

企业的工资业务一般先由劳动人事部提供职工工资的有关资料，再由财务部核对输入材料，根据相关部门提供的扣款凭证单、效益情况表等代扣或增加项目的资料，计算出职工的实发工资，编制工资结算单、工资汇总表，并安排发放。月末对工资计提分摊后，将有关的凭证传递到总账和成本核算子系统进行相关的账务处理。如图 5.3 所示是实际中常见的老用户操作流程。

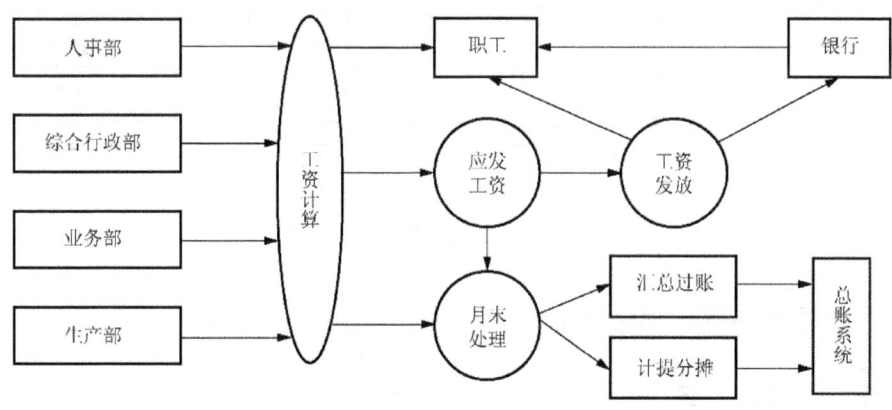

图 5.3　老用户操作流程

① 人事部、综合行政部、业务部和生产部报送有关资料，进行应发工资、应扣工资和实发工资计算，编制工资结算单，并作为职工核算工资的依据。

② 财务部根据工资结算单数据汇总、编制工资汇总表，根据工资汇总表的工资数额授权出纳以现金或委托银行发放工资。

③ 月末处理。负责账务处理的会计根据工资分摊、计提、发放的资料，做好各项分录，并将相关的凭证传送到总账和成本核算子系统进行处理。

从图 5.3 可以看出，工资业务流程主要包括各种工资资料的输入、审核、计算、发放、分摊、计提等环节，同时还包含工资数据向总账子系统的传送。工资资料输入包含 3 类数据：固定业务数据，如职工部门、编号、姓名、人员类别、基本工资等每月固定不变或相对不变的数据，这类数据在系统初始化以后即可输入；变动业务数据，如病假、事假、加班工资、代扣房租、水电费等每月变动的数据，需要每月进行编辑修改；基础数据，包括系统参数设置、人员类别设置、工资项目设置、人员附加信息设置、人员档案管理、扣税设置、银行名称设置、扣零设置等，这些数据一般在系统初始化后即可输入。

对于已经使用工资管理系统的老用户，到了年末，应进行数据结转，以方便下一个会计年度的工作。具体操作为：在新的会计年度开始时，在"设置"菜单中选择所需修改的内容，如人员附加信息、人员类别、部门等。这些设置只有在新的会计年度的第一个月中，删除所涉及的工资数据和人员档案后，才可进行修改。

5.2　工资管理系统初始化

使用工资管理系统之前，首先，需要结合企业单位自身的实际情况和特点，对工资管理系统进行初始化，让工资管理系统成为本单位专用的系统。初始化流程如图 5.4 所示。

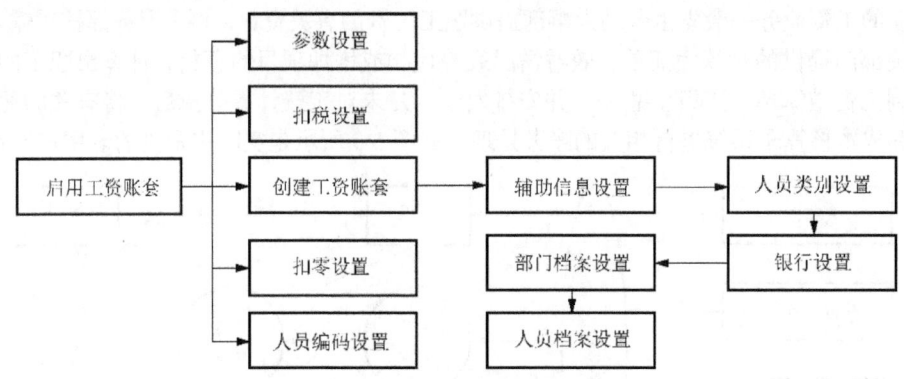

图 5.4　工资管理系统初始化流程

5.2.1　工资管理系统初始化向导

1. 启用工资管理系统

T6 中包含有很多子系统，在使用工资管理系统之前，应进行工资管理系统的启用，否则不能进行工资管理系统的相关操作。启用工资管理系统有以下两种方法。

① 在刚建立完企业账套时，会打开"系统启用"对话框，选中"工资管理"复选框，进行启用即可。

② 已经建立完账套后，账套主管从企业门户窗口中选择"设置"|"基本信息"|"系统启用"命令，打开"系统启用"对话框进行系统启用。

2. 工资账套参数设置

运行工资管理系统必须先建立工资账套，在建立工资账套时，需要设置各种参数，这些参数一经设置，一般不能修改，否则会影响将来的使用。工资管理系统提供的建立工资账套向导分 4 步来设置：参数设置、扣税设置、扣零设置和人员编码设置。

（1）参数设置

① 根据具体核算的需要，可选择单个或多个工资类别。若单位中所有人员的工资都是被统一管理，且人员的工资项目、工资计算公式全部相同，就选择"单个"工资类别，这种选择可以提高系统的运行效率；若单位按周或按一月多次发放工资，或者单位中有多种不同类别（部门）的人员，其工资发放项目不尽相同，计算公式也不相同，需要进行统一工资核算管理时，应选择"多个"工资类别，这样可对人员工资进行分类核算和管理。

② 系统提供币别供用户选择，即发放工资可采用本位币，也可采用外币。一般企业发放工资是选择企业账套设置中的本位币，若企业发放工资是采用外币，则选择除本位币以外其他币别，而且必须在初始化后，选择"设置"|"选项"命令，从中进行汇率设置或调整。

③ 若企业有计件工资核算，就需要选中"是否核算计件工资"复选框，这样工资账套才能显示计件工资核算的相关信息；如果没有选中该复选框，则不能对计件工资进行核算。工资管理系统是根据本参数判断是否在"工资项目设置"对话框中显示"计件工资"项目，是否在"人员档案"对话框中显示"核算计件工资"复选框；是否在"设置"菜单中显示"计件工资标准设置"

命令和"计件工资方案设置"命令;是否在"业务处理"菜单中显示"计件工资统计"命令。

(2)扣税设置

选中"是否从工资中代扣个人所得税"复选框,系统在进行工资核算时会根据输入的税率自动计算个人所得税额,以方便发放工资时代扣个人所得税。

(3)扣零设置

扣零处理是指系统在计算工资时将依据选择的扣零类型将零头扣下,积累成整,并在下次发放工资时补上,具体如下。

① 扣零至元,即发放工资时不发十元以下的元、角、分,包括五元、一元。

② 扣零至角,即工资发放时不发一元以下的角、分,包括五角、一角。

③ 扣零至分,即工资发放时不发一角以下的分,包括五分、贰分、一分。

用户一旦选中"扣零"复选框,系统会自动在"固定工资"项目中增加"本月扣零"和"上月扣零"两个项目,扣零的计算公式将由系统自动定义,无须设置。"应发合计"项目中不用包括"上月扣零"项目,"扣款合计"项目中也不用包括"本月扣零"项目。

(4)人员编码设置

人员编码,即单位人员编码长度。一般以数字作为人员编码。用户根据需要可自由定义编码长度,但最长不超过 10 个字符。人员编码长度设置以后,就决定了工资账套中职工代码的长度。用户通过微调按钮可设置人员编码长度。

案例:海南佳旭有限公司 112 账套工资套信息如下。

工资类别:多个,核算计件工资。核算币种:人民币(RMB),要求代扣个人所得税,不进行扣零处理。人员编码长度:3 位。启用日期:2017 年 1 月。

1)账套主管从企业门户启用工资管理系统,选择启用时间为 2017-01-01,如图 5.5 所示。

注:启用日期一般选择启用月份的 1 日,以免影响向总账系统传输数据信息。

2)当用户首次使用工资管理系统时,应先进入企业门户窗口,选择"业务"|"财务会计"|"工资管理"命令,系统将自动打开"建立工资套——参数设置"对话框,如图 5.6 所示。

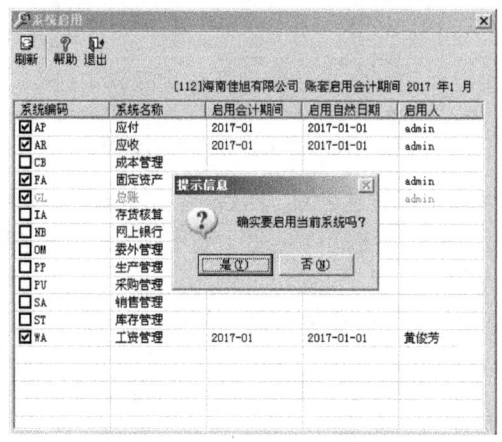

图 5.5 工资系统启用设置

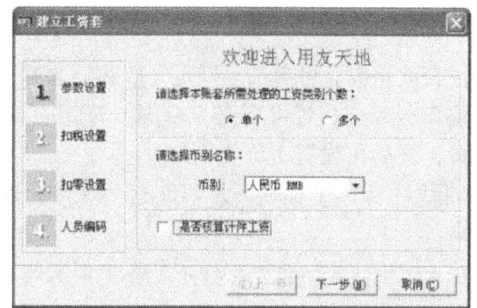

图 5.6 "建立工资套——参数设置"对话框

3）选中"多个"单选按钮，默认币别名称为"人民币 RMB"，选中"是否核算计件工资"复选框，单击"下一步"按钮，打开"建立工资套——扣税设置"对话框，如图5.7所示。

4）选中"是否从工资中代扣个人所得税"复选框，确定要从工资中代扣个人所得税。单击"下一步"按钮，打开"建立工资套——扣零设置"对话框，使用默认设置，如图5.8所示。

5）单击"下一步"按钮，打开"建立工资套——人员编码"对话框，将"人员编码长度"调为3，如图5.9所示。

6）单击"完成"按钮，完成工资账套参数设置。如果设置的工资账套参数有问题，可选择"设置"|"选项"命令，从中修改相关参数。

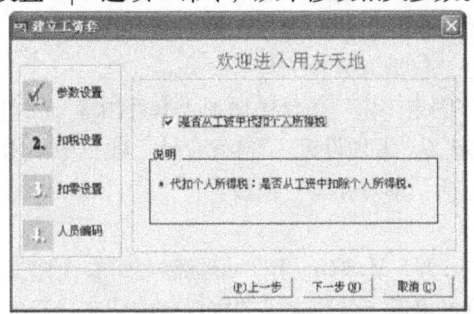
图5.7 "建立工资套——扣税设置"对话框

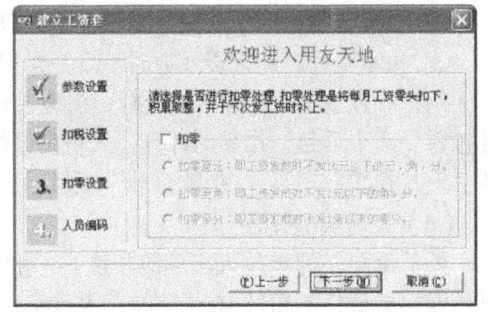
图5.8 "建立工资套——扣零设置"对话框

如果在一开始设置的时候，工资类别个数选择的是"多个"，此时，系统会弹出"未建立工资类别"提示对话框，单击"确定"按钮，系统将打开"工资管理"对话框，如图5.10所示。否则不会有此提示。

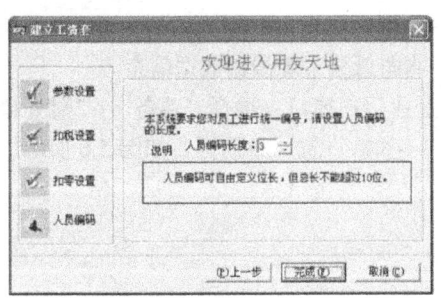
图5.9 "建立工资套——人员编码"对话框

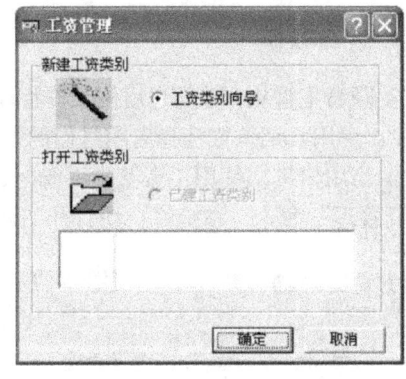
图5.10 "工资管理"对话框

在此步骤，可单击"确定"按钮后直接输入相关的工资类别名称，然后单击"完成"按钮，创建工资类别；也可单击"取消"按钮，返回到工资管理系统窗口，进行工资系统的相关基础设置，之后再设置工资类别。

提示：●人员编码长度不超过10位，设置时不宜过长，过长不方便；也不宜过短，过短不够用。

●初次使用，要在未打开工资类别的情况下完成相应基础信息的设置后，再来设置具体工资类别的信息。若已建立工资类别，应关闭所有工资类别才能进行工资管理系统初始化设置。

5.2.2 建立工资类别

为了便于企业对不同工资类型的人员发放工资，T6 的工资管理系统提供了不同的工资类别设置，前提是要在工资账套参数设置时选择多个工资类别。

案例：海南佳旭有限公司 112 账套工资套信息如下。

工资类别 1：正式人员，核算所有部门人员。工资类别 2：临时人员，只核算生产部临时人员。

具体操作

1）进入企业门户，选择"工资管理"|"工资类别"|"新建工资类别"命令，打开"新建工资类别"对话框，如图 5.11 所示。

2）在"请输入工资类别名称"文本框中输入"正式人员"，单击"下一步"按钮，进行正式人员核算部门的选择。选中所有的部门，如图 5.12 所示。

图 5.11　"新建工资类别"对话框

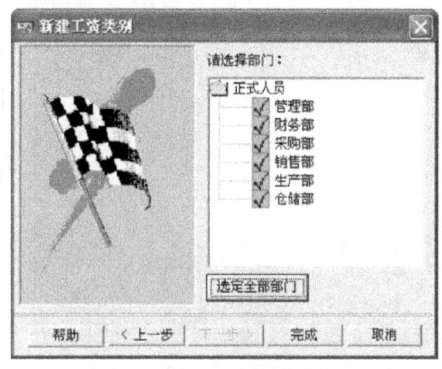
图 5.12　选择核算部门

3）单击"完成"按钮，弹出"是否以 2017－01－01 为当前工资类别的启用日期？"提示对话框，单击"是"按钮，完成正式人员工资类别增加。

4）选择"工资管理"|"工资类别"|"关闭工资类别"命令，关闭正式人员工资类别。再选择"工资管理"|"工资类别"|"新建工资类别"命令，同增加正式人员类别一样，增加临时人员工资类别，如图 5.13 所示。

提　示

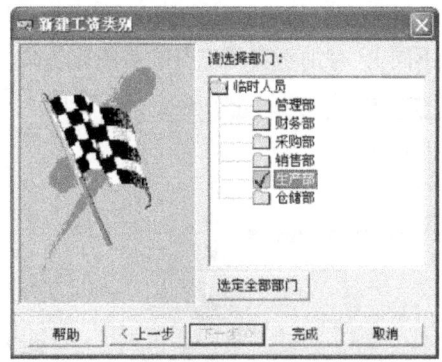

图 5.13　增加临时人员工资类别

5.2.3 设置

1. 工资管理系统信息设置

关闭所有工资类别,对工资管理系统信息进行设置。

(1)人员附加信息设置

除了人员编号、人员姓名、所在部门、人员类别等基本信息之外,为了管理的需要,还需设置一些辅助信息,这就是人员附加信息设置。进行人员附加信息设置,可以丰富人员的档案,以便于对人员进行更加有效的管理。例如,增加人员的"职务""职称""学历""工龄""性别""婚否"等信息。

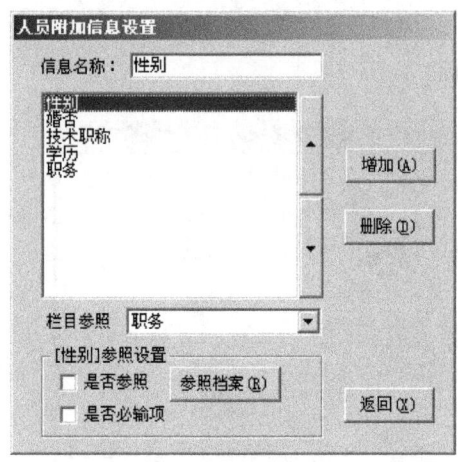

图 5.14 "人员附加信息设置"对话框

具体操作

1)进入企业门户,选择"工资管理"|"设置"|"人员附加信息设置"命令,打开"人员附加信息设置"对话框,单击"增加"按钮,输入附加信息,如图 5.14 所示。

2)在此,可将"栏目参照"下拉列表框中的选项添加到"信息名称"列表框内。对添加的信息可以选中"是否参照"复选框,增加参照信息;也可选中"是否必输项"复选框,设置在输入新人员数据时必须填写这一项内容。

3)添加完一项信息后,单击"增加"按钮,保存添加的信息。添加完所有信息后,单击"返回"按钮返回"人员附加信息设置"对话框。若要对附加信息进行删除,则选中要删除的信息名称,单击"删除"按钮即可。

(2)人员类别设置

设置人员类别的目的是便于用户按类别对所属人员进行工资计算和汇总,并能有针对性地对各类人员的工资进行管理,如按不同的人员类别分配工资费用,对不同类别人员的工资水平进行比较等,为企业制定和修改分配政策提供参考。

人员类别是指按照某种特定的分类方法将员工分成若干种类型(不同类型的员工工资水平可能不同),有助于实现工资的多级化管理。人员类别的设置与工资费用分配、分摊有关,直接影响工资管理系统中工资凭证的设置。

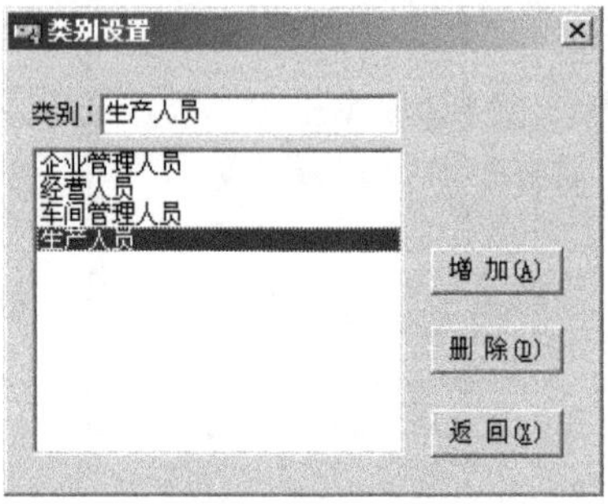

案例:海南佳旭有限公司 112 账套工资套信息如下。

人员类别信息:企业管理人员、经营人员、车间管理人员、生产人员。

图 5.15 "类别设置"对话框

具体操作

进入企业门户,选择"工资管理"|"设置"|"人员类别设置"命令,打开"类别设置"对话框,如图 5.15 所示。单击"增加"按钮,输入"企业管理人员",完成后,继续单

击"增加"按钮,增加"经营人员""车间管理人员""生产人员"等人员类别信息。设置完毕后,单击"返回"按钮,即返回工资管理系统窗口。

通过"删除"按钮,可删除不要的人员类别。若企业不对人员进行分类或企业中某些人员无具体类别,则应输入"无类别"。

提示: ● 在使用的人员类别以及人员类别只剩一个时不允许删除。

● 人员类别名称长度不得超过10个汉字。

(3) 工资项目设置

工资项目设置就是定义工资项目的名称、类型和宽度等,用户可以根据需要自由地设置工资项目,如基本工资、岗位工资、各种保险及扣款等。这里的工资项目设置包括所有工资类别中要用到的工资项目。

案例: 海南佳旭有限公司 112 账套工资项目信息如表 5.1 所示。

表 5.1 工资项目信息

项目名称	类别	长度	小数位数	增减项
基本工资	数字	8	2	增项
岗位工资	数字	8	2	增项
职务工资	数字	8	2	增项
绩效工资	数字	8	2	增项
奖励工资	数字	8	2	增项
加班工资	数字	8	2	增项
加班天数	数字	8	2	其他
住房补贴	数字	8	2	增项
应发合计	数字	10	2	增项
计件工资	数字	10	2	增项
病事假扣款	数字	8	2	减项
病事假天数	数字	8	2	其他
代扣税	数字	10	2	减项
扣款合计	数字	10	2	减项
实发合计	数字	10	2	增项

具体操作

1)进入企业门户,选择"工资管理"|"设置"|"工资项目设置"命令,打开"工资项目设置"对话框。单击"增加"按钮,输入基本工资项目名称及类型、长度、小计位数、增减项等。同样,输入其他工资项目信息,如图 5.16 所示。

2)通过▲和▼按钮可进行工资项目的移动,以对其进行排序。操作完成后,单击"确认"按钮。

工资项目设置可直接输入工资项目进行增加,也可从右边"名称参照"下拉列表

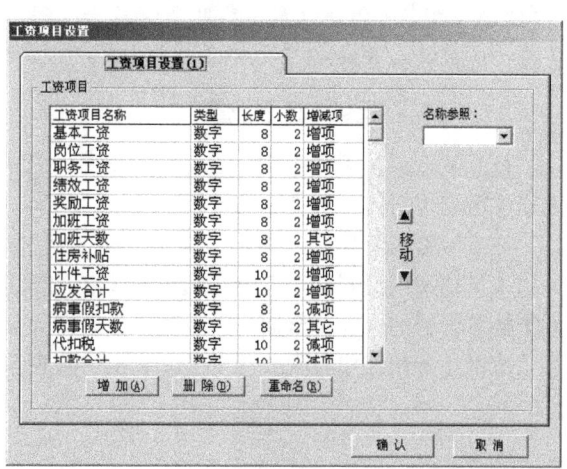

图 5.16 "工资项目设置"对话框

提示

框中选择。增加工资项目的同时,要设置项目的具体类型、长度、小数位和增减项等。

（4）银行名称设置

设置银行名称是为企业委托银行代发工资所用。企业可设置多个代发工资的银行,以适应不同人员工资发放的需要。例如,同一类别中的人员由于在不同的工作地点,需在不同的银行代发工资,或者不同的工资类别由不同的银行代发工资。

提示

案例：海南佳旭有限公司112账套工资用的银行信息如下。

开户行：工商银行琼山支行。账号长度：19。

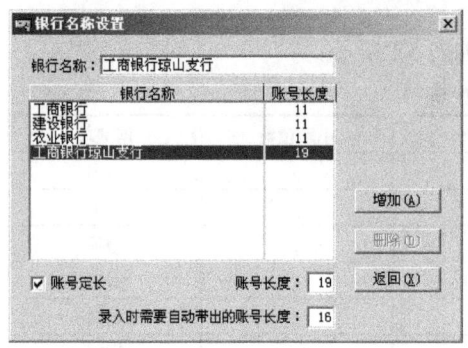

具体操作

进入企业门户,选择"工资管理"|"设置"|"银行名称设置"命令,打开"银行名称设置"对话框,单击"增加"按钮,在"银行名称"文本框中输入"工商银行琼山支行",在"账号长度"文本框中输入19,在"录入时需要自动带出的账号长度"文本框中输入16,如图5.17所示。完成后单击"返回"按钮。可返回"银行名称设置"对话框确定是否成功设置。

图5.17 "银行名称设置"对话框

（5）部门设置

部门指某使用单位下辖的具有分别进行财务核算或业务管理要求的单元体,不一定是实际的部门机构。应按照已经定义好的部门编码级次原则输入部门编号及其信息。设置部门档案是设置人员工资信息的基础,便于按部门核算各类人员工资,提供部门核算资料。

具体操作

进入企业门户,选择"工资管理"|"设置"|"部门设置"命令,打开"部门档案"窗口。单击"增加"按钮,进行部门档案的输入。

提示：在基础信息设置（参见2.2.2节）时,"部门档案"窗口中已输入有数据,此处不必重输,但可以补充输入。

2. 具体工资类别信息设置

打开某一具体工资类别,进行相关信息设置。在工资管理系统中,必须将系统初始信息输入完才能进行具体工资类别的设置。

（1）设置人员档案

人员档案的设置用于登记工资发放人员的姓名、职工编号、所在部门、人员类别等信息。人员档案设置的内容越全面,越有利于日后对人员工资的管理。

案例：海南佳旭有限公司112账套工资管理系统中正式人员档案信息如表5.2所示。

第 5 章 工资管理系统

表 5.2 正式人员档案信息

人员编码	人员姓名	部门名称	人员类别	性别	账 号	中方人员	是否计税	是否核算计件工资
101	王亮	管理部	企业管理人员	男	6212262201019822001	是	是	否
201	邓日全	财务部	企业管理人员	男	6212262201019822002	是	是	否
202	袁海波	财务部	企业管理人员	男	6212262201019822003	是	是	否
203	黄俊芳	财务部	企业管理人员	女	6212262201019822004	是	是	否
301	刘敏业	采购部	经营人员	男	6212262201019822005	是	是	否
401	谢佳武	销售部	经营人员	男	6212262201019822006	是	是	否
402	王芳	销售部	经营人员	女	6212262201019822007	是	是	否
403	孙健民	销售部	经营人员	男	6212262201019822008	是	是	否
501	朱莉	生产部	车间管理人员	女	6212262201019822009	是	是	否
502	陈强	生产部	生产人员	男	6212262201019822010	是	是	否
601	李先进	仓储部	企业管理人员	男	6212262201019822011	是	是	否

说明：以上所有人员的代发银行均为工商银行琼山支行。

海南佳旭有限公司 112 账套工资管理系统临时人员档案信息如表 5.3 所示。

表 5.3 临时人员档案信息

人员编码	人员姓名	部门名称	人员类别	性别	账 号	中方人员	是否计税	是否核算计件工资
503	康玲珑	生产部	生产人员	女	6212262201019822012	是	是	是
504	张浩天	生产部	生产人员	男	6212262201019822013	是	是	是
505	袁小丽	生产部	生产人员	女	6212262201019822014	是	是	是

说明：以上所有人员的代发银行均为工商银行琼山支行。

在工资管理系统增加临时人员档案之前，需通过"设置"|"基础档案"|"职员档案"命令中先行增加职员信息。

具体操作

1）进入企业门户，选择"财务会计"|"工资管理"|"工资类别"|"打开工资类别"命令，打开"正式人员"工资类别对话框，如图 5.18 所示。

2）选择"设置"|"人员档案"命令，打开"人员档案"窗口，如图 5.19 所示。

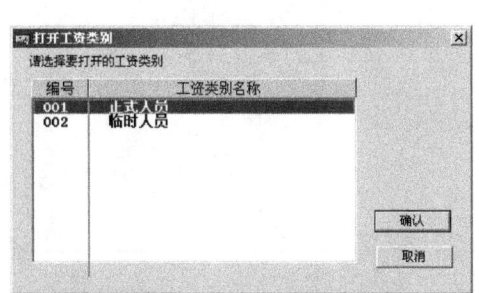

图 5.18 打开"正式人员"工资类别

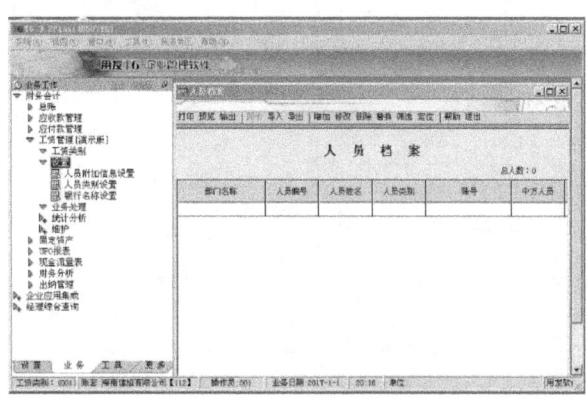

图 5.19 "人员档案"窗口

提 示

● 增加人员。单击"增加"按钮,输入人员编号 101,通过 按钮,选择已存在系统中的人员"王亮",如图 5.20 所示。对于原来没输入的人员,可直接输入。

继续输入王亮所属的部门"管理部"、人员类别"企业管理人员"、账号 6212262201019822001,选中"计税""中方人员"和"核算计件工资"复选框,选择代发工资银行的名称和银行账号,选择人员进入本单位的日期,再输入人员附加信息。附加信息的项目由前面介绍的人员附加信息设置决定。完成后如图 5.21 所示。单击"确认"按钮,保存信息。以同样的方式输入其他人员档案。

 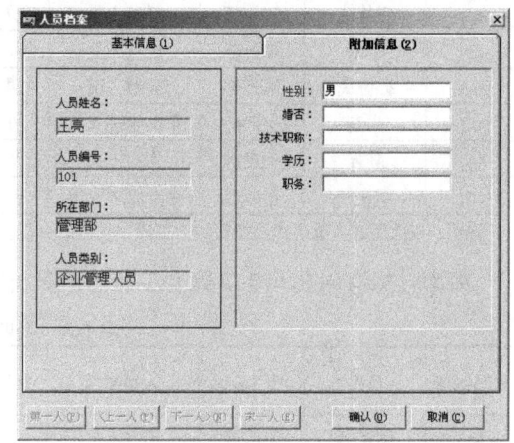

图 5.20 输入人员档案

● 修改人员档案。在"人员档案"窗口中选中要修改的人员记录,然后单击"修改"按钮,可以对选中的人员档案进行修改,并可单击"上一人"或"下一人"按钮来修改其他人员档案,如图 5.22 所示。例如,人员调离和工资停发,也是在修改状态下,做出"停发工资"和"调出"标志。对于已做了调出标志的人员,其相应的所有档案信息将不能修改,但其编号可再次使用;在当月的月末结算前,可取消调出人员的调出标志,但如果编号被其他人员使用了,标志将不能被取消。做了对于停发工资标志的人员,将不再对其发放工资,但保留其人员档案,以后可以恢复其工资的发放。

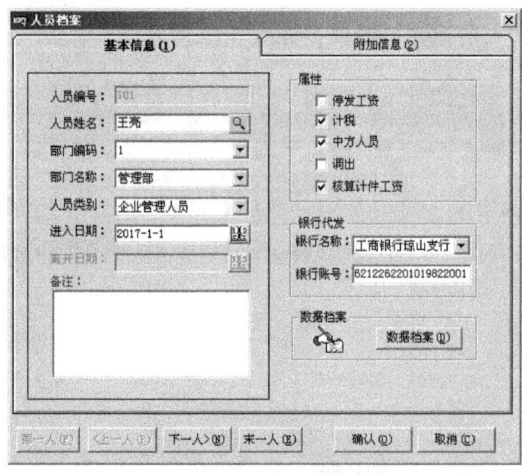 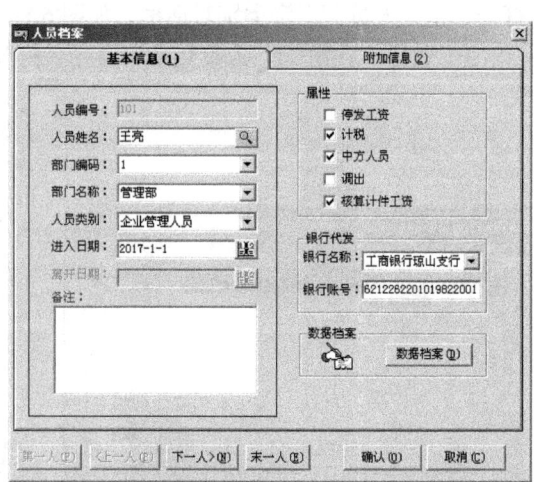

图 5.21 设置人员档案   图 5.22 修改人员档案

当个别人员档案需要修改时,在"人员档案"窗口中可以直接使用"修改"命令进行修改。当某一批人员的某个工资项目同时需要修改时,可以利用数据替换功能,将符合条件人员的某个工资项目的内容统一替换为某个数据,以提高修改的速度。

在"人员档案"窗口,选择"替换"命令,打开"数据替换"对话框,输入具体的替换条件,便可进行替换,如图5.23所示。

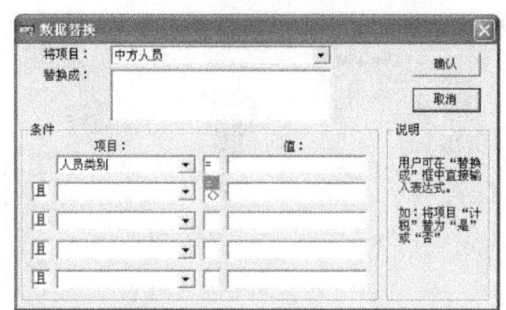

图 5.23 "数据替换"对话框

提示:如果没有输入替换条件,则系统默认的替换条件是全部人员。

● 删除人员档案。在没有输入人员工资数据的情况下,可以单击"删除"按钮删除选定的人员档案。对于调出的人员,调出当年不可以删除,可以打上"调出"标志,只能等进行年末处理后,在新的一年开始时,才能将此人员信息删除,一旦删除,将删除与此人有关的所有信息,并且不能恢复。

● 导入与导出人员档案。此功能可以导入以 txt 文件格式保存的人员档案信息,从而减少输入工作量;也可导出这种格式的档案信息,以防止数据的破坏和丢失,还可为其他账套提供资源等。导入数据时人员编号的长度必须相等。导入之前,必须做好目标数据的部门档案、人员类别的设置,而且必须与源数据一致。在导入时,源数据和目标数据必须来自同一个月份。

(2)工资项目选择及设置工资计算公式

① 工资项目选择。前面在工资管理系统信息设置中已设置过工资项目,为了便于区分,将具体工资类别中的"工资项目设置"称为工资项目选择。

案例:海南佳旭有限公司 112 账套工资管理系统中正式人员工资类别的工资项目包括基本工资、岗位工资、职务工资、绩效工资、奖励工资、加班工资、加班天数、住房补贴、计件工资、应发合计、病事假扣款、病事假天数、代扣税、扣款合计、实发合计。

 具体操作

1)进入企业门户,选择"财务会计"|"工资管理"|"工资类别"|"打开工资类别"命令,打开"正式人员"工资类别。选择"设置"|"工资项目设置"命令,打开"工资项目设置"对话框,如图5.24所示。

2)单击"增加"按钮,通过右边的"名称参照"下拉列表框来选择具体需要的工资项目,如图5.25所示。

② 设置工资计算公式。运用公式可直接表达工资项目的实际运算过程,灵活地进行工资计算处理。定义公式可通过选择工资项目、运算符、关系符、函数来组合公式。工资项目的公式设置要分工资类别进行。

案例:海南佳旭有限公司 112 账套工资管理系统,正式人员工资类别的工资项目公式设置如下。

企业请假扣款每天 60 元,加班工资按加班天数乘以 200 元/天,企业管理人员和经营人员的住房补贴为每月 500 元,其他人员每月补助 300 元。其具体计算公式如表5.4所示。

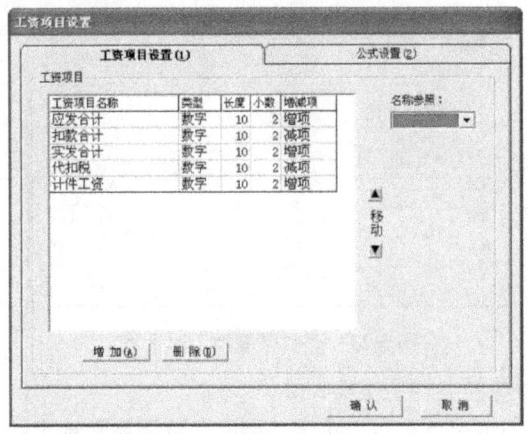

图 5.24 "工资项目设置"对话框　　　　图 5.25 选择工资项目

表 5.4 工资项目计算公式

工资项目	定义公式
病事假扣款	请假天数*60
加班工资	加班天数*200
住房补贴	iff(人员类别="企业管理人员" or 人员类别="经营人员",500,300)

具体操作

1）进入企业门户，选择"财务会计"|"工资管理"|"工资类别"|"打开工资类别"命令，打开"正式人员"工资类别。选择"设置"|"工资项目设置"命令，打开"工资项目设置"对话框，再打开"公式设置"选项卡，如图 5.26 所示。

2）单击左边"工资项目"列表框中的"增加"按钮，在"工资项目"列表框中增加一行空行。单击该行，然后单击▼按钮，选择"病事假扣款"项目，在右边的公式定义列表框中输入"请假天数*60"，单击"公式确认"按钮，进行公式保存。同样地，增加"加班工资"工资项目及其公式，如图 5.27 所示。

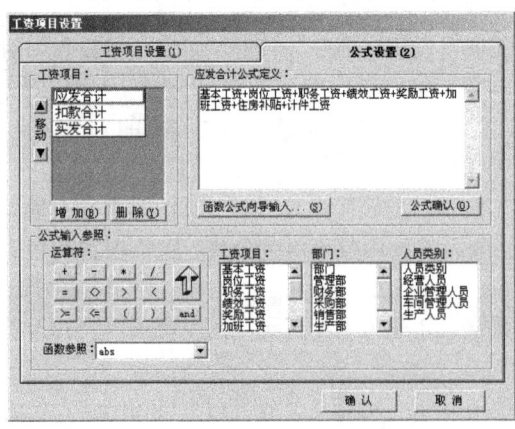 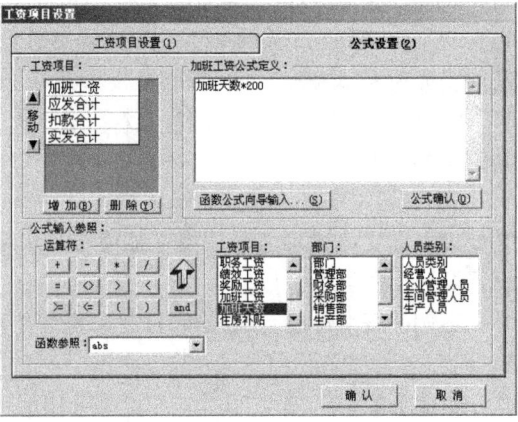

图 5.26 "公式设置"选项卡　　　　图 5.27 输入工资项目公式

3）增加"住房补贴"工资项目并选中该项目，单击"函数公式向导输入"按钮，打开"函数向导——步骤之 1"对话框，选择 iff 函数名，单击"下一步"按钮，打开"函数向导——步骤之 2"对话框，如图 5.28 所示。

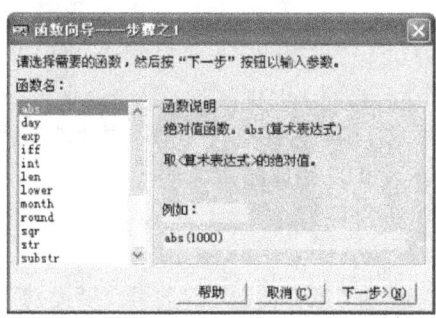
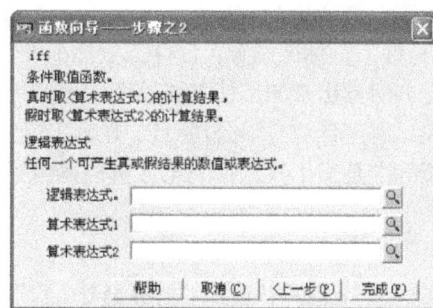

图 5.28　函数向导——步骤之 1、2 对话框

4）单击"逻辑表达式"文本框右侧的按钮，在"参照"对话框中选择"人员类别"为"企业管理人员"。手工输入字母 or 后，再单击"逻辑表达式"文本框右侧的按钮，选择"人员类别"为"经营人员"。在"算术表达式 1"文本框中输入 500，在"算术表达式 2"文本框中输入 300，如图 5.29 所示。

5）单击"完成"按钮，完成函数公式输入，如图 5.30 所示。

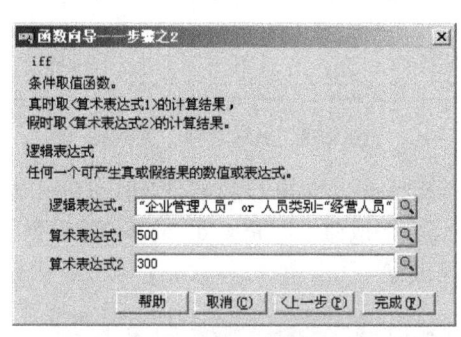
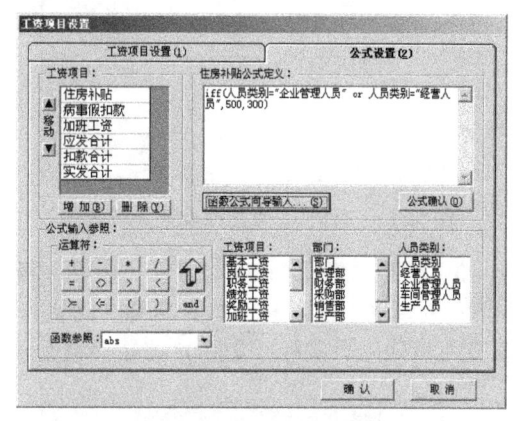

图 5.29　输入函数　　　　　　　　　　图 5.30　完成公式设置

6）公式设置完成后，单击"公式确认"按钮，可以继续增加工资项目公式设置。全部设置完，并进行公式确认后，再单击"确认"按钮，保存设置的公式。

在公式设置中，要先增加需要设置公式的工资项目，或者选择一个已有的工资项目修改公式。在公式定义列表框中，可以使用函数公式向导或"公式输入参照"选项组来输入该工资项目的计算公式。设置公式时，可以包含已设置公式的其他项目。定义公式时要注意先后顺序，先得到的数应先设置公式。如系统自动设置的应发合计、扣款合计和实发合计的公式应是公式定义列表框中的最后 3 个公式，且实发合计的公式要在应发合计和扣款合计公式之后。可通过单击"工资项目"列表框左侧的▲和▼按钮调整计算公式顺序。定义工资项目计算公式要符合逻辑，系统将对公式进行合法性检查，对于不符合逻辑的，系统将弹出错误提示对话框。

提　示

(3）计件工资设置

计件工资设置主要用于统计计件工资的统计标准、单价，对计件工资进行核算和发放。要进行计件工资设置，前提是在工资账套参数设置中选中了"是否核算计件工资"复选框，否则不会显示该设置命令。

① 计件工资标准设置。计件工资标准设置是为职工劳务报酬定一个尺度，让职工明白自己的报酬是如何算出来的，使工资透明化。这样有利于提高职工的积极性，推动企业发展。

案例：海南佳旭有限公司 112 账套工资管理系统，临时人员工资类别采用计件工资核算。计件工资标准是完工数量，完工数量档案包括 01 成品和 02 半成品。

具体操作

1）进入企业门户，选择"财务会计"|"工资管理"|"工资类别"|"打开工资类别"命令，打开"临时人员"工资类别。选择"设置"|"计件工资标准设置"命令，打开"计件工资标准设置"对话框，如图 5.31 所示。

2）单击"增加"按钮，输入"完工数量"后，单击"保存"按钮，便增加一个计件工资标准。双击"完工数量"的"启用"栏，显示"√"标志，表示本月启用该计件工资标准，如图 5.32 所示。

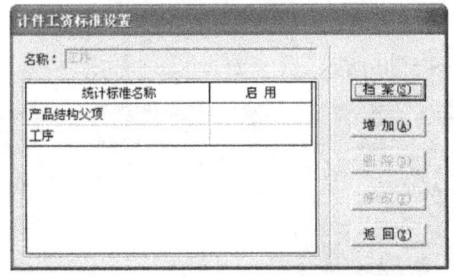

图 5.31 "计件工资标准设置"对话框

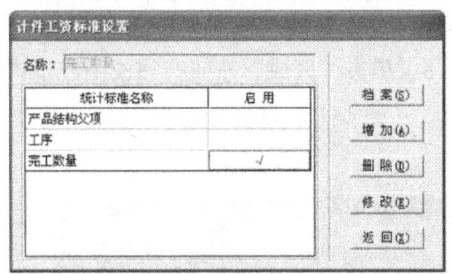

图 5.32 启用计件工资标准

3）单击"档案"按钮，打开"档案—完工数量"对话框。单击"增加"按钮，打开"档案设置"对话框，输入编码 01，名称"成品"，单击"保存"按钮，即完成 01 成品档案设置，如图 5.33 所示。同样地，设置 02 半成品档案。

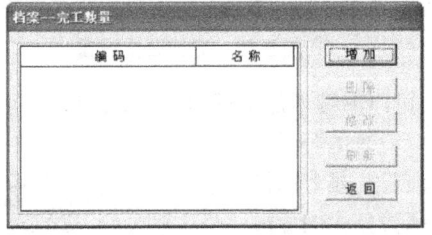
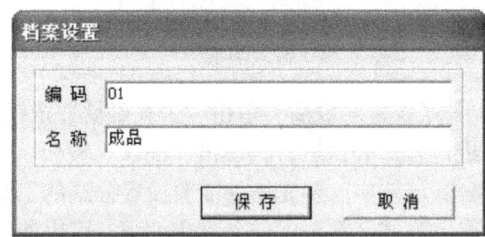

图 5.33 计件工资标准档案设置

② 计件工资方案设置。要实现计件工资，只建立计件工资标准还不够，还需要设置计件工资的方案。只有这样，系统才能按照计件工资标准进行计件工资统计。在设置完计件工资标准后，才能进行计件工资方案设置。

案例：海南佳旭有限公司 112 账套工资管理系统，临时人员工资类别采用计件工资核算，计件工资方案设置如表 5.5 所示。

第 5 章 工资管理系统

表 5.5 计件工资方案设置

部 门	方案编号	方案名称	完工数量	计件单价/元
生产部	01	组装成品	成品	100
生产部	02	组装半成品	半成品	60

具体操作

1）进入企业门户，选择"财务会计"|"工资管理"|"工资类别"|"打开工资类别"命令，打开"临时人员"工资类别。选择"设置"|"计件工资方案设置"命令，打开"计件工资方案设置"窗口，如图 5.34 所示。

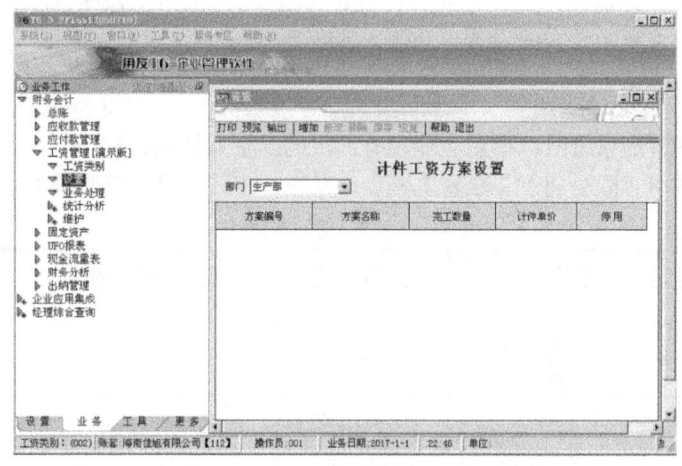

图 5.34 "计件工资方案设置"窗口

2）单击"增加"按钮，输入方案编号 01、方案名称"组装成品"、完工数量"成品"和计件单价 100，单击"保存"按钮，即增加计件工资方案 01 成功。同理，增加其他方案，如图 5.35 所示。

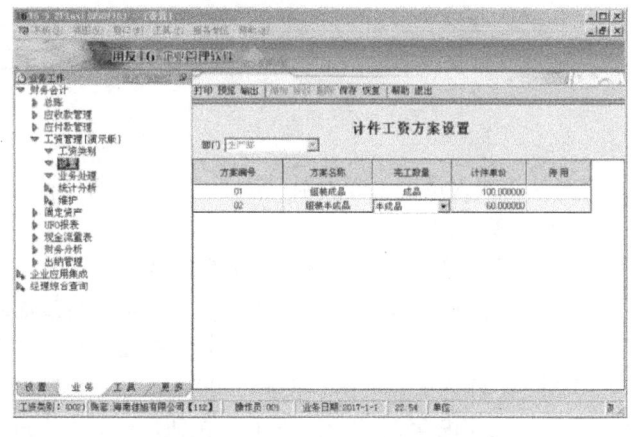

图 5.35 计件工资方案设置完成

提 示

如果要停用某方案，直接在"停用"栏相应位置内双击，就会出现停用标志"√"。

5.3 日常业务处理

5.3.1 工资变动处理

工资变动处理包括工资数据的输入、修改和汇总处理。工资数据可以分为两种：固定数据和变动数据。固定数据指的是平时很少变动的数据，如基本工资、岗位工资等，这种数据平时不需要重复输入，只有发生变化时才需进行重新输入；变动数据是指每次发放工资时都根据实际情况而定的项目，如请假天数、个人所得税、扣款等。有些变动数据直接在"工资变动"窗口中输入，有些则可利用公式的设置自动输入或变更。

1. 初始工资输入

初次使用工资管理系统时，要对企业现有人员的工资数据进行输入。

案例：海南佳旭有限公司 112 账套工资管理系统，正式人员工资数据如表 5.6 所示。

表 5.6　正式人员工资数据　　　　　　　　　　　　　　　　　　　　　元

姓　名	基本工资	岗位工资	职务工资	绩效工资
王亮	3 500	2 500	1 000	1 200
邓日全	2 500	1 200	500	800
袁海波	2 800	1 300	600	600
黄俊芳	3 000	2 000	800	1 100
刘敏业	2 600	1 500	500	800
谢佳武	2 500	1 200	600	1 000
王芳	2 500	1 200	500	900
孙健民	2 500	1 200	300	600
朱莉	2 000	1 300	500	800
陈强	2 000	1 300	300	1 000
李先进	2 000	1 200	200	500

具体操作

1）进入工资管理系统窗口，打开"正式人员"工资类别，选择"业务处理"|"工资变动"命令，打开"工资变动"窗口，如图 5.36 所示。

2）该窗口显示所有输入的正式人员及其工资项目。直接输入王亮的基本工资 3500、岗位工资 2500、职务工资 1000、绩效工资 1200、住房补贴 500、代扣税 965。同理，直接输入其他人员相应的工资数据即可。也可选中具体人员，如"王亮"，单击"编辑"按钮，打开"工资数据录入——页编辑"对话框，如图 5.37 所示。输入王亮的基本工资 3500、岗位工资 2500、职务工资 1000、绩效工资 1200、住房补贴 500、代扣税 965，单击"保存"按钮即可。可通过单击"下一人"按钮继续输入，最后保存，退出对话框。

3）输入所有人员的工资数据后，选择"保存"|"退出"命令后，显示变动后的工资数据，如图 5.38 所示。

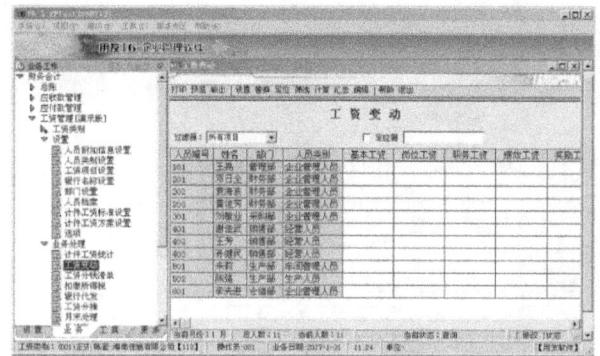
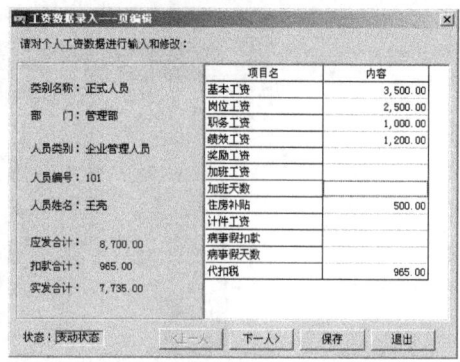

图 5.36　"工资变动"窗口　　　　　图 5.37　"工资数据录入——页编辑"对话框

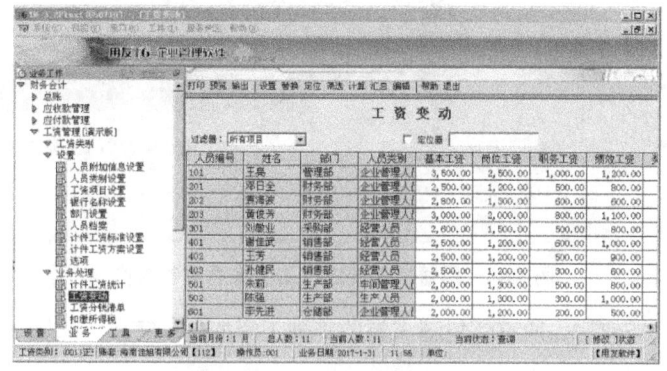

图 5.38　变动后的工资数据

提示：对于已设置公式的项目，不需手工输入数据，如住房补贴。只需要重新计算，之后系统会自动生成数据。

2. 本月工资变动处理

"工资变动"窗口除了用于第一次在此输入工资数据外，还用于日常工资数据的调整变动以及工资项目的增减等，如输入请假扣款、奖励工资等。

案例：海南佳旭有限公司 112 账套工资管理系统，1 月份正式人员工资数据变动情况如下。

袁海波请假 2 天，王芳请假 3 天，黄俊芳加班 5 天，陈强加班 6 天；因去年销售部推广产品业绩好，2017 年 1 月份销售部每人发放奖励工资 600 元。

具体操作

1）进入工资管理系统窗口，打开"正式人员"工资类别，选择"业务处理"|"工资变动"命令，打开"工资变动"窗口，选择"请假天数"项目，输入袁海波请假天数 2，王芳请假天数 3，输入完毕后单击"计算"按钮，在"请假扣款"项目中，就会显示具体的扣款数。采用同样的方法输入加班天数，如图 5.39 所示。

2）单击"替换"按钮，输入要替换的工资项目"奖励工资"，替换成 200，再输入替换条件"部门＝销售部"，单击"确认"按钮，提示是否进行替换，确认后显示有 3 条记录被替换，如图 5.40 所示。

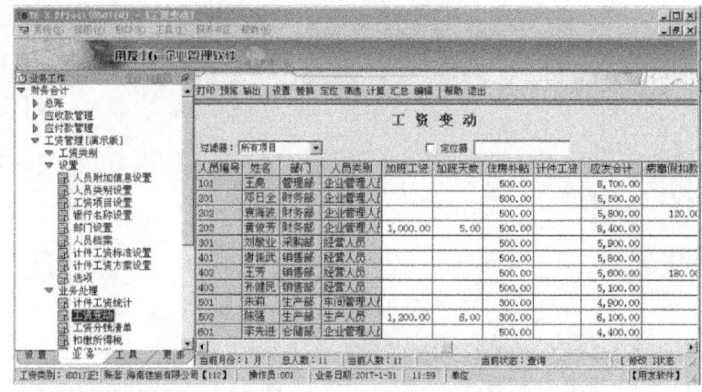

图 5.39 工资数据变动

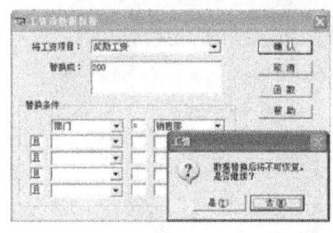 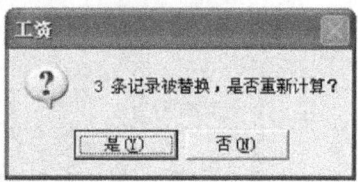

图 5.40 用替换功能进行工资数据变动操作

3）单击"是"按钮后，所有销售部人员的奖励工资即变动完成，如图 5.41 所示。

图 5.41 替换后的工资数据

在"工资变动"窗口中，除了显示相对固定的人员编码、姓名、部门和人员类别外，还包含了企业设置的所有工资项目供查看或修改。可在该窗口直接输入或修改数据，也可以通过"工资变动"窗口中的"编辑"按钮选择页编辑方式对每一个人进行输入或修改，或通过以下方法加快输入。

① 使用过滤器。如果只需对某些项目进行输入或对部分人员的工资数据进行修改，可使用项目过滤器功能，选择某些项目进行输入或修改。

② 先定位后输入。如果要输入某个指定部门或人员的数据，可先单击"定位"按钮，让系统自动定位到需要的部门或人员，然后输入。

③ 使用筛选功能。如果需按某些条件筛选符合条件的人员进行输入，可使用数据筛选功能。

此外，关于扣零的处理，系统自动按照扣零的参数设置处理，无须设置公式。关于个人所得税扣缴的设置也有专门的模块进行处理，如果系统初始化时选择了在工资中代扣个人所得税，在数据输入的过程中，系统会自动进行扣税计算。如果需要重新设置某个工资项目的计算公式，可在工资管理系统窗口中选择"设置"|"工资项目设置"命令直接修改。为了便于用户输入和查询工资数据，系统还提供了排序功能等。

提示

案例：海南佳旭有限公司 112 账套工资管理系统，临时人员工资数据如表 5.7 所示。

表 5.7 临时人员工资数据

人员编码	人员姓名	日 期	方案编号	方案名称	计件单价/元	数量/件	计件工资/元
503	康玲珑	2017-1-31	01	组装成品	100	20	2 000
503	康玲珑	2017-1-31	02	组装半成品	60	30	1 800
		小 计				50	3 800
504	张浩天	2017-1-31	01	组装成品	100	30	3 000
504	张浩天	2017-1-31	02	组装半成品	60	15	900
		小 计				45	3 900
505	袁小丽	2017-1-31	01	组装成品	100	15	1 500
505	袁小丽	2017-1-31	02	组装半成品	60	25	1 500
		小 计				40	3 000
		合 计				135	10 700

5.3.2 工资分钱清单

工资分钱清单是按单位计算的工资生成分钱票面额清单，会计人员根据此清单从银行取款并发给各部门。执行此功能必须在个人数据输入、调整完之后。如果个人数据在计算后又做了修改，需重新执行本功能，以保证数据正确。本功能有部门分钱清单、人员分钱清单、工资发放取款单三部分，如图 5.42 所示。据此，可以分出每个部门甚至每个人工资所要发放的钞票面额。

提示：采用银行代发工资时，一般不需要用工资分钱清单。

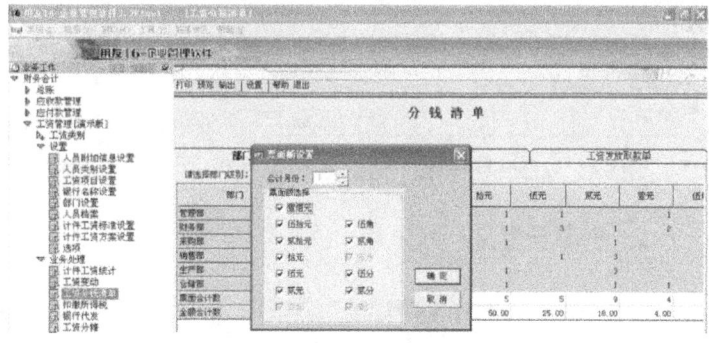

图 5.42 分钱清单操作

5.3.3 个人所得税处理

现行《个人所得税法》相关法规明确规定，凡是向个人支付应纳税所得的企事业单位，都有代扣代缴个人所得税的义务。因此，计算、申报和缴纳个人所得税成为单位工资管理中的一项重要内容。T6 的工资管理系统设置了自动计算个人所得税的功能，用户仅仅需要输入工资数据，并且根据职工个人收入的来源构成，在系统中定义好计税基数，系统便会自动计算出每位职工需要缴纳的个人所得税，并生成个人所得税申报表。

税率表初始定义为国家颁布的工资、薪金所得适用的九级超额累进税率,税率为3%~45%,级数为7级,费用基数为3 500元,附加费用为1 300元。在个人所得税初次使用或方法、税率发生改变时,用户应调整系统中的个人所得税的计税设置,使其符合实际计税的需要。

1. 个人所得税扣缴申报表

个人所得税扣缴申报表是个人纳税情况的记录,系统提供对表中栏目的设置功能(只提供选择,不提供自定义)。

案例: 代扣海南佳旭有限公司1月份正式人员的个人所得税,计税基数为3 500元,附加费用为1 300元。

**具体操作**

1)进入工资管理系统窗口,打开"正式人员"工资类别,选择"业务处理"|"扣缴所得税"命令,打开"所得税申报"对话框,进行相关选择,如图5.43所示。

2)在"所得税申报"对话框中选择"对应工资项目""全年一次性奖金对应的工资项目"和"全年一次性奖金扣税对应的工资项目"等下拉列表中的选项,设置完后单击"确定"按钮,即可打开"所得税申报"窗口,如图5.44所示。

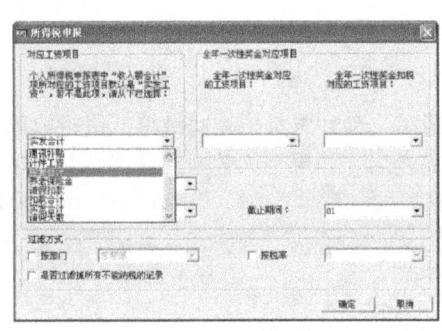

图5.43 "所得税申报"对话框

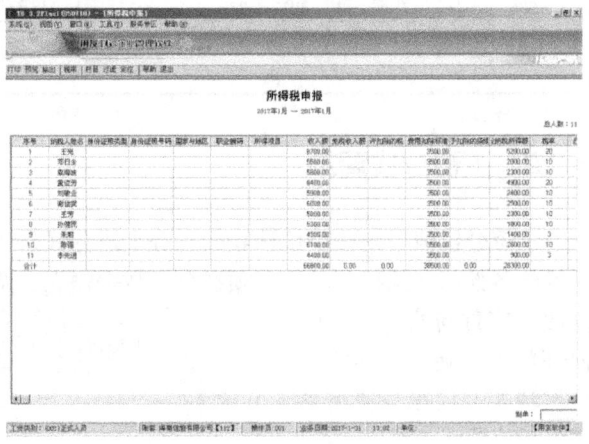

图5.44 "所得税申报"窗口

2. 税率表定义

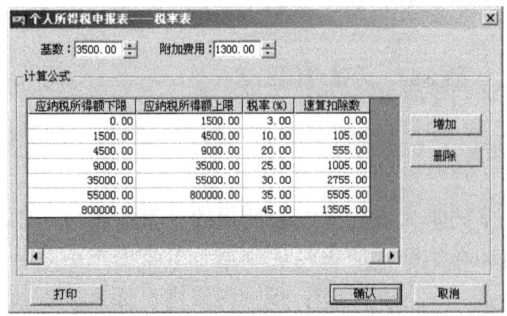

图5.45 "个人所得税申报表——税率表"对话框

具体操作

1)在"所得税申报"窗口中单击"税率"按钮,打开"个人所得税申报表——税率表"对话框,如图5.45所示。

2)输入"基数"3500、"附加费用"1300,单位也可根据需要对基数、附加费用及税率进行调整,还可增加或删除级数,调整后,单击"确认"按钮,系统自动重新计算所得税,并将此设置保存到下次修改之后。

3. 个人所得税计算

当税率设置完成后,系统将根据用户的设置自动计算并生成新的个人所得税申报表。如果修改了税率表或重新选择了纳税项目,则在退出个人所得税功能之后,还需要到工资数据变动功能中执行重新计算,以保证"代扣税"这个工资项目能正确反映单位实际代扣的个人所得税金额。否则系统将保留用户修改个人所得税之前的数据状态。

提 示

具体操作

在"工资变动"窗口中,单击"计算"和"汇总"按钮,如图 5.46 所示。

图 5.46 计算个人所得税

5.3.4 工资分摊

工资分摊是指对当月发生的工资费用进行工资总额计算、分配及各种与工资有关的经费的计提,并生成自动转账凭证,传递到总账系统。另外,工资分摊也分摊一些与工资有关的项目,如福利费及工会经费等。

1. 设置工资分摊类型

在初次使用工资管理系统时,应先进行工资分摊的设置。所有与工资相关的费用和基金均需建立相应的分摊类型和分摊比例。

案例:对海南佳旭有限公司1月份正式人员的工资类别进行工资分摊设置。

具体操作

1)进入工资管理系统窗口,打开"正式人员"工资类别,选择"业务处理"|"工资分摊"命令,打开"工资分摊"对话框,如图 5.47 所示。

2)单击"工资分摊设置"按钮,打开"分摊类型设置"对话框,如图 5.48 所示。单击"增加"按钮,打开"分摊计提比例设置"对话框。输入计提类型名称"工资"、分摊计提比例100%,单击"下一步"按钮,打开"分摊构成设置"对话框,如图 5.49 所示。输入要分摊的构成设置,包括具体的部门、人员的类别、生成凭证的借贷方科目等。本例中,将管理部、财务部人员的工资计入管理费用；采购部、销售部人员的工资计入销售费用；生产部的车间管理人员工资计入制造费用，生产工人工资直接计入生产成本。完成后如图 5.50 所示。单击"完成"按钮即可。

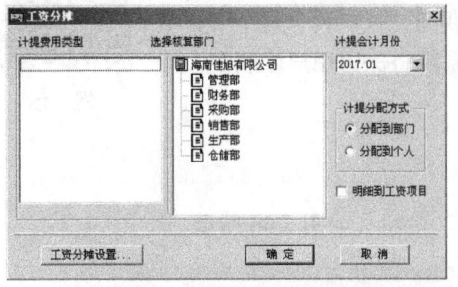

图 5.47 "工资分摊"对话框

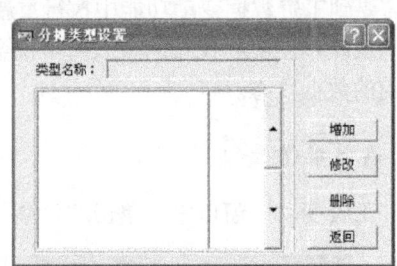

图 5.48 工资分摊类型设置

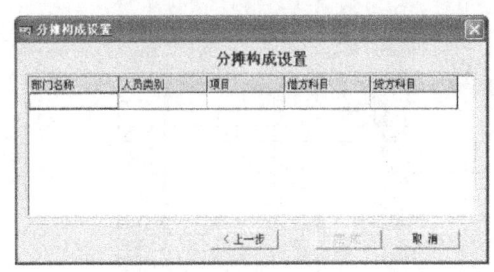

图 5.49 "分摊构成设置"对话框

图 5.50 分摊构成设置完成

案例：对海南佳旭有限公司 1 月份临时人员工资数据类别进行工资分摊设置。

说明：对临时人员进行分摊设置时借方科目为"生产成本——直接人工（500102）"，贷方科目为"应付职工薪酬——工资（221101）"。

提示：● 与工资相关的项目，如福利费、职工教育经费的计提也是用同样的方法做，只是比例不一样，所涉及的科目也可能不一样。

● 由于不同人员类别的工资计入到的成本科目不同，故要细分具体的人员类别进行设置。

2．生成转账凭证

工资分摊及费用计提的结果，最终都将以凭证的形式传递到总账系统中，这样就简化了工资操作程序，还能提高数据的准确度。

案例：生成海南佳旭有限公司 1 月份正式人员的工资转账凭证，并进行查询等相关操作。

具体操作

（1）凭证生成

1）由会计袁海波注册企业门户，在工资管理系统窗口中，选择"业务处理"｜"工资分摊"命令，打开"工资分摊"对话框，如图 5.51 所示。

2）选中"计提费用类型"列表框中的"工资"复选框，选择具体计提的时间、计提分配方式等，选中"明细到工资项目"复选框，单击"确定"按钮，打开"工资分摊明细"窗口，如图 5.52 所示。

第5章　工资管理系统

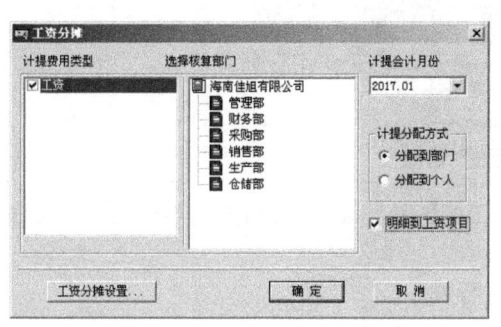
图 5.51　"工资分摊"对话框

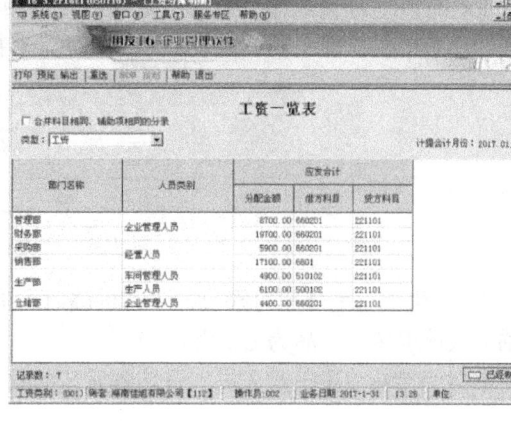
图 5.52　"工资分摊明细"窗口

3）单击"制单"按钮，将生成当前选择的分摊类型所对应的一张凭证。从中选择凭证类型，确认制单日期，涉及辅助项的科目要将辅助科目输入完整。

本例中，假设直接计入的生产成本都是卡西米模具的成本。具体操作如下。

1）单击凭证右下角的 按钮，打开"辅助项"对话框，如图 5.53 所示。

2）在"项目名称"文本框中输入相关内容，单击"确认"按钮，再单击凭证窗口中的"保存"按钮，凭证左上角显示"已生成"字样，表明生成的凭证已传递到总账系统中。生成的凭证如图 5.54 所示，此凭证传递到总账系统中需审核、记账。

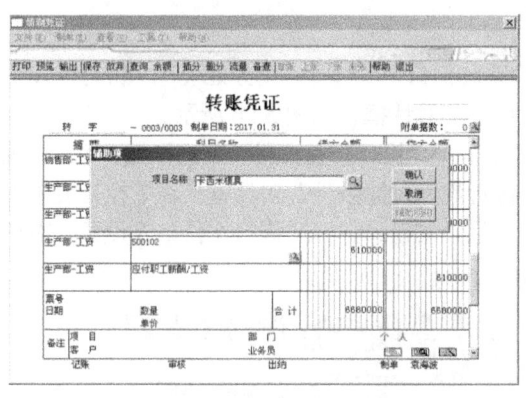
图 5.53　"辅助项"对话框

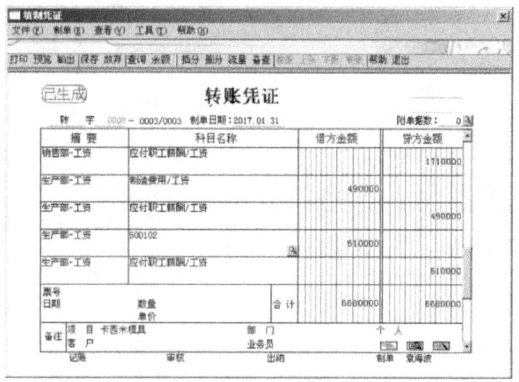
图 5.54　生成的凭证

提示：单击"工资分摊明细"窗口工具栏中的"批制"按钮，可一次将所有本次参与分摊的分摊类型所对应的凭证全部生成。

（2）凭证查询

对于从工资管理系统传输到总账系统的凭证，可以通过凭证查询功能来删除和冲销。

具体操作

1）选择"统计分析"|"凭证查询"命令，打开"凭证查询"窗口，如图 5.55 所示。

2）输入所要查询的起始月份和终止月份，显示查询期间凭证列表。选中一张凭证，单击"删除"按钮，可删除标志为"未审核"的凭证；单击"冲销"按钮，则可对当前标志为"记账"

165

的凭证进行红字冲销操作，自动生成与原凭证相同的红字凭证；单击"单据"按钮，显示生成凭证的原始单据，即工资一览表；单击"凭证"按钮，可显示单张凭证窗口。

图 5.55 "凭证查询"窗口

案例：生成海南佳旭有限公司 1 月份临时人员的工资转账凭证，并进行查询等相关操作。（假设临时人员组装的产品为 LG 模具。）

本案例参考前述正式人员工资转账凭证的案例进行操作。

5.3.5 银行代发

银行代发即在系统中设置好一定模式与银行对接，将发放数据传给银行，由银行发放企业职工个人工资。目前许多单位发放工资都采用银行工资卡方式。这种做法既减轻了财务部门发放工资的繁重工作，有效地避免了财务部门到银行提取大笔款项所承担的风险，又提高了对员工个人工资的保密程度。

案例：代发海南佳旭有限公司 1 月份正式人员的工资。

 具体操作

1）在工资管理系统窗口中，选择"业务处理"|"银行代发"命令，打开"代发设置"对话框，如图 5.56 所示。

2）在此对话框中选中"银行报盘文件"单选按钮，单击"确定"按钮，打开"银行代发过滤条件"对话框。在下拉列表中选择过滤条件，单击"是"按钮，打开"银行文件格式设置"对话框，如图 5.57 所示。

图 5.56 "代发设置"对话框

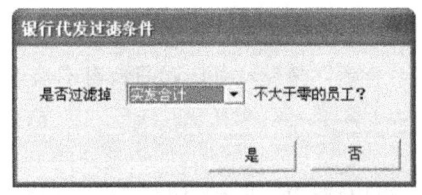
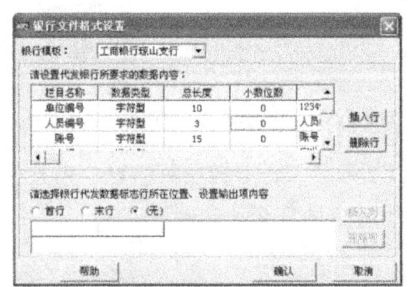

图 5.57 "银行代发过滤条件"和"银行文件格式设置"对话框

3）单击"确认"按钮，打开"银行代发"窗口，如图 5.58 所示。可设置不同银行文件格式，查看银行代发一览表。银行代发文件格式设置应根据银行的要求，设置提供数据中所包含的项目，以及项目的数据类型、长度和取值范围等。用友软件股份有限公司与中国建设银行等达成协议，建立由银行代发工资的企业工资管理体系，银行代发功能可以设置相关的内容。

使用同样的方法完成对临时人员工资由银行代发。

👉 提示：银行代发能查询到无权限的部门的工资数据，这里只受功能权限控制，不受数据权限控制。

5.3.6 人员变动的调整

在企业中时常会有人员的调入和调出，或者由于某些原因停发工资等情况发生。因此，在进行工资核算时，要对变动的人员进行及时处理。

案例：海南佳旭有限公司销售部王芳要调出。

图 5.58 "银行代发"窗口

 具体操作

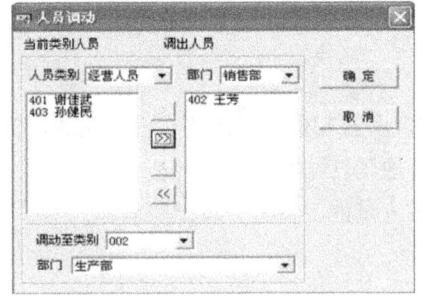

图 5.59 "人员调动"对话框

在工资管理系统窗口中，选择"维护"|"人员调动"命令，打开"人员调动"对话框，选择人员类别"经营人员"、部门"销售部"，在"当前类别人员"列表框中选中"王芳"，转移到右边的"调出人员"列表框中，然后单击"确定"按钮即可，如图 5.59 所示。

为了保证工资数据的完整性和一致性，调出人员在调出当年不可以进行删除，只能等年末处理完后，在新的一年开始时才能删除。在年底进行工资数据汇总查询时，调动人员的工资可以分为调动前和调动后两部分进行查询。

5.3.7 月末处理与反结账

1. 月末处理

月末结转是将当月数据经过处理后结转至下月。每月工资数据处理完毕后均要进行月末结转，下个月的工资才能操作。由于在工资项目中，有的项目是变动的，即每月的数据均不相同，在每月进行工资处理时，均需将其数据清为 0，而后输入当月的数据。此类项目即为清零项目，在月末处理时可进行清零处理。

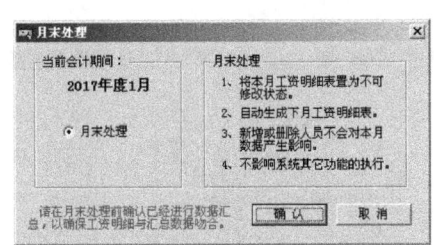

图 5.60 "月末处理"对话框

案例：对海南佳旭有限公司 1 月份正式人员的工资进行月末处理，并将奖励工资、加班天数、加班工资、病事假天数、病事假扣款进行清零处理。

 具体操作

1）在工资管理系统窗口中，选择"业务处理"|"月末处理"命令，打开"月末处理"对话框，如图 5.60 所示。

2)查看进行月末处理的信息后,单击"确认"按钮,弹出"是否选择清零项?"提示对话框,单击"是"按钮,然后选择要清零的项目"奖励工资""加班天数""加班工资""病事假天数""病事假扣款",再单击"确认"按钮,即完成月末处理,如图5.61所示。

使用同样的方法完成对临时人员的计件工资进行清零处理。

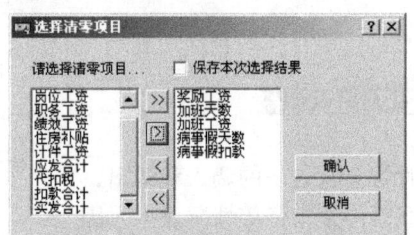

图 5.61 清零处理

提示：● 月末处理前一定要保证已经进行数据汇总,以确保工资明细与汇总数据相吻合。
● 进行月末处理后,本月数据不能再修改,系统自动生成下个月的明细工资数据。
● 有多个工资类别的,应按工资类别分别进行结账处理。

提 示

2. 反结账

在工资管理系统结账后,发现还有一些业务或其他事项需要在已结账的月份进行账务处理,此时需要使用反结账功能,取消已结账标志。

案例：对海南佳旭有限公司1月份正式人员的工资进行反结账操作。

具体操作

以2017年2月的时间重新注册进入工资管理系统,选择"业务处理"|"反结账"命令,打开"反结账"对话框,选择要反结账的工资类别,依次确认即可完成反结账操作,如图5.62所示。

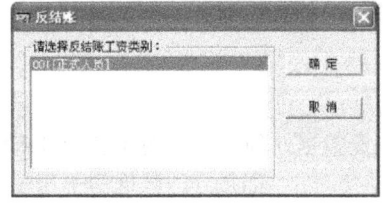
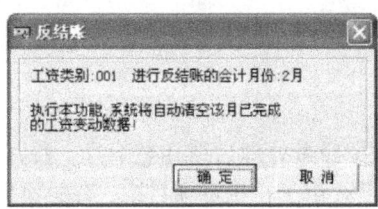

图 5.62 反结账操作

课后习题与实验

实验五 工资管理

实验目的：通过操作T6的工资管理系统,掌握工资管理系统的基本操作原理与方法,并学会运用会计软件中工资管理的相关内容。

实验准备：引入实验三"总账系统日常业务处理"的账

课后习题区

套备份数据,将系统日期修改为 2017 年 7 月 1 日,由操作员 01 注册进入 555 账套工资管理系统,进行初始化设置;将系统日期修改为 2017 年 7 月 31 日,由操作员 02 注册进入 555 账套的工资管理系统,进行日常业务处理。

实验要求:

1. 基础设置。
2. 建立新工资表,并进行相应设置。
3. 输入工资数据。
4. 生成工资凭证。
5. 查询工资表。

实验资料:

1. 建立工资账套

有正式人员和临时人员两个工资类别;有职工采用计件工资核算;要求代扣个人所得税;企业代发工资,不进行扣零处理;人员编码 3 位;启用时间为 2017 年 7 月 1 日。

2. 基础信息设置

(1) 人员类别设置

管理人员、经营人员、生产人员。

(2) 工资项目设置

项目名称	类别	长度	小数位数	增减项
基本工资	数字	8	2	增项
绩效工资	数字	8	2	增项
奖励工资	数字	8	2	增项
住房补贴	数字	8	2	增项
加班工资	数字	8	2	增项
加班天数	数字	8	2	其他
应发合计	数字	10	2	增项
个人缴养老保险费	数字	8	2	减项
代扣税	数字	10	2	减项
扣款合计	数字	10	2	减项
实发合计	数字	10	2	增项

(3) 人员档案设置

工资类别 1:正式人员。

部门选择:所有部门。

工资项目:基本工资、绩效工资、奖励工资、住房补贴、加班工资、加班天数、应发合计、个人缴养老保险费、代扣税、扣款合计、实发合计。

计算公式如下。

工资项目	定义公式
加班工资	加班天数*300
个人缴养老保险费	(基本工资+绩效工资+奖励工资+住房补贴)*0.08
住房补贴	iff(人员类别="管理人员" or 人员类别="经营人员",800,600)

人员档案如下。

人员编码	人员姓名	部门名称	人员类别	手机号	账　号	中方人员	是否计税	核算计件工资
101	李建林	综合行政部	管理人员	13601693101	6212261001016336001	是	是	否
102	王双喜	综合行政部	管理人员	13601693102	6212261001016336002	是	是	否
103	邓春龄	综合行政部	管理人员	13601693103	6212261001016336003	是	是	否
104	张定锋	综合行政部	管理人员	13601693104	6212261001016336004	是	是	否
105	李东锋	综合行政部	管理人员	13601693105	6212261001016336005	是	是	否
201	许志刚	财务部	管理人员	13601693106	6212261001016336006	是	是	否
202	范好强	财务部	管理人员	13601693107	6212261001016336007	是	是	否
203	马武	财务部	管理人员	13601693108	6212261001016336008	是	是	否
204	何中华	财务部	管理人员	13601693109	6212261001016336009	是	是	否
301	杨红林	销售部	经营人员	13601693110	6212261001016336010	是	是	否
302	赵冰	销售部	经营人员	13601693111	6212261001016336011	是	是	否
303	何海梅	销售部	经营人员	13601693112	6212261001016336012	是	是	否
304	何国强	销售部	经营人员	13601693113	6212261001016336013	是	是	否
305	朱立安	销售部	经营人员	13601693114	6212261001016336014	是	是	否
306	马海林	销售部	经营人员	13601693115	6212261001016336015	是	是	否
401	欧新元	采购部	经营人员	13601693116	6212261001016336016	是	是	否
402	黄艳	采购部	经营人员	13601693117	6212261001016336017	是	是	否
501	马少斌	人力资源部	管理人员	13601693118	6212261001016336018	是	是	否
502	刘忠易	人力资源部	管理人员	13601693119	6212261001016336019	是	是	否
601	王红国	市场开发部	经营人员	13601693120	6212261001016336020	是	是	否
602	吴良强	市场开发部	经营人员	13601693121	6212261001016336021	是	是	否
701	李贵立	生产部	生产人员	13601693122	6212261001016336022	是	是	否
702	谢旭	生产部	生产人员	13601693123	6212261001016336023	是	是	否
801	曹新德	仓储部	管理人员	13601693124	6212261001016336024	是	是	否

说明：以上所有人员的代发银行均为工行上海奉贤支行。

工资类别2：临时人员。部门选择：销售部。工资项目：计件工资。

人员档案如下。

人员编码	人员姓名	部门名称	人员类别	手机号	账　号	中方人员	是否计税	计件工资
307	江灿	销售部	销售人员	13601693125	6212261001016336025	是	是	是
308	秦星	销售部	销售人员	13601693126	6212261001016336026	是	是	是

说明：以上所有人员的代发银行均为工行上海奉贤支行。

（4）银行名称

工行上海奉贤支行；账号长度为19（可设置自动带出16位账号）。

（5）计件工资标准：数量

工时档案包括两项：01 零售；02 批量。

（6）计件工资方案设置

部　门	方案编号	方案名称	数　量	计件单价/元
销售部	01	零售数量	零售	200.00
销售部	02	批量数量	批量	250.00

说明：一次性销售6件以上为批量。临时人员只分摊工资，不提社会保险费和工会费等。

3．工资数据

（1）7月初人员工资情况

正式人员工资情况如下。　　　　　　　　　　　　　　　　　　　　　　　　　元

姓　名	基本工资	绩效工资	姓　名	基本工资	绩效工资
李建林	4 000.00	3 400.00	何国强	2 000.00	3 650.00
王双喜	3 000.00	3 400.00	朱立安	2 000.00	3 650.00
邓春龄	2 500.00	3 400.00	马海林	2 000.00	3 650.00
张定锋	2 500.00	3 400.00	欧新元	3 000.00	3 400.00
李东锋	3 000.00	3 400.00	黄艳	3 000.00	3 400.00
许志刚	3 000.00	3 500.00	马少斌	3 000.00	3 200.00
范好强	3 500.00	3 500.00	刘忠易	3 000.00	3 200.00
马武	3 000.00	3 500.00	王红国	2 500.00	3 200.00
何中华	3 000.00	3 500.00	吴良强	3 000.00	3 200.00
杨红林	2 500.00	3 650.00	李贵立	2 500.00	3 400.00
赵冰	2 500.00	3 650.00	谢旭	2 000.00	3 400.00
何海梅	2 500.00	3 650.00	曹新德	2 500.00	3 400.00

临时人员工资情况如下。

姓　名	零售数量	批量数量	姓　名	零售数量	批量数量
江灿	25	8	秦星	10	18

（2）7月份正式人员工资变动情况

考勤情况：范好强加班2天，杨红林加班3天，李贵立加班5天。

发放奖金情况：因上半年公司业绩好，每人奖励600元。

4．代扣个人所得税

计税基数3 500元，附加费用1 300元。

5．工资分摊

应付工资总额等于工资项目"应发合计"，养老保险费、工会经费、职工教育经费也以此为计提基数。

正式人员工资费用分配的转账分录如下。

部门 \ 工资分摊		应付职工薪酬（100%）		养老保险费（20%）		工会经费（2%）		职工教育经费（2.5%）	
		借方科目	贷方科目	借方科目	贷方科目	借方科目	贷方科目	借方科目	贷方科目
综合行政部、财务部、人力资源部、仓储部	管理人员	660201	221101	660203	221103	660209	221104	660210	221105
销售部、市场开发部	经营人员	660101	221101	660104	221103	660105	221104	660106	221105
采购部	经营人员	660201	221101	660203	221103	660209	221104	660210	221105
生产部	生产人员	500102	221101	500102	221103	500102	221104	500102	221105

说明：根据需要可自行在基础档案—财务—会计科目窗口添加相应的明细科目，如增加"销售费用——养老保险费（660104）""销售费用——工会经费（660105）""销售费用——职工教育经费（660106）""管理费用——工会经费（660209）""管理费用——职工教育经费（660210）"，并设新增的两个管理费用明细科目辅助核算为"部门核算"。假设7月份生产部人员专门生产电冰箱，则在生成7月份分摊凭证时生产成本项目核算选择"电冰箱"项目。所有工资分摊项目制单时勾选合并科目相同、辅助项相同分录。

临时人员工资费用分配的转账分录如下。

部门 \ 工资分摊		应付职工薪酬（100%）	
		借方科目	贷方科目
销售部	经营人员	660101	221101

第 6 章 固定资产管理系统

学习要求

1. 了解固定资产及其在企业中的管理。
2. 了解固定资产在企业中应如何核算，有哪些具体规定。
3. 领会固定资产管理系统的各项功能，熟练掌握固定资产的初始设置、业务处理及期末处理等操作。

6.1 固定资产及其管理系统介绍

6.1.1 固定资产

1. 概念

固定资产是指使用寿命超过一个会计年度，为生产商品、提供劳务、出租或经营管理而持有的有形资产。固定资产要同时满足下列条件才能予以确认：①与该固定资产有关的经济利益很可能流入企业；②该固定资产的成本能够可靠地计量。

2. 固定资产的管理

在实务中，企业应当根据《企业会计准则第 4 号——固定资产》的规定，结合企业的实际情况，制定固定资产目录、分类方法、每类或每项固定资产的使用寿命、预计净残值、折旧方法等，并编制成册。此外，还应根据企业的管理权限，经股东大会或董事会，或者经理（厂长）、会计或类似机构批准，按照法律、行政法规等的规定报送有关各方备案，同时备置于企业所在地，以供投资者等有关各方查阅。企业已经确定并对外报送，或者置于企业所在地的有关固定资产目录、分类方法、使用寿命、预计净残值、折旧方法等，一经确定不得随意变更。如需变更，仍然要按照上述程序，经批准后报送有关各方备案。

对于行政事业单位，固定资产也要进行很好的管理。其与企业单位固定资产根本的区别就是：企业单位对固定资产计提折旧，而行政事业单位则不计提折旧。固定资产的管理要从固资产的初始计量开始,到固定资产的使用终止或报废。一般管理主要通过固定资产卡片、固定资产报增(减)单等进行。

3. 固定资产的会计核算

(1) 固定资产的初始计量

对于外购的固定资产确认,不需安装的直接增加固定资产,即借记"固定资产",贷记"银行存款";对于需要安装调试的固定资产或自行建造的固定资产,核算时应先记入"在建工程"科目,待设备安装完毕达到预定可使用状态,再从"在建工程"科目转入"固定资产"科目。

(2) 固定资产的折旧处理

固定资产在其使用寿命内,应按确定的方法按月计提折旧,并进行对应分摊,计入管理费用、生产成本和制造费用等。最新的会计准则规定可选用的折旧方法如下。

① 年限平均法,也称直线法,是将固定资产的应计折旧额均衡地分摊到固定资产预计使用寿命内的一种方法。其计算公式如下。

$$月折旧率 = (1 - 预计净残值率) \div 预计使用寿命(月) \times 100\%$$
$$月折旧额 = 固定资产原值 \times 月折旧率$$

② 工作量法,是根据实际工作量计算每期应提折旧额的一种方法。其计算公式如下。

$$单位工作量折旧额 = 固定资产原值 \times (1 - 预计净残值率) \div 预计总工作量$$
$$某项固定资产月折旧额 = 该项固定资产当月工作量 \times 单位工作量折旧额$$

③ 双倍余额递减法,是指在不考虑固定资产预计净残值的情况下,根据每期期初固定资产原值减去累计折旧后的余额和双倍的直线法折旧率计算固定资产折旧的一种方法。其计算公式如下。

$$月折旧率 = 2 \div 预计可使用寿命(月) \times 100\%$$
$$月折旧额 = 固定资产账面净值 \times 月折旧率$$

提示:采用双倍余额递减法,在其折旧年限到期前两年内,要将固定资产净值扣除预计净残值后的余额平均摊销。

④ 年数总额法,也称年限合计法,是将固定资产的原值减去预计净残值的余额乘以一个以固定资产尚可使用寿命为分子、以预计使用寿命逐年数字之和为分母的逐年递减的分数计算每年的折旧额。其计算公式如下。

$$年折旧率 = 尚可使用年限 \div 预计使用寿命的年数总和 \times 100\%$$
$$月折旧率 = 年折旧率 \div 12$$
$$月折旧额 = (固定资产原值 - 预计净残值) \times 月折旧率$$

(3) 固定资产的减值损失处理

固定资产减值损失是指因固定资产的账面价值低于其可收回金额而造成的损失。

① 固定资产减值损失的确定。可收回金额的计量结果表明,资产的可收回金额低于其账面价值的,应当将资产的账面价值减记至可收回金额,减记的金额确认为资产减值损失,计入当期损益,同时计提相应的资产减值准备。资产减值损失确认后,减值资产的折旧或摊销费用应当在未来期间做相应调整,以使该资产在剩余使用寿命内,系统地分摊调整后的资产账面价值(扣除预计净残值)。《企业会计准则第8号——资产减值》规定资产减值损失一经确认,在以后会计期间不得转回,限制了利润的人为波动。

② 固定资产减值损失的会计处理。企业固定资产发生减值的,按应减记的金额,借记"资

产减值损失"科目,贷记"固定资产减值准备"科目。

(4)固定资产的后续支出处理

固定资产的后续支出是指固定资产使用过程中发生的更新改造支出、修理费用等。对于固定资产后续支出的处理分两种情况。①资本化支出。企业一般将固定资产的原价、已计提的累计折旧和减值准备转销,将固定资产账面价值转入"在建工程"科目,发生的后续支出也转入此科目,最后在此基础上重新确定固定资产原价,并重新确定使用寿命、预计净残值和折旧方法计提折旧。②费用化后续支出。不符合固定资产确认条件的,应根据不同情况分别在发生时计入当期管理费用或销售费用。

(5)固定资产处置处理

固定资产处置包括固定资产的出售、转让、报废或毁损、对外投资、非货币性资产交换、债务重组等。固定资产处置一般通过"固定资产清理"科目进行核算。企业出售、转让、报废固定资产或发生固定资产毁损,应将处置收入和除去账面价值和相关税费后的金额计入当期损益。对于固定资产处置的会计处理一般经过以下几个步骤。

1)固定资产转入清理。处理时应借记"固定资产清理""累计折旧"和"固定资产减值准备"科目,按固定资产账面余额,贷记"固定资产"科目。

2)发生清理费用的处理。固定资产清理过程中发生的有关费用及应支付的相关税费,借记"固定资产清理"科目,贷记"银行存款""应交税费"等科目。

3)出售收入和残料等处理。企业收回出售固定资产的价款、残料价值和变价收入等,应冲减清理支出。按实际收到的出售价款以及残料变价收入等,借记"银行存款""原材料"等科目,贷记"固定资产清理"科目。

4)保险赔偿的处理。企业应收或收到的保险公司或过失人赔偿的损失,应冲减清理支出,借记"其他应收款"、"银行存款"等科目,贷记"固定资产清理"科目。

5)清理净损益的处理。固定资产清理完成后的净损失,属于生产经营期间正常的处理损失,借记"营业外支出——处置非流动资产损失"科目,贷记"固定资产清理"科目;属于生产经营期间由于自然灾害等非正常原因造成的损失,借记"营业外支出——非常损失"科目,贷记"固定资产清理"科目。对于固定资产清理完的净收益,记入"营业外收入"科目。

6)固定资产盘亏处理。盘亏造成的损失,应计入当期损益。企业在财产清查中盘亏的固定资产,按盘亏固定资产的账面价值借记"待处理财产损溢——待处理固定资产损溢"科目及"累计折旧""固定资产减值准备"等科目,按固定资产原价,贷记"固定资产"科目。按管理权限报经批准后处理时,按可收回的保险赔偿或过失人赔偿,借记"其他应收款"科目,按应计入营业外支出的金额,借记"营业外支出——盘亏损失"科目,贷记"待处理财产损溢"科目。

6.1.2 固定资产管理系统功能介绍

1. 固定资产管理系统概述

固定资产管理系统是会计信息系统的一个重要组成部分,用于对企业的所有固定资产进行全面管理和核算工作。固定资产管理系统可以帮助企业的财务部门进行固定资产总值、累计折旧数据的动态管理,协助企业进行部分成本核算,同时不定期地为设备管理部门提供固定资产的各项指标管理功能。

2. 具体功能介绍

固定资产管理系统的作用是完成企业固定资产日常业务的核算和管理，生成固定资产卡片，按月反映固定资产的增加、减少、原值变化及其他变动，并输出相应的增减变动明细账，同时，按月自动计提折旧、生成折旧分配凭证等。

固定资产管理系统的功能主要体现在以下几个方面：①与总账系统接口；②固定资产的折旧计算；③固定资产卡片以及变动的管理；④月末的对账、结账以及账表查询。具体为：①通过建立固定资产卡片档案和资产增减情况的流水账，严格管理固定资产的增减变化；②按照用户定义的折旧方法，按期计提折旧，自动生成凭证；③按用户提供的诸如固定资产编码、原值、折旧方法等条件完成固定资产卡片档案的查询以及相关报表的查询，从而提高工作效率和管理水平，减少固定资产由于管理不当带来的经济损失。

6.1.3 固定资产管理系统与其他系统的联系

固定资产管理系统主要是用于单位固定资产的管理，其与其他子系统的关系主要是指与总账（账务）系统的关系。固定资产管理系统中的固定资产值与总账系统中固定资产会计科目的值一般是相同的，累计折旧也相同。对于固定资产管理系统增加资产、减少资产以及原值和累计折旧的调整、折旧计提等，系统自动将有关数据通过自动生成的机制传输到总账系统，固定资产管理系统与总账系统保持固定资产账目的平衡，同时，提供相关查询功能。另外，固定资产管理系统还为成本管理系统和 UFO 报表系统提供数据支持，并向项目管理系统传递项目的折旧数据。例如，UFO 报表系统可以通过相应的函数从固定资产管理系统中提取分析数据。固定资产管理系统与其他系统的联系如图 6.1 所示。

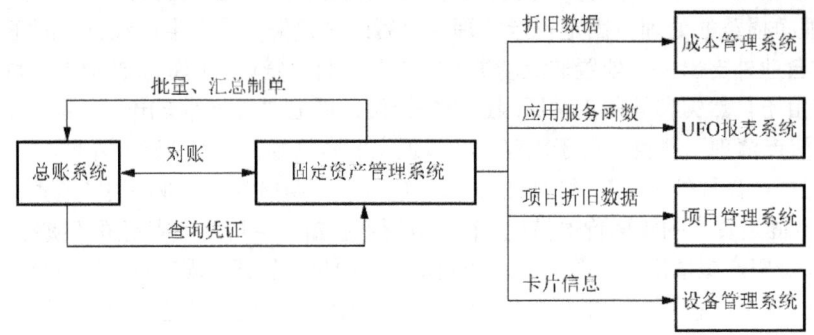

图 6.1　固定资产管理系统与其他系统的联系

6.1.4 固定资产管理系统基本操作流程

手工进行固定资产管理是较复杂的，要对固定资产进行卡片式管理，并用备查账等进行明细管理，日常要对固定资产进行分类管理，分类计提折旧并进行相应摊销处理等。采用了会计信息化，固定资产的管理更加合理化、规范化，固定资产的所有业务都将在这个系统里操作，而且很多是自动操作。其具体的流程如图 6.2 所示。

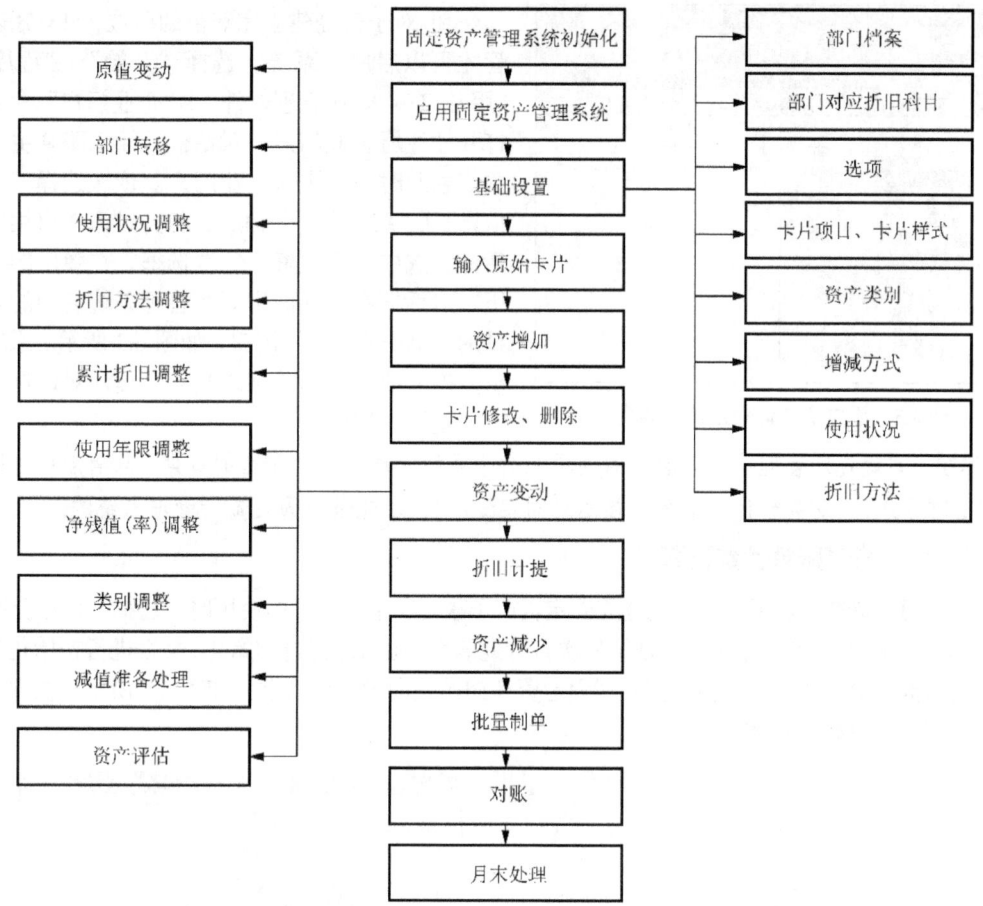

图 6.2　固定资产管理系统操作流程

6.2　固定资产管理系统初始化

固定资产管理系统初始化是根据使用单位的具体情况，建立一个适合本单位需要的固定资产子账套的过程。固定资产管理系统初始化是使用固定资产管理系统管理资产的必要操作。

6.2.1　初始化向导

1. 启用固定资产管理系统

用友 ERP 中包含有很多个子系统，在使用固定资产管理系统之前，应进行固定资产管理系统的启用，否则不能进行固定资产管理系统的相关操作。有两种方式启用固定资产管理系统。

① 在建立企业账套时，账套一建好时会打开"系统启用"对话框，直接找到固定资产管理系统，并选中"固定资产"复选框，选择具体的启用时间，即可完成启用。此时是系统管理员在建立完账套后就启用了固定资产管理系统。

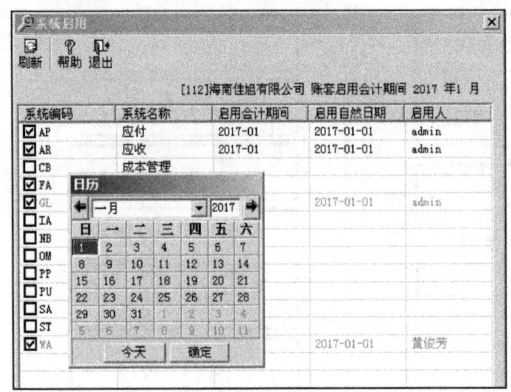

图 6.3　固定资产管理系统的启用

② 对于已经建立完账套的单位，只有账套主管才可以启用子系统。选择"开始"|"程序"|"用友 T6–企业管理软件"|"企业门户"命令，打开"注册企业门户"对话框。输入账套主管相关信息及时间，进入企业门户。依次选择"基础信息"|"系统启用"命令，打开"系统启用"对话框，选中"固定资产"复选框，在弹出的"日历"对话框中选择固定资产管理系统启用的具体日期，单击"确定"按钮，如图 6.3 所示。系统弹出"确实要启用当前系统吗？"提示对话框，单击"是"按钮即可。

☞ **提示**：固定资产管理系统的启用时间不能大于系统管理员建立账套的日期。只有启用了固定资产管理系统，"财务会计"下才会显示"固定资产"，才能进行固定资产管理系统的工作。

2. 固定资产账套参数设置

运行固定资产管理系统必须先建立固定资产子账套。第一次开始使用时，选择"财务会计"|"固定资产"命令，系统会弹出"这是第一次打开此账套，还未进行过初始化，是否进行初始化？"提示对话框。单击"是"按钮，打开"固定资产初始化向导"对话框，如图 6.4 所示。根据本单位实际情况进行相应参数设置。

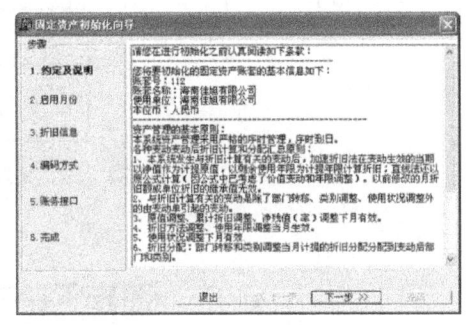

图 6.4　固定资产初始化向导

在建立固定资产账套时要设置的内容主要包括约定及说明、启用月份、折旧信息、编码方式、账务接口和完成设置 6 个部分。

案例：海南佳旭有限公司 112 账套固定资产管理系统账套参数信息如表 6.1 所示。

表 6.1　固定资产管理系统账套信息

控制参数	参数设置
约定与说明	我同意
启用月份	2017.01
折旧信息	本账套计提折旧 折旧方法：平均年限法（一） 折旧汇总分配周期：1 个月 当月初已计提月份 = 可使用月份 – 1 时，将剩余折旧全部提足

（续表）

控制参数	参数设置
编码方式	资产类别编码方式：2112 固定资产编码方式： 　　按"类别编码+部门编码+序号"自动编码 　　卡片序号长度为3
账务接口	与总账系统进行对账 对账科目 　　固定资产对账科目：1601，固定资产 　　累计折旧对账科目：1602，累计折旧

具体操作

1)"约定及说明"显示固定资产管理系统的账套号、账套名称、本位币等基本信息，并且说明系统进行资产管理的基本原则。认真阅读后，单击"下一步"按钮，打开"启用月份"设置对话框，如图6.5所示。从中可以查看到本系统固定资产开始使用的年份和会计期间，当确定启用日期之后，在该日期前的所有固定资产都将作为期初数据输入本系统，否则系统不能正确进行固定资产的各项管理及核算工作。系统从启用月份开始计提折旧。

提示：这里的启用日期只能查看而不能修改。

2)单击"下一步"按钮，打开"折旧信息"设置对话框。在该对话框中显示系统中可供选择的折旧方法及折旧汇总分配周期——系统提供1、2、3、4、6、12这几个分配周期供企业选择，以满足不按月计提折旧的企业需要，并显示下次折旧分配月份，以及对有关信息进行说明。如图6.6所示，海南佳旭有限公司选择的"主要折旧方法"是"平均年限法（一）"，"折旧汇总分配周期"为1个月。

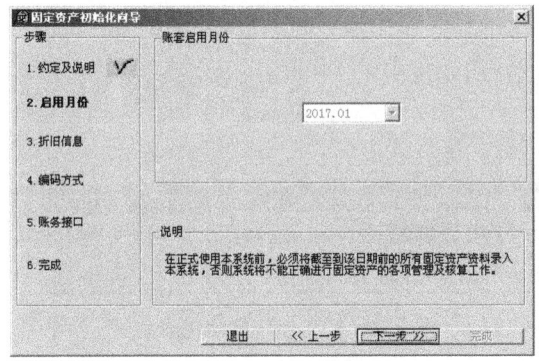

图6.5　"启用月份"设置对话框

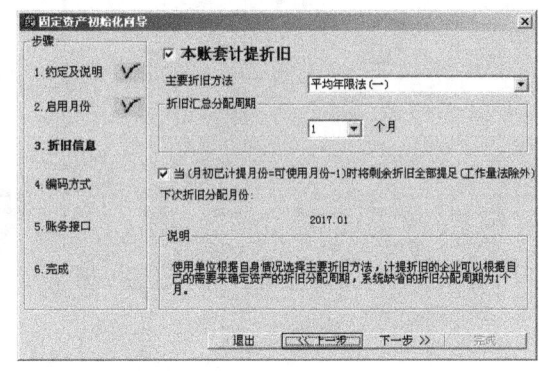

图6.6　"折旧信息"设置对话框

提示：在"折旧信息"设置对话框中，如果选择"不提折旧"选项，则账套内与折旧有关的所有功能均不能操作。该设置在初始化完成后不能修改。

3)设置完毕后，单击"下一步"按钮即可打开"编码方式"设置对话框，选择"类别编码+部门编码+序号"，序号长度3，如图6.7所示。设置资产类别编码方式之后，一旦某一级使用了类别，那么该级的长度不能修改，没有使用过的才可修改。每一个固定资产管理系统自动编码方式只能选择一种，一旦设置将不能修改。

4)单击"下一步"按钮，打开"账务接口"设置对话框，如图6.8所示。可直接在"固定资产对账科目"文本框中输入科目编码 1601,也可单击"固定资产对账科目"文本框后的按钮,在打开的"科目参照"对话框中找到"1601,固定资产"选项,双击该科目或单击"确定"按钮即可将其添加到"固定资产对账科目"文本框中。同样地,可添加累计折旧对账科目。

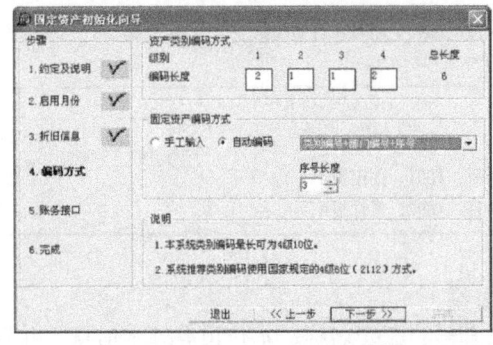
图6.7 "编码方式"设置对话框

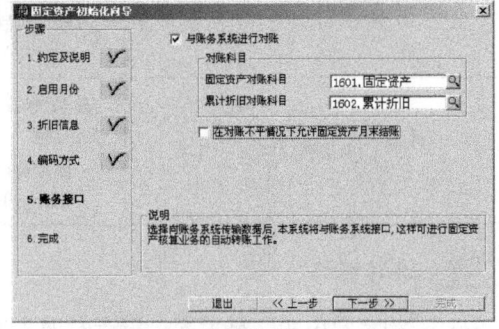
图6.8 "账务接口"设置对话框

☞提示:● 只有存在对应的总账系统的情况下才可操作此对话框,即采用了集成应用模式,则此处可设置是否与总账系统资产与折旧科目的余额进行对账。
● 要清楚是否选中"在对账不平情况下允许固定资产月末结账"复选框对月末结账的影响。

5)设置完成后,单击"下一步"按钮,打开"完成"对话框,显示刚进行的设置信息,如图6.9所示。对系统给出的汇总报告进行仔细的检查,确认没有问题后,单击"完成"按钮,便完成固定资产管理的账套初始化过程。这时系统会弹出是否保存提示对话框,单击"是"按钮进行保存,即会弹出"已成功初始化本固定资产账套!"提示对话框,单击"确定"按钮,如图6.10所示。

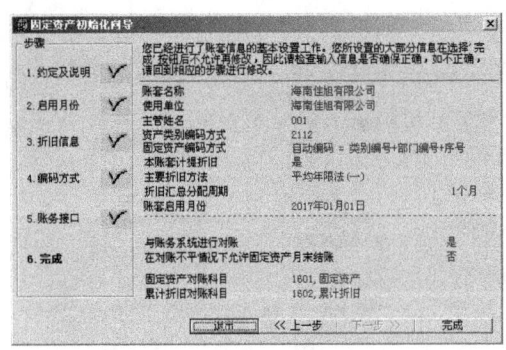
图6.9 "完成"对话框

图6.10 固定资产初始化成功

☞提示:完成固定资产管理系统初始化后,如果需要对系统初始化的某些参数进行修改,可以在固定资产管理系统下的"选项"命令中进行修改。如果修改不成功,就只能重新初始化。

3. 固定资产管理系统补充参数设置

固定资产管理系统初始化后,所有的初始化信息可以通过选择"设置"|"选项"命令进行查看,有些可进行修改。另外,有些参数在初始化过程中没有设置,要在此进行设置。

案例: 海南佳旭有限公司 112 账套固定资产管理系统账套补充参数信息如表 6.2 所示。

第 6 章 固定资产管理系统

表 6.2 固定资产管理系统账套补充参数信息

控制参数	参数设置
补充参数	业务发生后立即制单 月末结账前一定要完成制单登账业务 固定资产默认入账科目：1601；累计折旧默认入账科目：1602 在对账不平衡的情况下不允许固定资产月末结账

具体操作

进入企业门户后，选择"财务会计"|"固定资产"|"设置"|"选项"命令，打开"选项"对话框。单击"编辑"按钮，进入"与账务系统接口"选项卡，可对不是灰色的区域进行编辑，如图 6.11 所示。选中"业务发生后立即制单""月末结账前一定要完成制单登账业务"复选框，输入或选择"1601,固定资产""1602,累计折旧"选项，然后单击"确定"按钮即可。

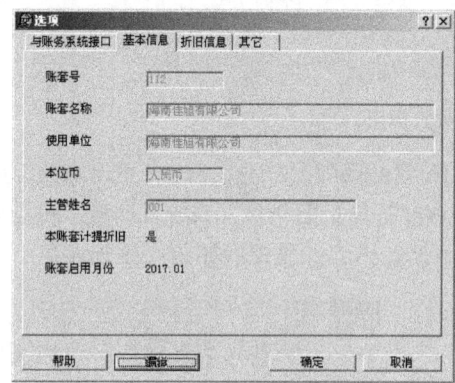 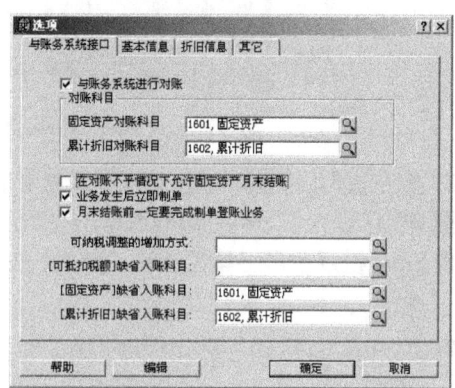

图 6.11 参数修改及补充参数设置

6.2.2 基础信息设置

1. 部门对应折旧科目设置

对应折旧科目是指折旧费用的入账科目。固定资产计提折旧后必须把折旧归入成本或费用，根据不同使用者的具体情况按部门或类别归集。当按部门归集折旧费用时，某一部门所属的固定资产折旧费用将归集到一个比较固定的科目，所以部门对应折旧科目设置就是给部门选择一个折旧科目。这样在输入卡片时，该科目自动显示在卡片中，不必一个一个输入，可提高工作效率，而且在生成部门折旧分配表时每一部门可以按折旧科目汇总，生成记账凭证。

案例：海南佳旭有限公司 112 账套固定资产管理系统部门对应折旧科目信息如表 6.3 所示。

表 6.3 固定资产管理系统部门对应折旧科目信息

部 门	对应折旧科目
管理部、财务部、仓储部	管理费用/折旧费
销售部、采购部	销售费用
生产部	制造费用/折旧费

具体操作

1）进入企业门户，选择"固定资产"|"设置"|"部门对应折旧科目"命令，打开"部门编码表"窗口，如图6.12所示。

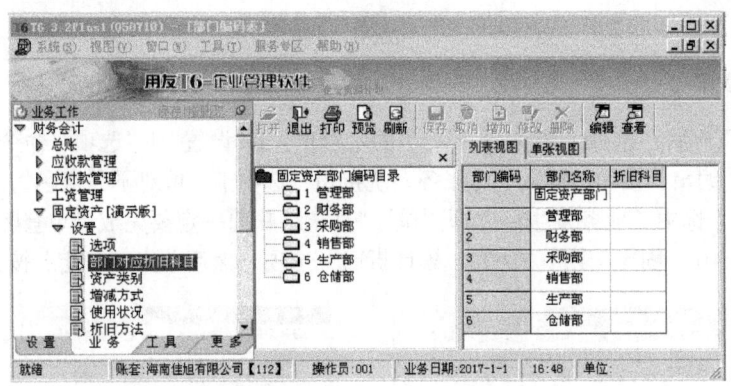

图6.12 设置部门对应折旧科目

2）在左边部门编码目录中选择要设置对应折旧科目的部门。单击工具栏上的"修改"按钮，在数据编辑区输入折旧科目编码或单击参照按钮 参照选择折旧科目，系统自动显示科目名称。直接按Enter键或单击工具栏上的"保存"按钮保存修改内容。设置后如图6.13所示。

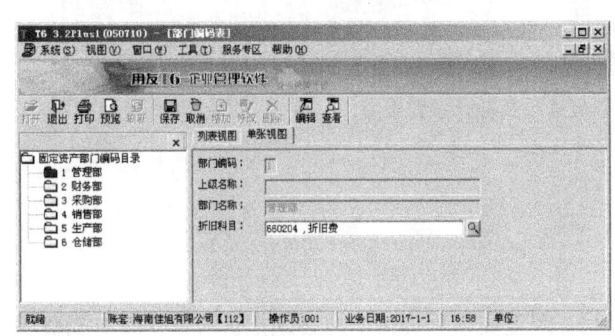 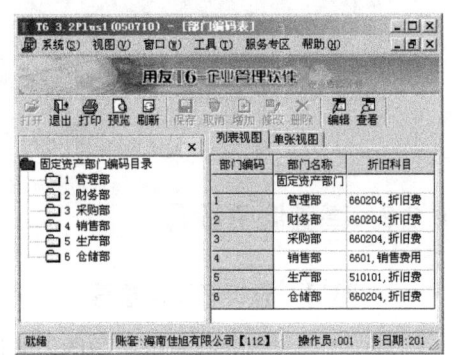

图6.13 部门对应折旧科目设置

提示：● 在使用本功能前，必须已建立好部门档案。部门档案可在基础设置中设置，也可在本系统的"部门档案"中设置。

● 部门编码、上级名称和部门名称在"部门档案"中设置，在这里只可查看，不能修改。

2. 资产类别设置

固定资产的种类繁多，规格不一。要强化固定资产管理，及时、准确地做好固定资产核算，必须建立科学的固定资产分类体系，为核算和统计管理提供依据。企业可根据自身的特点和管理要求，确定一个较为合理的资产分类方法。

案例： 海南佳旭有限公司112账套固定资产管理系统资产类别信息如表6.4所示。

第6章 固定资产管理系统

表 6.4　固定资产管理系统资产类别信息

编　码	类别名称	使用年限	净残值率	单　位	计提属性
01	房屋及建筑物	30	10%	栋	正常计提
011	厂房	30	10%	栋	正常计提
012	办公楼	30	10%	栋	正常计提
02	设备	—	4%	台	正常计提
021	办公设备	5	4%	台	正常计提
022	生产设备	10	4%	台	正常计提
023	运输设备	10	4%	辆	正常计提

具体操作

1）进入企业门户，选择"固定资产"|"设置"|"资产类别"命令，打开"类别编码表"窗口，如图 6.14 所示。

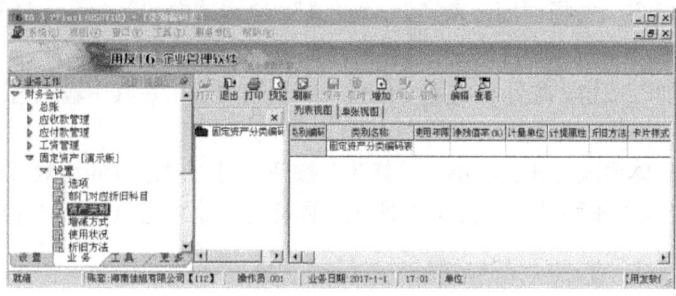

图 6.14　资产类别设置

2）单击"增加"按钮，打开如图 6.15 所示的窗口。输入类别名称，选择计提属性、卡片样式，然后单击"保存"按钮。同样地，完成其他类别设置。

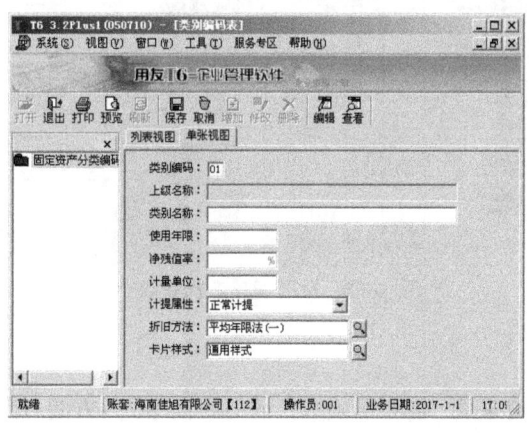 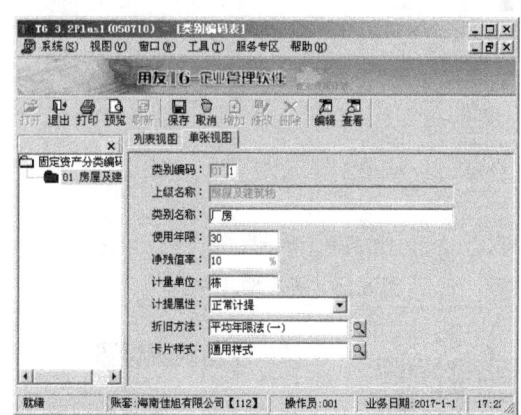

图 6.15　固定资产类别设置

提示：● 资产类别编码不能重复，同一级的类别名称不能相同。
● 类别名称、计提属性、卡片样式不能为空。
● 先设置上一级的资产类别，再设置下一级的资产类别。

3. 增减方式设置

增减方式包括增加方式和减少方式两类。增加的方式主要有：直接购入、投资者投入、捐赠、盘盈、在建工程转入、融资租入等。减少的方式主要有：出售、盘亏、投资转出、捐赠转出、报废、毁损、融资租出等。

案例： 海南佳旭有限公司112账套固定资产管理系统资产增减方式信息如表6.5所示。

表6.5 固定资产管理系统资产增减方式信息

增减方式目录	对应入账科目
增加方式	
直接购入	100201，工行存款
减少方式	
毁损	1606，固定资产清理

具体操作

1）进入企业门户，选择"固定资产"|"设置"|"增减方式"命令，打开"增减方式"窗口，如图6.16所示。软件已提供了一些具体的增加方式和减少方式。

2）单击"增加"按钮，显示该类别"单张视图"选项卡，在其中输入增减方式名称和对应入账科目。

3）单击某种具体增减方式，再单击"修改"按钮，可以对已有的增减方式进行修改，修改增减方式名称和对应入账科目，如图6.17所示。同样地，也可通过单击"删除"按钮来完成对增减方式的删除。

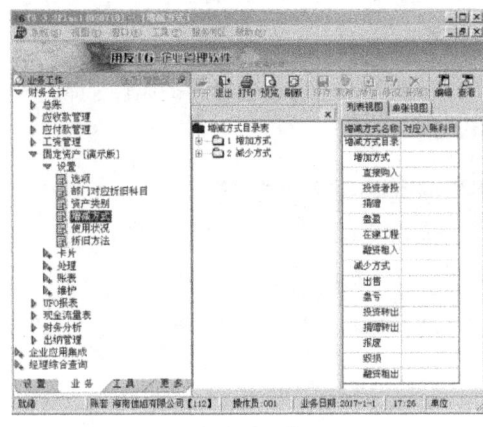

图6.16 资产增减方式

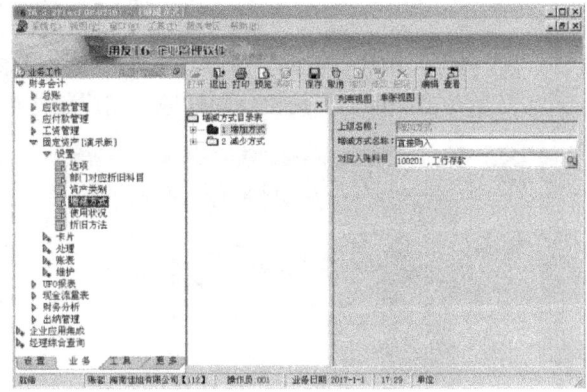

图6.17 资产增减方式修改

4. 使用状况设置

提示

从固定资产核算和管理的角度来看，需要明确资产的使用状况，一方面可以正确地计算和计提折旧，另一方面便于统计固定资产的使用情况，提高资产的利用效率。系统预置的使用状况有使用中、未使用和不需用3种，如图6.18所示。单位可根据需要进行设置。

第6章 固定资产管理系统

1）增加一种使用状况。在使用状况目录表中选择使用状况,单击"增加"按钮,显示该类别的"单张视图"选项卡,在其中输入上级名称、使用状况名称。根据使用状况和本单位实际情况判断该资产是否计提折旧,单击"保存"按钮即可。

2）修改一种使用状况。从使用状况目录中选中要修改的使用状况,单击"修改"按钮。

3）删除一种使用状况。从使用状况目录中选中要删除的使用状况,单击"删除"按钮即可。已使用的使用状况不允许删除。

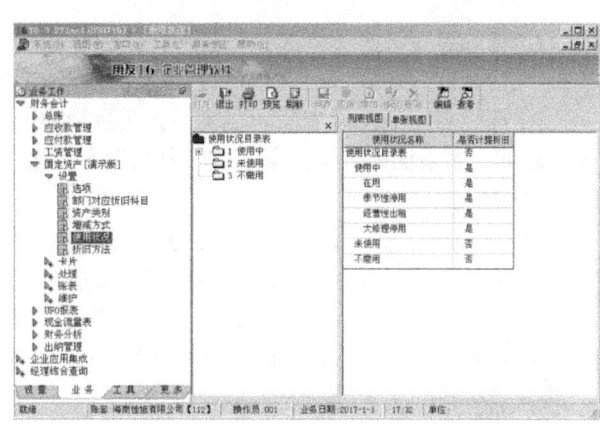

图6.18 资产使用状况设置

5. 折旧方法设置

折旧方法设置是系统自动计算折旧的基础。系统给出了常用的6种方法：不提折旧、平均年限法（一）和（二）、工作量法、年数总和法、双倍余额递减法,如图6.19所示。

提 示

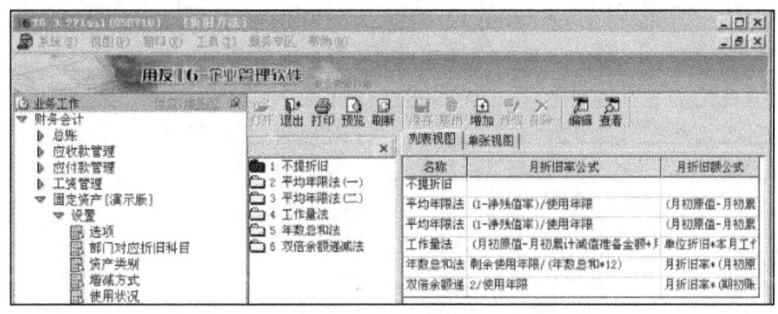

图6.19 折旧方法

这几种方法是系统设置的折旧方法,用户只能选用,不能删除和修改。另外,如果这几种方法不能满足用户企业的使用需要,系统提供了折旧方法的自定义功能,用户可以定义适合自己的折旧方法的名称和计算公式。

1）新增自定义折旧方法。单击"增加"按钮或选择快捷菜单中的"增加"命令,打开"折旧方法定义"对话框,如图6.20所示。输入自定义折旧方法名称。定义"月折旧率"和"月折旧额"：可双击选择折旧项目,单击对话框上方的"+""-"等按钮编辑月折旧率和月折旧额公式。单击"确定"按钮,完成新折旧方法定义。

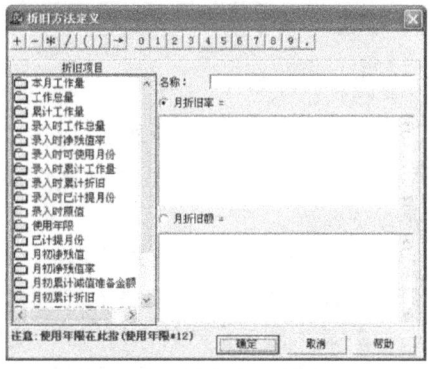

图6.20 新增折旧方法定义

185

2）修改自定义折旧方法。在折旧方法目录中选中要修改的自定义折旧方法，单击"修改"按钮，选择要修改的地方改正即可。当发现自定义的公式有误时，可以通过该功能修改。

3）删除自定义折旧方法。在折旧方法目录中选中要删除的自定义折旧方法，单击"删除"按钮即可。如果认为一个自定义折旧方法没有用途，且所有资产又没有用该方法计提折旧，可以删除该方法。

值得注意的是，系统提供的几种折旧方法中，"不提折旧"即月折旧率＝月折旧额＝0。这方便不提折旧的单位使用。例如，目前行政事业单位就不对固定资产计提折旧。平均年限法（一和二）计算公式有差异，平均年限法（一）先计算"月折旧率＝（1－净残值率）÷使用年限"，再计算"月折旧额＝（月初原值－月初累计减值准备金额＋月初累计转回减值准备金额）×月折旧率"；平均年限法（二）先计算"月折旧率＝（1－净残值率）÷使用年限"，再计算"月折旧额＝（月初原值－月初累计减值准备金额＋月初累计转回减值准备金额－月初累计折旧－月初净残值）÷（使用年限－已计提月份）"。

提示

6. 原始卡片输入

原始卡片是指卡片记录的资产开始使用日期的月份大于其输入系统的月份，即已使用过并已计提折旧的固定资产卡片。在使用固定资产管理系统进行核算前，必须将原始卡片资料输入系统，保持历史资料的连续性。原始卡片的输入不限制必须在第一个期间结账前，任何时候都可以输入原始卡片。

案例：海南佳旭有限公司 112 账套固定资产原始卡片信息如表 6.6 所示。

表 6.6　固定资产原始卡片信息

固定资产名称	类别编码	所在部门	增加方式	可使用年限	开始使用日期	原值/元	累计折旧/元	对应折旧科目名称
厂房	011	生产部	直接购入	30	2015-01-01	1 000 000	57 500	生产成本/折旧费
办公楼	011	管理部	直接购入	30	2015-01-01	8 000 000	460 000	管理费用/折旧费
笔记本电脑	021	管理部	直接购入	5	2016-11-01	8 900	142.4	管理费用/折旧费
传真机	021	管理部	直接购入	5	2015-10-20	2 800	627.2	管理费用/折旧费
台式机	021	财务部	直接购入	5	2015-10-20	5 460	1 223.04	管理费用/折旧费
切割机	022	生产部	直接购入	5	2015-11-01	24 600	2 558.4	制造费用/折旧费
压制机	022	生产部	直接购入	10	2016-04-01	124 240	7 951.36	制造费用/折旧费
货车	023	销售部	直接购入	10	2016-05-01	6 200	3 472	销售费用
合计						9 228 000	533 474.4	

说明：以上固定资产使用状态均为"在用"。

具体操作

1）进入企业门户，选择"固定资产"|"卡片"|"录入原始卡片"命令，系统打开"资产类别参照"对话框，如图 6.21 所示。

2）双击选中的资产类别或单击"确认"按钮，打开"固定资产卡片"输入窗口，如图 6.22 所示。

3）输入固定资产名称"厂房"、类别编号 011、所在部门"生产部"、增加方式"直接购入"、可使用年限"30 年 0 月"、开始

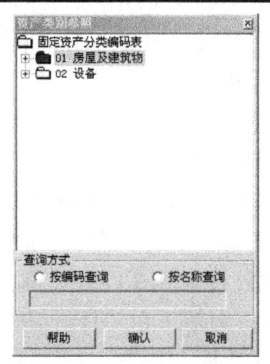
图 6.21　"资产类别参照"对话框

第 6 章　固定资产管理系统

使用日期 2015 – 01 – 01、原值 1000000、累计折旧 57500、对应折旧科目"510102,折旧费"等。用户也可以参照选择各项目的内容,如使用状况选择"在用"。资产的主卡片输入完后,单击其他标签,在相应的选项卡中输入附属设备和以前卡片发生的各种变动,如图 6.23 所示。附属选项卡中的信息只供参考,不参与计算。

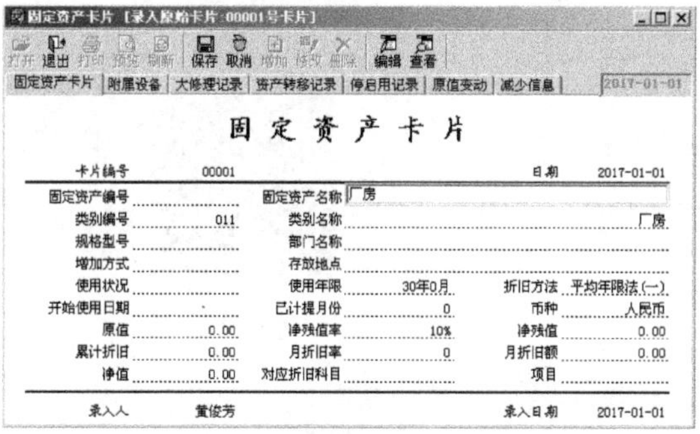

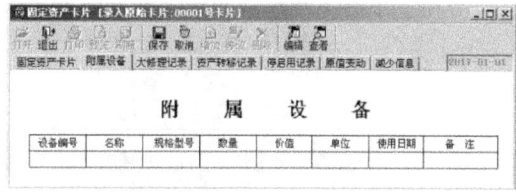

图 6.22 "固定资产卡片"输入窗口

图 6.23 固定资产卡片的附项输入

4)单击"保存"按钮,保存输入的卡片信息,如图 6.24 所示。同样地,对其他固定资产进行逐项输入。

对于已输入的原始卡片信息,可通过账表中的相关功能进行查询并修改。

 具体操作

1)选择"固定资产"|"账表"|"我的账表"|"(部门、类别)明细账"命令,打开查询条件对话框,单击"确定"按钮,就会显示出按部分分类的原始固定资产卡片情况,如图 6.25 所示。

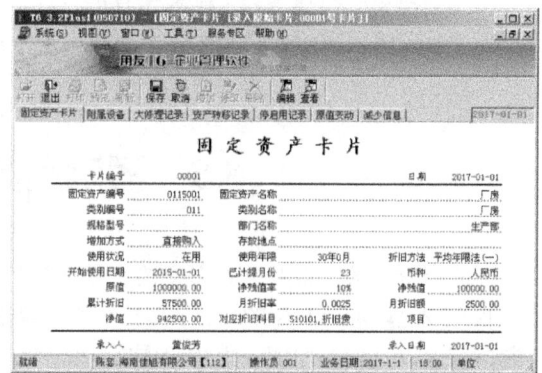

图 6.24 已保存的固定资产卡片

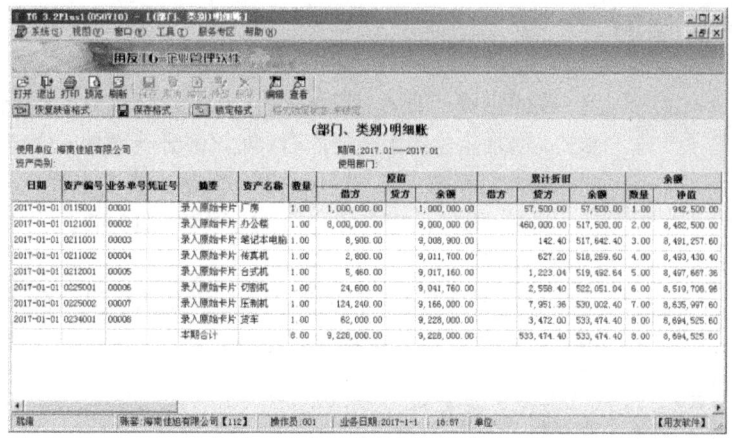

图 6.25 固定资产原始卡片查询

2)如果原始卡片输入有错误,可直接双击该卡片,这样就会显示出卡片的明细信息(见

图 6.26），然后可对卡片信息进行修改，完成后保存即可。要退出后再进入查看，修改的内容才能显示已变更。

提 示

图 6.26 固定资产原始卡片修改

先选择资产类别是为了确定卡片的样式。如果在查看一张卡片或刚完成输入一张卡片的情况下，进行输入原始卡片操作，会直接出现卡片输入窗口，默认的类别为该卡片的类别。

6.3 固定资产日常业务处理

固定资产的日常业务处理主要有固定资产增减、固定资产的变动等。固定资产在日常情况下很少发生增加或减少的变化，其核算的内容主要是计提固定资产折旧。其中的固定资产增加、部门转移以及调整原值、使用年限或折旧方法的业务处理可以在业务发生时进行，而按照会计制度的规定，对减少的固定资产当月仍然需要计提折旧，所以固定资产减少的业务处理应该在计提折旧后才进行。

6.3.1 固定资产增加

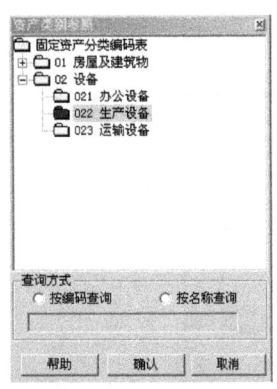

图 6.27 资产参照类别

在固定资产日常管理过程中，当发生购入、投资转入、盘盈及其他方式增加企业的固定资产时，对该部分新增加的固定资产通过资产增加操作输入系统。资产增加是新增加固定资产卡片，再进行凭证处理。

案例：海南佳旭有限公司112账套2017年1月发生固定资产增加的业务如下。

1月11日，生产部购买生产用设备压模机一台，价值 35 000 元，净残值率4%，预计使用年限 10 年。

 具体操作

1）会计袁海波注册进入企业门户，选择"固定资产"|"卡片"|"资产增加"命令，打开"资产类别参照"对话框，如图 6.27 所示。

第6章 固定资产管理系统

2）选择增加的固定资产所属分类"022 生产设备"后，单击"确认"按钮，打开新增资产输入窗口，像前面输入原始卡片一样输入资产相关的内容，如图 6.28 所示。

3）输入完毕后单击"保存"按钮，增加资产信息便保存在系统中。如果原选项中选中了"业务发生后立即制单"复选框，则保存后自动打开"填制凭证"窗口，如图 6.29 所示。

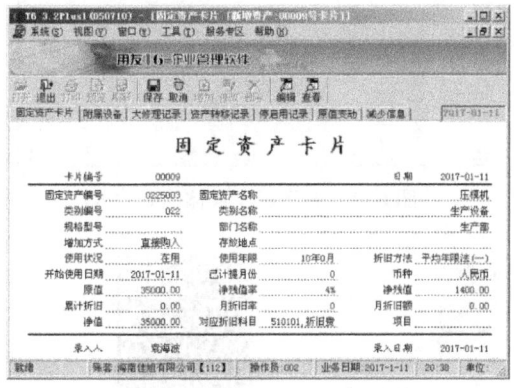

图 6.28 新增资产输入窗口

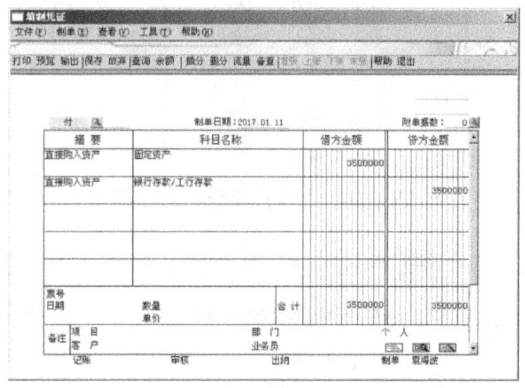

图 6.29 "填制凭证"窗口

4）选择凭证类型，修改制单日期、附单据数，单击"保存"按钮，凭证左上角出现"已生成"字样，即表示凭证保存后传递到了总账系统中。

6.3.2 固定资产减少

提示

固定资产减少是指资产在使用过程中，由于毁损、出售、盘亏等各种原因，退出企业。此时要做固定资产减少处理。资产减少时需要输入卡片并说明减少的原因。只有当账套开始计提折旧后才可以使用资产减少功能，否则减少资产只有通过删除卡片操作来完成。对于误减的固定资产，可以使用系统提供的纠错功能来恢复。

案例：海南佳旭有限公司 112 账套 2017 年 1 月发生固定资产减少的业务如下。

1 月 31 日，财务部的台式机毁损。

具体操作

1）进入企业门户，选择"固定资产"|"卡片"|"资产减少"命令，打开"资产减少"窗口，单击"卡片编号"参照按钮，打开"卡片参照"对话框，如图 6.30 所示。

2）选择要减少的固定资产"台式机"卡片，单击"确认"按钮，回到"资产减少"窗口，再单击"增加"按钮，输入资产减少具体信息，如图 6.31 所示。

3）选择具体的减少方式为"毁损"，逐一输入"清理收入"等相关信息，再单击"确定"按钮，系统自动打开"填制凭证"窗口。选择凭证类型，输入凭证其他相关信息，单击"保存"按钮，生成并保存资产减少凭证，如图 6.32 所示。

4）退出凭证，系统弹出"所选卡片已减少成功！"提示对话框，单击"确定"按钮，如图 6.33 所示。

图 6.30 "卡片参照"对话框

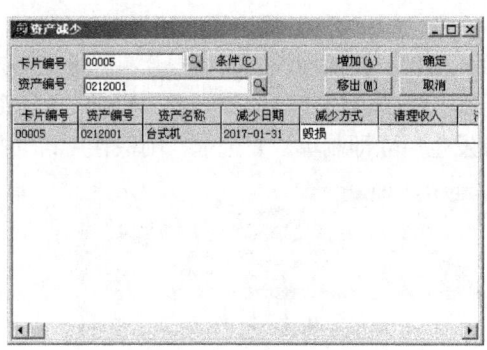

图 6.31 资产减少具体信息输入

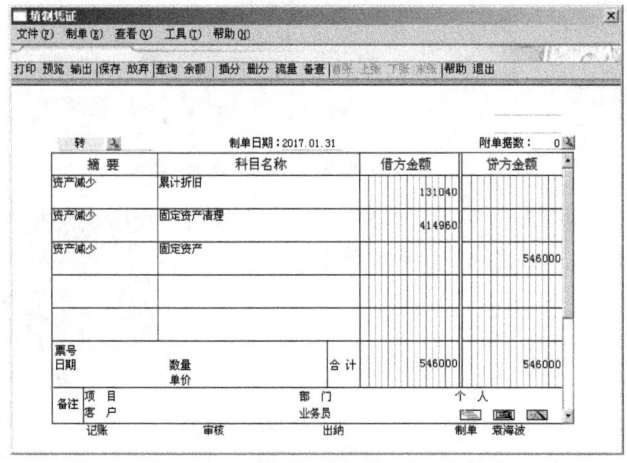

图 6.32 资产减少生成凭证

提 示

图 6.33 固定资产成功减少的提示

6.3.3 固定资产其他变动

固定资产的变动包括原值变动、部门转移、使用资产状况变动、资产使用年限调整、资产折旧方法调整、累计折旧调整、工作总量调整、净残值（率）调整、资产所属类别调整、变动单管理。当固定资产发生这些变动情况时，均可通过对各种变动单输入变动数据进行处理。

1. 原值变动

资产在使用过程中，其原值增减有 5 种情况：根据国家规定对固定资产重新估价；增加补充设备或改良设备；将固定资产的一部分拆除；根据实际价值调整原来的暂估价值；发现原记录资产价值有误。原值变动包括增加和减少两部分。

2. 部门转移

资产在使用过程中，因内部调整等原因发生的部门变动应及时处理，否则会影响部门折旧的数据，从而影响企业核算。

3. 资产使用状况调整

资产使用状况分为在用、未使用、不需用、停用、封存5种。资产在使用过程中，可能会因为某种原因使得资产的使用状况发生变化，这种变化会影响到资产是否计提折旧、是否改变计提等情况，因此要及时进行处理。

4. 资产使用年限调整

资产在使用过程中，使用年限可能会由于资产的重估、大修理等原因发生调整。进行使用年限调整的资产在调整的当月就按调整后的使用年限计提折旧。

5. 资产折旧方法调整

一般情况下，固定资产折旧方法一经确定很少改变，但有特殊情况可以进行调整。调整折旧方法要按相关准则、制度规定进行相关处理，如在会计报表附注中进行详细说明等。

6. 累计折旧调整

资产在使用过程中，由于补提折旧或多提折旧需要调整已经计提的累计折旧。这可以通过累计折旧调整功能实现。

7. 工作总量调整

使用工作量法计提折旧的资产在使用过程中发生的工作总量的变动通过工作总量调整功能实现。

8. 净残值（率）调整

资产在使用过程中，修改原来预计的净残值或净残值率可通过净残值（率）调整功能实现。

9. 资产所属类别调整

资产在使用过程中，有可能因为企业调整资产分类或其他原因调整该资产所属类别。该操作通过资产类别调整功能实现。

10. 变动单管理

变动单管理可以对系统制作的变动单进行查询、修改、制单、删除等处理。

案例：海南佳旭有限公司112账套2017年2月发生固定资产变动的业务如下：
（当月原始输入或新增的资产不允许做变动处理，故案例中用2月份数据。）
1）2月16日，销售部的货车因需要添置新配件，价值10 000元，以现金支票付讫(票号为3 986)。
2）2月20日，因工作需要将管理部的传真机转移到销售部。

 具体操作

1）会计袁海波注册进入企业门户，选择"固定资产"|"卡片"|"变动单"|"原值增加"命令，打开"固定资产变动单——原值增加"输入窗口，如图6.34所示。

2）输入原值增加的固定资产卡片编号00008或固定资产编号，相应的固定资产名称、开始使用日期、规格型号、变动前原值等都会自动列出。输入增加金额，变动后的原值、净值等立即自动显示，如图6.35所示。

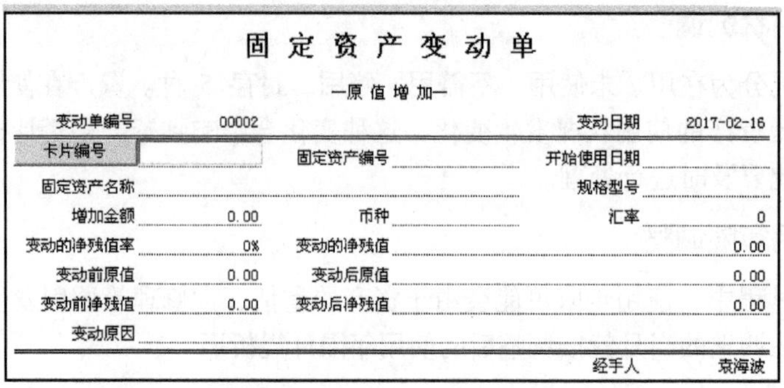

图 6.34 "固定资产变动单——原值增加"输入窗口

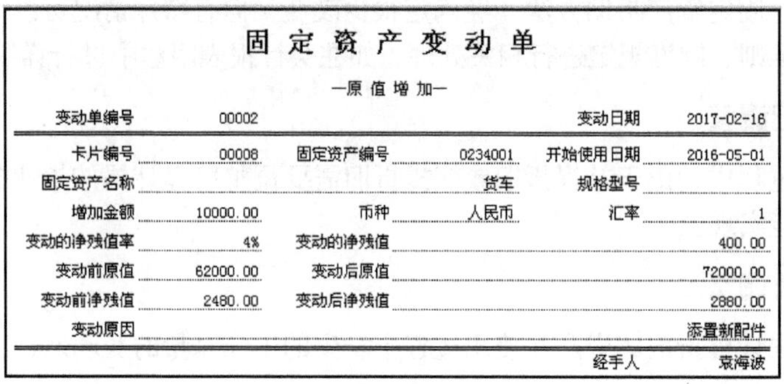

图 6.35 输入原值增加信息

3）单击"保存"按钮，系统自动打开"填制凭证"窗口，补充好凭证的相关信息，保存后即生成固定资产原值增加凭证，并传递到总账，如图 6.36 所示。单击"保存"按钮，系统提示"数据保存成功！"。

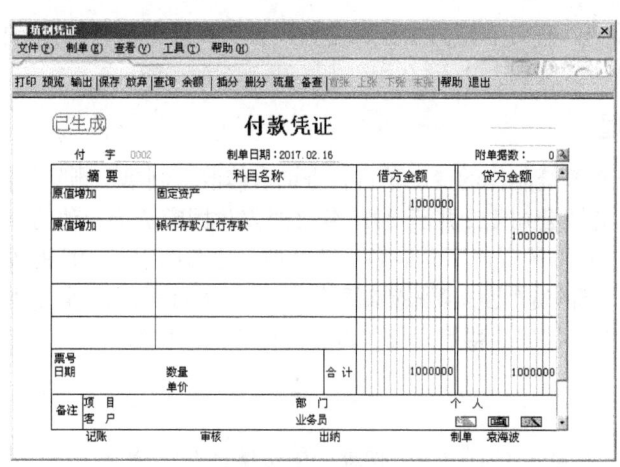

图 6.36 凭证生成

4）进入企业门户，选择"固定资产"|"卡片"|"变动单"|"部门转移"命令，打开"固定资产变动单——部门转移"输入窗口，输入要变动的固定资产信息，再输入变动后的部门，同时要求输入资产变动的原因，如图 6.37 所示。

第 6 章　固定资产管理系统

提　示

图 6.37　部门变动处理

5）单击"保存"按钮，系统弹出部门变动成功提示对话框，单击"确定"按钮，完成部门变动。

固定资产的其他变动处理类似，这里不再一一举例说明。

6.3.4　固定资产评估

当对企业固定资产进行评估后，要对评估进行相应的处理。T6 提供原值、累计折旧、净值、使用年限、净残值率和工作量 6 种评估。具体操作时分 3 步：①选择评估项目；②选择要评估的资产；③输入评估数据。

案例：海南佳旭有限公司 112 账套 2017 年 1 月发生固定资产评估的业务如下。

1 月 31 日，对压制机进行资产评估，评估结果为原值 100 000 元，累计折旧 12 000 元。

 具体操作

1）进入企业门户，选择"固定资产"|"卡片"|"资产评估"命令，打开"资产评估"窗口。单击"增加"按钮，打开"评估资产选择"对话框，如图 6.38 所示。

2）选择本次评估的项目——原值和累计折旧，单击"确定"按钮，打开"资产评估"输入窗口，如图 6.39 所示。

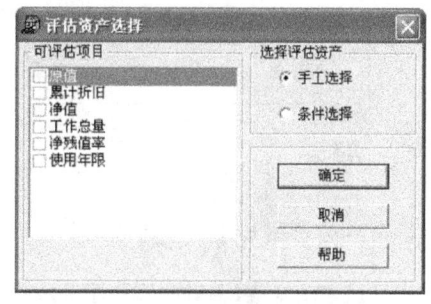

图 6.38　"评估资产选择"对话框

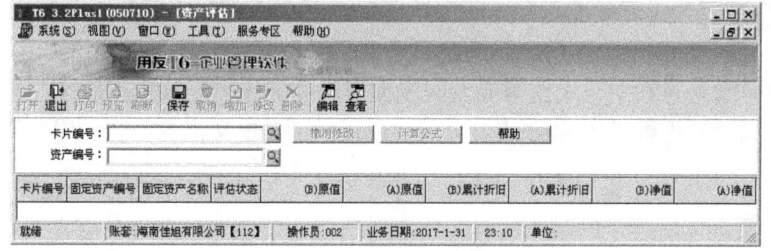

图 6.39　"资产评估"输入窗口

3）输入要进行资产评估的压制机卡片编号 00007 或资产编号 0225002，会显示压制机的数据信息：资产原值 A 和 B，累计折旧 A 和 B，以及净值 A 和 B，如图 6.40 所示。

图 6.40　固定资产评估数据

4）在原值 A 中输入评估后的数据 100000，在累计折旧 A 中输入评估后数据 12000。单击"保存"按钮，系统提示"是否确定要进行资产评估？"提示对话框，单击"是"按钮，系统开始进行评估处理。

5）进行评估后，自动打开"填制凭证"窗口，如图 6.41 所示。

6）输入凭证中的凭证类型、涉及的相关科目，单击"保存"按钮，系统将自动生成的凭证保存并传输到总账系统中，如图 6.42 所示。

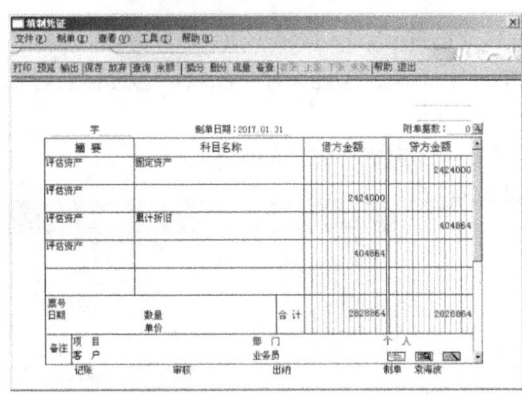
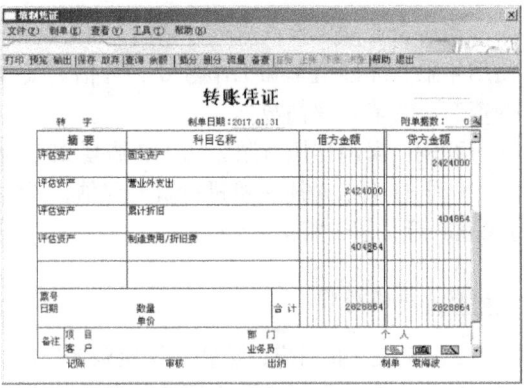

图 6.41　"填制凭证"窗口　　　　　　　　图 6.42　凭证保存

提示： 原值、累计折旧和净值只能且必须选择其中的两个项目进行评估。评估的值输入在(A)中。

6.3.5　账表管理

在固定资产管理过程中，单位需要及时掌握资产的统计、汇总和其他各方面的信息。固定资产管理系统为用户提供了 5 类账表。另外，还提供了自定义报表功能，用户可以根据实际需要进行设置。

1. 分析表

系统提供了 4 种分析表：部门构成分析表、价值构成分析表、类别构成分析表和使用状况分析表。通过这些分析表，企业可以对固定资产进行综合分析，管理者可以了解本企业资产计提折旧的程度和利用情况，并可依据其进行管理和决策。

2. 减值准备表

减值准备表包括减值准备明细账、减值准备余额表和减值准备总账。

3. 统计表

统计表是出于管理资产的需要，按管理目的统计的数据。T6 提供了 8 种统计表：固定资产原值一览表、固定资产到期提示表、固定资产统计表、盘盈盘亏报告表、评估变动表、评估汇总表、役龄资产统计表、逾龄资产统计表。

4. 账簿

系统提供的账簿类报表包括：（部门、类别）明细账、（单个）固定资产明细账、固定资产登记簿、固定资产总账。

5. 折旧表

系统提供了 5 种折旧表：（部门）折旧计提汇总表、固定资产及累计折旧表（一）和（二）、固定资产折旧计算明细表、固定资产折旧清单表。通过这类表可以了解企业所有固定资产本期、本年或是某部门计提折旧及其明细情况。

进入企业门户，选择"固定资产"|"账表"|"我的账表"命令，打开"报表"窗口，如图 6.43 所示。由此可选择查询各种账表。

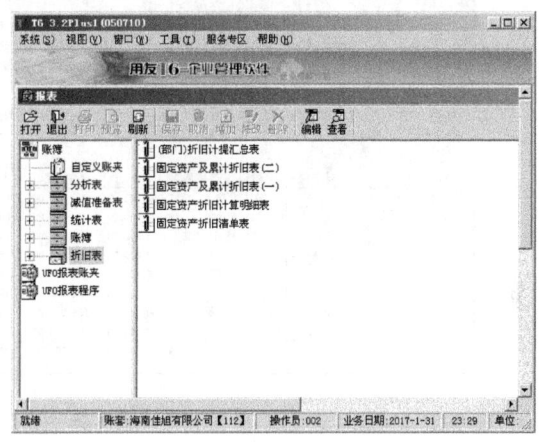

图 6.43 账表查询

6.4 固定资产期末业务处理

6.4.1 折旧处理

自动计提折旧是固定资产管理系统的主要功能之一。根据系统内原输入的卡片资料，利用"计提本月折旧"功能，对各项固定资产每期计提一次折旧，并会自动生成折旧分配表，还自动生成相关凭证，将本期的折旧费自动传递到总账系统。

案例：对 112 账套的固定资产管理系统进行 2017 年 1 月份的折旧计提。

1）进入企业门户，选择"固定资产"|"处理"|"计提本月折旧"命令，弹出"计提折旧后是否要查看折旧清单？"提示对话框。单击"是"按钮，提示"是否继续"，如图 6.44 所示。单击"是"按钮后进行计提折旧。

当开始计提折旧时，系统将自动计算所有固定资产当期折旧额，并将当期的折旧额自动累加到累计折旧项目中。计算完成后，需要进行折旧分配，形成折旧费用，系统会自动生成折旧清单，同时会生成折旧分配表，从而完成本期折旧费用登账工作。折旧分配表是制作凭证及将计提折旧额分配到有关成本费用的依据。因此，制作凭证要在生成折旧分配表后进行。

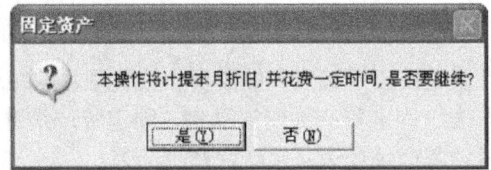

图 6.44 计提固定资产折旧提示

2）经过一定时间后，系统会显示"折旧清单"窗口，如图 6.45 所示。

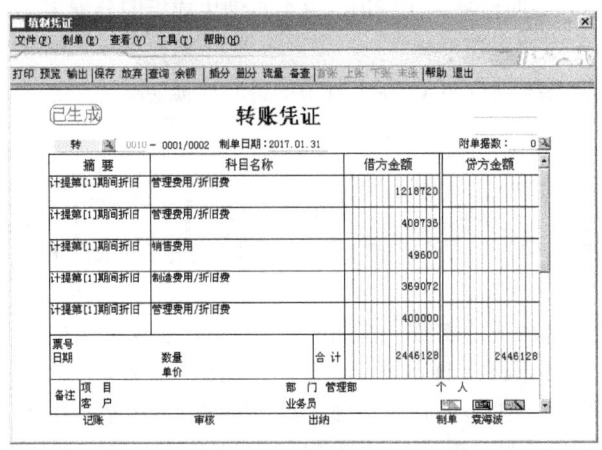

图 6.45 "折旧清单"窗口

图 6.46 "折旧分配表"窗口

3）单击"退出"按钮，打开"折旧分配表"窗口，如图 6.46 所示。

4）单击"退出"按钮后，系统自动打开"填制凭证"窗口，显示出自动填制的凭证信息。对凭证中的凭证类别、附单据数等进行补充，单击"保存"按钮，凭证左上角出现"已生成"字样，如图 6.47 所示。

5）单击"退出"按钮，即显示固定资产计提折旧的时间信息，如图 6.48 所示。最后单击"确定"按钮，完成固定资产计提折旧工作。

提　示

图 6.47 生成凭证

图 6.48 计提折旧完成提示

6.4.2 计提减值准备

企业应当在期末,至少在每年年度终了,对固定资产逐项进行检查。如果由于市价持续下跌或技术陈旧等原因导致其可回收金额低于账面价值的,应当将可回收金额低于账面价值的差额作为固定资产减值准备。固定资产减值准备按单项资产计提。

案例:因市价持续下跌,2017 年 1 月 31 日对 112 套账中的 2016 年购入的笔记本电脑计提 1 000 元减值准备。

具体操作

1)进入企业门户,选择"固定资产"|"卡片"|"变动单"|"计提减值准备"命令,打开"固定资产变动单——计提减值准备"输入窗口。输入减值资产笔记本电脑的卡片编号,系统自动列出资产的名称、开始使用日期、规格型号等。输入减值准备金额 1000,并输入变动的原因,如图 6.49 所示。

图 6.49 固定资产变动单

2)输入完毕后单击"保存"按钮,系统自动打开"填制凭证"窗口。补充好凭证的相关信息,单击"保存"按钮,即生成资产变动的相关凭证,并传递到总账系统,如图 6.50 所示。

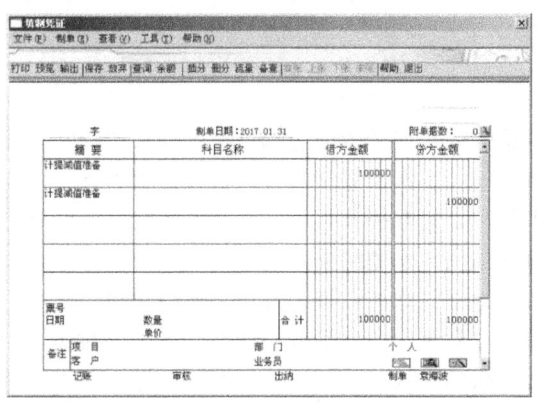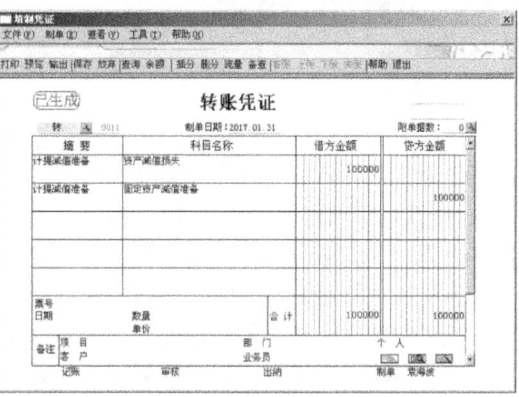

图 6.50 生成凭证

☞ **提示：** ● 变动单不能修改，只有当月可删除重做，所以请仔细检查后再保存。卡片上的类别编号和名称根据变动单而改变。

● 变动前类别和变动后类别选用的样式不一样的情况下，卡片样式也随之改变。

6.4.3 制单及凭证查询处理

1. 制单

固定资产管理系统与总账系统之间存在着数据的自动传输关系，这种传输是通过凭证来完成的。在固定资产管理系统中，资产的增加、减少、卡片原值、累计折旧等的修改，资产评估等业务均要制作凭证，在系统中称为"制单"。

制作凭证可在业务发生时"立即制单"，也可一次性进行"批量制单"。批量制单可以同时将一批需要制单的业务连续制作凭证并传递到总账系统中。当在"选项"对话框中选中了"业务发生后立即制单"复选框后，则当需要制单的业务发生时，系统会自动生成该业务的凭证，补充完整该凭证后单击"保存"按钮，即可完成制单。也可退出后再从"批量制单"功能中进行制单；如果在"选项"对话框中未选中"业务发生后立即制单"复选框，则只能在"批量制单"中进行凭证处理。

2. 凭证查询

本系统所制作的传输到总账系统的记账凭证，可通过凭证查询功能查看和删除。

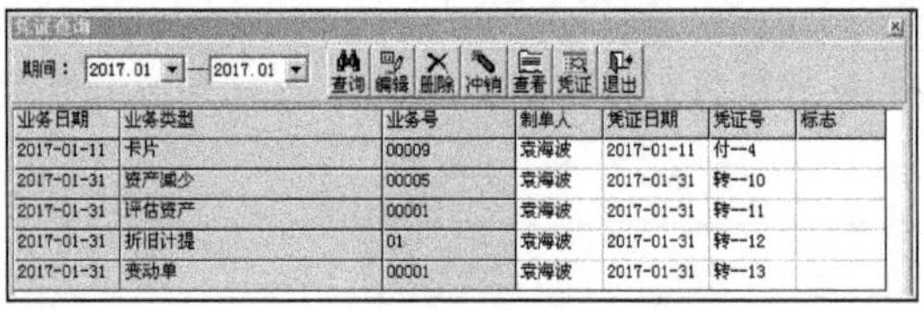

具体操作

选择"固定资产" | "处理" | "凭证查询"命令，打开"凭证查询"窗口，如图 6.51 所示。双击任一行，会打开"联查凭证"对话框，可查看该凭证信息。

图 6.51 凭证查询

☞ **提示：** 在总账系统对收、付款凭证进行出纳签字，对所有凭证进行审核记账。

6.4.4 对账及月末结账

1. 对账

在系统正常运行的情况下，固定资产管理系统的固定资产价值应和总账中固定资产账户的数值相等，累计折旧项也应与累计折旧账户的数额相等。两个系统的资产价值是否相等，可通过执行固定资产管理系统提供的"对账"功能来实现。对账操作任何时候都可进行。操作是选择"处理" | "对账"命令，系统会自动完成对账并给出结账的结果。

系统在执行月末结账时会进行一次自动对账，给出对账的结果，并根据初始化或"选项"对话框中的判断确定不平衡情况下是否允许结账。在系统初始化过程中或在"选项"对话框中要选中"与账务系统进行对账"复选框，并输入对账的科目，才可以进行对账的操作；如果选中了"在对账不平的情况下允许固定资产月末结账"复选框，则不需账对上便能进行结账。

2. 结账与反结账

（1）结账

当固定资产管理系统完成了本月全部制单业务后，便可进行月末结账。月末结账每月只能进行一次，结账后当期数据不能修改。固定资产单独使用一个账套时，在月末结账前一定要单独进行数据备份工作；固定资产与总账在同一账套中使用时，固定资产管理系统结账完成后总账系统才可以结账，不需要单独备份数据。

具体操作

1）以账套主管身份进入企业门户，选择“固定资产”|“处理”|“月末结账”命令，打开“月末结账”对话框，如图 6.52 所示。

2）单击“开始结账”按钮，系统开始结账处理，随后打开“与账务对账结果”对话框，如图 6.53 所示。

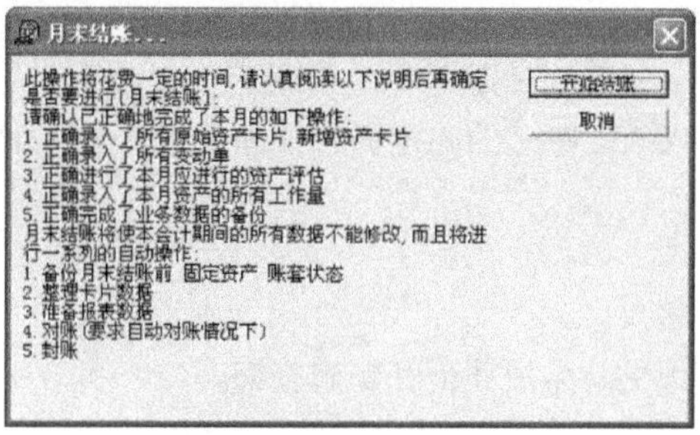

图 6.52　月末结账

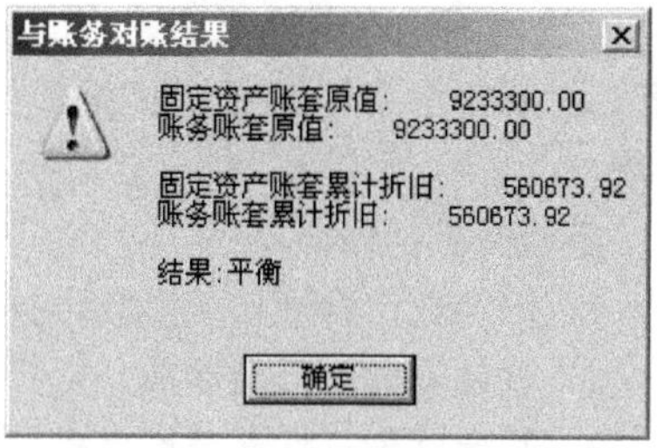

图 6.53　与账务对账结果

3）账务对账结果平衡后，单击“确定”按钮，完成月末结账。完成结账后，本月账套固定资产的数据便不能进行修改。提示如图 6.54 所示。

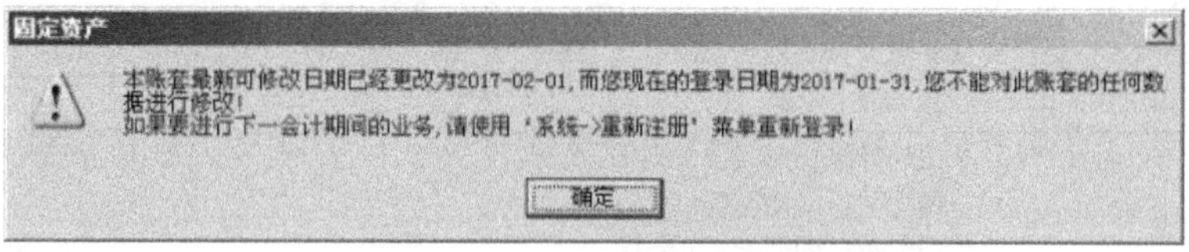

图 6.54　固定资产管理系统结账后提示

提示： 不平衡的原因一般是凭证没有进行记账处理导致的。当无法进行结账时，可再执行计提本月折旧操作。

（2）反结账

若结账后发现有本月未处理的业务或需要修改的事项，可以通过系统提供的“恢复月末结账前状态”功能来进行反结账处理。

具体操作

账套主管进入企业门户，选择“固定资产”|“处理”|“恢复月末结账前状态”命令，弹出是否继续结账提示对话框。单击“是”按钮，系统进行结账，弹出“成功恢复账套月末结账前状态！”提示对话框，单击“确定”按钮，如图 6.55 所示。

图 6.55 恢复月末结账前状态　　　　　　　　　　　　　　　　提　示

课后习题与实验

实验六　固定资产管理

实验目的：学会运用会计软件中固定资产管理系统的相关内容。通过操作用友 T6 固定资产管理系统，掌握基本操作原理与方法，并学会处理一般会计软件中的固定资产管理业务。

实验准备：引入实验五"工资管理"的账套备份数据，将系统日期修改为 2017 年 7 月 1 日，由操作员 01 注册进入 555 账套的固定资产管理系统，进行初始化设置；将系统日期修改为 2017 年 7 月 31 日，由操作员 02 注册进入 555 账套的固定资产管理系统，进行日常业务处理。

课后习题区

实验要求：

1. 固定资产管理系统参数设置、原始卡片输入。
2. 日常业务：资产增减、资产变动、资产评估、生成凭证和账表查询。
3. 月末处理：计提减值准备、计提折旧、对账和结账。

实验资料：

1. 初始设置

（1）控制参数

控制参数	参数设置
约定与说明	我同意
启用月份	2017.07
折旧信息	本账套计提折旧 折旧方法：平均年限法（一） 折旧汇总分配周期：1 个月 当月初已计提月份＝可使用月份－1 时，将剩余折旧全部提足
编码方式	资产类别编码方式：2112 固定资产编码方式： 　　按"类别编码＋部门编码＋序号"自动编码 　　卡片序号长度为 3
财务接口	与总账系统进行对账，在对账不平衡的情况下不允许固定资产月末结账 对账科目 　　固定资产对账科目：1601，固定资产 　　累计折旧对账科目：1602，累计折旧
补充参数	业务发生后立即制单 月末结账前一定要完成制单登账业务 固定资产默认入账科目：1601。累计折旧默认入账科目：1602

（2）资产类别

编码	类别名称	使用年限	净残值率	单位	计提属性
01	生产设备	10	10%	台	正常计提
011	一般设备	10	10%	台	正常计提
012	专用设备	10	10%	台	正常计提
02	非生产用设备	5	4%	台	正常计提
021	一般设备	5	4%	台	正常计提
022	其他设备	5	4%	台	正常计提

（3）部门及对应折旧科目

部门	对应折旧科目
综合行政部、财务部、人力资源部、仓储部、采购部	管理费用/折旧费
销售部、市场开发部	销售费用/折旧费
生产部	制造费用/折旧费

（4）增减方式的对应入账科目

增减方式目录	对应入账科目
增加方式	
直接购入	100201，工行存款
减少方式	
毁损	1606，固定资产清理

（5）原始卡片

固定资产名称	类别编码	所在部门	增加方式	可使用年限	开始使用日期	原值/元	累计折旧/元	对应折旧科目名称
LA生产线	012	生产部	直接购入	10	2012-06-08	296 200	133 290	制造费用/折旧费
笔记本电脑	021	综合行政部	直接购入	5	2015-10-05	8 600	2 752	管理费用/折旧费
传真机	021	综合行政部	直接购入	5	2015-05-05	4 800	1 920	管理费用/折旧费
台式机	021	市场开发部	直接购入	5	2014-07-20	5 200	2 912	销售费用/折旧费
台式机	021	财务部	直接购入	5	2016-03-20	5 200	1 248	管理费用/折旧费
ST机床	012	生产部	直接购入	10	2013-02-20	120 000	46 800	制造费用/折旧费
合计						440 000	188 922	

说明：以上固定资产使用状态均为"在用"。

2. 日常及期末业务

2017年7月份发生的业务如下。

1）7月21日，销售部购买小货车一辆，价值65 000元，净残值率4%，预计使用年限5年，以现金支票付讫（票号为RZ005）。

2）7月23日，对ST机床进行资产评估，评估结果为原值100 000元，累计折旧45 000元。

3）7月31日,计提本月折旧费用。

4）7月31日,市场开发部毁损电脑一台。

3. 下月业务

2017年8月份发生的业务如下。

1）8月16日,销售部的小货车添置新配件10 000元,以转账支票付讫(票号为RZ998)。

2）8月27日,因工作需要,综合行政部的传真机转移到人力资源部。

3）8月31日,因产品更新换代快,经核查对2015年购入的笔记本电脑计提800元的减值准备。

4）8月31日,计提本月折旧费用。

第7章 应收款管理系统

学习要求

1. 了解应收款管理系统的目标，熟悉应收款管理系统的操作流程。
2. 理解应收款管理系统的初始设置。
3. 了解如何进行应收账龄分析、欠款分析、回款分析等统计分析。
4. 掌握应收款管理系统的日常业务处理。

7.1 应收款管理系统概述

应收款是企业的一项重要流动资产，是企业在营运活动中，因销售产品、材料，提供劳务等业务而应向购货方、接收劳务的单位或个人收取的款项。形成应收款的直接原因是赊销。虽然大多数企业希望现销而不愿赊销，但是面对竞争，为了稳固自己的销售渠道、扩大产品销路、减少存货、增加收入，因此不得不面向客户提供信用业务。

7.1.1 应收款管理系统总体介绍

1. 系统介绍

应收款管理系统主要用于核算和管理客户往来款项。该系统以销售发票、应收单、收款单等原始单据为依据，记录销售业务及其他业务所形成的往来款项，处理应收项的收回、坏账、转账等情况，及时、准确地提供客户的往来账款余额资料，提供各种分析报表，如账龄分析表、周转分析表、欠款分析表、坏账分析表、回款情况分析表等。该系统通过各种分析数据，为企业制定销售政策提供依据，从而提高企业理财能力。

2. 应用方案

根据对客户往来款项核算和管理的程度不同，系统提供了应收账款核算模型——"详细核算"和"简单核算"两种应用方案，以供选择。

① 详细核算。如果用户的销售业务以及应收款核算与管理业务比较复杂，或者需要追踪每

一笔业务的应收款和收款情况，或者需要将应收款核算到产品一级，则可以选择该方案。它能够帮助用户了解每一客户每笔业务详细的应收情况、收款情况及余额情况，并进行账龄分析，加强客户及往来款项的管理，使用户能够依据每一客户的具体情况，实施不同的收款策略。

② 简单核算。如果用户的销售业务以及应收账款业务比较简单，或者现销业务很多，则可以选择该方案。它着重于对客户的往来款项进行查询和分析。应收款管理系统只是连接总账与销售管理系统的桥梁，即只对销售管理系统生成的发票进行审核并生成应收款凭证传递到总账系统。如果使用单位的销售业务以及应收款业务并不十分复杂，或者现销业务较多，可选择在总账系统中核算并管理客户往来款项。

具体选择哪一种方案，可在应收款管理系统中通过系统参数"应收账款核算模型"进行设置。本章主要介绍详细核算应用方案。

7.1.2　应收款管理系统的基本功能

应收款管理系统主要提供了设置、日常处理、单据查询、账表管理、其他处理等功能。

1. 设置

① 提供系统参数的定义，用户可结合企业管理要求进行参数设置。参数设置是整个系统运行的基础。

② 提供单据类型设置、账龄区间的设置和坏账初始设置，为各种应收款业务的日常处理及统计分析做准备。

③ 提供期初余额的输入，保证数据的完整性与连续性。

2. 日常处理

提供应收单据和收款单据的输入、处理、核销、转账、汇兑损益、制单等功能。

3. 单据查询

提供单据查询的功能，包括各类单据、详细核销信息、报警信息、凭证等内容的查询。

4. 账表管理

① 提供总账表、余额表、明细账等多种账表查询功能。

② 提供应收账款分析、收款账龄分析、欠款分析等丰富的统计分析功能。

5. 其他处理

① 提供用户进行远程数据传递的功能。

② 提供用户对核销、转账等处理进行恢复的功能，以便用户进行修改。

③ 提供用户进行月末结账等处理的功能。

7.1.3　应收款管理系统与其他系统的联系

应收款管理系统既可以独立运行，也可以与其他系统协同运转，与其他系统传递相关的数据和凭证。在不同的核算模型下，与其他系统的联系有所不同。采用详细核算方案时，应收账款主要在应收款管理系统核算，与总账、销售管理、应付款管理、财务分析、UFO 报表、网上银行等系统有接口，如图 7.1 所示。

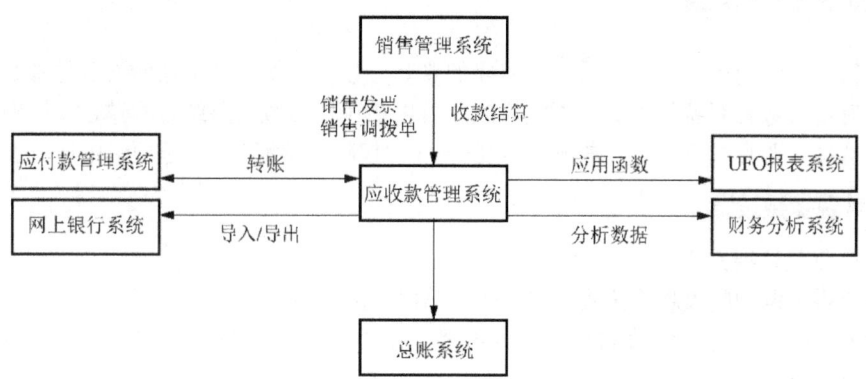

图 7.1　应收款管理系统与其他系统的联系

7.1.4　应收款管理系统操作流程

首次进入应收款管理系统要进行系统初始化，包括系统账套参数的设置、基本信息的建立和期初余额的输入等。日常操作使用时按下列次序进行：单据的输入→审核→管理→制单→结账→查询统计等。应收款管理系统业务处理流程如图 7.2 所示。

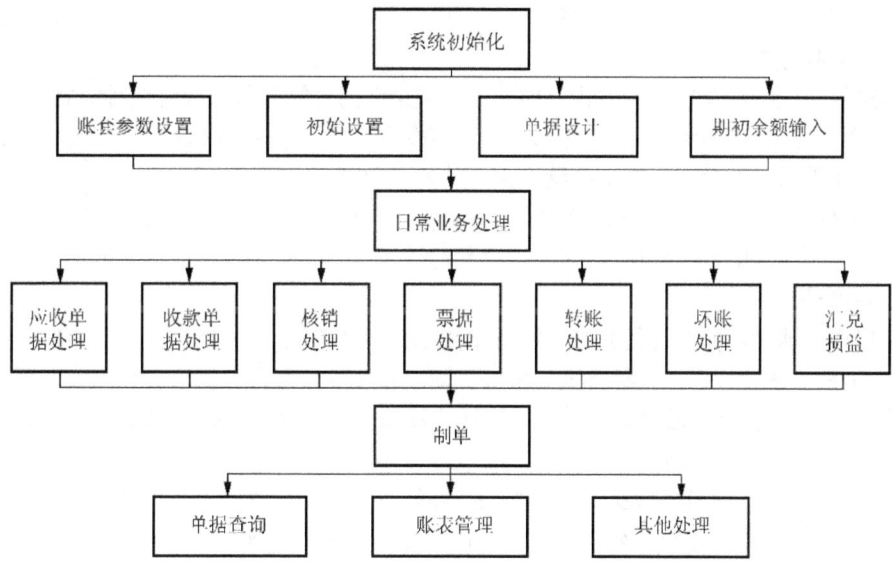

图 7.2　应收款管理系统业务处理流程

7.2　应收款管理系统初始化

应收款管理系统的初始化工作包括账套参数设置、初始设置、单据设计和期初余额输入 4 项内容。涉及总账系统中已完成的初始化工作不再赘述。

7.2.1 账套参数设置

在运行本系统前,用户应先设置所需要的账套参数,以便系统根据所设置的参数进行相应的处理。有些参数在系统使用后就不能修改,所以在设置参数时要结合本单位实际情况,事先进行慎重选择。账套参数可在"常规""凭证"和"权限与预警"3个选项卡中进行设置。

1. 常规参数设置

(1)应收款核销方式

系统提供了两种应收款的核销方式,即按单据和按产品。

① 按单据:系统将满足条件的未结算单据全部列出,用户选择要结算的单据,系统将根据所选单据进行核销。

② 按产品:系统将满足条件的未结算单据按存货列出,用户选择要结算的存货,系统将根据所选存货进行核销。

(2)单据审核日期依据

系统提供了两种确认单据审核日期的依据,即单据日期和业务日期。

① 选择单据日期,则在单据处理功能中进行单据审核时,自动将单据的审核日期(即入账日期)记为该单据的单据日期。

② 选择业务日期,则在单据处理功能中进行单据审核时,自动将单据的审核日期(即入账日期)记为当前业务日期(即登录日期)。

提　示

(3)汇兑损益方式

系统提供了两种汇兑损益的方式,即外币余额结清时计算和月末处理两种方式。

① 外币余额结清时计算:仅当某种外币余额结清时才计算汇兑损益。在计算汇兑损益时,窗口中仅显示外币余额为0且本币余额不为0的外币单据。

② 月末处理:每个月末计算汇兑损益。在计算汇兑损益时,窗口中显示所有外币余额不为0或者本币余额不为0的外币单据。

(4)坏账处理方式

系统提供了两种坏账处理的方式,即备抵法和直接转销法。

① 备抵法。系统提供了3种备抵的方法,即应收账款余额百分比法、销售收入百分比法和账龄分析法。这3种方法需要在初始设置中输入坏账准备期初和计提比例或输入账龄区间等,并在坏账处理中进行后续处理。

② 直接转销法,即当坏账发生时,直接在坏账发生处将应收账款转为费用。

提示:在账套使用过程中,如果当年已经计提过坏账准备,则此参数不可以修改,只能在下一年度修改。

(5)代垫费用类型

系统默认为其他应收单。用户也可通过"初始设置"|"单据类型设置"命令自定义单据类型,如定义为代垫费用应收单,然后在系统"账套参数设置"对话框的"代垫费用类型"中进行选择。该参数的设置可随时修改。

(6)应收账款核算模型

系统提供了两种应收账款核算模型,即简单核算和详细核算。用户必须选择其中一种方式,系统默认选择详细核算方式。

第7章 应收款管理系统

☞**提示**：该参数在系统启用时或还没有进行任何业务（包括期初数据输入）时才允许从简单核算改为详细核算；从详细核算改为简单核算随时可以进行，但要慎重，一旦有数据，简单核算就改不回详细核算。

（7）是否自动计算现金折扣

可以选择自动计算现金折扣和不自动计算现金折扣两种方式。

① 选择自动计算现金折扣，需要在发票或应收单中输入付款条件，此后则在核销处理窗口中系统依据付款条件自动计算该发票或应收单可享受折扣，还可输入本次折扣进行结算，此时：

原币余额 = 原币金额 - 本次结算金额 - 本次折扣。

② 选择不自动计算现金折扣，则系统既不计算也不显示现金折扣。

（8）是否进行远程应用

可以选择进行远程应用和不进行远程应用的两种方式。

① 选择进行远程应用，则系统在后续处理中提供远程传输收、付款单的功能。必须在此输入远程标志号。远程标志号必须为两位，范围为01~99。如果在异地有应收业务，则可通过远程应用功能，在两地之间进行收、付款单等的传递。

② 选择不进行远程应用，则系统在后续处理中将不提供远程传输、收付款单的功能，且也不需要输入远程标志号。

（9）是否登记支票

这是系统提供给用户付款时自动登记支票登记簿的功能。该参数可以随时修改。用户需要在结算方式定义中将需要登记支票簿的结算方式（如转账支票等）设为票据管理。

① 选择登记支票，则系统自动将具有票据管理结算方式的付款单登记支票登记簿。

② 不选择登记支票登记簿，则用户也可以通过单击付款单窗口中的"登记"按钮，进行手工登记支票登记簿。

（10）改变税额是否反算税率

税额一般不用修改，在特定情况下，如系统和手工计算的税额相差几分钱，用户可以对税额进行调整。如果需要调整税额，还应当选择反算税率或不反算税率。系统默认为不选中该参数，即改变税额时不反算税率。

① 选择是，则税额变动反算税率，不进行容差控制。

② 选择否，则税额变动不反算税率，系统将进行容差控制。容差是可以接受的误差范围。在调整税额尾差（单笔）、保存（整单）时，系统将检查是否超过容差——超过则不允许修改，未超过则允许修改。请用户设置以下两项容差：单笔容差，默认为0.06；整单容差，默认为0.36。

2. 凭证参数设置

（1）受控科目制单方式

受控科目有两种制单方式可供选择，即明细到客户和明细到单据。

① 明细到客户：当将一个客户的多张单据合并生成一张凭证时，如果核算这多张单据的控制科目相同，系统自动将其合并成一条分录。这种方式的目的是在总账系统中能够根据客户来查询其详细信息。

② 明细到单据：当将一个客户的多张单据合并生成一张凭证时，系统会将每一笔业务形成一条分录。这种方式的目的是在总账系统中也能查看到每个客户的每笔业务的详细情况。

（2）非受控科目制单方式

非受控科目有3种制单方式可供选择，即明细到客户、明细到单据和汇总制单。

① 明细到客户：当用户将一个客户的多张单据合并生成一张凭证时，如果核算这多笔业务的非控制科目相同，且其所带辅助核算项目也相同，则系统自动将其合并成一条分录。这种方式的目的是用户在总账系统中能够根据客户来查询其详细信息。

② 明细到单据：当用户将一个客户的多张单据合并生成一张凭证时，系统会将每一笔业务形成一条分录。这种方式的目的是使用户在总账系统中也能查看到每个客户的每笔业务的详细情况。

③ 汇总制单：当用户将多个客户的多张单据合并生成一张凭证时，如果核算这多张单据的非控制科目相同，且其所带辅助核算项目也相同，则系统自动将其合并成一条分录。这种方式的目的是精简总账中的数据，用户在总账系统中只能查看到该科目的一个总的发生额。

（3）控制科目依据

控制科目在应收款管理系统中是指所有带有客户往来辅助核算的科目。本系统提供3种设置控制科目的依据，即按客户分类、按客户和按地区分类。

① 按客户分类：客户分类指根据一定的属性将用户的往来客户分为若干大类。例如，可以把客户根据时间分为长期客户、中期客户和短期客户，也可以根据客户的信用将客户分为优质客户、良性客户、一般客户和信用较差的客户等。在这种方式下，可以针对不同的客户分类设置不同的应收科目和预收科目。

② 按客户：可以针对不同的客户在每一种客户下设置不同的应收科目和预收科目。这种设置适合特殊客户的需要。

③ 按地区分类：可以针对不同的地区分类设置不同的应收科目和预收科目。例如，将客户分为华东、华南、东北等地区，可以在不同的地区分类下设置科目。

（4）销售科目依据

本系统提供了两种设置存货销售科目的依据，即按存货分类和按存货设置存货销售科目。在此设置的销售科目，是系统自动制单科目取值的依据。

① 按存货分类：存货分类是指根据存货的属性对存货所划分的大类。例如，可以将存货分为原材料、燃料及动力、在存货及产成品等大类，可以针对这些存货分类设置不同的科目。

② 按存货：如果存货种类不多，可以直接针对不同的存货设置不同的科目。

（5）月末结账前是否全部生成凭证

① 选择在月末结账前需要将全部的单据和处理生成凭证，则在进行月末结账时将检查截止到结账月是否有未制单的单据和业务处理。若有，系统将提示不能进行本次月结处理，但可以详细查看这些记录；若没有，才可以继续进行本次月结处理。

② 选择在月末结账前不需要将全部的单据和处理生成凭证，则在月结时只是允许查询截止到结账月的未制单单据和业务处理，不进行强制限制。

（6）方向相反的分录是否合并

用于设置科目相同、辅助项相同、方向相反的凭证分录是否合并。

① 合并：在制单时若遇到满足合并分录的要求，且分录的情况如上所描述的，则系统自动将这些分录合并成一条，根据显示为正数的原则来显示当前合并后分录的显示方向。该参数的设置可随时修改。

② 不合并：在制单时若遇到不满足合并分录的要求，且分录的情况如上所描述的，则不能合并这些分录，还是根据原样显示在凭证中。

(7)核销是否生成凭证

用于设置核销是否需要生成凭证,有如下两种选择。

① 选择核销生成凭证,则需要判断核销双方的单据其当时的入账科目是否相同,不相同时,需要生成一张调整凭证。

② 选择核销不生成凭证,不管核销双方单据的入账科目是否相同,均不需要对这些记录进行制单。

(8)预收冲应收是否生成凭证

用于设置预收冲应收是否需要生成凭证,有如下两种选择。

① 需要:对于预收冲应收业务,当预收、应收科目不相同时,系统生成一张转账凭证。

② 不需要:对于预收冲应收业务,不管预收、应收科目是否相同均不生成凭证。

(9)红票对冲是否生成凭证

用于设置红票对冲是否生成凭证。系统提供如下两种选择,系统默认选择需要进行制单。

① 选择红票对冲需要生成凭证,则对于红票对冲处理,当对冲单据所对应的受控科目不相同时,系统生成一张转账凭证。

② 选择红票对冲不需要生成凭证,则对于红票对冲处理,不管对冲单据所对应的受控科目是否相同均不生成凭证。

3. 权限与预警设置

(1)是否启用客户权限

只有在企业门户"控制台"|"数据权限控制设置"中对客户进行记录集数据权限控制时该参数才可设置。账套参数中对客户的记录集权限不进行控制时应收款管理系统不对客户进行数据权限控制。

① 启用:在所有的单据输入、处理、查询中均需要根据该用户的相关客户数据权限进行限制。操作员只能输入、处理、查询有权限的客户的数据,没有权限的数据操作员无权处理与查询。通过该功能,企业可加强客户管理的力度,提高数据的安全性。

② 不启用:在所有的单据输入、处理、查询中均不需要根据该用户的相关客户数据权限进行限制。

(2)是否启用部门权限

只有在企业门户"控制台"|"数据权限控制设置"中对部门进行记录集数据权限控制时该参数才可设置。账套参数中对部门的记录集权限不进行控制时应收款管理系统中不对部门进行数据权限控制。

① 启用:在所有的单据输入、处理、查询中均需要根据该用户的相关部门数据权限进行限制。操作员只能输入、处理、查询有权限的部门的数据,没有权限的数据操作员无权处理与查询。通过该功能,企业可加强部门管理的力度,提高数据的保密性。

② 不启用:在所有的单据输入处理、查询中均不需要根据该用户的相关部门数据权限进行限制。

(3)发票时显示提示信息

用于设置输入发票是否显示提示信息,有如下两种选择。

① 如果选择显示提示信息,则在输入发票时,系统会显示该客户的信用额度余额以及最后的交易情况。

② 如果想提高输入的速度,在输入发票时,可以选择不提示任何信息。

（4）是否根据单据自动报警

① 如果选择根据信用方式自动报警，则还需要设置报警的提前天数。每次登录本系统时，系统自动将单据到期日－提前天数≤当前注册日期的已经审核的单据显示出来，以提醒及时通知客户哪些业务应该回款了。

② 如果选择根据折扣方式自动报警，则还需要设置报警的提前天数。每次登录本系统时，系统自动将单据最大折扣日期－提前天数≤当前注册日期的已经审核的单据显示出来，以提醒及时通知客户哪些业务将不能享受现金折扣待遇。

③ 如果选择不进行自动报警，则每次登录本系统时不会出现报警信息。

（5）是否信用额度控制

① 选择进行信用额度控制，则在应收款管理系统保存输入的发票和应收单时，当票面金额＋应收借方余额－应收贷方余额＞信用额度，系统会提示本张单据不予保存处理。该信用额度取自客户档案中的信用额度，若用户需要进行信用额度控制，则首先需要在客户档案中设置每个客户的信用额度。

② 选择不进行信用额度的控制，则在保存发票和应收单时不会出现控制信息。

（6）是否根据信用额度自动报警

用户可以选择是否需要根据客户的信用额度进行自动预警。

① 选择根据信用额度自动预警，则在用户登录应收款管理系统时，自动计算发票或应收单的信用比例是否达到报警条件，符合条件则显示信用额度报警单。若登录的用户没有信用额度报警单查看权限时即使设置了自动报警也不显示该报警单信息。

② 不选择需要自动预警时，任何用户登录时均不显示按信用额度进行预警的信息。

案例：海南佳旭有限公司 112 账套应收款管理系统账套参数设置资料如表 7.1 所示（其他参数由系统默认）。

表 7.1 应收款管理系统账套参数设置

控制参数	参数设置	控制参数	参数设置
应收款核销方式	按单据	受控科目制单方式	明细到客户
单据审核日期依据	单据日期	非控制科目制单方式	汇兑方式
汇兑损益方式	月末处理	控制科目依据	按客户
坏账处理方式	应收余额百分比法	销售科目依据	按存货
代垫费用类型	其他应收单	月结前是否全部生成凭证	是
应收账款核算模型	详细核算	核销、预收冲应收是否生成凭证	是
是否自动计算现金折扣	是	单据报警提前天数	10
是否进行远程控制	否	录入发票是否显示提示信息	是

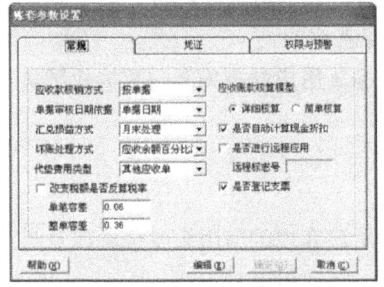

图 7.3 常规参数设置

 具体操作

进入企业门户后，选择"财务会计"|"应收款管理"|"设置"|"选项"命令，打开"账套参数设置"对话框，单击"编辑"按钮，分别打开"常规""凭证"和"权限与预警"3 个选项卡，即可依次进行所需参数设置，如图 7.3—图 7.5 所示。设置完各项参数后，单击"确定"按钮，系统自动保存；单击"取消"按钮，系统自动放弃。

第7章 应收款管理系统

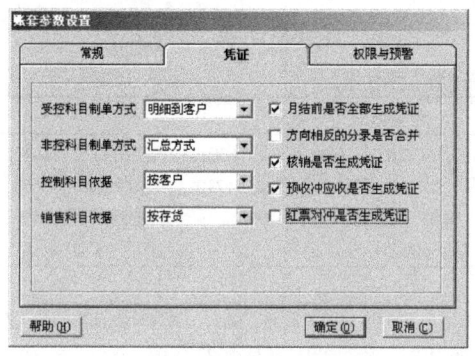

图 7.4 凭证参数设置

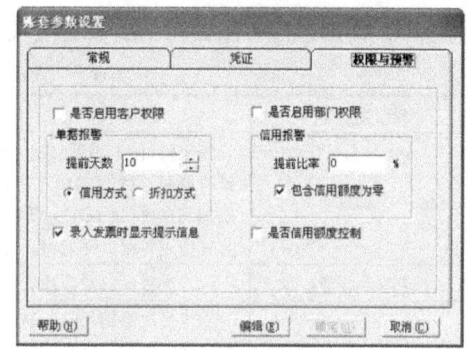

图 7.5 权限与预警参数设置

7.2.2 初始设置

1. 科目设置

企业中应收款的业务类型比较固定，生成的凭证类型也较固定。因此为了简化凭证生成操作，系统中对此类业务采取预先设置好各业务类型凭证中的常用科目，然后根据事先定义的格式和随时发生的业务数据自动生成记账凭证。

（1）基本科目设置

基本科目是指核算应收款项时经常用到的科目，用户可以在此定义应收款管理系统凭证制单所需要的基本科目。应收科目，如应收账款；预收科目，如预收账款；销售收入科目，如主营业务收入；税金科目，如应交税费——应交增值税（销项税额），等等。

☞ 提示：应收与预收科目必须是有客户类辅助核算的科目，即该科目应是最末级科目。若用户未在单据中指定科目，且控制科目设置与产品科目设置中没有明细科目的设置，则系统制单依据制单规则取"基本科目设置"中的科目设置。

（2）控制科目设置

如果因不同的客户分别设置了应收款和预收款科目，应设置控制科目。按系统"账套参数设置"中的"控制科目依据"参数而显示设置科目，可按客户分类、客户、地区分类进行控制科目的设置。若单据上有科目，则制单时取单据上科目；若无，则系统依据单据上的客户信息在制单时自动带出控制科目。若控制科目没有输入，则系统取"基本科目设置"中应收、预收科目。

（3）产品销售科目设置

产品销售科目是指针对不同的存货分别设置不同的销售收入科目、应交增值税科目、销售退回科目。按系统"账套参数设置"中的"销售科目依据"参数而显示设置科目，可按存货分类、存货进行产品的设置。若单据上有科目，则制单时取单据上科目；若无，则系统依据单据上的存货信息在制单时自动带出产品销售收入科目、税金科目等。若产品科目没有输入，则系统取"基本科目设置"中销售收入、税金科目。

（4）结算方式科目设置

在总账系统中定义结算方式后，在此还需进行结算方式、币种、科目的设置。对于现结的发票及收付款单，若单据上有科目，则制单时取单据上科目；若无，则系统依据单据上的结算方式查找对应的结算科目，系统制单时自动带出。若未输入结算方式科目，则用户需手工输入凭证科目。

案例：海南佳旭有限公司 112 账套应收款管理系统科目设置资料如表 7.2 所示。

表 7.2 应收款管理系统科目设置

科目类别	设置方式
基本科目设置	应收科目（本币）：1122。预收科目（本币）：2203。销售收入科目：600101。税金科目：22210102。销售退回科目：600101。银行承兑科目：112101。商业承兑科目：112102。现金折扣科目：6603。票据利息科目：6603。票据费用科目：6603。汇兑损益科目：6603。币种兑换差异科目：6603。收支费用科目：660205。合同收入科目：600101
控制科目设置	应收科目：1122。预收科目：2203
产品科目设置	双组份底漆销售收入科目：6051。清漆固化剂销售收入科目：6051。卡西米模具销售收入科目：600101。LG 模具销售收入科目：600102。应交增值税科目：22210102。双组份底漆销售退回科目：6051。清漆固化剂销售退回科目：6051。卡西米模具销售退回科目：600101。LG 模具销售退回科目：600102
结算方式科目设置	现金（人民币）科目：1001。现金支票（人民币）科目：100201。转账支票（人民币）科目：100201。转账支票（美元）科目：100202。商业承兑汇票（人民币）科目：100201。银行承兑汇票（人民币）科目：100201。银行汇票（人民币）科目：100201。信汇（人民币）科目：100201。电汇（人民币）科目：100201

具体操作

在应收款管理系统窗口中，选择"设置"|"初始设置"命令，打开"初始设置"窗口，在"设置科目"下分别单击"基本科目设置""控制科目设置""产品科目设置""结算方式科目设置"命令，如图 7.6—图 7.9 所示。采用参照或直接输入基本科目代码。

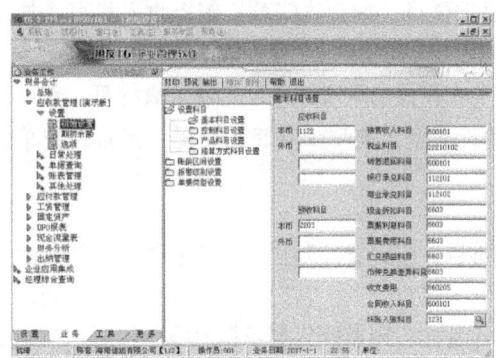

图 7.6 基本科目设置

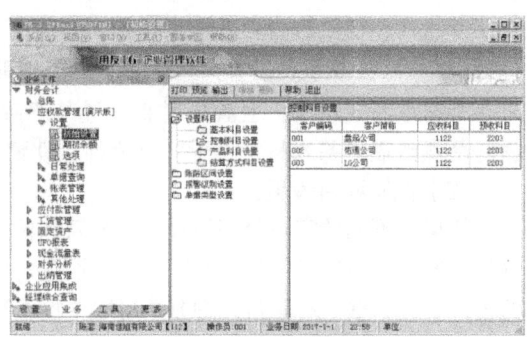

图 7.7 控制科目设置

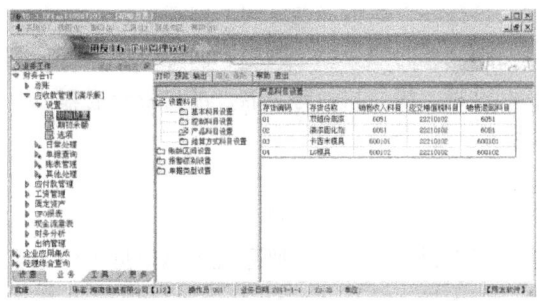

图 7.8 产品科目设置

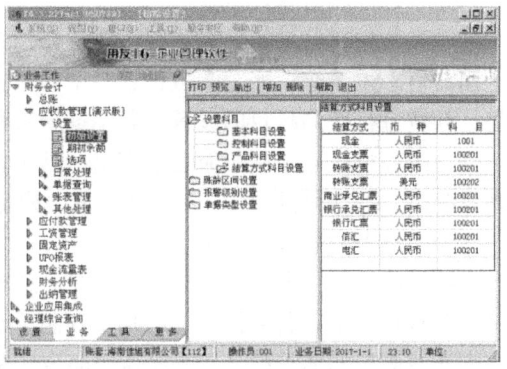

图 7.9 结算方式科目设置

2. 设置坏账准备

坏账初始设置是指用户定义本系统内坏账准备的计提比率和设置坏账准备期初余额的功能。它的作用是系统根据用户的应收账款期末余额进行计提坏账准备。

案例：海南佳旭有限公司 112 账套，期初坏账准备余额为 1 500 元，坏账准备提取比例为 5%，坏账准备科目为 1231，对方科目为 6701。

提 示

具体操作

在应收款管理系统窗口中，选择"设置"｜"初始设置"命令，打开"初始设置"窗口，单击"坏账准备设置"，打开"坏账准备设置"窗口，如图 7.10 所示。依次输入提取比率 5%、坏账准备期初余额 1500、坏账准备科目 1231（坏账准备）及对方科目 6701（资产减值损失），单击"确认"按钮，系统保存设置。

3. 账龄区间设置

账龄区间设置指用户定义应收账款或收款时间间隔的功能。它的作用是便于用户根据

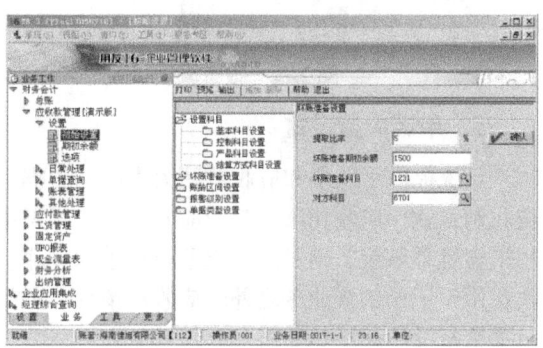

图 7.10 坏账准备设置

自己定义的账款时间间隔，进行应收账款或收款的账龄查询和账龄分析，清楚了解在一定期间内所发生的应收款、收款情况。

案例：海南佳旭有限公司 112 账套账期内账龄区间设置总天数分别为 10 天、20 天、30 天、50 天。

具体操作

在应收款管理系统窗口中，选择"设置"｜"初始设置"命令，打开"初始设置"窗口，单击"账龄区间设置"，打开"账龄区间设置"窗口，如图 7.11 所示。单击工具栏中的"增加"按钮，即可在当前区间之前插入一个区间。在插入区间的"总天数"栏输入总天数后，该区间后的各区间起止天数会自动调整。

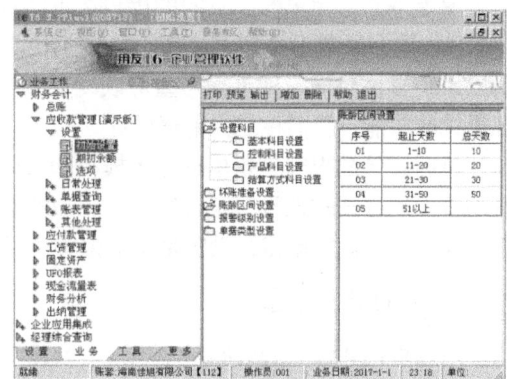

图 7.11 账龄区间设置

4. 报警级别设置

将客户按照客户欠款余额与其授信额度的比例分为不同的类型，以便于掌握各个客户的信用情况。

案例：海南佳旭有限公司 112 账套报警级别分别为 A 级时总比率为 5%，B 级时总比率为 15%，C 级时总比率为 25%，D 级时总比率为 35%，总比率在 35% 以上为 E 级。

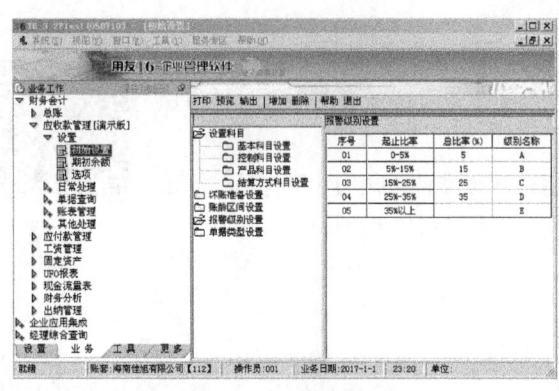

图 7.12 报警级别设置

 **具体操作**

在应收款管理系统窗口，选择"设置"|"初始设置"命令，打开"初始设置"窗口，单击"报警级别设置"，打开"报警级别设置"窗口，如图 7.12 所示。单击工具栏中的"增加"按钮，即可在当前区间之前插入一个区间。在插入区间的"总比率"栏和"级别名称"栏分别输入总比率和级别名称后，该区间后的各区间起止比率会自动调整。

5. 单据类型设置

系统提供了发票和应收单两大类型的单据。应收单的类型可以增加，如应收代垫费用款、应收利息款、应收罚款、其他应收款等。发票的类型是固定的，不能修改或删除。如果同时使用销售管理系统，则发票的类型将比单独使用应收款管理系统多出销售调拨单和销售日报。应收单用于记录销售业务之外的应收款情况，如果需要，还可以定义自定义项，对不满足要求的单据重新设计。

7.2.3　单据设计

在 T6 中，为描述和处理各种现实业务而设置的数据实体和操作对象，如订单、收付款单、出入库单等，称为单据。不同的用户在不同的业务模块中需要使用各种不同的单据。即使在同一单位、同一种单据类型中，也会因为使用的仓库、部门或用途不一样，需要不同的单据格式，所以系统提供对同一种单据类型可以设置多个单据模板的功能，即为不同的单据设计不同的表现形式的功能，我们称之为单据设计。

单据设计的内容是指单据显示模板和打印模板的设计，即对主要单据的屏幕显示窗口以及打印页面的格式这两种对象进行设计，以符合企业应用的实际需要，主要包括单据格式设置和单据编号设置。单据格式设置是指单据头栏目和单据体栏目的增删及其布局。

1. 单据格式设置

通过单据属性、表头和表体项目的设置，提供各系统使用单据的显示格式。

 具体操作

进入企业门户后，选择"设置"|"单据设置"|"单据格式设置"命令，打开"单据格式设置"窗口，选择左边单据分类区各模块中显示的单据名称，选择"工具"|"属性"命令，设置单据属性；选择"工具"|"页眉页脚设置"命令，定义页眉、页脚属性；选择单据模板中的单据名称，右击，设置屏幕显示属性；选择"编辑"|"表头项目"或"表体项目"命令，在打开的对话框中设置显示内容、显示顺序；选择"编辑"|"属性"命令，定义项目的布局属性。

2. 单据编号设置

业务模块中使用的各种单据对于不同的用户需要不同的编码方案,所以通过系统自动形成流水号的方式已经远远不能满足用户的需要。为了解决这个问题,系统提供了用户自己来设置各种单据类型的编码生成原则。

案例：海南佳旭有限公司 112 账套,销售专用发票的编号可以根据需要进行手工改动。

进入企业门户后,选择"设置"|"单据设计"|"单据编码设置"命令,打开"单据编号设置"对话框,在左侧单击"销售"|"销售专用发票",单击上方的"修改"按钮,如图 7.13 所示。选中"完全手工编号"或"手工改动,重号时自动重取"复选框,单击"保存"按钮,完成操作。

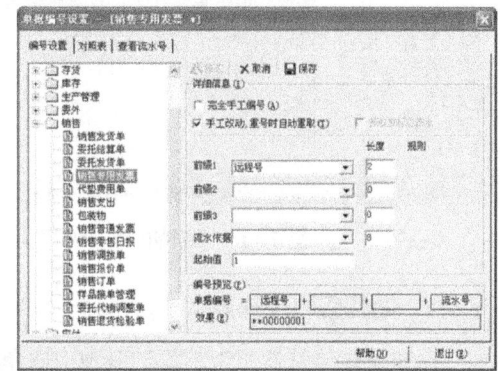

图 7.13　单据编号设置

7.2.4　期初余额输入

期初余额输入包括期初销售发票、期初应收单、期初预收款及期初应收票据等单据输入。输入完毕,要与总账期初余额进行对账,以便检查输入的应收未达账与相应往来科目余额是否相等。

1. 期初销售发票输入

期初销售发票是指还未核销的应收账款,在系统中以单据的形式列示,已核销部分金额不显示。

案例：2016 年 12 月 26 日,海南佳旭有限公司（以下简称本公司）向海南盘起工业有限公司销售 LG 模具 12 台,无税单价为 2 500 元,价税合计 35 100 元。开具增值税专用发票（票号为 00462387）。

在应收款管理系统窗口中,选择"设置"|"期初余额"命令,打开"期初余额——查询"对话框,单击"确认"按钮,打开"期初余额明细表"窗口,如图 7.14 所示。单击工具栏中的"增加"按钮,打开"单据类别"对话框,如图 7.15 所示。依次选择单据名称"销售发票"、单据类型"销售专用发票"、方向"正向"。单击"确认"按钮,打开"销售专用发票"输入窗口,分别输入表头各项内容,输入完毕后单击工具栏中的"保存"按钮,如图 7.16 所示。继续单击"增加"按钮,则增加同类型单据。也可单击"复制"按钮,将当前单据复制到新增单据上再进行修改。若不是同类型单据,可退出此窗口,在"期初余额明细表"窗口中单击"增加"按钮,重新选择单据类别继续输入。

用户可通过"修改"或"删除"按钮对期初余额进行修改或删除的操作。

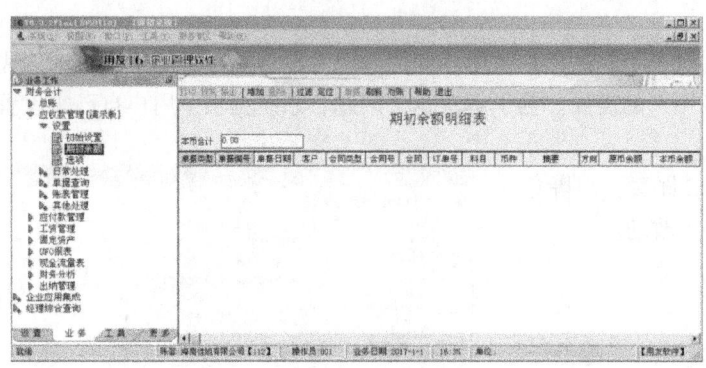

图 7.14 "期初余额明细表"窗口　　　　图 7.15 单据类别选择

2. 期初应收单输入

期初应收单是指还未结算的其他应收单,在系统中以应收单的形式列示,已核销部分金额不显示。

案例:2016 年 12 月 28 日,本公司为深圳 LG 电子有限公司代垫运费 1 000 元。

具体操作

在"期初余额明细表"窗口中,单击工具栏中的"增加"按钮,打开"单据类别"对话框,依次选择单据名称"应收单"、单据类型"其他应收单"、方向"正向"。单击"确认"按钮,打开"应收单"输入窗口,分别输入表头各项内容,输入完毕后单击工具栏中的"保存"按钮,保存所输单据,如图 7.17 所示。单据保存后系统自动显示审核人的名字。

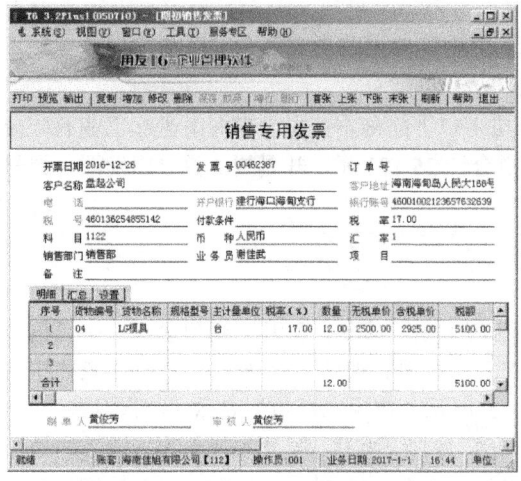 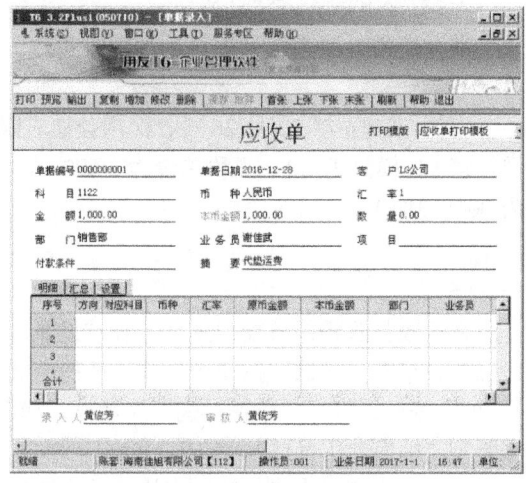

图 7.16　完成期初销售发票输入　　　　图 7.17　完成期初应收单输入

3. 期初预收单输入

期初预收单是指提前收取的客户款项,在系统中以收款单的形式列示。

案例:2016 年 12 月 29 日,本公司收到深圳 LG 电子有限公司电汇 60 000 元,系预付订购 LG 模具货款。

第 7 章 应收款管理系统

在"期初余额明细表"窗口中,单击工具栏中的"增加"按钮,打开"单据类别"对话框,依次选择单据名称"预收款"、单据类型"收款单"、方向默认为"正向"。单击"确认"按钮,打开"收款单"输入窗口,分别输入表头各项内容,输入完毕后单击工具栏中的"保存"按钮,保存所输单据,如图 7.18 所示。

4. 期初应收票据输入

期初应收票据是指还未结算的票据。

案例:2016 年 12 月 30 日,本公司收到上海佑通设备有限公司寄来一张 1 个月期的带息商业承兑汇票(票号为 6632569869),票据面值 58 500 元,年利率 6%。签发日期为 2016 年 12 月 29 日。

在"期初余额明细表"窗口中,单击工具栏中的"增加"按钮,打开"单据类别"对话框,依次选择单据名称"应收票据"、单据类型"商业承兑汇票"、方向默认为"正向"。单击"确认"按钮,打开"期初票据"输入窗口,分别输入各项内容,输入完毕后单击工具栏中的"保存"按钮,保存所输单据,如图 7.19 所示。

提 示

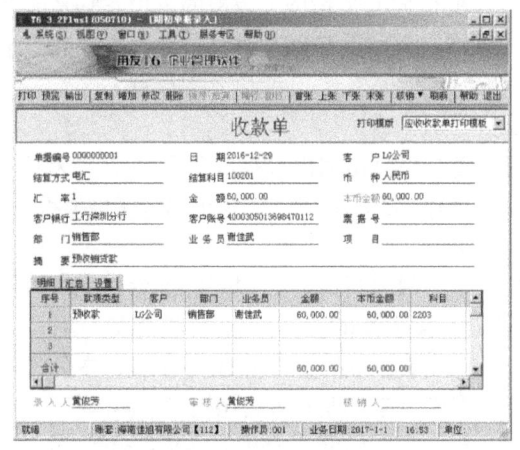

图 7.18 完成期初预收单输入

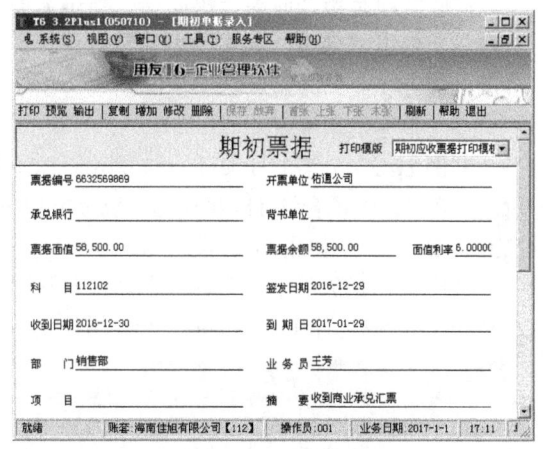

图 7.19 完成期初应收票据输入

5. 期初对账

完成全部应收业务数据输入后,通过对账功能将应收款管理系统与总账系统期初余额进行对账。

在"期初余额明细表"窗口中,单击工具栏中的"对账"按钮,打开"期初对账"窗口,如图 7.20 所示。

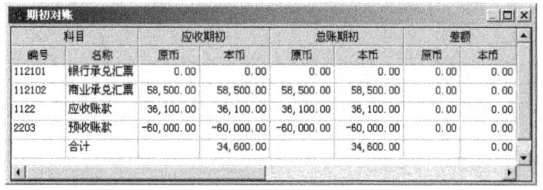

图 7.20 期初对账

7.3 日常业务处理

日常业务模块主要完成企业日常的应收/收款业务输入、应收/收款业务核销、应收并账、汇兑损益以及坏账的处理,及时记录应收、收款业务的发生,为查询和分析往来业务提供完整、正确的资料,加强对往来款项的监督管理,提高工作效率。

7.3.1 应收单据处理

应收单据包括销售货物产生的销售发票和代垫费用产生的应收单两种。如果同时启用了销售管理系统,则销售发票及代垫费用产生的其他应收单不在应收款管理系统中输入,需要在销售管理系统中输入(除此之外的应收单在应收款管理系统输入),复核后,自动传递到应收款管理系统。可在应收款管理系统中对上述单据进行查询、审核、核销、制单等操作。若未启用销售管理系统,则在应收款管理系统中输入销售业务中的各类发票,以及销售业务之外的应收单。

1. 应收单据输入

应收款项是指企业因销售商品、提供劳务等发生的应向有关债务人收取的款项。它是流动资产的重要组成部分。在系统中填制销售发票、应收单,统称为应收单据。应收单据输入是本系统处理应收业务的起点。

(1)销售发票输入

案例 1:2017 年 1 月 1 日,本公司向上海佑通设备有限公司销售卡西米模具 20 台,无税单价 5 000 元,价税合计 117 000 元(现金折扣条件:2/10,1/20,n/30。假定折扣考虑增值税)。已开具增值税专用发票(票号为 00326789)。

案例 2:2017 年 1 月 3 日,本公司向深圳 LG 电子有限公司销售 LG 模具 65 台,无税单价 2 500 元,价税合计 190 125 元。开具增值税专用发票(票号为 00879635)。款项未收。

案例 3:2017 年 1 月 4 日,本公司向海南盘起工业有限公司销售卡西米模具 10 台,含税单价 5 850 元,价税合计 58 500 元。开具销售普通发票(票号由系统默认)。

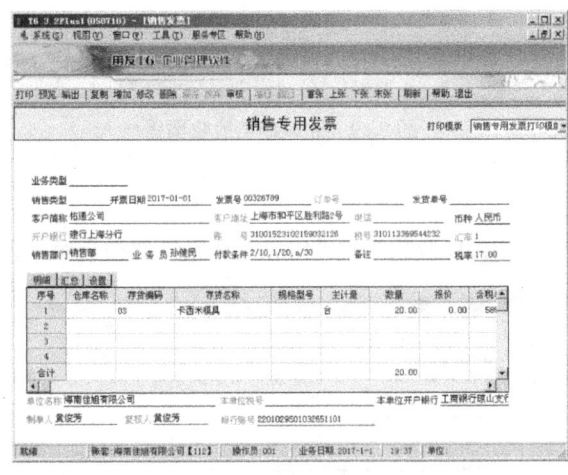

图 7.21 销售发票输入

具体操作

在应收款管理系统窗口中,选择"日常处理"|"应收单据处理"|"应收单据录入"命令,打开"单据类别"对话框,依次选择单据名称"销售发票"、单据类型"销售专用发票"、方向"正向"。单击"确认"按钮,打开"销售专用发票"输入窗口,如图 7.21 所示。分别输入表头和表体项目,

第7章 应收款管理系统

输入完毕后单击"保存"按钮，即可保存新增单据。继续单击工具栏中的"增加"按钮，即可完成案例2的发票输入。单击"放弃"按钮，则放弃当前操作。

用户可通过"修改"或"删除"按钮对新增发票进行修改或删除的操作。

若系统提供的单据格式不符合用户的要求，则用户可以通过"单据设计"对单据进行修改。如果输入的是红字发票，则在"应收单据录入"单据类别中选择方向为负向的发票。

（2）应收单输入

无论是否启用销售管理系统，非销售业务形成的应收单都在应收款管理系统中输入（除代垫费用单外。在启用销售管理系统的情况下，代垫费用单在销售管理系统输入。参见 7.2.1 小节中的"代垫费用类型"部分）。

案例：2017 年 1 月 5 日，本公司以现金为海南盘起工业有限公司代垫运费 200 元。（暂不制单）

具体操作

在应收款管理系统窗口中，选择"日常处理"|"应收单据处理"|"应收单据录入"命令，打开"单据类别"对话框。依次选择单据名称"应收单"、单据类型"其他应收单"、方向"正向"，单击"确认"按钮，打开"应收单"输入窗口，如图 7.22 所示。输入表头项目相关内容，输入完毕后单击表体第一行，则根据表头项目内容自动生成表体内容，单击"保存"按钮，即可保存新增应收单据。保存之后，可单击"审核"按钮，系统弹出"是否立即制单？"提示对话框，此时可单击

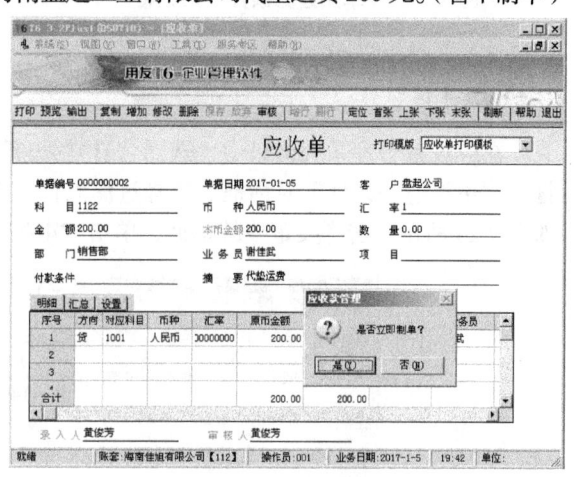
图 7.22 应收单输入

"是"按钮，也可单击"否"按钮。若单击"是"按钮，系统自动进入凭证窗口，从中可对凭证进行修改并保存；若单击"否"按钮，暂不生成凭证，以后在"制单处理"中统一生成。否则建议单击"否"按钮，由会计制单。

用户可通过"修改"或"删除"按钮对新增应收单进行修改或删除的操作。

☞ **提示：**● 系统提供的应收单实质是一张凭证，除了记录用户销售业务之外所发生的各种其他应收业务信息外，还记录科目信息。

● 应收单据的单据编码可以手工输入，也可以由系统自动编号。

● 如果用户需要系统自动编号，则可以在"单据编号设置"对话框中定义是流水号或是有含义的编号。

2. 应收单据审核

应收单据的审核即把应收单据进行记账，并在单据上填上审核日期、审核人的过程。系统对审核提供自动批审、手工批审、单张审核等功能，以使用户提高工作效率。

（1）自动批审

具体操作

在应收款管理系统窗口中，选择"日常处理"|"应收单据处理"|"应收单据审核"命令，打开"单据过滤条件"对话框，如图 7.23 所示。输入查询条件后，选中"未审核"复选框，单击

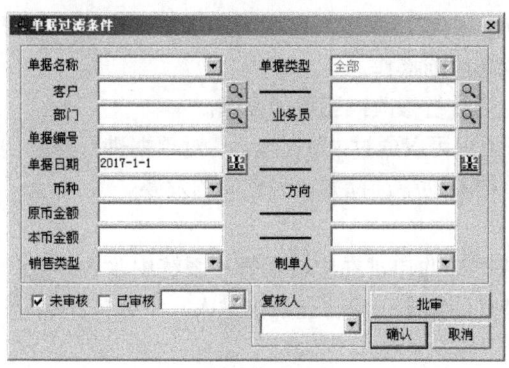

图 7.23 "单据过滤条件"对话框

"批审"按钮,系统根据当前的过滤条件将符合条件的未审核单据全部进行后台的一次性审核处理,批审完成后,系统提交审核报告。

(2)手工批审

用户可在输入过滤条件后,进入"单据处理"窗口进行选择。在"选择"栏里,双击使之出现Y标志,然后单击工具栏中的"审核"按钮,则表示要审核该张单据。也可以单击"全选"按钮将所有的单据全部选中;单击"全消"按钮可取消所做的选择。选择单据后,单击"审核"按钮,全部审核当前选中的单据。

具体操作

在应收款管理系统窗口中,选择"日常处理"|"应收单据处理"|"应收单据审核"命令,打开"单据过滤条件"对话框。选择过滤条件,单击"确认"按钮,打开"单据处理"窗口,如图7.24所示。选择要审核的单据,单击"审核"按钮,即可审核所选单据。

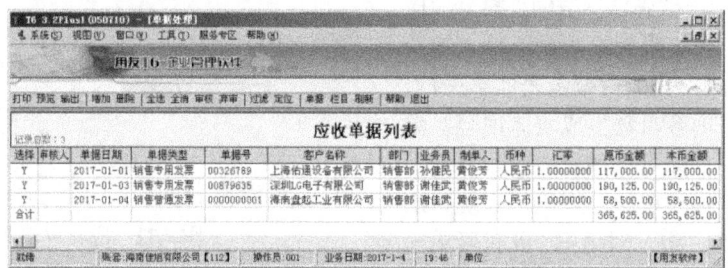

图 7.24 应收单据审核

(3)单张审核

用户可在输入过滤条件后,进入"单据处理"窗口选择需要审核的记录。单击工具栏中的"单据"按钮,可显示该单据;单击"审核"按钮可审核该单据。

提示:已审核的应收单据不允许修改、删除;已经审核过的单据不能进行重复审核;未经审核的单据不能进行弃审处理;已经做过后续处理(如核销、转账、坏账、汇兑损益等)的单据不能进行弃审处理。

(4)取消审核

取消审核功能,可以将某笔业务信息从应收明细账中抹去,同时,清空审核人和审核日期,回到未审核的状态,此时,用户可以根据实际情况,决定对该应收单据是进行修改还是删除。

同样,对取消审核操作,系统提供批量弃审和单张弃审的操作,以提高用户的使用方便性。

7.3.2 收款单据处理

在实际业务中,客户将通过直接付款、支付银行承兑汇票、商业承兑汇票或企业进行应付账款冲销、红蓝票对冲等业务进行应收账款冲减。

1. 收款单据输入

收款单据输入，就是对已交来应收款项的单据进行输入。通过收款单来记录所收到的客户款项。企业收取款项后，在"收款单"输入窗口中进行输入。收款单中表体项目中的款项类型，就是用来区别企业每收到一笔款子，是因为销售货物而收的货款，还是客户预付的款项，还是企业收取的其他款项。用户在收款单中需要指明，如果收取的款项中同时包含这几种类型，需要分开记录，因为系统依据不同的款项性质进行后续的处理。系统默认的款项类型为应收款。

案例： 2017年1月10日，本公司收到上海佑通设备有限公司银行汇票一张（票号为 89367829），系归还本月 1 日所欠货款（11 700-11 700×2%现金折扣，实收 114 660元）。

具体操作

在应收款管理系统窗口中，选择"日常处理"|"收款单据处理"|"收款单据录入"命令，打开"收款单"输入窗口，单击"增加"按钮，输入表头项目相关内容（表体项目根据表头项目内容自动生成，款项类型有3 种选择方式），输入完毕后单击"保存"按钮，即可保存新增收款单据，如图 7.25 所示。

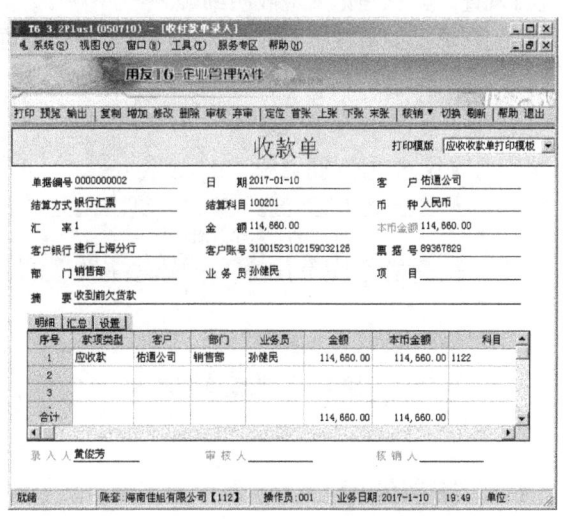

图 7.25 收款单据输入

对单据进行"修改""删除""审核"和"制单"等处理与应收单据类似。

提示： ● 收款单日必须大于已经结账日期，小于等于当前的业务日期。

● 如果要输入另一客户的收款单，需要重新选择客户名称。

● 单据输入时，结算科目及结算金额不能为空。

● 发生销售退货时，需要开具付款单给客户，可通过"切换"功能输入付款单。

（1）新增收款单

① 依据原始单据，填制收款单上的内容。输入了客户，则与客户相关的内容系统将自动带出，如客户的银行名称、银行账号等信息（前提是在客户档案中记录了这些信息）。

② 表头中必须输入的项目有客户、单据日期、单据编码、结算方式、币种、金额，当币种为外币时，汇率也必须输入。表体中必须输入的项目有款项类型、客户、金额。

③ 表体部门、业务员、金额全部等于表头的对应数据。表体金额合计必须等于表头金额。可以对系统默认带入的表体记录进行增、删、改处理。

（2）选择款项类型

① 选择应收款，其款项用途为冲销应收账款，表体对应的科目为控制科目；选择预收款，其款项性质是形成预收账款，表体对应的科目为控制科目；选择其他费用，则该款项用途为其他费用，且其表体的科目不能是应收款管理系统的控制科目。

② 只有应收款和预收款性质的记录能记应收明细账，才可以与销售发票、应收单进行核销勾对。

（3）代付款的处理

代付款，是指原本为甲客户的款项，现由乙客户代为支付。

在一张收款单中，若表头客户与表体客户不同，表示表体记录所在的款项为代付款，则在核销时，代付款的客户的记录只能与其本身的应收款核销。

2. 收款单据审核

系统用审核来确认收款业务的成立。系统在用户填制收款单后，对收款单进行审核后记入应收明细账。本系统提供的审核有 3 个含义：其一是确认收款；其二是对单据输入的正确与否进行审查；其三是记入应收明细账。

收款单据的审核即把收款单据进行记账，并在单据上填上审核日期、审核人的过程。

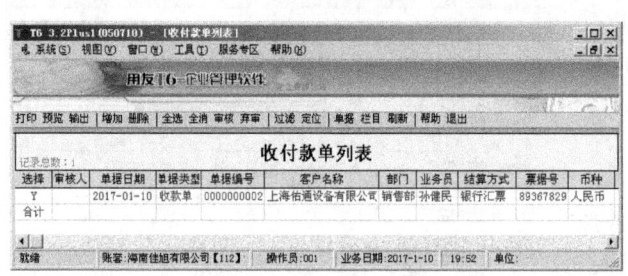

图 7.26　收款单据审核

在应收款管理系统窗口中，选择"日常处理"|"应收单据处理"|"收款单据审核"命令，打开"单据过滤条件"对话框，选择过滤条件，单击"确认"按钮，打开"收付款单列表"窗口，如图 7.26 所示。找到用户要审核的收款单，单击"审核"按钮即可。

7.3.3　核销处理

系统通过核销处理功能来帮助用户进行收款结算，即进行收款单与对应的发票、应收单据相关联，冲减本期应收。系统提供按单据核销与按产品核销两种方式。

案例：2017 年 1 月 10 日，本公司将收到上海佑通设备有限公司的银行汇票 114 660 元采用手工方式进行核销。

在应收款管理系统窗口中，选择"日常处理"|"核销处理"|"手工核销"命令，打开"核销条件"对话框，如图 7.27 所示。选择客户 002（上海佑通设备有限公司），输入其他条件后，单击"确认"按钮（也可通过在"收付款单录入"窗口中，单击"核销"按钮）即可打开"单据核销"窗口，如图 7.28 所示。向右拖动滚动条，在"本次结算"栏输入本次核销金额 114660元。也可单击"分摊"按钮，将结算金额分摊到被核销单据处，可手工修改分摊金额。单击"保存"按钮，则核销处理完成。

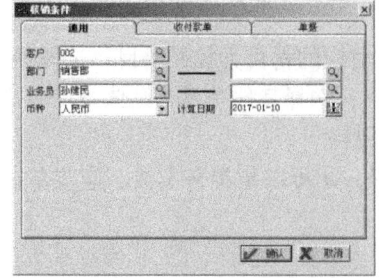

图 7.27　"核销条件"对话框

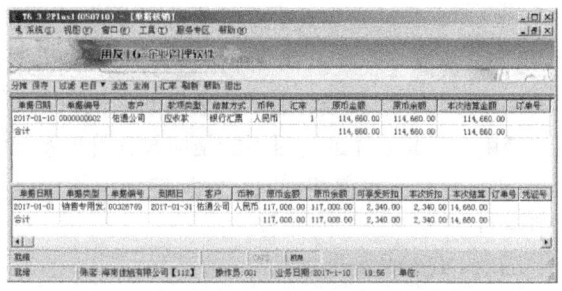

图 7.28　单据核销

第7章 应收款管理系统

> 💡 **提示**：在有现金折扣的情形，建议收款单与对应的核销单合并制单，折扣额自动计入"账务费用"。

7.3.4 付款单据导出

付款单据导出功能主要用于完成付款单与网上银行的相互导入、导出处理。在应收款管理系统将付款单导出，即可将付款单导入网上银行系统。

在应收款管理系统窗口中，选择"日常处理"|"付款单导出"命令，打开"付款单导出过滤"对话框。输入过滤条件，单击"确认"按钮，打开"收付款单列表"窗口。可以单击"全选"或"全消"按钮来将列表中的记录全部打上选择标志或取消选择标志。也可在付款单导出列表中选择需要导出的单据，在"选择"栏中打上 Y 标志。单击"导出"按钮，即可进行导出处理，将当前打有选择标志的单据导出到网上银行中。系统提交导出结果报告，显示导出成功记录数和导出失败记录数。用户可单击 》按钮，分别导出成功和不成功的单据，按单据明细记录展开，显示导出不成功的原因。单击"关闭"按钮，即可关闭导出结果窗口。

提 示

7.3.5 票据管理

系统提供票据管理功能来完成对银行承兑汇票和商业承兑汇票的处理。它的主要功能是记录票据详细信息和记录票据处理情况。

1. 票据输入

案例：2017年1月11日，本公司收到深圳 LG 电子有限公司寄来一张3个月期的带息商业承兑汇票（票号为 1123658979），票据面值 93 600元，票面年利率 6%，签发日期 2017年1月11日。

案例：2017年1月12日，本公司收到海南盘起工业有限公司交来一张2个月期的带息商业承兑汇票（票号为 5523658676），票据面值 38 500元，票面年利率为 6%，签发日期 2017年1月12日。

在应收款管理系统窗口中，选择"日常处理"|"票据管理"命令，打开"票据查询"对话框，直接单击"确认"按钮，打开"票据管理"窗口，单击"增加"按钮，打开"票据增加"对话框，如图 7.29 所示。输入各栏目，输入完成后，单击"确认"按钮，即保存当前票据，系统会生成一张收款单。用户可以在"收款"输入窗口中进行查询，并对它进行核销、制单等操作。

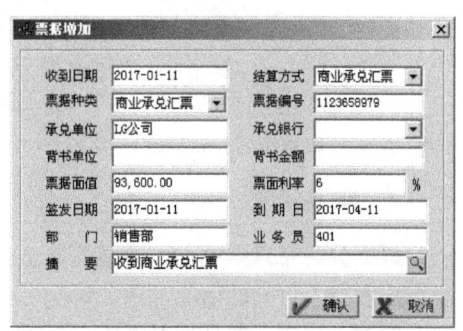

图 7.29 "票据增加"对话框

用户可通过"修改"或"删除"按钮对票据进行修改式删除的操作。

☞ 提示：● 录入的票据需到收款单据审核中进行审核。

● 收到日期在已经结账月的票据不能被修改、删除；票据所形成的收款单已经核销的不能被修改、删除；已经进行过计息、结算、转出等处理的票据不能被修改、删除，需进行核销处理，否则会导致坏账发生。

2. 票据贴现

票据贴现指持票人因急需资金，将未到期的承兑汇票背书后转让给银行，贴给银行一定利息后收取剩余票款的业务活动。

案例：2017 年 1 月 13 日，本公司因急需资金，将持有上海佑通设备有限公司的商业承兑汇票到开户行去办理贴现。贴现率为 10%。（暂不制单）

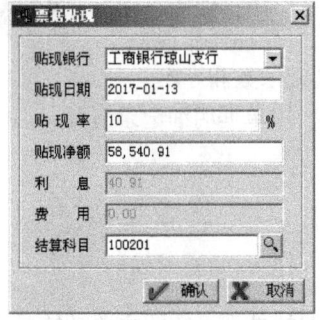

图 7.30　"票据贴现"对话框

在应收款管理系统窗口中，选择"日常处理"|"票据管理"命令，打开"票据查询"对话框，输入查询条件后，单击"确认"按钮，打开"票据管理"窗口，选中要贴现的票据，单击工具栏中的"贴现"按钮，打开"票据贴现"对话框，如图 7.30 所示。输入各栏目，输入完毕后单击"确认"按钮，即可对当前的票据进行贴现处理。

3. 票据背书

票据背书时，用户可选择冲销应付账款，还是其他。系统默认选择冲销应付账款。

案例：2017 年 1 月 15 日，本公司将持有深圳 LG 电子有限公司的商业承兑汇票转让给了深圳天祥制品有限公司，作为预付账款。（暂不制单）

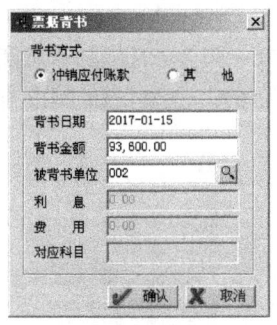

图 7.31　"票据背书"对话框

在应收款管理系统窗口中，选择"日常处理"|"票据管理"命令，打开"票据查询"对话框，输入查询条件后，单击"确认"按钮，打开"票据管理"窗口。选中要背书的票据，单击工具栏中的"背书"按钮，打开"票据背书"对话框，如图 7.31 所示。各栏目都输入完毕后单击"确认"按钮，即可对当前的票据进行背书处理。系统会自动将相应的信息写入票据登记簿中。

☞ 提示：● 票据背书后，将不能再对其进行其他处理。

● 如果用户选择的应付账款控制方式是简单核算，则票据背书时，不能选择"冲销应付账款"，只能选择"其他"。

4. 票据计息

票据分为带息票据和不带息票据。带息票据指汇票到期时，承兑人按票据面额及应计利息之和向收款人付款的商业汇票。

案例：月末，本公司对海南盘起工业有限公司交来的一张 2 个月期的带息商业承兑汇票计

算本月利息。(暂不制单)

具体操作

在应收款管理系统窗口,选择"日常处理"|"票据管理"命令,打开"票据查询"对话框,输入查询条件后,单击"确认"按钮,打开"票据管理"窗口。选中要计息的票据,然后单击工具栏中的"计息"按钮,打开"票据计息"对话框,如图7.32所示。输入计息日期,自动显示利息金额。单击"确认"按钮,就可以对当前的票据进行计息处理。系统会自动把结果保存在票据登记簿中。

图 7.32 "票据计息"对话框

提示:票据计息是按天计算利息(38 500元×6%÷360天×19天≈121.92元)。

5. 票据结算

票据结算指票据兑现。

具体操作

在应收款管理系统窗口中,选择"日常处理"|"票据管理"命令,打开"票据查询"对话框,输入各种条件后,单击"确认"按钮,打开"票据管理"窗口。选中要结算的票据,然后单击工具栏中的"结算"按钮,打开"票据结算"对话框,如图7.33所示。输入结算日期、结算金额等栏目后,单击"确认"按钮,结算完成。票据在未全额结算情况下,还可进行其他处理。

提示:结算金额减去利息加上费用的金额要小于或等于票据余额。票据结算后,将不能再对其进行其他处理。

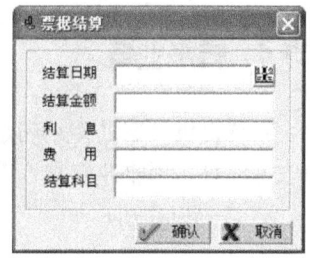

图 7.33 "票据结算"对话框

6. 票据转出

由于某种原因导致票据迟迟没有结算,需要重新恢复应收账款。

案例:假如2017年3月12日,本公司持有海南盘起工业有限公司的商业承兑汇票到期,对方因财务紧张,暂时无力支付到期票据款,则将应收票据转为应收账款。

具体操作

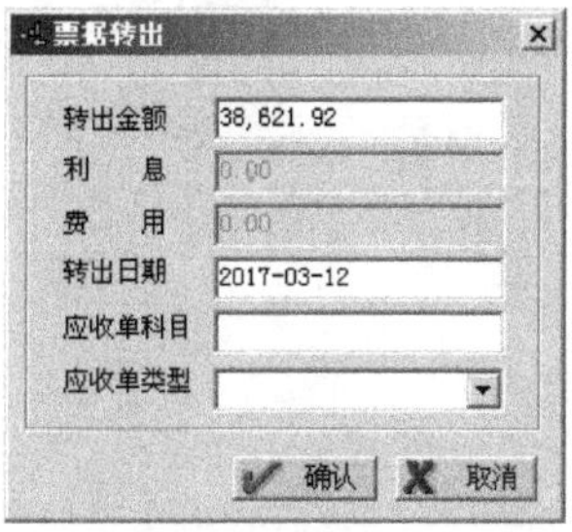

在应收款管理系统窗口中,选择"日常处理"|"票据管理"命令,打开"票据查询"对话框,输入各种条件后,单击"确认"按钮,打开"票据管理"窗口。选中到期票据,然后单击工具栏中的"转出"按钮,打开"票据转出"对话框,如图7.34所示。输入完毕后单击"确认"按钮,即可对当前的票据进行转出处理。票据转出后,将不能再对其进行其他处理。

图 7.34 "票据转出"对话框

7. 对已背书票据进行退票处理

案例:假如2017年1月18日,本公司将已背书给深圳天祥制品有限公司的商业承兑汇票进行退票处理。

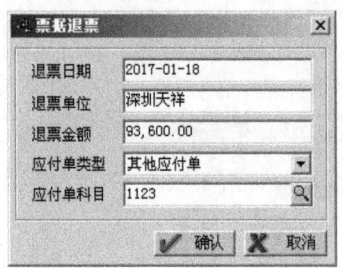

图7.35 "票据退票"对话框

 具体操作

在应收款管理系统窗口中,选择"日常处理"|"票据管理"命令,打开"票据查询"对话框,输入查询条件后,单击"确认"按钮,打开"票据管理"窗口。选中一张已背书票据,单击工具栏中的"退票"按钮,打开"票据退票"对话框,如图7.35所示。各栏目输入完毕后单击"确认"按钮,即可对当前的票据进行退票处理。

提示:对已背书的票据进行退票处理仅限于票据背书时选择冲销应付账款这种方式。票据转出后,将不能再对其进行其他处理。

8. 票据查询

 具体操作

在应收款管理系统窗口,选择"日常处理"|"票据管理"命令,打开"票据查询"对话框,输入查询条件后,单击"确认"按钮,系统将符合条件的票据进行显示。

7.3.6 转账业务

系统提供转账处理来满足用户应收账款调整的需要。针对不同的业务类型进行调整,分为应收冲应收、预收冲应收、应收冲应付、红票对冲等调整业务。

1. 应收冲应收

应收冲应收:是指将一家客户的应收款转到另一家客户中。

系统处理:通过"应收冲应收"功能将应收账款、预收账款在客户之间进行转入、转出,实现应收业务的调整,解决应收款业务在不同客户间入错户或合并户问题。

案例:2017年1月18日,本公司将2017年1月4日应收海南盘起工业有限公司的应收款余款及本月5日代垫运费共计20 200元全部转为上海佑通设备有限公司。(暂不制单)

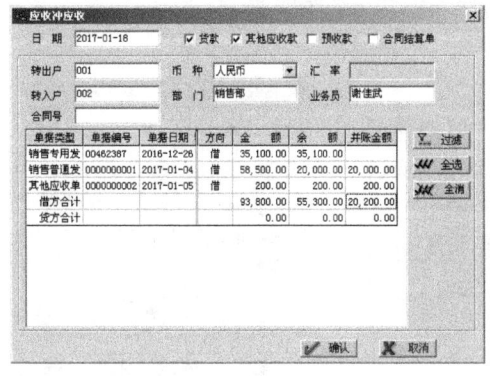

图7.36 "应收冲应收"对话框

 具体操作

在应收款管理系统窗口中,选择"日常处理"|"转账处理"|"应收冲应收"命令,打开"应收冲应收"对话框,如图7.36所示。在"货款""其他应收款"和"预收款"复选框中选择用户需要转出的单据类型。输入完成后,单击"过滤"按钮,系统会将该转出户所有满足条件的单据全部列出。可手工输入并账金额。输入完有关信息后,单击"确认"按钮,系统会自动地进行转出、转入处理。单击"取消"按钮,系统将会取消上述操作。

提示:每一笔应收款的转账金额大于0,小于等于余额;每次只能选择一个转入单位。

第7章 应收款管理系统

2. 预收冲应收

预收冲应收：通过预收冲应收处理客户的预收款和该客户应收欠款的转账核销业务。

系统处理：系统中填制销售发票，并审核，通过预收冲应收处理客户的预收款和该客户应收欠款的转账核销业务。

案例：2017年1月19日，本公司将深圳LG电子有限公司预收款60 000元冲抵其本月3日剩余应收款96 525元。（暂不制单）

具体操作

在应收款管理系统窗口中，选择"日常处理"|"转账处理"|"预收冲应收"命令，打开"预收冲应收"对话框。打开"预收款"选项卡，输入客户（上海佑通设备有限公司），输入完成后，单击"过滤"按钮，系统会将该客户所有满足条件的预收款的日期、转账方式、金额等项目列出，可以在"转账金额"栏输入每一笔预收款的转账金额，如图7.37所示。打开"应收款"选项卡进行输入，输入完成后，单击"过滤"按钮，系统会将该客户所有满足条件的应收款的单据类型、单据编号、单据日期、金额、转账金额等项目列出，如图7.38所示，可以在"转账金额"栏输入每一笔应收款的转账金额。

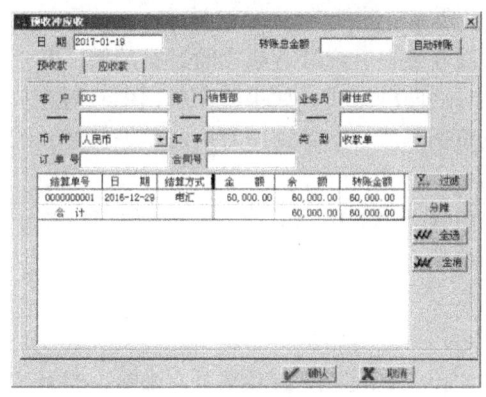 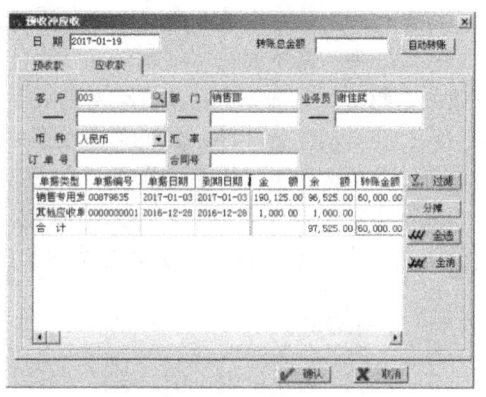

图7.37 "预收款"选项卡　　　　　　图7.38 "应收款"选项卡

提示：● 每一笔应收款的转账金额不能大于其余额；应收款的转账金额合计应该等于预收款的转账金额合计。

● 上述两个选项卡均可以通过输入转账总金额，单击"分摊"按钮，达到自动分摊该转账总金额到具体单据上的目的，且分摊好的各单据转账金额允许修改。

3. 应收冲应付

应收冲应付：是指用某客户的应收账款，冲抵某供应商的应付款项。

系统处理：系统通过"应收冲应付"功能将应收款业务在客户和供应商之间进行转账，实现应收业务的调整，解决应收债权与应付债务的冲抵。

具体操作

在应收款管理系统窗口中，选择"日常处理"|"转账处理"|"应收冲应付"命令，打开"应收冲应付"对话框，如图7.39所示。如果用户需要红字应收单冲销红字应付单，则可以选中"负

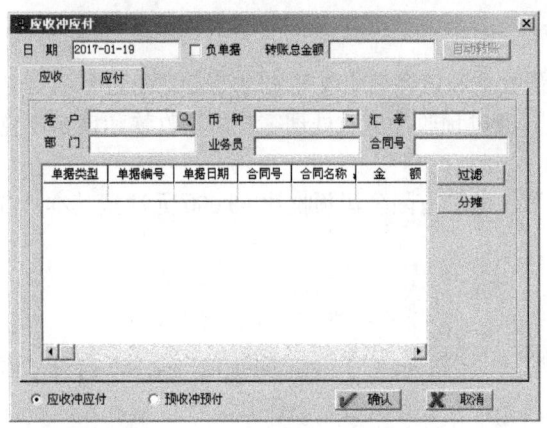

图 7.39 "应收冲应付"对话框

单据"复选框。打开"应收"选项卡,输入查询条件,单击"过滤"按钮,系统会将该客户所有满足条件的应收款的单据类型、单据编号、单据日期、金额等项目全部列出,用户可以在"转账金额"栏输入每一笔应收款的转账金额,每一笔应收款的转账金额不能大于其余额。选择"应付"选项卡,输入或选择有关项目,输入完成后,单击"过滤"按钮,系统会将该供应商所有满足条件的应付款的单据类型、单据编号、单据日期、金额等项目全部列出,用户可以在"转账金额"栏输入每一笔应付款的转账金额,每一笔应付款的转账金额不能大于其余额。输入完有关应收款和应付款的信息后,单击"确认"按钮,系统会自动地将两者对冲。单击"取消"按钮,系统将会取消上述操作。

4. 红票对冲

红票对冲:是指将某客户的红字发票与其蓝字发票进行冲抵。

系统处理:系统通过"红票对冲"功能将应收款业务在客户红蓝票之间进行冲销,实现应收业务的调整。系统提供自动红票对冲和手工红票对冲两种方式。如果红字单据中有对应单据号,系统会自动执行红冲;如果单据发票中无对应单据号或红字单据所对应的单据已经转账,用户可以手工选择相互转账的单据以冲减部分应收款。

案例:2017 年 1 月 25 日,经双方同意,将 2016 年 12 月 18 日,本公司为深圳 LG 电子有限公司代垫的运费 1 000 元,用红票冲抵。(暂不制单)

具体操作

在应收款管理系统窗口中,选择"日常处理"|"转账处理"|"红票对冲"命令,打开"红票对冲条件"对话框,如图 7.40 所示。选择 003 客户(LG 公司),单击"确认"按钮,打开"红票对冲"窗口,如图 7.41 所示。在蓝字其他应收单"对冲金额"栏输入 1000。单击"保存"按钮,即可完成红票对冲处理。

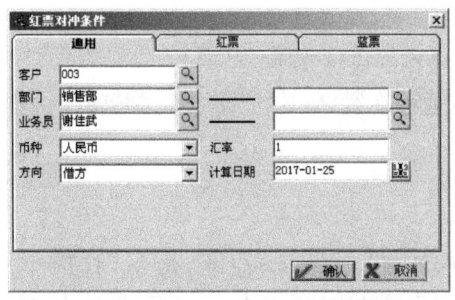

图 7.40 "红票对冲条件"对话框

图 7.41 "红票对冲"窗口

提示：当用户冲抵应收单时，应首先在"应收单据录入"中输入一张应收单（负向），并审核。对冲金额不能大于红票金额。

7.3.7 坏账处理

坏账处理包括坏账准备的计提、坏账的发生、坏账的收回处理。

1．计提坏账准备

手工方式下坏账准备每年末计提一次，计算机处理与手工一致。以下以初始化处理时选用的应收账款余额百分比方法为例，说明坏账计提的处理。

 具体操作

在应收款管理系统窗口，选择"日常处理"|"坏账处理"|"计提坏账"命令，打开"应收账款百分比法"窗口，如图 7.42 所示。系统会自动计算出当年应收账款总额，并根据计提比率计算出本次计提金额，单击"确认"按钮。本年度将不能再次计提坏账准备，也不能修改坏账参数。

图 7.42　计提坏账准备

2．坏账发生

坏账发生指系统提供用户确定某些应收款为坏账的工作。通过本功能用户即可选定发生坏账的应收业务单据，确定一定期间内应收款发生的坏账，便于及时用坏账准备进行冲销，避免应收款长期呆滞的现象。

案例：2017 年 1 月 26 日，本公司将深圳 LG 电子有限公司剩余应收款 36 525 元全部转为坏账。（暂不制单）

 具体操作

在应收款管理系统窗口中，选择"日常处理"|"坏账处理"|"坏账发生"命令，打开"坏账发生"对话框，如图 7.43 所示。输入完全部必需的信息后，单击"确认"按钮，打开"发生坏账损失"窗口。如图 7.44 所示。系统将满足条件的所有单据全部列出，用户可以在明细单据记录处直接输入本次坏账发生金额。选择完成后，单击"确认"按钮，即可对所选的发票进行坏账处理。

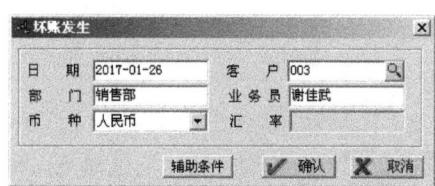

图 7.43　"坏账发生"对话框

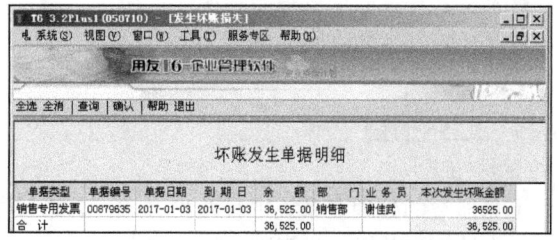

图 7.44　"发生坏账损失"窗口

3. 坏账收回

坏账收回指系统提供的对应收款已确定为坏账后又被收回的业务处理功能。通过本功能可以对一定期间发生的应收坏账收回业务进行处理，反映应收账款的真实情况，便于对应收款进行管理。

案例：2017年1月31日，本公司将深圳LG电子有限公司转为坏账的36 525元又全部收回，对方开来转账支票一张（票号为3966）。（暂不制单）

具体操作

在应收款管理系统窗口中，选择"日常处理"|"坏账处理"|"坏账收回"命令，打开"坏账收回"对话框，如图7.45所示。输入坏账收回的信息后，选择该收款单，打开"收款单参照"对话框，如图7.46所示。单击"确认"按钮，保存此次操作。

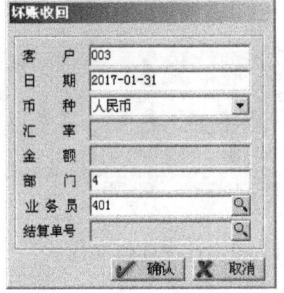 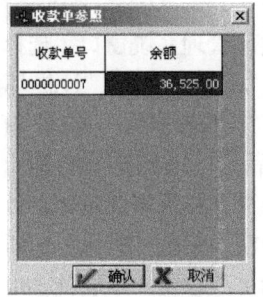

图7.45 "坏账收回"对话框　　　　　图7.46 "收款单参照"对话框

当输入一笔坏账收回的款项时，注意不要把该客户的其他收款业务与该笔坏账收回业务输入到同一张收款单中。例如，7月4日××客户付给用户一笔货款，同时还付了一笔以前的坏账款项，这时，用户应输入两张收款单，分别记录收到的货款和收到的坏账款项。

提示：当已做坏账处理又收回时，应首先在"收款单"输入窗口中输入一张收款单据，再做坏账收回处理。坏账收回输入的收款单不需要审核，否则进行坏账收回处理时，结算单号无法参照。

4. 坏账查询

坏账查询指系统提供的对系统内进行坏账处理过程和处理结果的查询功能。通过坏账查询功能查询一定期间内发生的应收坏账业务处理情况及处理结果，加强对坏账的监督。

具体操作

在应收款管理系统窗口中，选择"日常处理"|"坏账处理"|"坏账查询"命令，系统会显示坏账发生和坏账收回的综合情况。如果想了解详细的信息，可以单击"详细"按钮，详细查看每一笔坏账发生和收回的情况。

7.3.8　汇兑损益

汇兑损益的处理在系统中有两种方式：月末计算汇兑损益与单据结清时计算汇兑损益。在此以月末计算汇兑损益为例说明其操作方法。

系统处理:"账套参数设置"对话框中提供了两种处理汇兑损益的方式,一种是月末计算,另一种是单据结清时计算。

用户可以在此计算外币单据的汇兑损益并对其进行相应的处理。系统处理与手工相似,选择后,则系统将按用户的设置进行自动计算。

具体操作

在应收款管理系统窗口中,选择"日常处理"|"汇兑损益"命令,打开"汇兑损益——币种选择"对话框,如图 7.47 所示。输入上次计算日期,双击"币种"栏,选择计算汇兑损益的币种,单击"下一步"按钮。打开"汇兑损益——试算表"对话框,显示所选币种汇兑损益的计算情况,包括该币种的外币余额、本币余额、调整后的本币金额及两者的差额。最后单击"确认"按钮,保存当前计算结果。

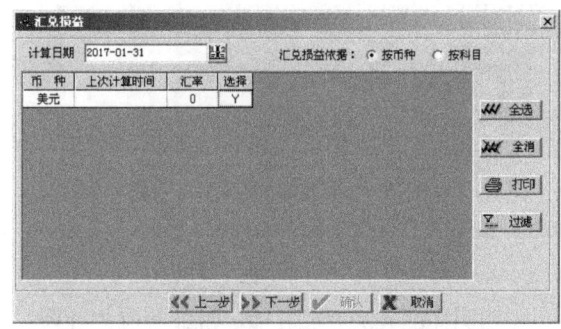

图 7.47 "汇兑损益——币种选择"对话框

7.3.9 制单处理

制单是将在本系统发生的业务生成会计凭证,并将凭证传递给总账系统。系统在各个业务处理的过程中都提供了实时制单的功能。除此之外,系统还提供了一个统一制单的平台,用户可以在此快速、成批生成凭证,还可依据规则进行合并制单等处理。

1. 发票制单

对销售发票制单时,若单据上有科目,则自动带入单据上的科目;若无,系统先判断控制科目依据,根据控制科目依据取"控制科目设置"中对应的科目,然后系统判断销售科目依据,根据销售科目依据取"产品科目设置"中对应的科目。若没有设置,则取"基本科目设置"中设置的应收科目和销售科目;若无科目,则手工输入。

具体操作

在应收款管理系统窗口中,选择"日常处理"|"制单处理"命令,打开"制单查询"对话框,如图 7.48 所示。选择制单类型,单击"确认"按钮,打开"应收制单"窗口,如图 7.49 所示。选择凭证类别,输入制单日期,在系统列示的所有当前日期已记账未制单的单据中,选择要制单的单据行,双击"选择标志"栏或单击工具栏中的"全选"按钮,选择全部单据制单,再单击工具栏中的"制单"按钮,打开"填制凭证"窗口,如图 7.50 所示。检查系统自动生成凭证的正确性。如有错误,只能对除金额外的其他项目进行修改操作,然后单击"保存"按钮,将当前凭证传递到总账系统。

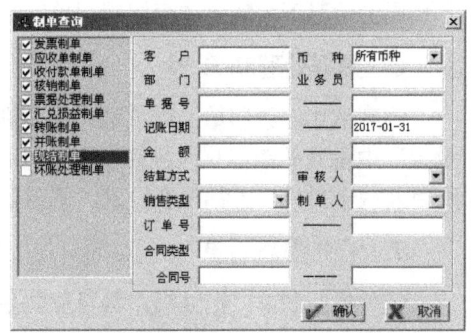

图 7.48 "制单查询"对话框

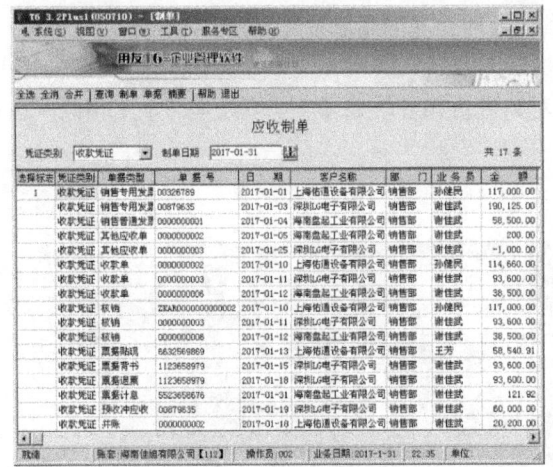

图 7.49 "应收制单"窗口

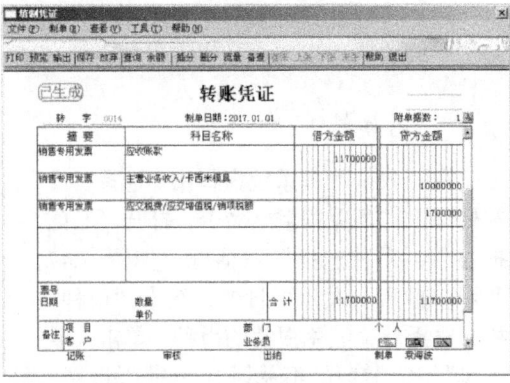

图 7.50 "填制凭证"窗口

按照同样的方法完成其他经济业务制单处理。

2. 应收单制单

对应收单制单时,借方取应收单表头科目,贷方取应收单表体科目。若应收单上没有科目,则需要用户手工输入科目。受控科目取法同上。

3. 收款单制单

借方科目为表头结算科目。贷方科目款项类型为应收款,则为应收科目;款项类型为预收款,则为预收科目;款项类型为其他费用,则为费用科目。若无科目,则用户需要手工输入。

4. 付款单制单

借方科目为结算科目,取表头金额,金额为红字。贷方科目款项类型为应收款,则为应收科目,金额为红字;款项类型为预收款,则为预收科目,金额为红字;款项类型为其他费用,则为费用科目,金额为红字。若无科目,则用户需要手工输入。

5. 核销制单

结算单核销制单受账套参数设置的控制,若选择核销不制单,则即使入账科目不一致也不制单。核销制单需要应收单及收款单已经制单,才可以进行核销制单。在核销双方的入账科目不相同的情况下才需要进行核销制单。

6. 票据处理制单

收到承兑汇票制单,借方取"基本科目设置"中设置的应收票据科目,贷方取"产品科目设置"中设置的销售收入科目及税金科目。若无科目,取"基本科目设置"中设置的销售收入科目及税金科目。若都没有设置,则需要用户手工输入科目。

7. 汇兑损益制单

汇兑损益制单,汇兑损益科目取"基本科目设置"中设置的汇兑损益科目。

8. 转账制单

依据账套参数设置判断转账是否制单。

第7章 应收款管理系统

9. 现结制单

对现结/部分现结的销售发票制单时，贷方取"产品科目设置"中设置的销售科目和应交增值税科目，借方取"结算方式科目设置"中设置的结算方式科目。

7.4 单据查询

单据查询包括对单据、业务账表、业务分析及科目账表的查询。

7.4.1 凭证和单据查询

1. 凭证查询

用户可以通过凭证查询来查看、修改、删除、冲销应收款管理系统传到总账系统中的凭证。

在应收款管理系统窗口中，选择"单据查询"|"凭证查询"命令，打开"凭证查询条件"对话框，通过"时间范围"下拉列表框选择要查询凭证的日期范围，再输入其他过滤条件后，单击"确认"按钮，打开"凭证查询"窗口，如图 7.51 所示。

图 7.51 "凭证查询"窗口

① 单击"查询"按钮，打开"查询条件"对话框，输入查询条件。

② 单击"单据"按钮，联查当前原始单据。原始单据窗口中提供打印、预览功能。

③ 单击"凭证"按钮，联查当前凭证。

④ 单击"修改"按钮，修改当前凭证。已出纳签字、已审核、已主管签字、已记账单据不允许修改。

⑤ 单击"删除"按钮，删除当前凭证。已出纳签字、已审核、已主管签字、已记账单据不允许删除。

⑥ 单击"冲销"按钮，可做红字冲销。当凭证处于已记账状态时，不能修改和直接删除凭证，只能红字冲销，即生成一张与该凭证方向、金额相同的红字凭证，原蓝字凭证所涉及的单据或处理回到原未制单状态。但已审核未记账、未审核的凭证不能做凭证红字冲销处理。

☞提示：● 如果用户要对一张凭证进行删除操作，该凭证的凭证日期不能在本系统的已结账月内。

● 一张凭证被删除后，它所对应的原始单据及操作可以重新制单。

● 只有未经出纳签字、未审核、未主管签字、未记账的凭证才能修改、删除。

2. 单据查询

单据查询包括对发票、应收单及结算单的查询。在系统中，通过"统计分析"|"单据查询"

命令可实现对以上单据的查询。

7.4.2 科目账表查询

1. 余额查询

余额查询功能用于查询应收受控科目各个客户的期初余额、本期借方发生额合计、本期贷方发生额合计、期末余额。余额查询有科目余额表、客户余额表、三栏式余额表、业务员余额表、客户分类余额表、部门余额表、项目余额表、地区分类余额表 8 种查询方式。

2. 明细账查询

明细账查询功能用于查询应收受控科目下各个往来客户的往来明细账。明细账查询有科目明细账、客户明细账、三栏式明细账、多栏式明细账、客户分类明细账、业务员明细账、部门明细账、项目明细账、地区分类明细账 9 种查询方式。

7.5 其他处理

7.5.1 取消操作

如果用户对原始单据进行了核销、转账、坏账处理、汇兑损益、票据处理、并账等操作后，发现操作失误，可将其恢复到操作前的状态，以便进行修改。

案例：2017 年 1 月 31 日，本公司取消对深圳 LG 电子有限公司的坏账处理。

在应收款管理系统窗口中，选择"其他处理"|"取消操作"命令，打开"取消操作条件"对话框，如图 7.52 所示。输入过滤条件后，单击"确认"按钮，系统将满足恢复条件的应收单据列出，如图 7.53 所示。在"选择标志"栏里双击，使之出现 Y 标志，表示要将此张应收单据恢复到审核前的状态。选择完成后，单击"确认"按钮，保存此次操作；单击"取消"按钮，取消此次操作。

提 示

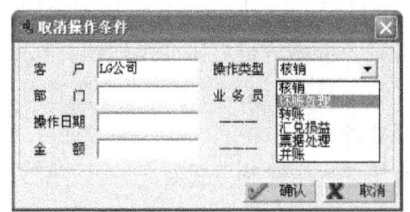

图 7.52 "取消操作条件"对话框

图 7.53 应收单据列表

7.5.2 月末结账

如果用户已经确认本月的各项处理已经结束,可以选择执行月末结账功能。当用户执行月末结账功能后,该月将不能再进行任何处理。

具体操作

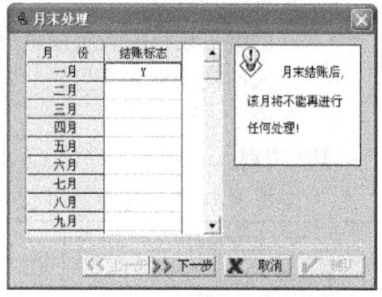

在应收款管理系统窗口中,选择"其他处理"|"期末处理"|"月末结账"命令,打开"月末处理"对话框,如图 7.54 所示。选择结账月份,双击"结账标志"栏,选择该月进行结账。单击"下一步"按钮,系统将列示月末结账的检查结果,可以单击其中任意一项,以检查其详细信息。单击"取消"按钮,取消此次操作;单击"确认"按钮,执行结账操作。

图 7.54 "月末处理"对话框

☞ **提示:** 应收款管理系统与销售管理系统集成使用,应在销售管理系统结账后,才能对应收款管理系统进行结账处理。如果用户这个月的前一个月没有结账,则本月不能结账。用户一次只能选择一个月进行结账。月末处理时,所有处理类型显示"是"才能结账。

7.5.3 取消月结

取消月结功能帮助用户取消最近月份的结账状态。

具体操作

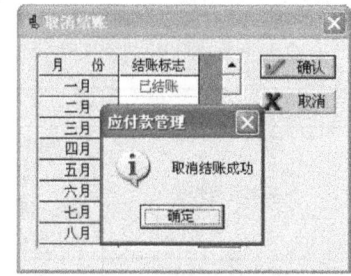

在应收款管理系统窗口中,选择"其他处理"|"期末处理"|"取消月结"命令,打开"取消结账"对话框,如图 7.55 所示。单击已结账月份的"已结账"标志,单击"确认"按钮,系统弹出"取消结账成功"提示对话框。

图 7.55 "取消结账"对话框

课后习题与实验

实验七　应收款管理系统初始设置

实验目的: 通过实验熟悉应收款管理系统初始化设置的一般方法。

实验准备: 引入实验六"固定资产管理系统"的账套备份数据,将系统日期修改为 2017 年 7 月 1 日。由操作员 04 注册进入 555 账套应收款管理系统。

课后习题区

实验要求：
1. 设置系统参数。
2. 设置科目。
3. 坏账准备设置账龄区间。
4. 报警级别设置。
5. 单据编号设置，设置允许修改销售专用发票的编号（由账套主管设置）。
6. 输入期初余额并与总账对账。
7. 备份555账套。

实验资料：

1. 上海奥斯罗特电器公司555账套应收款管理系统的参数资料

控制参数	参数设置	控制参数	参数设置
应收款核销方式	按单据	受控科目制单方式	明细到客户
单据审核日期依据	单据日期	非控制科目制单方式	汇兑方式
汇兑损益方式	月末处理	控制科目依据	按客户
坏账处理方式	应收余额百分比法	销售科目依据	按存货
代垫费用类型	其他应收单	月结前是否全部生成凭证	是
应收账款核算模型	详细核算	核销、预收冲应收是否生成凭证	是
是否自动计算现金折扣	是	单据报警提前天数	10
是否进行远程控制	否	录入发票是否显示提示信息	是

2. 上海奥斯罗特电器公司555账套应收款管理系统的科目设置资料

科目类别	设置方式
基本科目设置	应收科目(本币)：1122。预收科目(本币)：2203。销售收入科目：600101。税金科目：22210102。销售退回科目：600101。银行承兑科目：112101。商业承兑科目：112102。现金折扣科目：6603。票据利息科目：6603。票据费用科目：6603。汇兑损益科目：6603。币种兑换差异科目：6603。收支费用科目：660208。合同收入科目：600101
控制科目设置	应收科目：1122。预收科目：2203
产品科目设置	不锈钢销售收入科目：6051。铝合金销售收入科目：6051。紫铜销售收入科目：6051。塑料销售收入科目：6051。电冰箱销售收入科目：600101。空调销售收入科目：600103。洗衣机销售收入科目：600102。应交增值税科目：22210102。不锈钢销售退回科目：6051。铝合金销售退回科目：6051。紫铜销售退回科目：6051。塑料销售退回科目：6051。电冰箱销售退回科目：600101。空调销售退回科目：600103。洗衣机销售退回科目：600102
结算方式科目设置	现金（人民币）科目：1001。现金支票（人民币）科目：100201。转账支票（人民币）科目：100201。转账支票（美元）科目：100202。商业承兑汇票（人民币）科目：100201。银行承兑汇票（人民币）科目：100201。银行汇票（人民币）科目：100201。信汇（人民币）科目：100201。电汇（人民币）科目：100201。委托收款科目：100201

3. 坏账准备设置资料

坏账准备提取比例为5%，坏账准备期初余额为0，坏账准备科目为"坏账准备（1231）"，对方科目为"资产减值损失（6701）"。

4. 账龄区间设置

序 号	起止天数	总天数
01	1～30	30
02	31～60	60
03	61～90	90
04	91～120	120
05	121 以上	

5. 报警级别设置

序 号	起止比率	总比率	级别名称
01	0～10%	10%	A
02	10%～30%	30%	B
03	30%～50%	50%	C
04	50%～100%	100%	D
05	100%以上		E

6. 期初余额（增值税税率为 17%）

单据名称	方向	开票日期	单据编号	客户名称	科 目	部 门	业务员	存货名称	数 量	无税单价/元	价税合计金额/元
销售专用发票	正	2017-6-1	00946506	西米电器有限公司	1122	销售部	杨红林	洗衣机	10	3 000	35 100
销售专用发票	正	2017-6-3	00063945	中怀电器有限公司	1122	销售部	杨红林	电冰箱	10	4 500	52 650
应收单	正	2017-6-3	000001	中怀电器有限公司	1122	销售部	杨红林				1 500
预收款（转账支票98568）	正	2017-6-7	100001	幽明卡罗国际贸易有限公司	2203	销售部	赵冰				32 000
商业承兑汇票（利率6%,期限2个月）	正	2017-6-12	0000009988	红星电器有限公司	112102	销售部	赵冰				36 100

实验八　应收款管理系统日常业务处理

实验目的：通过实验掌握应收款管理系统日常业务处理的主要内容和操作方法。理解应收款管理系统与总账系统组合时应收款管理系统的基本功能和操作方法。熟悉应收款管理系统账簿查询的作用和基本方法。

实验准备：引入实验七"应收款管理系统初始设置"的账套备份数据，将系统日期修改为 2017 年 7 月 31 日。由操作员 04 注册进入 555 账套应收款管理系统。

实验要求：

1. 输入应收单、收款单。
2. 修改应收单、收款单。
3. 对应收单、收款单进行审核。
4. 核销收款单。
5. 对票据进行处理。
6. 对转账业务进行处理。
7. 对坏账进行处理。
8. 对业务进行制单处理。
9. 对账表进行管理。
10. 取消对上海丰田器材有限公司的转账处理。
11. 进行期末处理。
12. 备份 555 账套。

实验资料：

2017年本公司7月份发生下列经济业务（增值税税率为17%）。

1. 2日，销售部向海南罗地亚有限公司销售空调30台，无税单价6 800元，价税合计238 680元。货已发出，同时开具销售专用发票一张，票号为00025576。款项未收。

2. 3日，销售部向北京西米电器有限公司销售电冰箱100台，无税单价4 500元，价税合计526 500元（现金折扣条件为"2/10，1/20，n/30"。假定折扣不考虑增值税）。货已发出，同时开具销售专用发票一张，票号为00097682。

3. 5日，收到海南罗地亚有限公司签发由银行承兑的带息银行承兑汇票一张，期限为20天，面值为238 680元，年利率为10%，承兑银行为工商银行海口支行（票号为0000006897）。

4. 9日，销售部向上海红星电器有限公司销售洗衣机200台，无税单价3 000元，价税合计702 000元。货已发出，同时开具销售专用发票一张，票号为00091267。款项未收。另以现金代垫运费150元。（合并制单）

5. 10日，销售部向上海幽明卡罗国际贸易有限公司销售电冰箱20台，无税单价4 000元，价税合计93 600元。货已发出，同时开具销售专用发票一张，票号为00093596。款项未收。另以转账支票代垫运费200元。（合并制单）

6. 18日，收到银行进账单通知联，系北京西米电器有限公司以电汇方式支付本月03日所购100台电冰箱，扣除现金折扣后的价税款521 235元，折扣额5 265元。（假设增值税考虑折扣与核销合并制单）

7. 20日，收到上海幽明卡罗国际贸易有限公司签发并承兑的带息商业承兑汇票一张，期限为3个月，面值为58 500元，年利率为10%，票号为0000001696。

8. 22日，因急需资金，将上月12日收到上海红星电器有限公司的商业承兑汇票（票号为0000009988）到开户行办理贴现，贴现率为8%。

9. 25日，持有海南罗地亚有限公司签发的银行承兑汇票（票号为0000006897）到期，进行票据结算。（先计息再结算）

10. 25日，将上月3日形成的应向中怀电器有限公司收取的应收账款52 650元及代垫运费1 500元转为坏账。

11. 26日，经三方同意将形成的应向上海红星电器有限公司收取的价税款共计702 000元转为向上海中怀电器有限公司的应收账款。

12. 27日，经双方同意，将上海幽明卡罗国际贸易有限公司购买20台电冰箱的价税款及代垫运费共计93 800元用上月7日预收款冲抵，其余3 300元以现金支票收讫，票号为000898。

13. 28日，经双方同意，将本月9日应向上海红星电器有限公司收取的运费150元用红票冲抵。

14. 30日，收到银行通知（电汇，票号为000686），收回已做坏账处理的应向中怀电器有限公司收取的应收账款54 150元。

第 8 章 应付款管理系统

学习要求

1. 了解应付款管理系统的目标，熟悉应付款管理系统的操作流程。
2. 理解应付款管理系统的初始设置。
3. 了解如何进行应付账龄分析、欠款分析、付款分析等统计分析。
4. 掌握应付款管理系统的日常业务处理。

8.1 应付款管理系统概述

应付款是企业的一项重要流动负债，是企业在营运活动中，因采购产品、材料、接受劳务等业务而应向销货方、提供劳务的单位或个人支付的款项。形成应付款的直接原因是赊购。虽然大多数企业希望现购而不愿赊购，但是面对竞争，为了稳定自己的销货渠道，扩大产品销路，减少存货，不得不向供应商提供信用业务。

8.1.1 应付款管理系统总体介绍

应付款管理系统通过发票、其他应付单、付款单等单据的输入，对企业的往来账款进行综合管理，及时、准确地提供供应商的往来账款余额资料，提供各种分析报表，帮助用户合理地进行资金的调配，提高资金的利用效率。

1. 系统介绍

应付款管理系统主要用于核算和管理企业与供应商之间的往来款项，一方面记录采购业务及其他业务所形成的应付款项，处理应付款的支付、冲销等业务；另一方面还提供各种分析报表，如账龄分析表、欠款分析、付款情况分析等，通过各种分析数据，企业可以清楚地掌握自己的信用情况，据此调整支付政策。

2. 应用方案

根据对供应商往来款项核算和管理的程度不同，系统提供了应付款"详细核算"和"简单核算"两种应用方案。系统默认选择详细核算方式。

① 详细核算：应付款管理系统可以对往来进行详细的核算、控制、查询、分析。如果采购业务以及应付款核算与管理业务比较复杂，或者需要追踪每一笔业务的应付款、付款等情况，或者需要将应付款核算到产品一级，那么需要选择详细核算。

② 简单核算：应付款管理系统只是完成将采购传递过来的发票生成凭证传递给总账系统这样的模式（在总账系统中以凭证为依据进行往来业务的查询）。如果采购业务以及应付账款业务不复杂，或者现结业务很多，则可以选择此方案。

具体选择哪一种方案，可在应付款管理系统窗口通过系统参数"应付账款核算模型"进行设置。本章主要介绍详细核算应用方案。

8.1.2　应付款管理系统的基本功能

应付款管理系统主要提供了参数设置、初始设置、日常处理、单据查询、账表管理、其他处理等功能。

1. 设置

① 提供系统参数的定义，用户可结合企业管理要求进行参数设置。参数设置是整个系统运行的基础。

② 提供单据类型、账龄区间的设置，为各种应付款业务的日常处理及统计分析做准备。

③ 提供期初余额的输入，保证数据的完整性与连续性。

2. 日常处理

提供应付单据和付款单据的输入、审核、核销、转账、汇兑损益、制单等处理。

3. 单据查询功能

提供单据查询的功能，包括各类单据、详细核销信息、报警信息、凭证等内容的查询。

4. 账表管理

① 提供总账表、余额表、明细账等多种账表查询功能。

② 提供应付账龄分析、付款账龄分析、欠款分析等丰富的统计分析功能。

5. 其他处理

① 其他处理提供用户进行远程数据传递的功能。

② 提供用户对核销、转账等处理进行恢复的功能，以便用户进行修改。

③ 提供用户进行月末结账等处理。

8.1.3　应付款管理系统与其他系统的联系

应付款管理系统既可以独立运行，也可以与其他系统协同运转，与其他系统传递相关的数据和凭证。在不同的核算模型下，与其他系统的联系有所不同。采用详细核算方案时，应付账款主要在应付款管理系统核算，与总账、采购管理、应收款管理、财务分析、UFO 报表、网上银行、存货核算等系统有接口，如图 8.1 所示。

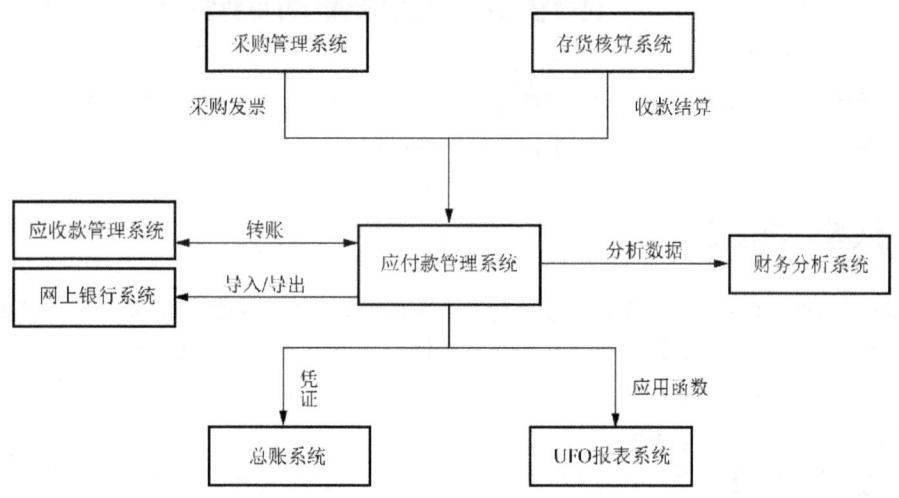

图 8.1　应付款管理系统与其他系统的联系

8.1.4　应付款管理系统操作流程

首次进入应付款管理系统要进行系统初始化，包括系统参数的设置、基本信息的建立和期初余额的输入等。日常操作使用时按下列次序进行：单据的输入→审核→管理→制单→结账→查询统计等。应付款管理系统业务处理流程如图 8.2 所示。

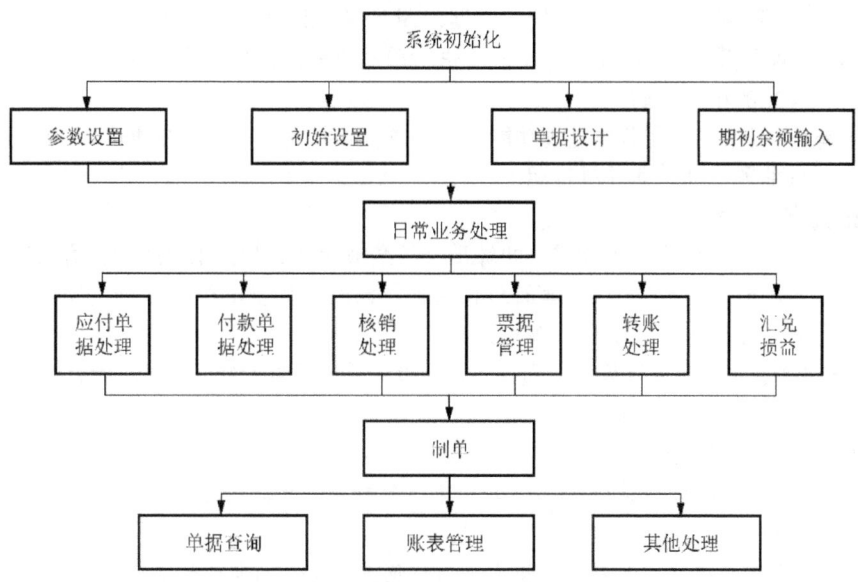

图 8.2　应付款管理系统业务处理流程

8.2 应付款管理系统初始化

应付款管理系统的初始化工作包括账套参数设置、初始设置、单据设计与期初余额输入4项内容。涉及总账系统中已完成的初始化工作不再赘述。

8.2.1 账套参数设置

启动应付款管理系统后,应先设置运行所需要的账套参数。系统参数是一个系统的灵魂,它将影响整个账套的使用效果。有些参数在系统使用后就不能修改,所以在选择时要结合本单位实际情况,事先进行慎重选择。账套参数可在"常规""凭证"和"权限与预警"3个选项卡中进行设置。

1. 常规参数设置

(1)应付款核销方式

系统提供了两种应付款的核销方式,即按单据和按产品。

① 按单据:系统将满足条件的未结算单据全部列出,用户选择要结算的单据,系统将根据所选单据进行核销。

② 按产品:系统将满足条件的未结算单据按产品列出,用户选择要结算的产品,系统将根据所选产品进行核销。

(2)单据审核日期依据

系统提供了两种确认单据审核日期的依据,即单据日期和业务日期。

① 选择单据日期,则在单据处理功能中进行单据审核时,自动将单据的审核日期(即入账日期)记为该单据的单据日期。

② 选择业务日期,则在单据处理功能中进行单据审核时,自动将单据的审核日期(即入账日期)记为当前业务日期(即登录日期)。

(3)汇兑损益方式

系统提供了两种汇兑损益的方式,即外币余额结清时计算和月末处理两种方式。

① 外币余额结清时计算:仅当某种外币余额结清时才计算汇兑损益。在计算汇兑损益时,窗口中仅显示外币余额为0且本币余额不为0的外币单据。

② 月末处理:每个月末计算汇兑损益。在计算汇兑损益时,窗口中显示所有外币余额不为0或者本币余额不为0的外币单据。

(4)应付账款核算模型

系统提供了两种应付账款核算模型,即简单核算和详细核算。用户必须选择其中一种方式,系统默认选择详细核算方式。

☞提示:该参数在系统启用时或者还没有进行任何业务(包括期初数据输入)时才允许从简单核算改为详细核算;从详细核算改为简单核算随时可以进行,但要慎重,一旦有数据,简单核算就改不回详细核算。

(5)是否自动计算现金折扣

① 如果供应商提供了在信用期间内提前付款可以优惠的政策,可以选择自动计算现金折扣,

系统会在"核销处理"中显示"可享受折扣"和"本次折扣",并计算可享受的折扣。

② 如果选择了"不显示现金折扣",则系统既不计算也不显示现金折扣。

(6)是否进行远程应用

① 远程应用:如果选择了进行远程应用,则系统在后续处理中提供远程传输收、付款单的功能。但必须在此处输入远程标志号。远程标志号必须为两位数,范围为 01~99。如果在异地有应付业务,则可通过远程应用功能,在两地之间进行收、付款单等的传递。

② 不进行远程应用:如果选择了不进行远程应用,则系统在后续处理中将不提供远程传输收、付款单的功能,且也不需要输入远程标志号。

(7)是否登记支票

是否登记支票是系统提供给用户付款时自动登记支票登记簿的功能。该参数可以随时修改。用户需要在结算方式定义中将需要登记支票簿的结算方式(如转账支票等)设为票据管理。

① 选择登记支票,则系统自动将具有票据管理结算方式的付款单登记支票登记簿。

② 不选择登记支票,则用户也可以通过单击付款单窗口中的"登记"按钮,进行手工登记支票登记簿。在账套使用过程中可以修改该参数。

(8)改变税额是否反算税率

税额一般不用修改,在特定情况下,如系统和手工计算的税额相差几分钱,用户可以对税额进行调整。如果需要调整税额,还应当选择反算税率或不反算税率。

① 选择改变税额反算税率,则税额变动反算税率,不进行容差控制。

② 选择改变税额不反算税率,则税额变动不反算税率,系统将进行容差控制。容差是可以接受的误差范围。在调整税额尾差(单笔)、保存(整单)时,系统将检查是否超过容差——超过则不允许修改;未超过则允许修改。请用户设置以下两项容差:单笔容差,默认为 0.06;整单容差,默认为 0.36。

2. 凭证参数设置

(1)受控科目制单方式

受控科目有两种制单方式可供选择,即明细到供应商、明细到单据。

① 明细到供应商:当将一个供应商的多张单据合并生成一张凭证时,如果核算这多张单据的控制科目相同,系统自动将其合并成一条分录。这种方式的目的是在总账系统中能够根据供应商来查询其详细信息。

② 明细到单据:当将一个供应商的多张单据合并生成一张凭证时,系统会将每一笔业务形成一条分录。这种方式的目的是在总账系统中也能查看到每个供应商的每笔业务的详细情况。

(2)非受控科目制单方式

非受控科目有 3 种制单方式可供选择,即明细到供应商、明细到单据和汇总制单。

① 明细到供应商:当用户将一个供应商的多张单据合并生成一张凭证时,如果核算这多笔业务的非控制科目相同,且其所带辅助核算项目也相同,则系统自动将其合并成一条分录。这种方式的目的是用户在总账系统中能够根据供应商来查询其详细信息。

② 明细到单据:当用户将一个供应商的多张单据合并生成一张凭证时,系统会将每一笔业务形成一条分录。这种方式的目的是使用户在总账系统中也能查看到每个供应商的每笔业务的详细情况。

③ 汇总制单:当用户将多个供应商的多张单据合并生成一张凭证时,如果核算这多张单据

的非控制科目相同，且其所带辅助核算项目也相同，则系统自动将其合并成一条分录。这种方式的目的是精简总账中的数据，用户在总账系统中只能查看到该科目的一个总的发生额。

（3）控制科目依据

控制科目在应付款管理系统指所有带有供应商往来辅助核算的科目。本系统提供3种设置控制科目的依据，即按供应商分类、按供应商、按地区分类。

① 按供应商分类：供应商分类指根据一定的属性将用户的往来供应商分为若干大类。例如，可以把供应商根据时间分为长期供应商、中期供应商和短期供应商，也可以根据供应商的信用将供应商分为优质供应商、良性供应商、一般供应商和信用较差的供应商等。在这种方式下，可以针对不同的供应商分类设置不同的应付科目和预付科目。

② 按供应商：可以针对不同的供应商在每一种供应商下设置不同的应付科目和预付科目。这种设置适合特殊供应商的需要。

③ 按地区分类：可以针对不同的地区分类设置不同的应付科目和预付科目。例如，将供应商分为华东、华南、东北等地区，可以在不同的地区分类下设置科目。

（4）采购科目依据

本系统提供了两种设置存货采购科目的依据，即按存货分类和按存货设置存货采购科目。在此设置的采购科目，是系统自动制单科目取值的依据。

① 按存货分类：存货分类是指根据存货的属性对存货所划分的大类。例如，可以将存货分为原材料、燃料及动力、在存货及产成品等大类，可以针对这些存货分类设置不同的科目。

② 按存货：如果存货种类不多，可以直接针对不同的存货设置不同的科目。

（5）月末结账前是否全部生成凭证

① 选择在月末结账前需要将全部的单据和处理生成凭证，则在进行月末结账时将检查截止到结账月是否有未制单的单据和业务处理。若有，系统将提示不能进行本次月结处理，但可以详细查看这些记录；若没有，才可以继续进行本次月结处理。

② 选择在月末结账前不需要将全部的单据和处理生成凭证，则在进行月末结账时只是允许查询截止到结账月的未制单单据和业务处理，不进行强制限制。

（6）方向相反的分录是否合并

用于设置科目相同、辅助项相同、方向相反的凭证分录是否合并。

① 合并：在制单时若遇到满足合并分录的要求，且分录的情况如上所描述的，则系统自动将这些分录合并成一条，根据显示为正数的原则来显示当前合并后分录的显示方向。

② 不合并：在制单时若遇到满足合并分录的要求，且分录的情况如上所描述的，则不能合并这些分录，还是根据原样显示在凭证中。

（7）核销是否生成凭证

核销是否需要生成凭证，有如下两种选择。

① 选择是，则需要判断核销双方的单据其当时的入账科目是否相同，不相同时，需要生成一张调整凭证。

② 选择否，不管核销双方单据的入账科目是否相同，均不需要对这些记录进行制单。

（8）预付冲应付是否生成凭证

预付冲应付是否生成凭证，有如下两种选择。

① 需要：对于预付冲应付业务，当预收、应付科目不相同时，系统生成一张转账凭证。

② 不需要：对于预付冲应付业务，不管预收、应付科目是否相同均不生成凭证。

第8章 应付款管理系统

（9）红票对冲是否生成凭证

红票对冲是否生成凭证，系统提供如下两种选择。

① 需要：对于红票对冲处理，当对冲单据所对应的受控科目不相同时，系统生成一张转账凭证。

② 不需要：对于红票对冲处理，不管对冲单据所对应的受控科目是否相同均不生成凭证。

3. 权限与预警设置

（1）是否启用供应商权限

只有在企业门户"控制台"|"数据权限控制设置"中对供应商进行记录集数据权限控制时该参数才可设置。账套参数中对供应商的记录集数据权限不进行控制时应付款管理系统不对供应商进行数据权限控制。

① 启用：在所有的单据输入、处理、查询中均需要根据该用户的相关供应商数据权限进行限制。操作员只能输入、处理、查询有权限的供应商的数据，没有权限的数据操作员无权处理与查询。通过该功能，企业可加强供应商管理的力度，提高数据的安全性。

② 不启用：在所有的单据输入、处理、查询中均不需要根据该用户的相关供应商数据权限进行限制。

（2）是否启用部门权限

只有在企业门户"控制台"|"数据权限控制设置"中对部门进行记录集数据权限控制时该参数才可设置。账套参数中对部门的记录集权限不进行控制时应付款管理系统中不对部门进行数据权限控制。

① 启用：在所有的单据输入、处理、查询中均需要根据该用户的相关部门数据权限进行限制。操作员只能输入、处理、查询有权限的部门的数据，没有权限的数据操作员无权处理与查询。通过该功能，企业可加强部门管理的力度，提高数据的保密性。

② 不启用：在所有的单据输入、处理、查询中均不需要根据该用户的相关部门数据权限进行限制。

（3）是否根据单据自动报警

按信用方式报警，则其单据到期日根据供应商档案中的信用期限而定；按折扣期报警，则其单据到期日根据单据中的付款条件最大折扣日期计算。

① 选择根据信用方式自动报警，还需要设置报警的提前天数。每次登录本系统时，系统自动将单据到期日－提前天数≤当前注册日期的已经审核的单据显示出来，以提醒用户及时通知供应商哪些业务应该回款了。

② 如果选择根据折扣方式自动报警，则还需要设置报警的提前天数。每次登录本系统时，系统自动将单据最大折扣日期－提前天数≤当前注册日期的已经审核的单据显示出来，以提醒用户及时通知供应商哪些业务将不能享受现金折扣待遇。

③ 如果选择不进行自动报警，则每次登录本系统时不会出现报警信息。

（4）是否根据信用额度自动报警

可以选择是否需要根据供应商的信用额度进行自动预警。

① 选择根据信用额度自动预警，则在用户登录应付款管理系统时，自动计算发票或应付单的信用比例是否达到报警条件，符合条件则显示信用额度报警单。若登录的用户没有信用额度报警单查看权限时即使设置了自动报警也不显示该报警单信息。

② 不选择需要自动预警时，任何用户登录时均不显示按信用额度进行预警的信息。

案例：海南佳旭有限公司 112 账套应付款管理系统账套参数设置资料如表 8.1 所示（其他参数由系统默认）。

表 8.1 应付款管理系统账套参数设置资料

控制参数	参数设置	控制参数	参数设置
应付款核销方式	按单据	受控科目制单方式	明细到供应商
单据审核日期依据	业务日期	非控制科目制单方式	汇总方式
汇兑损益方式	月末处理	控制科目依据	按供应商
应付账款核算模型	详细核算	采购科目依据	按存货
是否自动计算现金折扣	是	月结前是否全部生成凭证	是
是否进行远程控制	否	核销是否生成凭证	是
是否登记支票	是	单据报警提前天数	10

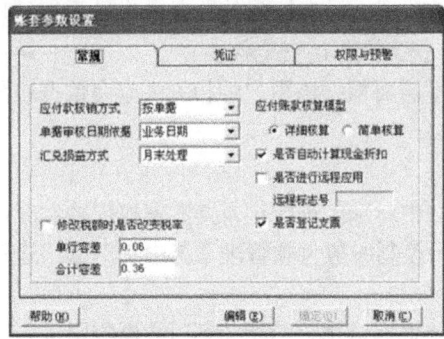

图 8.3 常规参数设置

 具体操作

进入企业门户后，选择"财务会计"|"应付款管理"|"设置"|"选项"命令，打开"账套参数设置"对话框，单击"编辑"按钮，分别打开"常规""凭证"和"权限与预警"3 个选项卡，即可依次进行所需参数设置，如图 8.3—图 8.5 所示。设置完各项参数后，单击"确定"按钮，系统自动保存；单击"取消"按钮，系统自动放弃。

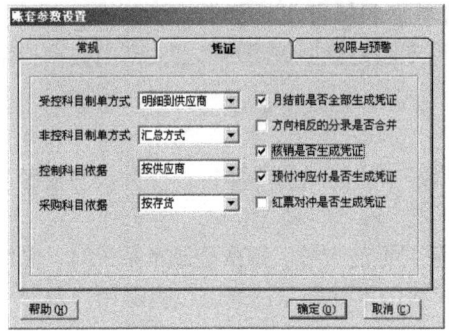

图 8.4 凭证参数设置

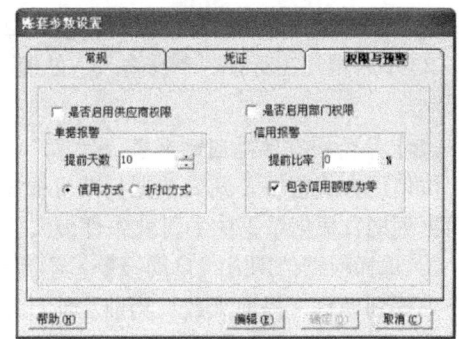

图 8.5 权限与预警参数设置

8.2.2 初始设置

1. 科目设置

企业中应付款的业务类型比较固定，生成的凭证类型也较固定。因此为了简化凭证生成操作，系统中对此类业务采取预先设置好各业务类型凭证中的常用科目，然后根据事先定义的格式和随时发生的业务数据自动生成记账凭证。

第8章 应付款管理系统

(1) 基本科目设置

基本科目是指核算应付款项时经常用到的科目,用户可以在此定义应付款管理系统凭证制单所需要的基本科目。基本科目包括:应付科目,如应付账款;预付科目,如预付账款;采购科目,如物质采购;税金科目,如应交税费——应交增值税(进项税额),等等。

(2) 控制科目设置

如果因不同的供应商分别设置了应付款和预付款科目,应设置控制科目。按系统"账套参数设置"中的"控制科目依据"参数而显示设置科目。可按供应商分类、供应商、地区分类进行控制科目的设置。若单据上有科目,则制单时取单据上科目;若无,则系统依据单据上的供应商信息在制单时自动带出控制科目。若控制科目没有输入,则系统取"基本科目设置"中应付、预付科目。

(3) 产品采购科目设置

产品采购科目是指针对不同的存货分别设置不同的采购科目、应交增值税科目。按系统"账套参数设置"中的"采购科目依据"参数而显示设置科目。可按存货分类、存货进行产品科目的设置。若单据上有科目,则制单时取单据上科目;若无,则系统依据单据上的存货信息在制单时自动带出产品采购科目、税金科目等。若产品科目没有输入,则系统取"基本科目设置"中采购科目、税金科目。

(4) 结算方式科目设置

在总账系统中定义结算方式后,在此还需进行结算方式、币种、科目的设置。对于现结的发票及收付款单,若单据上有科目,则制单时取单据上科目;若无,则系统依据单据上的结算方式查找对应的结算科目,系统制单时自动带出。若未输入结算方式科目,则用户需手工输入凭证科目。

案例: 海南佳旭有限公司 112 账套应付款管理系统科目设置资料如表 8.2 所示。

表 8.2 应付款管理系统科目设置资料

科目类别	设置方式
基本科目设置	应付科目(本币):2202。预付科目(本币):1123。采购科目:1402。税金科目:22210101。银行承兑科目:220101。商业承兑科目:220102。现金折扣科目:6603。票据利息科目:6603。票据费用科目:6603。汇兑损益科目:6603。币种兑换差异科目:6603。收支费用科目:660205。合同支付科目:640101
控制科目设置	应付科目:2202。预付科目:1123
产品科目设置	双组份底漆采购科目:140301。清漆固化剂采购科目:140302。卡西米模具采购科目:140501。LG模具采购科目:140502。产品采购税金科目:22210101
结算方式科目设置	现金(人民币)科目:1001。现金支票(人民币)科目:100201。转账支票(人民币)科目:100201。转账支票(美元)科目:100202。商业承兑汇票(人民币)科目:100201。银行承兑汇票(人民币)科目:100201。银行汇票(人民币)科目:100201。信汇(人民币)科目:100201。电汇(人民币)科目:100201

具体操作

在应付款管理系统窗口中,选择"设置"|"初始设置"命令,打开"初始设置"窗口,在"设置科目"下分别单击"基本科目设置""控制科目设置""产品科目设置""结算方式科目设置"选项,如图 8.6—图 8.9 所示。采用参照或直接输入基本科目代码。

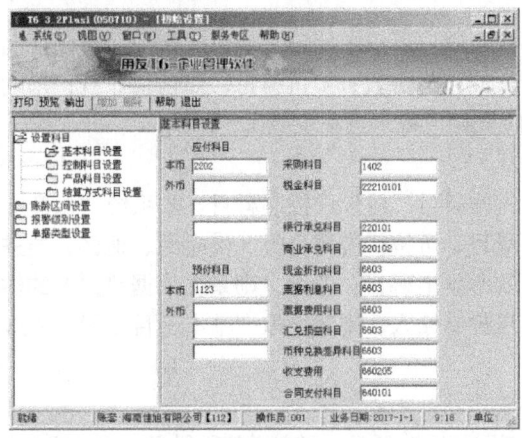

图 8.6　基本科目设置

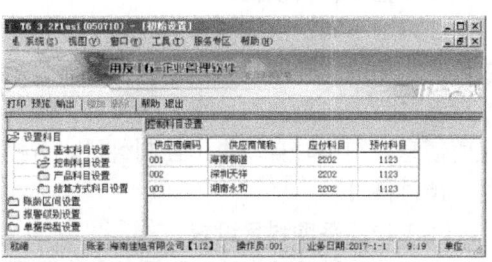

图 8.7　控制科目设置

图 8.8　产品科目设置

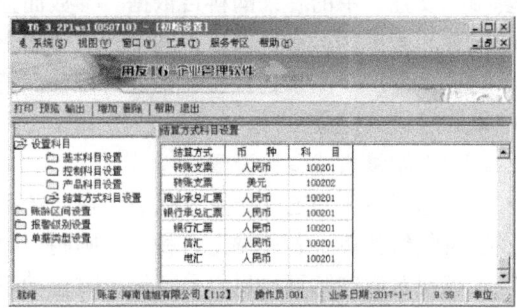

图 8.9　结算方式科目设置

2. 账龄区间设置

账龄区间设置指用户定义应付账款或付款时间间隔的功能，它的作用是便于用户根据自己定义的账款时间间隔，进行应付账款或付款的账龄查询和账龄分析，以清楚了解在一定期间内所发生的应付款、付款情况。

案例： 海南佳旭有限公司 112 账套账龄区间设置总天数分别为 20 天、40 天、60 天、80 天。

 具体操作

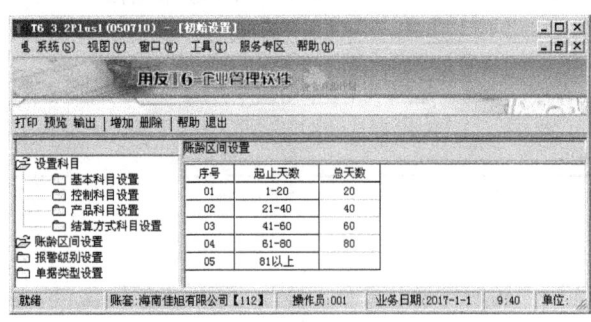

图 8.10　账龄区间设置

在应付款管理系统窗口中，选择"设置"｜"初始设置"命令，打开"初始设置"窗口，单击"账龄区间设置"，打开"账龄区间设置"窗口，如图 8.10 所示。单击工具栏中的"增加"按钮，即可在当前区间之前插入一个区间。在插入区间的"总天数"栏输入总天数后，该区间后的各区间起止天数会自动调整。

用户可通过单击"修改"或"删除"按钮对期初余额进行修改或删除的操作。

3. 报警级别设置

将供应商按照供应商欠款余额与其授信额度的比例分为不同的类型，以便于掌握各个供应商的信用情况。

案例：海南佳旭有限公司112账套报警级别分别为A级时总比率为20%，B级时总比率为50%，C级时总比率为70%，D级时总比率为90%，总比率在90%以上为E级。

具体操作

在应付款管理系统窗口中，选择"设置"|"初始设置"命令，打开"初始设置"窗口，单击"报警级别设置"选项，打开"报警级别设置"窗口，如图8.11所示。单击工具栏中的"增加"按钮，即可在当前区间之前插入一个区间。在插入区间的"总比率"栏和"级别名称"栏分别输入总比率和级别名称后，该区间后的各区间起止比率会自动调整。

图8.11 报警级别设置

4. 单据类型设置

系统提供了发票和应付单两大类型的单据。应付单记录采购业务之外的应付款情况。在本功能中，由用户设置应付单的不同类型。可以将应付单划分为不同的类型，以区分应付货款之外的其他应付款。例如，可以将应付单分为应付费用款、应付利息款、应付罚款、其他应付款等。应付单的对应科目由用户自己定义。

8.2.3 期初余额输入

期初余额输入包括期初采购发票、期初应付单、期初预付款及期初应付票据等单据输入。输入完毕，要与总账期初余额进行对账，以便检查输入的应付未达账与相应往来科目余额是否相等。

1. 期初采购发票输入

期初发票是指还未核销的应付账款，在系统中以单据的形式列示，已核销部分金额不显示。

案例：2016年11月26日，本公司从海南柳道有限公司购买双组份底漆100千克，单价250元，价税合计29 250元。取得采购专用发票（票号为26688977），款项未付。

具体操作

在应付款管理系统窗口中，选择"设置"|"期初余额"命令，打开"期初余额——查询"对话框，单击"确认"按钮，打开"期初余额明细表"窗口，如图8.12所示。单击工具栏中的"增加"按钮，打开"单据类别"对话框，如图8.13所示。依次选择单据名称"采购发票"、单据类型"采购普通发票"、方向"正向"，单击"确认"按钮，打开"采购普通发票"输入窗口，如图8.14所示。分别输入表头各项内容，输入完毕后单击工具栏中的"保存"按钮，保存所输

单据。继续单击"增加"按钮,则增加同类型单据。也可以单击"复制"按钮,将当前单据复制到新增单据上再进行修改。若不是同类型单据,可退出此窗口,在"期初余额明细表"窗口中,单击"增加"按钮,重新选择单据类别继续输入。

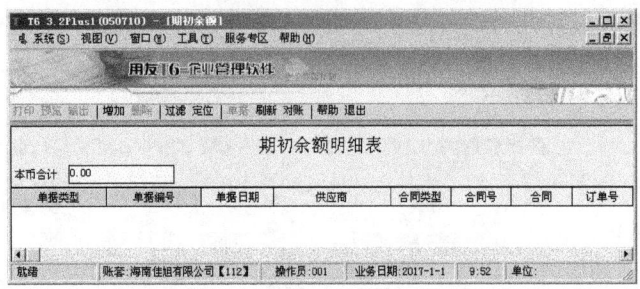

图 8.12 "期初余额明细表"窗口　　　　　　图 8.13 "单据类别"对话框

用户可通过"修改"或"删除"按钮对期初余额进行修改或删除的操作。

2. 期初应付单输入

期初应付单是指还未结算的其他应付单,在系统中以应付单的形式列示,已核销部分金额不显示。

案例:2016 年 12 月 20 日,湖南永和电脑公司为本公司代垫费用 800 元。

具体操作

在"期初余额明细表"窗口中,单击工具栏中的"增加"按钮,打开"单据类别"对话框,依次选择单据名称"应付单"、单据类型"其他应付单"、方向"正向",单击"确认"按钮,打开"应付单"输入窗口,如图 8.15 所示。分别输入表头各项内容,输入完毕后单击工具栏中的"保存"按钮,保存所输单据。

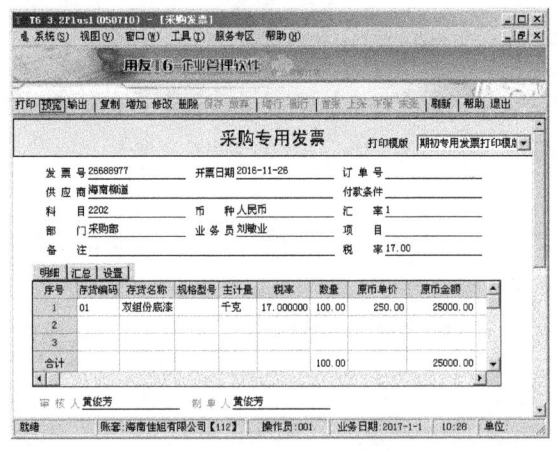
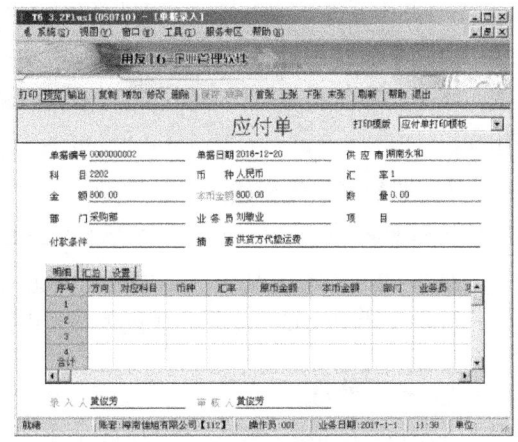

图 8.14 "采购发票"窗口　　　　　　　　图 8.15 期初应付单输入

3. 期初预付单输入

期初预付单是指提前支付给供应商款项,即预付账款,在系统中以付款单的形式列示。

案例:2016 年 12 月 22 日,本公司开出现金支票预付海南柳道有限公司购货款 20 000 元(支票号为6578)。

具体操作

在"期初余额明细表"窗口中,单击工具栏中的"增加"按钮,打开"单据类别"对话框,依次选择单据名称"预付款"、单据类型"付款单"、方向默认为"正向",单击"确认"按钮,打开"付款单"输入窗口,如图8.16所示。分别输入表头各项内容,输入完毕后单击工具栏中的"保存"按钮,保存所输单据。

4. 期初票据输入

期初票据是指还未结算的票据。

案例:2016年10月19日,采购部刘敏业向深圳天祥制品有限公司购货,开出3个月期限带息商业承兑汇票一张,票据面值93 600元,票面利率6%(票号为2165378906)。

具体操作

在"期初余额明细表"窗口中,单击工具栏中的"增加"按钮,打开"单据类别"对话框,依次选择单据名称"应付票据"、单据类型"商业承兑汇票"、方向默认为"正向",单击"确认"按钮,打开"期初票据"输入界面,如图8.17所示。分别输入各项内容,输入完毕后单击工具栏中的"保存"按钮,保存所输单据。

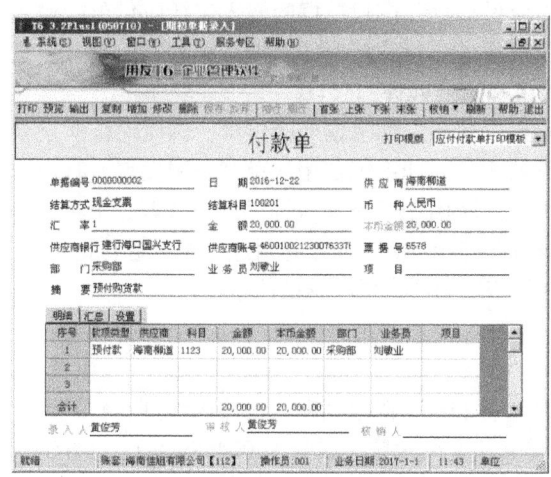

图8.16 期初付款单输入

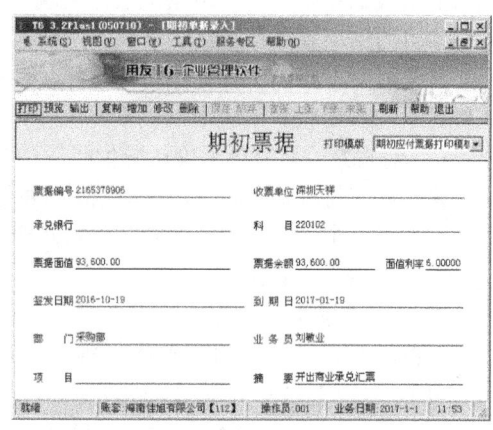

图8.17 期初票据输入

5. 期初对账

完成全部应付业务数据输入后,通过对账功能将应付款管理系统与总账系统期初余额进行对账。

具体操作

在"期初余额明细表"窗口中,单击工具栏中的"对账"按钮,打开"期初对账"窗口,如图8.18所示。

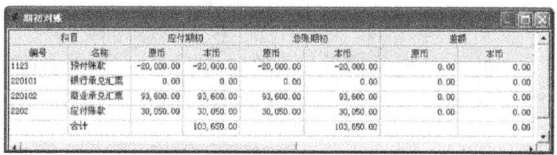

图8.18 期初对账

8.3 日常业务处理

日常业务主要完成企业日常的应付/付款业务输入、应付/付款业务核销、应付并账、汇兑损益以及坏账的处理,及时记录应付、付款业务的发生,为查询和分析往来业务提供完整、正确的资料,加强对往来款项的监督管理,提高工作效率。

8.3.1 应付单据处理

应付账款是企业因购买材料、商品和接收劳务供应等应支付给供应者的款项。应付款管理系统主要提供用户对应付账款的管理,包括应付账款的形成及其偿还情况。应付业务来源于采购业务,与采购业务、委外业务息息相关。企业在实际业务中,会因为采购业务付款方式、付款时点的不同而产生不同的会计处理。故本节就采购和委外与付款的关系分为应付款业务、预付款业务、现付业务分别来阐述应付账款、预付账款的形成及其偿还情况的系统处理。

1. 应付单据输入

在系统中填制的采购发票、应付单,统称为应付单据。应付单据的输入包括应付单的输入和采购发票的输入。应付单是记录非采购业务所形成的应付款情况的单据;采购发票是从供货单位取得的进项发票及发票清单。应付单据输入是本系统处理的起点。

首先需要在系统中依据供货单位提供的原始票据填制采购发票或应付单,然后对采购发票或应付单进行审核,系统用审核来确认应付业务的成立,即系统在用户填制采购发票、其他应付单后,对发票进行审核后确认应付账款,并记入应付明细账。本系统提供的审核有3个含义,其一是确认应付账款,其二是对单据输入的正确与否进行审查,其三是对应付单据进行记账。

在本系统中,采购发票和应付单的处理都基于该发票或应付单据已经审核。

(1)采购发票输入

① 输入采购专用发票。

案例:2017年1月3日,采购部刘敏业从深圳天祥制品有限公司购入清漆固化剂500千克,原币单价150元,原币价税合计87 750元。取得采购专用发票(票号为00468978)。对方给予的付款条件为"2/10,1/20,n/30"。另外,对方代垫费用600元(在应付单中输入),款项均未支付。材料已验收入库。(注:折扣包括增值税,不包括代垫费用。)

具体操作

在应付款管理系统窗口中,选择"日常处理"|"应付单据处理"|"应付单据录入"命令,打开"单据类别"对话框,依次选择单据名称"采购发票"、单据类型"采购专用发票"、方向"正向",单击"确认"按钮,打开"采购专用发票"输入窗口。如图8.19所示。分别输入表头和表体项目,输入完毕后单击"保存"按钮,即可保存新增单据;单击"放弃"按钮,则放弃当前操作。可通过单击"修改"或"删除"按钮对新增发票进行修改或删除的操作。

② 输入采购普通发票。

案例:2017年1月3日,采购部刘敏业从海南柳道有限公司购入双组份底漆50千克,原币

第8章 应付款管理系统

单价351元，原币金额17 550元，取得采购普通发票（票号为系统默认），款项未付。

在应付款管理系统窗口中，选择"日常处理"|"应付单据处理"|"应付单据录入"命令，打开"单据类别"对话框，依次选择单据名称"采购发票"、单据类型"采购普通发票"、方向"正向"，单击"确认"按钮，打开"采购普通发票"输入窗口，如图8.20所示。分别输入表头和表体项目，输入完毕后单击"保存"按钮，即可保存新增单据；单击"放弃"按钮，则放弃当前操作。

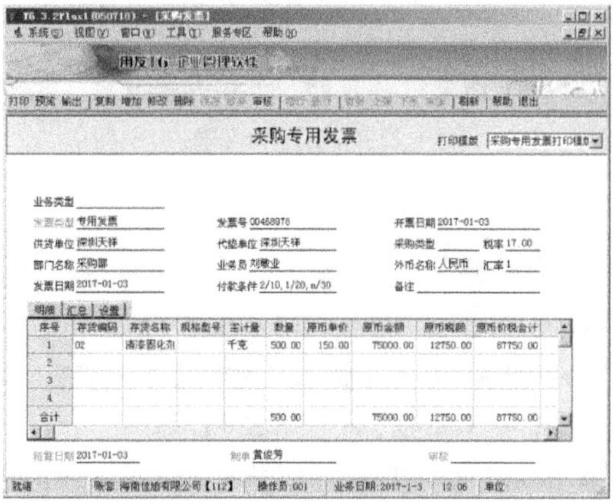

图8.19　采购专用发票输入 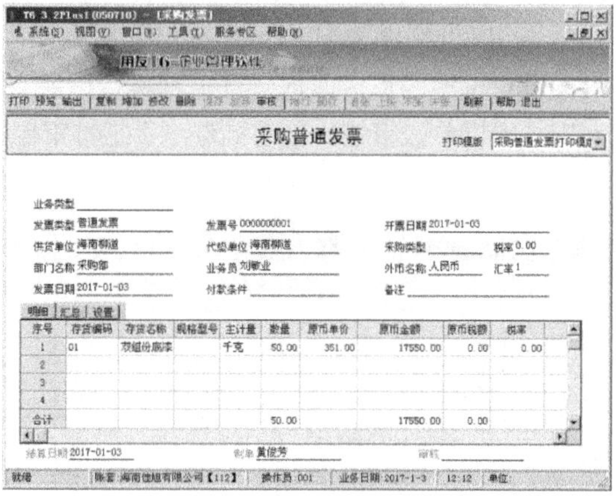　　　　　　图8.20　采购普通发票输入

提示：
- 若系统提供的单据格式不符合用户的要求，则用户可以通过"单据设计"对单据进行修改。
- 如果输入的是红字发票，则在"应收单据录入"单据类别中选择方向为负向的发票。

（2）应付单输入

案例： 依据2017年1月3日业务，深圳天祥制品有限公司代垫运费600元，未取得运输增值税专用发票。

在应付款管理系统窗口中，选择"日常处理"|"应付单据处理"|"应付单据录入"命令，打开"单据类别"对话框。依次选择单据名称"应付"、单据类型"其他应付单"、方向"正向"，单击"确认"按钮，打开"应付单"输入窗口，如图8.21所示。输入表头项目相关内容，输入完毕后单击表体第一行，则根据表头项目内容自动生成表体内容。单击"保存"按钮，即可保存新增应付单据。保存之后，可单击"审核"按钮，系统弹出"是否立即制单？"提示对话框，此时可单击"是"

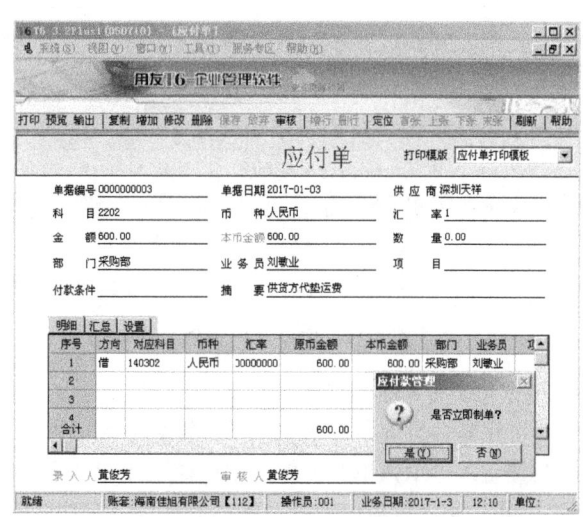

图8.21　应付单输入

按钮，也可单击"否"按钮。若单击"是"按钮，系统自动进入凭证窗口，从中可对凭证进行修改并保存；若单击"否"按钮，暂不生成凭证，在"制单处理"中统一生成。

用户可通过单击"修改"或"删除"按钮对新增应付单进行修改或删除的操作。

☞提示：● 系统提供的应付单实质是一张凭证，除了记录用户采购业务之外所发生的各种其他应付业务信息外，还记录科目信息。

● 应付单据的单据编号可以手工输入，也可以系统自动编号。

● 如果需要系统自动编号，则可以在"单据编号设置"对话框中定义是流水号或是有含义的编号。

2. 应付单据审核

应付单据的审核即把应付单据进行记账，并在单据上填上审核日期、审核人的过程。系统对审核提供单张审核、自动批审、手工批审等功能，从而可使用户提高工作效率。

（1）自动批审

图 8.22 "单据过滤条件"对话框

具体操作

在应付款管理系统窗口中，选择"日常处理"|"应付单据处理"|"应付单据审核"命令，打开"单据过滤条件"对话框，如图 8.22 所示。

输入查询条件后，选中"未审核"复选框，单击"批审"按钮，系统根据当前的过滤条件将符合条件的未审核单据全部进行后台的一次性审核处理，批审完成后，系统提交审核报告。

（2）手工批审

也可在输入过滤条件后，进入"单据处理"窗口中进行选择。在"选择"栏里，双击使之出现 Y 标志，然后单击工具栏中的"审核"按钮，则表示要审核该张单据。也可以单击"全选"按钮将所有的单据全部选中；单击"全消"按钮取消所做的选择。选择单据后，单击"审核"按钮，可全部审核当前选中的单据。

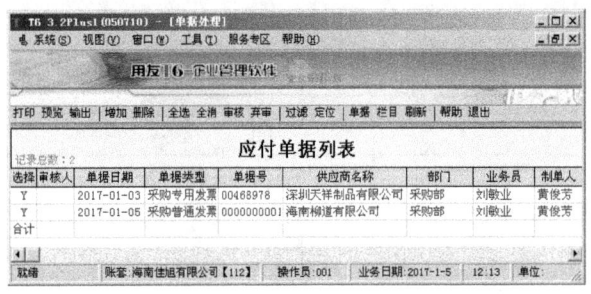

图 8.23 应付单据审核

具体操作

在应付款管理系统窗口中，选择"日常处理"|"应付单据处理"|"应付单据审核"命令，打开"单据过滤条件"对话框，选择过滤条件，单击"确认"按钮，进入"单据处理"窗口，如图 8.23 所示。选择要审核的单据，单击"审核"按钮，即可审核所选单据。

（3）单张审核

可在输入过滤条件后，打开"单据处理"窗口，选择需要审核的记录，单击工具栏中的"单据"按钮，显示该单据，单击"审核"按钮即可审核该单据。

☞提示：● 已审核的应付单据不允许修改和删除。

● 已经审核过的单据不能进行重复审核；未经审核的单据不能进行弃审处理。已经做过后续处理(如核销、转账、坏账、汇兑损益等)的单据不能进行弃审处理。不能在已结账月份中进行审核和弃审处理。

（4）取消审核

取消审核功能，可以将某笔业务信息从应付明细账中抹去，同时，清空审核人和审核日期，回到未审核的状态，此时，用户可以根据实际情况，决定对该应付单据是进行修改还是删除。

同样，对取消审核操作，系统提供批量弃审和单张弃审的操作，以提高用户的使用方便性。

8.3.2 付款单据处理

在实际业务中，供应商将通过直接付款、支付银行承兑汇票、支付商业承兑汇票或企业进行应付账款冲销、红蓝票对冲等业务进行应付账款冲减。

1. 付款单据输入

系统通过付款单来记录支付的供应商款项。企业支付款项后，在"付款单"输入窗口中填制付款单。付款单中表体项目款项类型，就是用来区别企业每支付一笔款子，是因为购买材料、商品而支付货款，还是提前支付给供应商的货款，还是企业支付的其他款项。用户在付款单中需要指明每一笔款项的用途，如果用户支付的款项中同时包含这几种类型，用户需要分开记录，因为系统依据不同的款项用途进行后续的处理。对于前述业务，该付款单中的款项类型为应付款，即该付款冲销应付账款。

案例： 2017年1月9日，本公司以电汇方式（票号为6398）支付本月3日所欠深圳天祥制品有限公司款项，在10天内付款，可享受折扣1 775元（87 750×2%）折扣。实际付款86 595元（87 750＋600－1 755）。（暂不制单，与核销合并制单）

在应付款管理系统窗口中，选择"日常处理"｜"付款单据处理"｜"付款单据录入"命令，打开"付款单"输入窗口，如图8.24所示。单击"增加"按钮，输入表头项目相关内容（表体项目根据表头项目内容自动生成），输入完毕后单击"保存"按钮，即可保存新增付款单据。

对单据进行修改、删除、审核、制单等处理与应付单据类似。

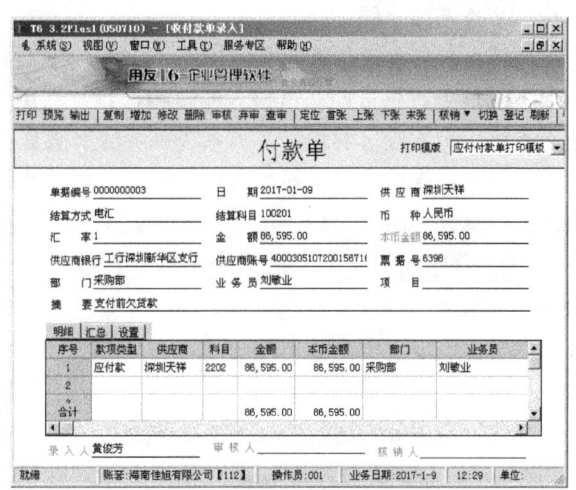

图8.24 付款单据输入

提示： ● 付款单日期必须大于已经结账日期，小于等于当前的业务日期。

● 如果要输入另一供应商的付款单，需重新选择供应商名称。

● 单据输入时，结算科目及结算金额不能为空。

● 发生采购退货时，需要开具付款单给供应商，可通过切换功能输入付款单。

（1）新增付款单

① 依据原始单据，填制付款单上的内容。输入了供应商，则与供应商相关的内容系统将自动带出，如供应商的银行名称、银行账号等信息（前提是在供应商档案中记录了这些信息）。

② 表头中必须输入的项目有供应商、单据日期、单据编码、结算方式、币种、金额，当币种为外币时，汇率也必须输入。表体中必须输入的项目有款项类型、供应商、金额。

③ 表体部门、业务员、金额全部等于表头的对应数据。表体金额合计必须等于表头金额。用户可以对系统默认带入的表体记录进行增、删、改处理。

系统通过内置 3 种款项类型来区分款项用途——应付款、预付款、其他费用。不同的款项用途决定后续业务处理的不同。每一笔款项都应指定其款项用途。若同一付款单具有不同用途的款项，用户应分别指明。

（2）选择款项类型

① 选择应付款，其款项用途为冲销应付账款，表体对应的科目为控制科目；选择预付款，其款项性质是形成预付账款，表体对应的科目为控制科目；选择其他费用，则该款项用途为其他费用，且其表体的科目不能是应付款管理系统的控制科目。

② 只有应付款和预付款性质的记录才能记应付明细账，才可以与采购发票、应付单进行核销勾对。

（3）代付款的处理

代付款是指原本为甲供应商的款项，现由乙供应商代为支付。在一张付款单中，若表头供应商与表体供应商不同，则表示表体记录所在的款项为代付款。在核销时，代付款的供应商的记录只能与其本身的应付款核销。

2. 付款单据审核

系统用审核来确认付款业务的成立。付款单的审核即把付款单据进行记账，并在单据上填上审核日期、审核人的过程。系统在用户填制付款单后，对付款单进行审核后记入应付明细账。本系统提供的审核有 3 个含义，其一是确认付款，其二是对单据输入的正确与否进行审查，其三是记入应付明细账。

具体操作

在应付款管理系统窗口中，选择"日常处理"|"应付单据处理"|"付款单据审核"命令，打开"单据过滤条件"对话框，选择过滤条件，单击"确认"按钮，打开"收付款单列表"窗口，如图 8.25 所示。找到用户要审核的付款单，单击"审核"按钮即可。

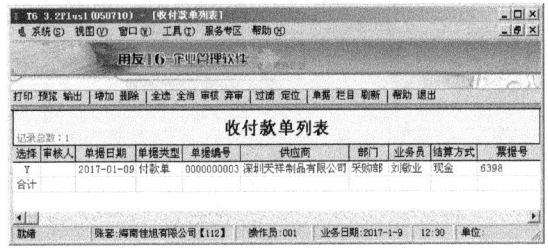

图 8.25 付款单审核

8.3.3 核销处理

系统通过核销功能，来帮助用户进行付款结算，即将付款单与发票或应付单相关联，冲减本期应付，减少企业债务。系统提供按单据核销与按产品核销两种方式。

第 8 章 应付款管理系统

案例：2017 年 1 月 9 日，本公司对支付给深圳天祥制品有限公司的款项采用手工方式进行核销。

在应付款管理系统窗口中，选择"日常处理"|"核销处理"|"手工核销"命令，打开"核销条件"对话框，如图 8.26 所示。选择 002 供应商（深圳天祥制品有限公司），输入其他条件后，单击"确认"按钮（也可在"付款单"输入窗口中单击"核销"按钮）即可打开"单据核销"窗口，如图 8.27 所示。向右拖动滚动条，在"本次结算"栏输入本次核销金额（分别为 85995、600）。也可单击"分摊"按钮，将结算金额分摊到被核销单据处，可手工修改分摊金额。单击"保存"按钮，则核销处理完成。

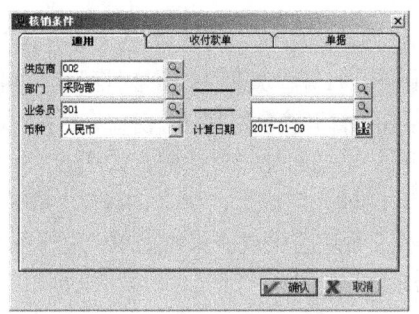

图 8.26 "核销条件"对话框

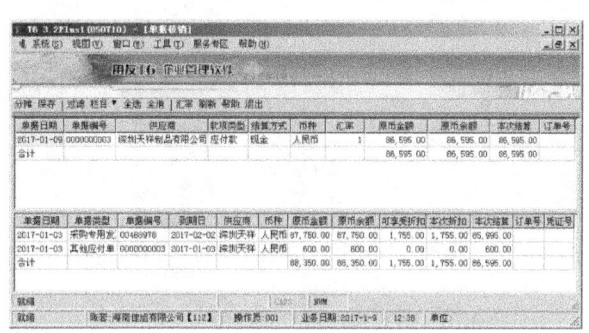

图 8.27 "单据核销"窗口

8.3.4 付款单据导出

付款单据导出功能主要完成付款单与网上银行的相互导入、导出处理。在应付款管理系统将付款单导出，即可将付款单导入网上银行系统。

在应付款管理系统窗口中，选择"日常处理"|"付款单导出"命令，打开"付款单导出过滤"对话框。输入过滤条件，单击"确认"按钮，打开"收付款单列表"窗口。可以单击"全选"或"全消"按钮来将列表中的记录全部打上选择标志或取消选择标志。也可在付款单导出列表中选择需要导出的单据，在"选择"栏中打上 Y 标志。单击"导出"按钮，即可进行导出处理，将当前打有选择标志的单据导出到网上银行中。系统提交导出结果报告，显示导出成功记录数和导出失败记录数。可单击 ≫ 按钮，分别将导出成功和不成功的单据按单据明细记录展开，显示导出不成功的原因。单击"关闭"按钮，即可关闭导出结果窗口。

提示：● 不管是应付导出给网上银行的单据，还是网上银行导出给应付的单据，均只能在应付款管理系统进行制单。

● 对于一张付款单来说只能单向导入、导出，不允许一张单据进行循环导入、导出。即应付款管理系统将付款单导出至网上银行系统后，网上银行系统不能再将该单据导出至应付款管理系统。

8.3.5 票据管理

系统提供票据管理功能来完成商业承兑汇票和银行承兑汇票的处理。它的主要功能是记录票据详细信息和票据处理情况。

1. 票据输入

案例：2017年1月13日，采购部刘敏业向海南柳道有限公司购货，支付一张期限3个月期的带息商业承兑汇票（票号为2897663289），票据面值17 550元，票面利率6%，签发日期2017年1月13日。

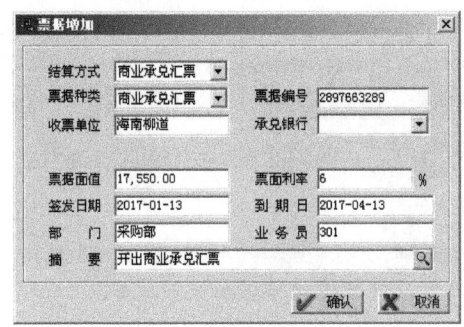

图8.28 "票据增加"对话框

具体操作

在应付款管理系统窗口中，选择"日常处理"|"票据管理"命令，打开"票据查询"对话框，直接单击"确认"按钮，打开"票据管理"窗口，单击"增加"按钮，打开"票据增加"对话框，如图8.28所示。输入各栏目，输入完成后，单击"确认"按钮，则保存当前票据，系统会生成一张付款单，用户可以在"付款单据录入"中进行查询，并对它进行核销、制单等操作。

用户可通过单击"修改"或"删除"按钮对票据进行修改或删除的操作。

提示：●付款日期在已经结账月的票据不能被修改、删除；票据所形成的付款单已经核销的不能被修改、删除；票据所形成的付款单已经核销的不能被修改、删除；已经进行过计息、结算、转出等处理的票据不能被修改、删除。

●票据作为付款单审核后才能制单。

2. 票据计息

票据分为带息票据和不带息票据。带息票据指汇票到期时，承兑人按票据面额及应计利息之和向收款人付款的商业汇票。

案例：2017年1月19日，本公司对2016年10月19日向深圳天祥制品有限公司开出的3个月期限带息商业承兑汇票计算利息，并进行票据结算。（暂不制单）

具体操作

在应付款管理系统窗口中，选择"日常处理"|"票据管理"命令，打开"票据查询"对话框，输入查询条件后，单击"确认"按钮，打开"票据管理"窗口。选中要计息的票据，然后单击工具栏中的"计息"按钮，打开"票据计息"对话框，如图8.29所示。输入计息日期，自动显示利息金额。单击"确认"按钮，就可以对当前的票据进行计息处理。系统会自动把结果保存在票据登记簿中。

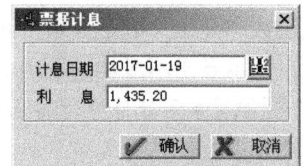

图8.29 "票据计息"对话框

3. 票据结算

票据结算是指企业支付票据。

案例：接上例。对深圳天祥制品有限公司到期票据进行结算处理。

在应付款管理系统窗口中，选择"日常处理"|"票据管理"命令，打开"票据查询"对话框，输入各种条件后，单击"确认"按钮，打开"票据管理"窗口。选中要结算的票据，然后单击工具栏中的"结算"按钮，打开"票据结算"对话框，如图 8.30 所示。输入结算日期 2017－01－19、结算金额 95035.2、结算利息 1435.2 等后，单击"确认"按钮，结算完成。票据在未全额结算情况下，还可进行其他处理。

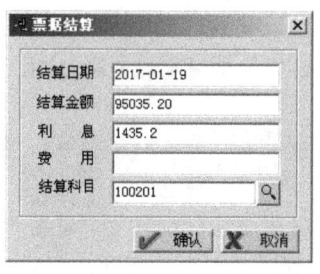

图 8.30 "票据结算"对话框

4. 票据转出

票据转出是指由于某种原因导致票据迟迟没有结算，需要重新恢复为应付账款。

案例：假如 2017 年 4 月 13 日，本公司开出给海南柳道有限公司的商业承兑汇票到期，本公司因财务紧张，暂时无力支付到期票据款，则将应付票据转为应付账款。（建议 4 月份再做）

在应付款管理系统窗口中，选择"日常处理"|"票据管理"命令，打开"票据查询"对话框，输入各种条件后，单击"确认"按钮，打开"票据管理"窗口。选中到期票据，然后单击工具栏中的"转出"按钮，打开"票据转出"对话框，如图 8.31 所示。输入完毕后单击"确认"按钮，即可对当前的票据进行转出处理。票据转出后，将不能再对其进行其他处理。

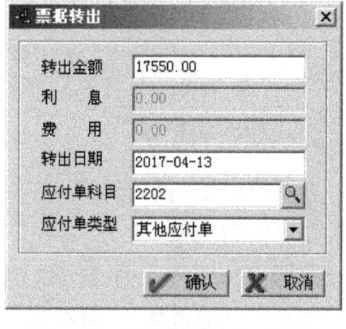

图 8.31 "票据转出"对话框

5. 票据查询

在应付款管理系统窗口中，选择"日常处理"|"票据管理"命令，打开"票据查询"对话框，输入查询条件后，单击"确认"按钮，系统将显示符合条件的票据。

8.3.6 转账业务

系统提供转账处理来满足用户应付账款调整的需要。针对不同的业务类型进行调整，分为应付冲应付、预付冲应付、应付冲应收、红票对冲等调整业务。

1. 应付冲应付

应付冲应付指将一家供应商的应付款转到另一家供应商中。通过应付冲应付功能将应付账款、预付账款在各供应商之间进行转入、转出,实现应付业务的调整,解决应付款业务在不同供应商间入错户或合并户问题。

案例: 2017 年 1 月 19 日,本公司将 2016 年 11 月 26 日应付海南柳道有限公司的应付款全部转为湖南永和电脑公司。(暂不制单)

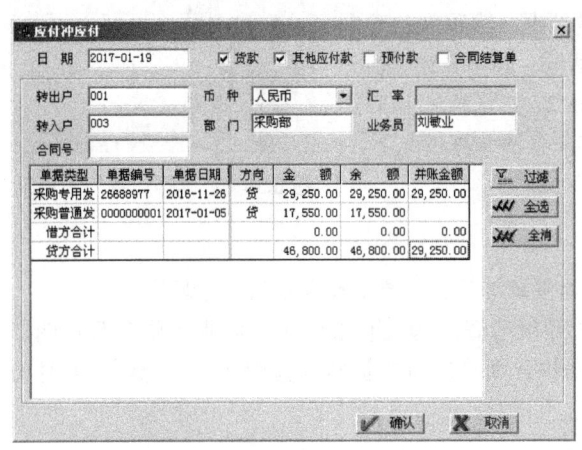

图 8.32 "应付冲应付"对话框

具体操作

在应付款管理系统窗口中,选择"日常处理"|"转账处理"|"应付冲应付"命令,打开"应付冲应付"对话框,如图 8.32 所示。在"货款""其他应付款"和"预付款"复选框中选择用户需要转出的单据类型。输入完成后,单击"过滤"按钮,系统会将该转出户所有满足条件的单据全部列出。可手工输入并账金额。输入完有关信息后,单击"确认"按钮,系统会自动地进行转出、转入处理。单击"取消"按钮,系统将取消上述操作。

提示: 每一笔应收款的转账金额应大于 0,小于等于余额;每次只能选择一个转入单位。

2. 预付冲应付

在系统中填制采购发票,并审核,通过预付冲应付处理供应商的预付款和该供应商应付欠款的转账核销业务。

案例: 2017 年 1 月 21 日,本公司将 2016 年 11 月 22 日预付给海南柳道有限公司的货款冲抵其本月 3 日应付款。(暂不制单)

具体操作

在应付款管理系统窗口中,选择"日常处理"|"转账处理"|"预付冲应付"命令,打开"预付冲应付"对话框,如图 8.33 所示。

打开"预付款"选项卡,从中输入供应商(海南柳道有限公司),输入完成后,单击"过滤"按钮,系统会将该供应商所有满足条件的预付款的日期、转账方式、金额等项目列出。用户可以在"转账金额"栏中输入每一笔预付款的转账金额。打开"应付款"选项卡,从中进行输入。输入完成后,单击"过滤"按钮,系统会将该供应商所有满足条件的应付款的单据类型、单据编号、单据日期、单据金额、转账金额等项目列出。用户可以在"转账金额"栏中输入每一笔应付款的转账金额,如图 8.34 所示。

第 8 章 应付款管理系统

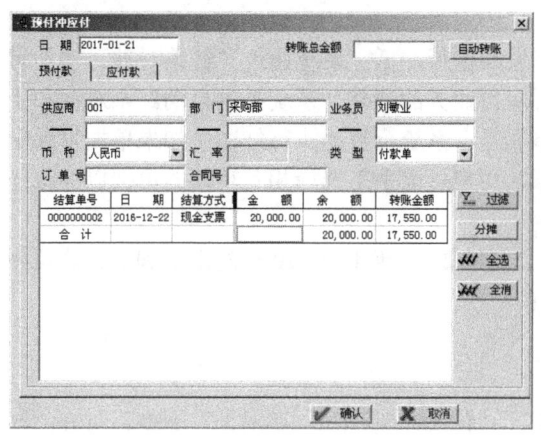

图 8.33 "预付款"选项卡

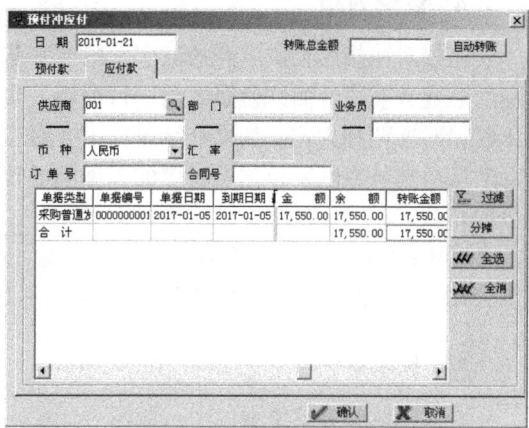

图 8.34 "应付款"选项卡

 提示： ● 每一笔应付款的转账金额不能大于其余额；应付款的转账金额合计应该等于预付款的转账金额合计。

● 上述两个选项卡均可以通过输入转账总金额，单击"分摊"按钮，达到自动分摊该转账总金额到具体单据上的目的，且分摊好的各单据转账金额允许修改。

3. 应付冲应收

应付冲应收指用某供应商的应付账款，冲抵某客户的应收款项。系统通过"应付冲应收"功能将应付款业务在供应商和客户之间进行转账，实现应付业务的调整，解决应付债务与应收债权的冲抵。

具体操作

在应付款管理系统窗口中，选择"日常处理"|"转账处理"|"应付冲应收"命令，打开"应付冲应收"对话框，如图 8.35 所示。如果用户需要红字应付单冲销红字应付单，则可以选中"负单据"复选框。打开"应付"选项卡，输入查询条件，单击"过滤"按钮，系统会将该供应商所有满足条件的应付款的单据类型、单据编号、日期、金额等项目全部列出。用户可以在"转账金额"栏中输入每一笔应付款的转账金额。每一笔应付款的

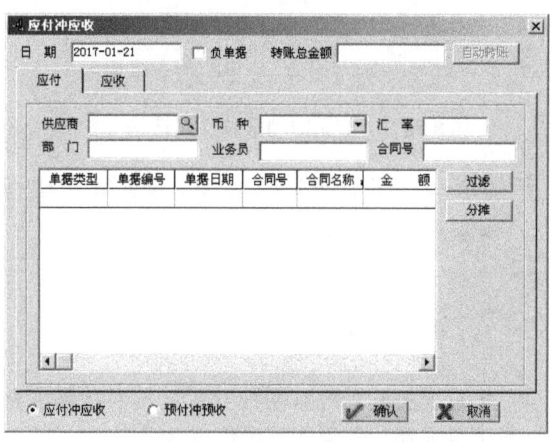

图 8.35 "应付冲应收"对话框

转账金额不能大于其余额。打开"应收"选项卡，输入或选择有关项目。输入完成后，单击"过滤"按钮，系统会将该客户所有满足条件的应收款的单据类型、单据编号、日期、金额等项目全部列出，用户可以在"转账金额"栏中输入每一笔应收款的转账金额。每一笔应收款的转账金额不能大于其余额。输入完有关应付款和应收款的信息后，单击"确认"按钮，系统会自动地将两者对冲。单击"取消"按钮，系统将会取消上述操作。

提示

4. 红票对冲

红票对冲指用某供应商的红字发票与其蓝字发票进行冲抵。系统通过"红票对冲"功能将应付款业务在供应商红蓝票之间进行冲销，实现应付业务的调整。系统提供自动红票对冲和手工红票对冲两种方式。如果红字单据中有对应单据号，系统会自动执行红冲；如果单据发票中无对应单据号或红字单据所对应的单据已经转账，用户可以手工选择相互转账的单据以冲减部分应付款。

案例：2017年1月27日，经双方同意，本公司将2016年12月20日湖南永和电脑公司为本公司代垫的运费800元用红票冲抵。（暂不制单）

在应付款管理系统窗口中，选择"日常处理"|"转账处理"|"红票对冲"命令，打开"红票对冲条件"对话框，如图8.36所示。选择003供应商（湖南永和），单击"确认"按钮，打开"红票对冲"窗口，如图8.37所示。在蓝字其他应付单"对冲金额"栏输入800。单击"保存"按钮，即可完成红票对冲处理。

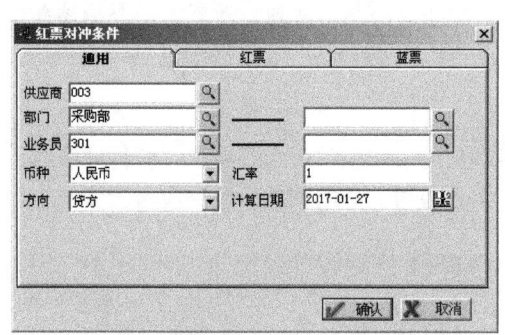

图8.36 "红票对冲条件"对话框

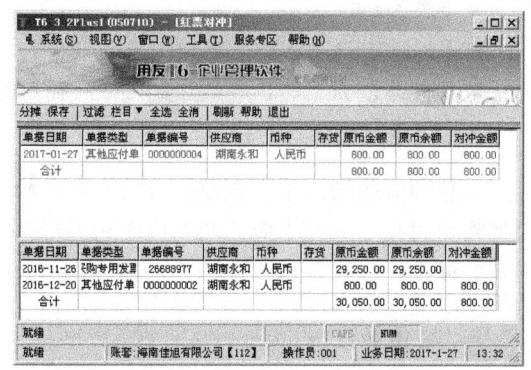

图8.37 "红票对冲"窗口

☞ **提示**：● 当用户冲抵应付单时，应首先在"应付单据录入"中输入一张应付单（负向），并审核。
● 对冲金额不能大于红票金额。

8.3.7 汇兑损益

汇兑损益的处理有两种方式：月末计算汇兑损益与单据结清时计算汇兑损益。在此以月末计算汇兑损益为例说明其操作方法。

"账套参数设置"对话框中提供两种处理汇兑损益的方式，一种是月末计算，另一种是单据结清时计算。用户可以在此计算外币单据的汇兑损益并对其进行相应的处理。系统处理与手工相似，选择后，则系统将按用户的设置进行自动计算。

在应付款管理系统窗口中，选择"日常处理"|"汇兑损益"命令，打开"汇兑损益——币种选择"对话框，如图8.38所示。输入计算日期，双击"选择"栏，选择计算汇兑损益的币种，单击"下一步"按钮，打开"汇兑损益——试算表"对话框，显示所选币种汇兑损益的计算情

第 8 章 应付款管理系统

况，包括该币种的外币余额、本币余额、调整后的本币金额及两者的差额。最后单击"确认"按钮保存当前计算结果。

8.3.8 制单处理

制单是将在本系统发生的业务生成会计凭证，并将凭证传递给总账系统的过程。系统在各个业务处理的过程中都提供了实时制单的功能。除此之外，系统还提供了一个统

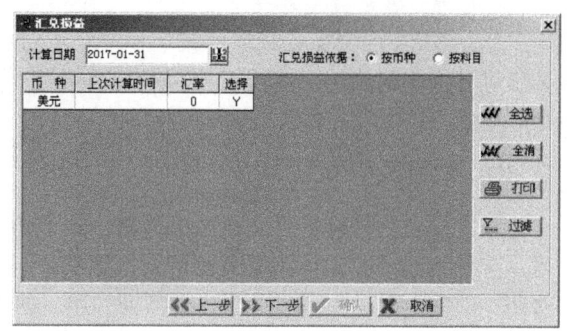

图 8.38 "汇兑损益——币种选择"对话框

一制单的平台，用户可以在此快速、成批生成凭证，还可依据规则进行合并制单等处理。

1. 发票制单

对采购发票制单时，若单据上有科目，则自动带入单据上的科目；若无，系统先判断控制科目依据，根据控制科目依据取"控制科目设置"中对应的科目；然后系统判断采购科目依据，根据采购科目依据取"产品科目设置"中对应的科目。若没有设置，则取"基本科目设置"中设置的应付科目和采购科目。若都没有设置，则手工输入。

具体操作

在应付款管理系统窗口中，选择"日常处理"|"制单处理"命令，打开"制单查询"对话框，如图 8.39 所示。选择制单类型，单击"确认"按钮，打开"应付制单"窗口，如图 8.40 所示。选定凭证类别，输入制单日期，在系统列示的所有当前日期已记账未制单的单据中，选择要制单的单据行，双击"选择标志"栏或单击工具栏中的"全选"按钮，选择全部单据制单，再单击"制单"按钮，打开"填制凭证"窗口，如图 8.41 所示。

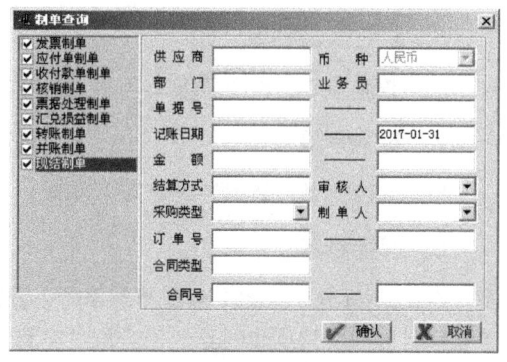

图 8.39 "制单查询"对话框

检查系统自动生成凭证的正确性。如有错误，只能对除金额外的其他项目进行修改操作，然后单击"保存"按钮，将当前凭证传递到总账系统。

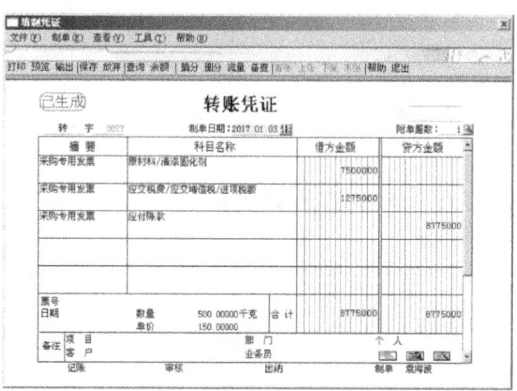

图 8.40 "应付制单"窗口　　　　　　　　图 8.41 "填制凭证"窗口

263

2. 应付单制单

对应付单制单时,借方取应付单表头科目,贷方取应付单表体科目,若应付单上没有科目,则需要用户手工输入科目。受控科目取法同上。

3. 付款单制单

借方科目为结算科目,取表头金额,金额为红字。贷方科目款项类型为应付款,为应付科目,金额为红字;款项类型为预付款,则贷方科目为预付科目,金额为红字;款项类型为其他费用,则贷方科目为费用科目,金额为红字。若无科目,则用户需要手工输入科目。

4. 核销制单

结算单核销制单受账套参数设置的控制,若选择核销不制单,则即使入账科目不一致也不制单。核销制单需要应付单及付款单已经制单,才可以进行核销制单。当核销双方的入账科目不相同的情况下才需要进行核销制单。

5. 票据处理制单

付到承兑汇票制单,借方取"基本科目设置"中的应付票据科目,贷方取"产品科目设置"中设置的采购科目及税金科目,若无,取"基本科目设置"中设置的采购科目及税金科目。若都没有设置,则需要用户手工输入科目。

6. 汇兑损益制单

汇兑损益制单,汇兑损益科目取"基本科目设置"中设置的汇兑损益科目。

7. 转账制单

依据账套参数设置判断转账是否制单。

8. 现结制单

对现结/部分现结的采购发票制单时,贷方取"产品科目设置"中设置的采购科目和应交增值税科目,借方取"结算方式科目设置"中设置的结算方式科目。

提 示

8.4 单据查询

单据查询包括对单据、业务账表、业务分析及科目账表的查询。

8.4.1 凭证和单据查询

1. 凭证查询

用户可以通过凭证查询来查看、修改、删除、冲销应付款管理系统传到总账系统中的凭证。

第 8 章　应付款管理系统

在应付款管理系统窗口中，选择"单据查询"|"凭证查询"命令，打开"凭证查询条件"对话框，通过"时间范围"下拉列表框选择要查询凭证的日期范围，再输入其他过滤条件后，单击"确认"按钮，打开"凭证查询"窗口，如图 8.42 所示。

① 单击"查询"按钮，打开"查询条件"对话框，输入查询条件。

② 单击"单据"按钮，联查当前原始单据。原始单据窗口中提供打印、预览功能。

图 8.42　"凭证查询"窗口

③ 单击"凭证"按钮，联查当前凭证。

④ 单击"修改"按钮，修改当前凭证。已出纳签字、已审核、已主管签字、已记账单据不允许修改。

⑤ 单击"删除"按钮，删除当前凭证。已出纳签字、已审核、已主管签字、已记账单据不允许删除。

⑥ 单击"冲销"按钮，可做红字冲销。当凭证处于已记账状态时，不能修改和直接删除凭证，只能红字冲销，即生成一张与该凭证方向、金额相同的红字凭证，原蓝字凭证所涉及的单据或处理回到原未制单状态。但已审核未记账、未审核的凭证不能做凭证红字冲销处理。

提　示

2．单据查询

单据查询包括对发票、应付单及结算单的查询。在系统中，通过"统计分析"|"单据查询"命令可实现对以上单据的查询。

8.4.2　科目账表查询

1．余额查询

余额查询功能用于查询应付受控科目各个供应商的期初余额、本期借方发生额合计、本期贷方发生额合计、期末余额。它包括科目余额表、供应商余额表、三栏式余额表、业务员余额表、供应商分类余额表、部门余额表、项目余额表、地区分类余额表 8 种查询方式。

2．明细账查询

明细账查询功能用于查询应付受控科目下各个往来供应商的往来明细账。它包括科目明细账、供应商明细账、三栏式明细账、多栏式明细账、供应商分类明细账、业务员明细账、部门明细账、项目明细账、地区分类明细账 9 种查询方式。

8.5 其他处理

8.5.1 取消操作

如果用户对原始单据进行了核销、转账、坏账处理、汇兑损益、票据处理、并账等操作后，发现操作失误，可将其恢复到操作前的状态，以便进行修改。

案例：2017年1月31日，本公司取消对海南柳道有限公司的并账操作。（取消并账后再进行并账制单）

在应付款管理系统窗口中，选择"其他处理"|"取消操作"命令，打开"取消操作条件"对话框，如图8.43所示。输入过滤条件，"供应商"选择"海南柳道"，"操作类型"选择"并账"。单击"确认"按钮，系统将满足恢复条件的应付单据列出，如图8.44所示。在"选择标志"栏里双击，使之出现Y标志，表示要将此张应付单据恢复到审核前的状态。选择完成后，单击"确认"按钮，保存此次操作；单击"取消"按钮，取消此次操作。

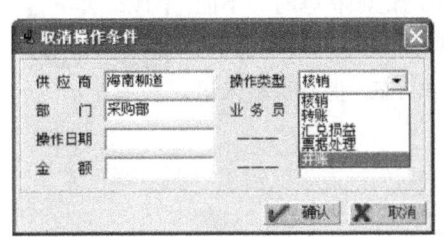

图8.43 "取消操作条件"对话框

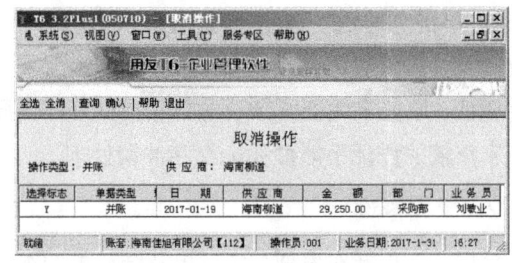

图8.44 应付单据列表

提示：已生成凭证的单据不能执行取消操作，要先删除凭证再执行取消操作。

8.5.2 月末结账

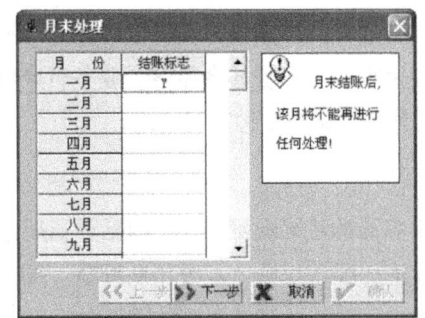

图8.45 "月末处理"对话框

如果用户已经确认本月的各项处理已经结束，可以选择执行月末结账功能。当用户执行月末结账功能后，该月将不能再进行任何处理。

在应付款管理系统窗口中，选择"其他处理"|"期末处理"|"月末结账"命令，打开"月末处理"对话框，如图8.45所示。选择结账月份，双击"结账标志"栏，选择该月进行结账。单击"下一步"按钮，系统

第8章 应付款管理系统

将月末结账的检查结果列示，可以单击其中任意一项，以检查其详细信息。单击"取消"按钮，取消此次操作；单击"确认"按钮，执行结账操作，系统提示"1月份结账成功"。

8.5.3 取消月结

本功能帮助用户取消最近月份的结账状态。

具体操作

在应付款管理系统窗口中，选择"其他处理"|"期末处理"|"取消月结"命令，打开"取消结账"对话框，如图8.46所示。单击已结账月份的"已结账"标志，单击"确认"按钮，系统提示"取消结账成功"。

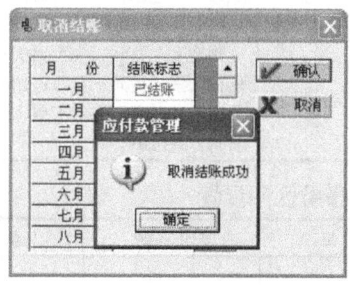

图 8.46 取消结账

课后习题与实验

实验九 应付款管理系统初始设置

实验目的：通过实验熟悉应付款管理系统初始化的一般方法。

实验准备：引入实验八"应收款管理系统日常业务处理"的账套备份数据，将系统日期修改为2017年7月1日，由操作员04注册进入555账套应付款管理系统。

课后习题区

实验要求：
1. 设置系统参数。
2. 设置科目。
3. 账龄区间设置。
4. 报警级别设置。
5. 单据编码设置，设置允许修改采购专用发票的编号。
6. 输入期初余额并与总账对账。
7. 备份555账套。

实验资料：
1. 上海奥斯罗特电器公司888账套应付款管理系统的参数资料

控制参数	参数设置	控制参数	参数设置
应付款核销方式	按单据	受控科目制单方式	明细到供应商
单据审核日期依据	单据日期	非控制科目制单方式	汇兑方式
汇兑损益方式	月末处理	控制科目依据	按供应商
应付账款核算模型	详细核算	采购科目依据	按存货
是否自动计算现金折扣	是	月结前是否全部生成凭证	是
是否进行远程控制	否	核销是否生成凭证	是
是否登记支票	是	单据报警提前天数	10

2. 上海奥斯罗特电器公司888账套应付款管理系统的科目设置资料

科目类别	设置方式
基本科目设置	应付科目（本币）：2202。预付科目（本币）：1123。采购科目：1402。采购税金科目：22210101。银行承兑科目：220101。商业承兑科目：220102。现金折扣科目：6603。票据利息科目：6603。票据费用科目：6603。汇兑损益科目：6603。币种兑换差异科目：6603。收支费用科目：660208。合同支付科目：640101
控制科目设置	应付科目：2202；预收科目：1123
产品科目设置	不锈钢采购科目：140302。铝合金采购科目：140301。紫铜采购科目：140304。塑料采购科目：140303。电冰箱采购科目：140501。空调采购科目：140503。洗衣机采购科目：140502。产品采购税金科目：22210102
结算方式科目设置	现金（人民币）科目：1001。现金支票（人民币）科目：100201。转账支票（人民币）科目：100201。转账支票（美元）科目：100202。商业承兑汇票（人民币）科目：100201。银行承兑汇票（人民币）科目：100201。银行汇票（人民币）科目：100201。信汇（人民币）科目：100201。电汇（人民币）科目：100201

3. 账龄区间设置

序 号	起止天数	总天数	序 号	起止天数	总天数
01	0～30	30	04	91～120	120
02	31～60	60	05	121以上	
03	61～90	90			

4. 报警级别设置

序 号	起止比率	总比率	级别名称	序 号	起止比率	总比率	级别名称
01	0～10%	10%	一级	04	50%～100%	100%	四级
02	10%～30%	30%	二级	05	100%以上		五级
03	30%～50%	50%	三级				

5. 期初余额（增值税税率为17%）

单据名称	方向	开票日期	单据编号	客户名称	科目	部门	业务员	存货名称	数量	无税单价/元	价税合计金额/元
采购专用发票	正	2017-6-05	00655269	卓鑫螺丝制品有限公司	2202	采购部	欧新元	紫铜	40	2 500	11 7000
其他应付单	正	2017-6-05	默认	卓鑫螺丝制品有限公司	2202	采购部	欧新元				2 000
预付款（电汇，票号为0009856）	正	2017-6-10	默认	广泽五金有限公司	1123	采购部	黄艳				68 000
商业承兑汇票（期限1个月）	正	2017-6-12	0000006768	上海丰田器材有限公司	2201	采购部	黄艳				152 100

实验十　应付款管理系统日常业务处理

实验目的：通过实验掌握应付款管理系统日常业务处理的主要内容和操作方法；理解应付款管理系统与总账系统联合使用时，应付款管理系统的基本功能和操作方法；熟悉应付款管理系统账簿查询的作用和基本方法。

实验准备：引入实验九"应付款管理系统初始设置"的账套备份数据，将系统日期修改为2017年7月1日，由操作员04注册进入555账套应付款管理系统。

第8章 应付款管理系统

实验要求：
1. 输入应付单、付款单。
2. 修改应付单、付款单。
3. 对应付单、付款单进行审核。
4. 对票据进行处理。
5. 对转账业务进行处理。
6. 对业务进行制单处理。
7. 对账表进行管理。
8. 取消对海南卓鑫螺丝制品有限公司的转账处理。
9. 进行期末处理。
10. 备份555账套。

实验资料：
2017年本公司7月份发生下列经济业务（增值税税率为17%）。

1. 1日，采购部从上海丰田器材有限公司采购不锈钢1 000卷，原币单价1 000元，原币价税合计1 170 000元。对方代垫运费500元，款项未付。取得采购专用发票一张，票号为00025978。材料尚未验收入库。（合并制单）

2. 2日，采购部从深圳金密科技有限公司采购铝合金500件，原币单价500元，原币价税合计292 500元，取得采购专用发票一张，票号为00026785。对方给予的付款条件为"2/10,1/20,n/30"。款项未付。材料已验收入库。（注：折扣包括增值税。）

3. 5日，采购部从海南卓鑫螺丝制品有限公司采购紫铜50件，原币单价3 000元，原币价税合计175 500元，取得采购专用发票一张，票号为00058973。款项未付。材料已验收入库。

4. 6日，采购部从北京广泽五金有限公司采购铝合金1 000件，原币单价600元，原币价税合计702 000元，取得采购专用发票一张，票号为00013897。材料已验收入库。经对方同意，与6月10日预付款68 000元冲抵。余款634 000元以电汇（票号为0006189）方式支付。

5. 7日，采购部从海南顺辉设备工程有限公司采购塑料300件，原币单价1 000元，原币价税合计351 000元，取得采购专用发票一张，票号为00047856。款项未付。材料尚未验收入库。

6. 8日，经查发现5日所输入的从海南卓鑫螺丝制品有限公司采购的紫铜50件，原币单价3 000元，00058973号采购专用发票中的无税单价3 000元应为2 500元。

7. 10日，以转账支票（票号为000669）方式支付本月1日从上海丰田器材有限公司采购不锈钢原币价税款及运费1 170 500元。

8. 12日，以电汇（票号为0006296）方式向海南卓鑫螺丝制品有限公司支付上月5日购料款117 000元。

9. 12日，上月12日签发给上海丰田器材有限公司的商业承兑汇票（票号为0000006768）到期，进行票据结算。

10. 13日，签发给海南顺辉设备工程有限公司带息商业承兑汇票（票号为0000001696）一张，期限为3个月，面值为351 000元，利率为10%。系支付本月7日购货款。

11. 15日，以电汇（票号为0008689）方式支付本月2日从金密科技有限公司采购铝合金500件，原币单价500元，原币价税合计292 500元，折扣额2 925元，扣除现金折扣后的金额为289 575元。（注：假设增值税考虑折扣，付款单与核销单合并制单。）

12. 24日，经三方同意，将本月5日应向海南卓鑫螺丝制品有限公司支付的原币价税合计146 250元转为支付给海南顺辉设备工程有限公司。（先转账处理再取消并账）

13. 28日，经双方同意，将上月5日应向海南卓鑫螺丝制品有限公司支付的运费2 000元用红票冲抵。

第 9 章 供应链管理系统

学习要求
1. 了解供应链管理系统的基本概念、业务流程及各模块之间的数据联系。
2. 熟悉供应链管理系统初始化设置的内容、方法及期末处理和账表的处理。
3. 掌握供应链管理系统的基础设置、日常处理等操作方法与技能。

9.1 供应链管理系统概述

供应链管理系统是集进、销、存、财务、决策分析为一体的综合性进销存管理系统。它运用先进的软件管理方法,使整个进、销、存业务流程完全可视化、可控化,使企业管理者一目了然,可以全面掌控整个企业的销售动态,时刻了解客户需求,高效运作资金,有效监管业务。它使资金流与物流同步,并相互制约,加快了企业对市场的反映速度,提高了决策的有效性。

9.1.1 供应链管理系统总体介绍

1. 基本概念

供应链管理(Supply Chain Management,SCM)是一种集成的管理思想和方法,它执行从供应商到最终用户的供应链中对物流的计划和控制等职能。从单一的企业角度来看,是指企业通过改善上、下游供应链关系,整合和优化供应链中的信息流、物流、资金流,以获得企业的竞争优势。

供应链管理是企业的有效性管理,表现了企业在战略和战术上对企业整个作业流程的优化。它整合并优化了供应商、制造商、零售商的业务效率,使商品以正确的数量、正确的品质、在正确的地点、以正确的时间、最佳的成本进行生产和销售。

2. 系统介绍及应用方案

供应链管理系统的主要模块包括采购管理、销售管理、委外管理、库存管理和存货核算 5 部分。

(1) 采购管理

采购管理是对采购业务的全部流程进行管理，提供请购、订货、到货、入库、开票、采购结算的完整采购流程。用户可根据实际情况进行采购流程的定制。

采购管理系统既可以单独使用，又能与T6的库存管理系统、销售管理系统、存货核算系统、应付款管理系统集成使用，提供完整、全面的业务和财务流程处理。

(2) 销售管理

销售管理系统提供了报价、订货、发货、开票的完整销售流程，支持普通销售、委托代销、分期收款、直运、零售、销售调拨等多种类型的销售业务，并可对销售价格和信用进行实时监控。用户可根据实际情况对系统进行定制，构建自己的销售业务管理平台。

销售管理系统既可以单独使用，又能与采购管理系统、库存管理系统、存货核算系统、应收款管理系统集成使用，提供完整、全面的业务和财务流程处理。

(3) 委外管理

委外管理系统帮助用户对委外业务的全部流程进行管理，提供委外订单下达、委外材料出库、委外产品入库、委外材料及订单执行情况输入的完整委外流程。

本系统适用于各类工业企业，与采购管理系统、销售管理系统、库存管理系统、生产管理系统、应付款管理系统集成使用，提供完整、全面的业务和财务流程处理。

(4) 库存管理

库存管理系统能够满足采购入库、销售出库、产成品入库、材料出库、其他出入库、盘点管理等业务需要，支持仓库货位管理、批次管理、保质期管理、出库跟踪入库管理、可用量管理等全面的业务应用。

库存管理系统既可以单独使用，又能与采购管理系统、销售管理系统、存货核算系统集成使用，从而发挥更加强大的应用功能。

(5) 存货核算

存货核算可分为工业企业存货核算与商业企业存货核算。存货核算是从资金的角度管理存货的出入库业务，主要用于核算企业的入库成本、出库成本和结余成本，反映和监督存货资金的占用情况，促进企业提高资金的使用效率。

9.1.2 供应链管理系统各子系统的基本功能

1. 采购管理系统的基本功能

采购管理系统的基本功能是进行采购管理和采购核算。其主要功能是进行初始化设置，进行采购业务的日常操作，并提供采购统计表、采购账簿、采购分析表等账表查询。

2. 销售管理系统的基本功能

销售管理系统的基本功能是进行销售管理系统的基础设置、销售业务处理、制订销售计划，对价格和信用进行实时监控，并提供销售统计、输出账表和销售分析数据，包括销售增长分析、货物流向分析、销售结构分析、账龄分析和销售毛利分析等。

3. 委外管理系统的基本功能

委外管理系统的基本功能是进行委外管理系统的初始化设置、委外业务处理、委外账表的查询分析。用户可进行委外材料及订单执行情况的查询及输入，包括委外材料使用情况表、委外订单执行情况表，还可以进行委外结算与核销。

4. 库存管理系统的基本功能

库存管理系统的基本功能是管好材料存货、半成品和产成品存货，从而避免材料积压或材料短缺，有利于生产计划的制订安排和组织销售。用户通过对存货的收、发、存业务的处理，可以及时动态地掌握库存存货的各种信息。它提供各种库存汇总统计，输出账表，进行储备分析，进行保质期和安全库存预警提示，以便企业进行存货控制。

5. 存货核算系统的基本功能

存货核算系统提供按部门、按仓库、按存货核算功能；提供 6 种计价方式，满足不同存货管理的需要；可以进行出入库成本调整，处理各种异常；还可进行存货跌价准备提取，满足上市企业管理的需要；自动生成符合业务规则的记账凭证，自动形成完整的存货账簿；提供强大的查询统计功能。

9.1.3 供应链管理系统各子系统间及与其他系统的联系

供应链管理系统各子系统间的数据传递关系及与其他财务系统的联系如图 9.1 所示。

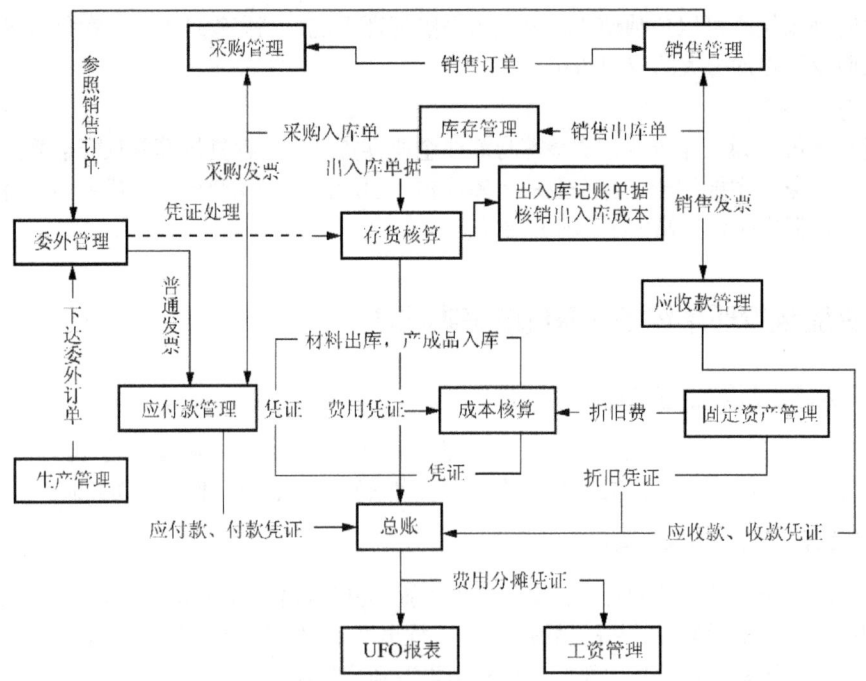

图 9.1 供应链管理系统各子系统间的数据传递关系及与其他系统的联系

9.2 供应链管理系统初始化

在供应链管理系统初始化时，必须先设置 5 个模块统一的公用参数，按照系统规定的启用顺序依次进行相应的初始设置，主要包括基础信息设置、系统参数设置、基础科目设置和期初余额输入 4 项内容。

9.2.1 基础信息设置

基础信息设置主要包括机构设置、往来单位设置、存货设置、财务信息设置、收付结算设置及业务基础设置等。与财务共用的基础信息在财务系统中已详细介绍，这里不再赘述。本节主要介绍几个重要的业务基础设置。

1. 仓库档案

首次使用本系统时，应先将本单位使用的仓库预先输入到系统之中，即进行"仓库档案"设置。

2. 收发类别

收发类别是为了方便用户对材料的出入库情况进行分类汇总统计而设置的，表示材料的出入库类型。用户可根据各单位的实际需要自由、灵活地进行设置。

3. 采购类型

采购类型是由用户根据企业需要自行设置的项目。用户在使用用友采购管理系统填制采购入库单等单据时，会涉及采购类型栏目。

4. 销售类型

用户在处理销售业务时，可以根据自身的实际情况自定义销售类型，以便于按销售类型对销售业务数据进行统计和分析。

5. 费用项目

用户在处理销售业务中的代垫费用、销售支出费用时，应先行在本功能中设置这些费用项目。

6. 发运方式

用户在处理采购业务或销售业务中的运输方式时，应先行在本功能中设置这些运输方式。本功能完成对运输方式的设置和管理，用户可以根据业务的需要方便地增加、修改、删除、查询、打印运输方式。

7. 非合理损耗类型

在企业的采购业务中，由于运输、装卸等原因采购的货物会发生短缺毁损，应根据不同情况，做出相应的账务处理。属于定额内合理损耗的，应视同提高入库货物的单位成本，不另做账务处理；运输部门或供货单位造成的短缺毁损，属于定额外非合理损耗的，应根据不同情况分别进行账务处理。

9.2.2 系统参数设置

1. 采购管理系统重要参数设置

采购管理系统参数在3个选项卡——"业务及权限控制""公共及参照控制"和"采购预警和报警"中设置。

（1）业务及权限控制设置

① 普通业务必有订单。选中该复选框时，采购到货、入库、发票、退货，都需要有订单作为依据。到货单、采购入库单、采购发票、红字采购入库单，都不能手工新增，必须复制来源单据生成。复制单据时，选单窗口中的"执行所拷贝的记录"命令置灰，不可修改。并且对于生成的单据不允许增行。可随时修改该设置。

② 直运业务必有订单和受托代销业务必有订单的设置规则与普通业务必有订单规则相似，这里不再赘述。

③ 启用受托代销。用户只有在建立账套时选择企业类型为"商业"，该复选框才可选。并不是所有的企业都有受托代销业务，如果商业企业没有受托代销的业务时，可以不选中该复选框，则相应的菜单中就不会出现与受托代销相关的命令。可随时修改该设置。

④ 是否允许超订单到货及入库。用于支持企业在实际业务过程中存在到货和入库时，存货的数量超过订单中对应存货的数量的业务。选中它，说明允许超订单到货及入库，但超出量有一个控制，即存货档案中的入库超额上限，即在允许超订单到货和入库时，到货单/入库单的数量≤订单数量×（1+入库超额上限）。不选中它，说明不允许超订单到货及入库，参照订单生成到货单、入库单时，不可超过订单数量。可随时修改该设置。

⑤ 入库单是否自动带入单价：手工录入/参考成本/最新成本。在未启用库存管理系统时，可以在采购管理系统中输入采购入库单。当手工输入采购入库单时，有些用户希望输入存货时，能自动带出一个价格，此复选框就是让用户设置是否需要自动带出价格，并选择要带出的价格值。选中此复选框，指在手工新增入库单时，表体存货记录可以自动带出单价。默认为最新成本。可随时修改该设置。

（2）公共及参照控制设置

① 单据默认税率。此文本框用于设置采购一些单据在手工新增时表头税率默认带入的值，以减少用户每次输入的麻烦。默认为17%，用户可修改。

采购普通发票的表头税率不带此值，默认为0；运费发票的表头税率默认为7%。

② 单据录入过程中参照存货时允许选择多条存货。默认为选中，表示在填制采购单据时，输入和选择多条存货档案。如果不选中，则在填制采购单据时，只能输入和选择一条存货档案。可随时修改该设置。

（3）采购预警和报警设置

此选项卡用于设置是否对临近计划到货日期和超计划到货日期而未到货的订单进行预警和逾期报警。可随时修改该设置。

2. 销售管理系统重要参数设置

销售管理系统参数在5个选项卡——"业务控制""其他控制""信用控制""可用量控制"

和"价格控制"中设置。

以下介绍"业务控制"选项卡中常用参数的设置。

① 是否有零售日报业务。选中该复选框时,系统增加"零售"命令,相关报表如销售收入明细账中包含零售日报的数据。否则系统不能处理零售日报业务。此功能可以作为与前台销售收款系统的接口。可随时修改该设置。

② 是否有销售调拨业务、是否有委托代销业务、是否有分期收款业务、是否有直运销售业务的设置与是否有零售日报业务的设置规则相似,这里不再赘述。

③ 改变税额是否反算税率。税额一般不用修改,在特定情况下,如系统和手工计算的税额相差几分钱,用户可以调整税额尾差。当修改税额不改变税率时,要进行税额的容差控制,单笔容差默认为 0.06,整单容差默认为 0.36。

④ 是否有超订量发货控制。用户可以设置在参照订单开发货单、销售发票时是否可超过订单的数量。通过该设置可根据销售订单控制销售发货数量,限制业务人员的权限,降低出货回款的风险。

⑤ 是否销售生成出库单。选中该复选框,则销售管理系统的发货单、销售发票、零售日报、销售调拨单在审核/复核时,自动生成销售出库单,并传到库存管理系统和存货核算系统,库存管理系统不可修改出库数量,即一次发货一次全部出库。不选中该复选框,则销售出库单由库存管理系统参照销售发货单生成——在参照时,可以修改本次出库数量,即一次发货多次出库。

⑥ 普通销售必有订单。选中该复选框后,普通销售发货单、普通销售发票不可手工填制。

⑦ 委托代销必有订单、分期收款必有订单、直运销售必有订单设置的规则与普通销售必有订单规则相似,这里不再赘述。

3. 委外管理系统重要参数设置

委外管理系统参数在 3 个选项卡——"专用设置""委外预警"和"报警"中设置。

(1) 专用设置

① 倒冲生成委外材料出库单是否自动审核。自动审核时,系统在自动生成材料出库单的同时,会自动审核该材料出库单;不自动审核时,系统只会生成材料出库单,不会审核,此时,需要人工手动审核材料出库单。不可随时修改该设置。

② 委外材料出库单全部记账后方可委外结算。选中该复选框后,委外材料出库单必须全部记账后方可结算。不可随时修改该设置。

(2) 委外预警和报警设置

① 委外提前预警天数 n 天:当有委外订单(计划时间 $-n$),小于或等于当前预警系统检查的系统时间时,根据预警设置发出预警通知。

② 委外逾期报警天数 a 天:当有委外订单(计划时间 $+a$),大于或等于当前报警系统检查的系统时间时,根据报警设置发出报警通知。

4. 库存管理系统重要参数设置

库存管理系统参数在 4 个选项卡——"通用设置""专用设置""可用量控制"和"可用量检查"中设置。

(1) 通用设置

① 有无组装拆卸业务。有组装拆卸业务时,系统增加组装拆卸菜单,可以使用组装单、拆卸单;无组装拆卸业务时,不显示组装拆卸菜单。不可随时修改该设置。

② 有无形态转换业务。有形态转换业务时，系统增加形态转换菜单，可以使用形态转换单；无形态转换业务时，不显示形态转换菜单。不可随时修改该设置。

③ 有无委托代销业务。有委托代销业务时，销售出库单的业务类型增加委托代销；没有委托代销业务时，不能进行相关操作。不可随时修改该设置。

④ 有无受托代销业务。有受托代销业务时，可在"存货档案"中设置受托代销存货，采购入库单的业务类型增加受托代销；没有受托代销业务时，不能进行相关操作。不可随时修改该设置。

⑤ 有无成套件管理。有成套件管理时，可在"存货档案"中设置某存货为成套件，可设置"成套件"档案，"收发存汇总表"和"业务类型汇总表"可将成套件按照组成单件展开进行统计；没有成套件管理时，不能进行相关操作。不可随时修改该设置。

⑥ 修改现存量时点。企业根据实际业务的需要，有些单据在单据保存时进行实物出入库操作，而有些单据在单据审核时才进行实物出入库操作。为了解决单据和实物出入库的时间差问题，用户可以根据不同的单据制定不同的现存量更新时点。该参数会影响现存量、可用量、预计入库量、预计出库量。

（2）专用设置

① 预警设置。预警设置包括保质期预警、失效存货报警、最高最低库存预警和盘点预警等。

② 自动带出单价的单据。入库单成本：必填，默认值为最新成本，可随时修改。选择内容为最新成本、参考成本、计划单价、按计价方式取单价。填制入库单据时，按照当前设置带入单价，用户可修改。出库单成本：必填，可随时修改，默认为按计价方式取单价，但只有存货核算系统启用时才能选择按计价方式取单价。选择内容为最新成本、参照成本、计划单价、按计价方式取单价。填制出库单据时，按照当前设置带入单价，用户可修改。

③ 可用量控制。可用量控制是按"仓库+存货+自由项+批号"进行严格控制。可用量控制在库存管理和销售管理系统中分别设置。可随时修改该设置。

5. 存货核算系统重要参数设置

存货核算系统参数在 3 个选项卡——"核算方式""控制方式"和"最高最低控制"中设置。以下介绍"核算方式"选项卡中常用参数的设置。

① 核算方式。如果是按仓库核算，则按仓库在"仓库档案"中设置计价方式，并且每个仓库单独核算出库成本；如果是按部门核算，则在"仓库档案"中按部门设置计价方式，并且相同所属部门的各仓库统一核算出库成本；如果按存货核算，则按用户在"存货档案"中设置的计价方式进行核算。

② 暂估方式。暂估方式包括月初回冲、单到回冲、单到补差 3 种。月初回冲是指月初时系统自动生成红字回冲单，报销处理时，系统自动根据报销金额生成采购报销入库单；单到回冲是指报销处理时，系统自动生成红字回冲单，并生成采购报销入库单；单到补差是指报销处理时，系统自动生成一笔调整单，调整金额为实际金额与暂估金额的差额。

③ 销售成本核算方式。销售成本核算方式用于设置销售出库成本确认标准，当销售管理系统启用后，用户可选择按销售发票或销售出库单记账。默认为按销售出库单记账。

④ 委托代销成本核算方式。如果用户选择按发出商品业务类型核算，则按发货单+发票记账；如果选择按普通销售方式核算，则按系统参数"销售成本核算方式"中选择的销售发票或销售出库单进行记账。

⑤ 零成本出库选择。零成本出库选择是指核算出库成本时，如果出现账中为零成本或负成本，造成出库成本不可计算时，出库成本的取值方式选择。

⑥ 入库单成本选择。入库单成本选择是指对入库单据记明细账时，如果没有填写入库成本即入库成本为空时，入库成本的取值方式选择。

⑦ 红字出库单成本选择。红字出库单成本选择是指对先进先出方式核算的红字出库单据记明细账时，出库成本的取值方式选择。

9.2.3 基础科目设置

通过科目设置功能来设置本系统中生成凭证所需要的各种存货科目、差异科目、分期收款发出商品科目、委托代销科目、运费科目、税金科目、结算科目、对方科目等，因此用户在制单之前应先在存货核算系统中将存货科目设置正确、完整，否则无法生成科目完整的凭证。

（1）存货科目的设置

存货科目是指在存货核算系统生成的凭证中，所需要的各种存货科目及差异科目。如果存货核算系统与总账系统集成使用，在本系统必须设置存货科目，以利于系统自动生成凭证。

（2）对方科目设置

对方科目是指在存货核算系统生成凭证所需要的存货对方科目所对应的会计科目。如果存货核算系统与总账系统集成使用，为保证系统自动生成凭证，应设置存货对方科目。对方科目应按收发类别＋存货分类＋部门＋成本对象＋存货来设置。

（3）运费科目设置

这用于设置本系统中对采购结算制单时，生成凭证所需要的各种运费科目。

（4）结算科目设置

这用于设置本系统中对采购结算制单时，生成凭证所需要的各种结算科目。

（5）税金科目设置

这用于设置本系统中采购结算生成凭证所需要的各种税金科目。

9.2.4 期初余额输入

1. 输入采购管理系统期初余额

（1）期初暂估入库单

期初暂估入库是在启用采购管理系统之前，还未取得供货单位的采购发票，不能进行采购结算的业务。在此需要输入采购入库单，形成期初数据。

（2）红字入库单

红字入库单是采购入库单的逆向单据。在采购业务活动中，如果发现已入库的货物因质量等因素要求退货，则对普通采购业务进行退货处理（填制退货单）。

（3）受托代销入库单

受托代销的货物到达企业后，应该及时办理受托代销入库手续，待货物销售后，再办理受托代销结算。

库存管理系统启用前，可输入受托代销入库单；库存管理系统启用后，可根据库存管理系统的受托代销入库单进行受托代销结算。

（4）红字受托代销入库单

红字受托代销入库单是受托代销入库单的逆向单据。

2. 输入销售管理系统期初余额

（1）期初发货单

期初发货单可用来处理建账日之前已经发货、出库，尚未开发票的业务，包括普通销售、分期收款发货单。

（2）期初委托代销发货单

用户可以输入启用日之前已经发生但未完全结算的委托代销发货单。

3. 输入委外管理系统期初余额

初次使用委外管理系统时，应先输入全部委外业务所涉及的期初数据。如果系统中已有上年的数据，在使用"结转上年"后，上年度各委外存货结存自动结转本年。

4. 输入库存管理系统期初余额

若库存管理系统与存货核算系统同时使用，则供应链管理系统的期初数据是两个系统共用的。在输入期初数据之前，应将库存的结存数与存货核算的结存数核对一致后，统一输入两个系统的期初结存数量、结存金额，进行统一期初记账。

5. 输入存货核算系统期初余额

库存管理系统的期初数据可与存货核算系统的期初数据不一致。供应链管理系统提供两边互相取数和对账的功能。初始数据与库存管理系统的初始数据是共用的，其期初记账也是统一进行的。

9.3 采购管理

9.3.1 业务概述

采购管理系统支持普通采购、受托代销、直运等多种类型的采购业务，支持按询价比价方式选择供应商，支持以订单为核心的业务模式。企业还可以根据实际情况进行采购流程的定制，既可选择按规范的标准流程操作，又可按简约的流程来处理实际业务，便于企业构建自己的采购业务管理平台。

9.3.2 日常业务处理

1. 普通采购业务

普通采购业务模式支持正常的采购业务，适用于一般工商企业的采购业务。

（1）请购

采购请购是采购业务处理的起点，是指企业内部向采购部门提出采购申请，或采购部门汇总企业内部采购需求提出采购清单，用于描述和生成采购的需求。同时，也可为采购订单提供建议内容，如建议供应商、建议订货日期等。请购单是可选单据，根据业务需要选用。

（2）订单

采购订单是企业与供应商之间签订的采购合同、购销协议等。它可以是企业采购合同中关于货物的明细内容，也可以是一种订货的口头协议。通过采购订单的管理，可以帮助企业实现采购业务的事前预测、事中控制、事后统计。

（3）到货

采购到货是采购订货和采购入库的中间环节，一般由采购业务员根据供货方通知或送货单填写，确认对方所送货物、数量、价格等信息，以入库通知单的形式传递到仓库作为保管员收货的依据。采购到货单是可选单据，用户可以根据业务需要选用。

（4）入库

采购入库单按进出仓库方向分为蓝字采购入库单和红字采购入库单；按业务类型分为普通采购入库单和受托代销入库单（商业）。库存管理系统未启用前，可在采购管理系统输入入库单据；与库存管理系统集成使用时，则必须在库存管理系统输入入库单据，在采购管理系统可查询入库单据，可根据入库单生成发票。

（5）开票

采购发票是供应商开出的销售货物的凭证，系统将根据采购发票确认采购成本，并据以登记应付账款。采购发票按业务性质分为蓝字发票和红字发票。采购发票按发票类型分为增值税专用发票和普通发票。增值税专用发票的单价为无税单价；普通发票的单价、金额都是含税的，默认税率为0，可修改。

（6）结算

采购结算也称采购报账，是指采购核算人员根据采购入库单、采购发票核算采购入库成本。采购结算分为自动结算和手工结算两种方式。另外运费发票可以单独进行费用折扣结算。自动结算是由系统自动将符合结算条件的采购入库单记录和采购发票记录进行结算。系统按照3种结算模式进行自动结算：入库单和发票结算、红蓝入库单结算、红蓝发票结算。已结算过的发票，在发票的左上角显示"已结算"红色字体。

2. 直运采购业务

直运业务包括直运销售业务和直运采购业务，它没有实物的出入库。其货物流向是直接从供应商到客户，财务结算通过直运销售发票、直运采购发票进行。直运业务适用于大型电器、汽车、设备等产品的销售。

销售管理系统的直运业务参数设置影响采购管理系统的直运业务。在订单非必有模式下，可分为两种情况：有直运销售订单，则必须按照"订单为中心直运业务"的单据流程进行操作；没有销售订单，则直运采购发票和直运销售发票可互相参照。

3. 受托代销业务

对于受托代销商品，必须选中"启用受托代销"复选框，并且把存货属性设为外购，还可设置销售属性。受托代销商品的存货不能用于非受托代销，受托代销订单只能参照受托代销存货。

4. 采购特殊业务应用

如果发现已入库的货物因质量等因素要求退货，则对普通采购业务进行退货处理。具体分以下几种情况进行处理。

① 如果该项业务的发票没有输入系统，不论货物是否办理入库手续，即不论是否已输入了入库单，都可以不进行处理，不必要求供应商开具红字发票，只需将发票退给供货单位即可。

② 如果该项业务的发票已输入系统，且该发票还没有采购结算，则可以删除该发票，不必要求供应商开具红字发票。

③ 如果该发票已经结算，则必须要求供应商开具红字发票，并输入系统与相应的红字入库单进行结算。

④ 如果原入库单有错，用户需重输一张红字入库单冲错。在进行采购结算时，选择原有错的蓝字入库单和冲错的红字入库单进行结算。

9.3.3 账表查询

1. 采购统计表

① 未完成业务明细表。该表可以查询未完成业务的单据明细情况，包括入库单、发票。货到票未到为暂估入库，票到货未到为在途存货。

② 采购综合统计表。该表可以按照报表汇总条件查询采购业务的入库、开票、付款统计情况。

③ 采购计划综合统计表。该表可以按照存货或存货分类对入库、出库、结存、采购订货、销售发货、结存情况进行汇总统计，从而综合地反映企业的购销存情况。

2. 采购账簿

① 在途货物余额表。在途货物余额表是普通采购业务的采购发票结算情况的滚动汇总表，反映供货商的采购发票上的货物采购发生、采购结算以及未结算的在途货物情况。

② 暂估入库余额表。暂估入库余额表是普通采购业务的采购入库单结算情况的滚动汇总表，反映供货商的采购发生、采购结算以及未结算的暂估货物情况。

9.4 销售管理

9.4.1 业务概述

销售管理系统如果与库存管理系统联用，销售发货单、销售发票或委托代销发货单等新增后会自动冲减库存管理系统中的存货现存量，经审核后自动生成销售出库单传递给库存管理系统。同样，库存管理系统为销售管理系统提供可用于销售的存货现存量。如果存货核算系统与销售管理系统联用，存货核算系统将把计算出的存货销售成本传递给销售管理系统。如果销售管理系统与应收款管理系统联用，则该应收款管理系统为销售管理系统提供销售发票、销售调拨单的收账结算情况以及代垫费用核算情况。

9.4.2 日常业务处理

1. 普通销售业务

（1）销售报价

销售报价是企业向客户提供货品、规格、价格、结算方式等信息，双方达成协议后，销售报价单转为有效力的销售合同或销售订单。

销售报价单只能手工增加。销售报价单表头栏目中，业务类型、销售类型、单据日期、币种等栏目为必填项；表体栏目中，存货编码、存货名称、数量、税额等栏目为必填项。销售报价单可以修改、删除、审核、弃审、关闭、打开。已审核未关闭的报价单可以参照生成销售订单。

（2）销售订货

销售订货是指由购销双方确认的客户要货需求的过程。企业根据销售订单组织货源，并对订单的执行进行管理、控制和追踪。销售订单是反映由购销双方确认的客户要货需求的单据。它可以是企业销售合同中关于货物的明细内容，也可以是一种订货的口头协议。

销售订单可以手工增加，也可以参照销售报价单生成。销售订单可以修改、删除、审核、弃审、关闭、打开。已审核未关闭的销售订单可以变更，可以参照生成销售发货单、销售发票。已执行完成的订单和不能执行完成的订单，可以人工关闭订单。

（3）销售发货

销售发货是企业执行与客户签订的销售合同或销售订单，将货物发往客户的行为，是销售业务的执行阶段。发货单是销售方作为给客户发货的凭据，是销售发货业务的执行载体。无论工业企业还是商业企业，发货单都是销售管理系统的核心单据。

在先发货后开票模式下，发货单由销售部门根据销售订单填制或手工输入，客户通过发货单取得货物所有权。发货单审核后，可以生成销售发票和销售出库单。

在开票直接发货模式下，发货单由销售发票产生，发货单只做浏览，不能进行修改、删除、弃审等操作，但可以关闭、打开。销售出库单根据自动生成的发货单生成。

（4）销售开票

销售开票是在销售过程中企业给客户开具销售发票及其所附清单的过程。它是销售收入确认、销售成本计算、应交销售税金确认和应收账款确认的依据，是销售业务的重要环节。

销售发票是在销售开票过程中开具的原始销售单据，包括增值税专用发票、普通发票及其所附清单。销售发票复核后通知财务部门的应收款管理系统核算应收账款，在应收款管理系统审核登记应收明细账，制单生成凭证。

在开票直接发货模式下，销售发票可以手工增加，也可以参照销售订单生成。销售发票可以修改、删除、复核、弃复。销售发票复核时生成销售发货单，弃复时删除生成的发货单。如果销售管理系统与库存管理系统集成使用，且设置销售生成出库单，则销售发票复核时生成销售出库单；否则在库存管理系统中根据销售发票生成的发货单生成出库单。

在先发货后开票模式下，销售发票可以参照销售发货单生成。销售发票可以修改、删除、复核、弃复。

（5）代垫费用

代垫费用单可以在"代垫费用单"输入窗口直接输入，可分摊到具体的货物；也可以在发票、销售日报、零售日报中单击"代垫"按钮输入，与发票建立关联，可分摊到具体的货物。代垫费用单可以修改、删除、审核、弃审。代垫费用单审核后在应收款管理系统生成其他应收单；弃审时删除生成的其他应收单。

2. 委托代销业务

委托代销业务是企业将商品委托他人进行销售但商品所有权仍归本企业的销售方式。委托代销商品销售后，受托方与企业进行结算，并开具正式的销售发票，转移商品所有权，形成销售收入。

3. 分期收款销售业务

分期收款销售业务类似于委托代销业务，货物提前发给客户，分期收回货款，收入与成本按照收款情况分期确认。分期收款销售的特点是：一次发货，当时不确认收入，分次确认收入，在确认收入的同时配比性地转成本。

4. 直运销售业务

该业务可参见9.3.2小节中的"直运采购业务"部分。

5. 零售日报业务

零售日报业务是商业企业用户将商品销售给零售客户的销售方式。本系统通过零售日报的方式接收用户的零售业务原始数据。当发生零售业务时，应将相应的销售票据作为销售零售日报输入到销售管理系统。零售日报不是原始的销售单据，是零售业务数据的日汇总。这种业务常见于商场、超市等零售企业。

6. 销售调拨业务

销售调拨业务一般是处理集团企业内部有销售结算关系的销售部门或分公司之间的销售业务。与销售开票业务相比，销售调拨业务不涉及销售税金。销售调拨业务必须在当地税务机关许可的前提下方可使用，否则处理内部销售调拨业务必须开具发票。

9.4.3 账表查询

1. 统计表

① 销售综合统计表。系统提供多角度、综合性的销售统计表，能够提供销售金额、折扣、成本、毛利等数据。

② 进销存统计表。进销存统计表仅用于商业企业，可以进行采购、其他入库、销售、其他出库、暂估、成本、毛利的数据统计分析。

2. 明细账

① 销售成本明细账。通过销售成本明细账，可以查询存货的销售成本情况，从而兼顾会计和业务的不同需要。

② 销售明细表。通过销售明细表，可以查询销售发票、销售调拨单、零售日报的明细记录。

3. 销售分析

① 销售增长分析。通过销售增长分析，可以分析部门或货物的本期销售比前期销售的增长情况。

② 货物流向分析。通过货物流向分析，可以分析按照不同分组条件（如客户、地区、行业）在某时间、区间的销售货物流向比例。

③ 销售结构分析。通过销售结构分析，可以分析按照不同分组条件（如客户、业务员、货物等）在某时间段的销售构成情况。

④ 销售毛利分析。通过销售毛利分析，可以统计货物在不同期间的毛利变动及影响原因。

⑤ 市场分析。通过市场分析，可以反映某时间、区间内部门/业务员所负责的客户或地区销售、回款、业务应收（发货未开票）的比例情况。

⑥ 货龄分析。通过货龄分析，可以按货物、客户、地区、行业、部门、业务员分析各货龄区间发货未开票或发货未收款的情况。

9.5 委外管理

9.5.1 业务概述

委外管理系统主要适用于离散型工业行业的委外加工业务管理，如家电、机床、汽车配件、机械配件、阀门管道、五金制品、交通设备等行业。本系统支持的业务特征为：委外前后发生实际物料变化，同时进行实际收发料存货核算业务的委外业务；委外业务以委外订单为核心，必须严格按照委外订单进行收发料的业务处理。

9.5.2 日常业务处理

在委外管理系统中，日常业务包括委外订单下达、委外材料出库、委外产成品入库、委外（运费）发票处理、现付业务和单据列表等。

1. 委外订单下达

委外订单下达又称委外加工单。委外订单是企业与委外供应商之间签订的委外加工合同、协议。它既作为仓库收货和发料的依据，也作为委外供应商领料及加工的依据。委外订单的信息包括两部分，即反映在订单中的委外加工母件信息以及反映在订单用料表中的加工用料子件信息。母件信息包括委托供应商加工什么货物、加工多少、什么时间加工完成等收货数据信息，作为仓库收货的依据；子件信息包括需要提供给委外供应商的子件种类、用量、需求日期、批次、发料仓库、供应类型等发料数据信息，作为仓库发料的依据。委外订单可由销售订单参照生成，也可以由委外计划下达生成。

2. 委外材料出库

材料出库单是委外领用材料时所填制的委外材料出库单据。当从仓库中领用材料用于委外时，就需要填制委外材料出库单。

3. 委外产成品入库

对于工业企业，委外产成品入库单一般指委外产成品加工完成入库时所填制的入库单据。委外产成品入库单是工业企业入库单据的主要部分。只有工业企业才有委外产成品入库单，商业企业没有此单据。委外产成品一般在入库时无法确定产成品的总成本和单位成本，所以在填制产成品入库单时，一般只有数量，没有单价和金额。单价根据月末委外材料出库成本核算和加工单价计算，通过委外结算把单价回写到委外产成品入库单中。

4. 委外（运费）发票处理

委外（运费）发票是委外供应商开出的记载委外件加工费和运费的凭证。系统将根据委外（运费）发票确认委外加工成本，并据以登记应付账款。

委外发票按业务性质分为蓝字发票和红字发票。增值税专用发票的单价为无税单价；普通发票单价、金额都是含税的。

5. 现付业务

现付业务指在委外业务发生时，立即付款开发票的业务。在实际业务中当委外业务人员在取得委外加工货物的同时将货款先行垫付，这时需将款项直接支付给本单位的委外业务人员。在委外发票保存后就可以进行现付处理，但已审核的发票不能再做现付处理。

6. 单据列表

单据列表是将符合过滤条件的单据以列表的格式显示出来，以便于快速查询和操作单据。

9.5.3 账表查询

1. 委外材料使用情况表

本功能用于查询得到委外材料的期初、出库、已用以及余料的情况。

2. 委外订单执行情况表

本功能用于查询委外订单的执行情况，可以根据条件查看某一订单的委外数量、入库量、次品量、报废量、未完成量。

3. 委外核销报表

本功能用于反映委托加工材料核销的明细情况，可以逐笔查询委外产品入库单与委外材料出库单的核销情况。

4. 委外结算报表

本功能主要用于进行委外加工产成品入库成本的计算。

9.6 库存管理

9.6.1 业务概述

库存管理系统是对存货进行物流管理,以满足采购入库、销售出库、产成品入库、材料出库、其他出入库、盘点管理等业务需要,并提供仓库货位管理、批次管理、保质期管理、出库跟踪入库管理、可用量管理等全面的业务应用。

9.6.2 日常业务处理

1. 入库业务

(1) 采购入库业务

采购入库是根据采购到货签收的实收数量填制入库单。对于工业企业,采购入库单一般指采购原材料验收入库时所填制的入库单据;对于商业企业,采购入库单一般指商品进货入库时所填制的入库单据。

采购入库单生成的方式有 4 种,分别是参照采购订单、采购到货单、检验入库单(与 GSP 集成使用时)和直接填制。

(2) 产成品入库业务

产成品入库单是工业企业入库单据的主要部分。只有工业企业才有产成品入库单,商业企业没有此单据。

(3) 其他入库业务

其他入库业务是指除采购入库、产成品入库之外的其他入库业务,如填制调拨、盘点、组装拆卸、形态转换的业务形成的入库单。其他入库单一般由系统根据其他业务单据自动生成,也可手工填制。

2. 出库业务

(1) 销售出库业务

销售出库是根据销售出库签发的实发数量填制出库单。销售出库单是销售出库业务的主要凭据,在库存管理系统中用于存货出库数量核算,在存货核算系统中用于存货出库成本核算(条件是存货核算销售成本的核算选择依据销售出库单)。

销售出库单按进出仓库方向分为蓝字销售出库单和红字销售出库单;按业务类型分为普通销售出库单、委托代销出库单和分期收款出库单。

(2) 材料出库业务

对于工业企业,材料出库是领用材料时填制出库单据。当从仓库中领用材料用于生产时,就需要填制材料出库单。只有工业企业才有材料出库单,商业企业没有此单据。

(3) 其他出库业务

其他出库业务指除销售出库、材料出库之外的其他出库业务,如填制调拨出库、盘亏出库、组装拆卸出库、形态转换出库、不合格品记录等业务形成的出库单。其他出库单一般由系统根据其他业务单据自动生成，也可手工填制。

3. 其他业务

（1）调拨业务

调拨单是指用于仓库之间存货的转库业务或部门之间的存货调拨业务的单据。同一张调拨单上，如果转出部门和转入部门不同，表示部门之间的调拨业务；如果转出部门和转入部门相同，但转出仓库和转入仓库不同，表示仓库之间的转库业务。

（2）盘点业务

为了保证企业库存资产的安全和完整，做到账实相符，企业必须对存货进行定期或不定期的清查，查明存货盘盈、盘亏、损毁的数量以及造成的原因，并据以编制存货盘点报告表，按规定程序，报有关部门审批。

盘点时系统提供多种盘点方式，如按仓库盘点、按批次盘点、按类别盘点、对保质期临近多少天的存货进行盘点等，还可以对各仓库或批次中的全部或部分存货进行盘点，盘盈、盘亏的结果自动生成其他出入库单。

（3）组装拆卸业务

组装指将多个散件组装成一个配套件的过程，拆卸指将一个配套件拆卸成多个散件的过程。配套件是由多个存货组成，但又可以拆开或销售的存货。配套件和散件之间是一对多的关系，可在"初始设置"|"基础档案"|"产品结构"中设置父项和子项之间的关系。用户在组装、拆卸之前应先进行产品结构定义，否则无法进行组装。

9.6.3 账表查询

1. 库存账查询

① 现存量查询。该功能可查询存货的现存量情况。
② 流水账查询。该功能可查询任意时间段或任意情况下的存货出入库情况。
③ 库存台账。该功能用于查询各仓库、各存货、各月份的收发存明细情况。库存台账按存货（或存货+自由项）设置账页，即一个存货一个自由项为一个账页。

2. 统计表查询

① 库存展望。该功能可查询展望期内存货的预计库存、可用量情况。
② 收发存汇总表。该功能反映各仓库、各存货、各种收发类别的收入、发出及结存情况。收发存汇总表按照仓库进行分页查询，一页显示一个仓库的收发存汇总表，所有仓库的收发存汇总表通过汇总功能查询。

9.7 存货核算

9.7.1 业务概述

存货核算系统可用于处理各种类型的出入库业务。它提供 6 种计价方式，满足不同存货管理的需要，可以进行出入库成本调整，提取存货跌价准备，处理各种异常业务；可自动按照所选的存货计价方式计算出库成本并记账；提供按部门、按仓库、按存货等多种方式进行统计和查询，并提供存货资金的占用分析及周转分析，可灵活输出各类报表。

9.7.2 日常业务处理

1. 采购业务成本核算

（1）普通采购业务

系统对采购业务的核算以采购入库单为依据，通过在采购管理系统中对采购入库单与采购发票进行结算，确定外购采购存货的成本。

（2）受托代销业务

系统提供对受托代销业务的处理。用户需要在采购管理系统参数中指明有受托代销业务。对于受托代销商品，必须在存货档案中设置商品的"受托代销"和"外购"属性，再进行受托代销业务的日常操作。

对于受托代销采购业务，不论是本月暂估还是以前月份暂估的入库单，系统均采用单到补差的方式。处理方法为：查找对应的单据记录，自动生成调整单，由用户确认记账；如果用户选择取消记账，则生成的调整单不记账，返回未报销处理状态。

2. 销售业务成本核算

企业销售业务纷繁复杂，不同的企业有着不同的销售模式。存货核算系统提供对普通销售业务、直运销售业务、分期收款发出商品销售业务、委托代销发出商品销售业务进行成本核算。除普通销售业务外，其余3种销售业务只能在销售管理系统启用的情况下才允许进行。

（1）普通销售业务核算

普通销售业务成本核算方式由用户在存货核算系统选项中确定，可以选择销售出库单或选择销售发票进行成本核算。在销售管理系统启用的情况下才可以选择销售发票进行成本核算，在存货核算系统中进行记账。

（2）直运销售业务核算

直运销售业务分为两种模式：一种是只开发票，不开订单；另一种是先有订单，再开发票。

① 只开发票的模式：采购发票和销售发票之间是一对多的关系，销售发票和采购发票之间也是一对多的关系，即一张销售发票对应多张采购发票或一张采购发票对应多张销售发票。

② 先有订单再开发票的模式：销售订单和销售发票之间是一对多的关系，采购订单和采购发票之间也是一对多的关系，销售订单和采购订单之间还是一对多的关系（只允许拆单不允许拆记录），即一张销售订单对应多张销售发票，一张采购订单对应多张采购发票（采购发票参照采购订单生成，不允许修改单价），一张销售订单对应多张采购订单。

（3）分期收款发出商品销售业务核算

企业若有分期收款业务，则可使用存货核算系统提供的分期收款发出商品业务的成本核算功能。在使用本系统前应首先输入分期收款发出商品期初余额，方可从销售管理系统取期初数据。然后在日常业务操作中，存货核算系统接收从销售管理系统传递的分期收款发货单及发票进行记账，核算分期收款发出商品成本。若其计价方式为先进先出、后进先出、移动平均或个别计价，则依据其计价方式在单据记账时进行出库成本计算，记入存货明细账。若采用全月平均及计划价/售价计价的存货则在期末处理时进行出库成本的计算。

（4）委托代销发出商品销售业务核算

本系统提供委托代销业务的两种处理方式：一是视同普通销售，二是按发出商品核算。用户可以在存货核算系统选项中选择委托代销业务的成本核算方式。如果选择按普通销售核算，则操作流程、核算方法与普通销售相同；如果按发出商品核算，则按发货单＋发票记账。

3. 材料出库及假退料业务

（1）材料出库业务

材料出库单是指工业企业领用材料时所填制的出库单据，它是工业企业出库单据的主要部分。在存货核算系统中，用来提供对材料出库业务的核算。如果与库存管理系统集成使用，材料出库单在库存管理系统中输入，在存货核算系统只能修改其单价和金额。

（2）假退料业务

假退料业务可用于车间已领用的材料，在月末尚未消耗完，下月需要继续耗用时。此时可不办理退料业务，制作假退料单进行成本核算。

4. 产成品入库业务成本核算

产成品入库单是指工业企业生产的产成品、半成品入库时，所填制的入库单据，它是本系统工业版中常用的原始单据之一。存货核算系统提供对产成品入库业务进行成本核算的功能。如果与库存管理系统集成使用，产成品入库单不可在本系统中输入。

5. 其他业务成本核算

（1）调拨业务

只有在库存管理系统启用的情况下才有此功能。可参见9.6.2小节中的"调拨业务"部分。

（2）组装、拆卸、形态转换业务

存货核算系统对组装、拆卸、形态转换业务提供成本核算。只有在库存管理系统启用的情况下才有此功能。

（3）盘点业务

存货盘点报告表，是证明企业存货盘盈、盘亏和毁损，据以调整存货实存数的书面凭证，经企业领导批准后，即可作为原始凭证入账。但是，存货的盘盈、盘亏和毁损必须在按规定程序报经有关部门批准后才能进行处理。未批准前，只能先到账，即根据存货盘点报告表所列盈亏数，先结转"待处理财产损溢"；批准后，再根据盈亏的不同原因和不同处理结果，做进一步的账务处理。

（4）调整业务

① 入库调整。入库调整单是对存货的入库成本进行调整的单据，它只调整存货的金额，不调整存货的数量。它用来调整当月的入库金额，并相应调整存货的结存金额。它可针对单据进行调整，也可针对存货进行调整。

② 出库调整单。出库调整单是对存货的出库成本进行调整的单据，它只调整存货的金额，

不调整存货的数量。它用来调整当月的出库金额,并相应调整存货的结存金额。它只能针对存货进行调整,不能针对单据进行调整。

(5)其他入库业务

在本系统中,此功能用于输入其他形式的正常入库及红字退出的单据。与库存管理系统集成使用时,其他入库单由库存管理系统输入。本系统不能增加单据,只能修改其单价和金额。其他入库单的单据来源有手工输入,由调拨单、盘点单、组装单、拆卸单、形态转换单生成。对于生成的单据,在本系统中可以查看、记账、制单。

(6)其他出库业务

其他出库单是指除销售出库、材料出库等形式以外的存货的其他出库形式所填制的出库单据。例如,盘盈出库、调拨出库等。在本系统中,此功能用于输入其他形式的正常出库及红字退库的单据。其他出库单的单据来源有手工输入,由调拨单、盘点单、组装单、拆卸单、形态转换单生成。对于生成的单据,在本系统中可以查看、记账、制单。在库存管理系统启用的情况下,其他出库单只能在库存管理系统中输入。

9.7.3 业务核算

存货核算系统中业务核算的主要功能是对单据进行出入库成本的计算、结算成本的处理、产成品成本的分配、期末处理。

(1)单据记账

① 正常单据记账。单据记账用于将用户所输入的单据登记存货明细账、差异明细账/差价明细账、受托代销商品明细账、受托代销商品差价账。

提示:先进先出、移动平均、个别计价这3种计价方式的存货在单据记账时进行出库成本核算;全月平均、计划价/售价计价的存货在期末处理时进行出库成本核算。

② 发出商品记账。
- 分期收款发出商品记账。分期收款发出商品记账有两种模式:一是根据发货单记账,核算成本的方法即根据发货单中各存货或仓库、部门的计价方式,计算发货单的成本;二是根据发票记账,取发票对应的发货单的出库成本单价计算发票的销售成本。如果发货单是计划价或全月平均计价时,发票可记账,但必须在发货单期末处理后有实际单价时,才能回写发票金额。发票记账时,如果发票对应的发货单未记账,则发票不能记账。恢复记账时,发货单对应的发票必须全部恢复记账后,才能恢复发货单。恢复记账则所有单据一起恢复。

提示:只有销售管理系统启用时,存货核算系统才能对分期收款发出商品业务进行核算。
- 委托代销商品记账。本系统提供委托代销业务的两种处理方式:一种是视同普通销售;另一种是按发出商品核算。用户若在存货核算系统选项中选择按普通销售核算,则在正常单据记账中进行成本核算;若选择按发出商品核算,则在此进行单据记账,并进行成本核算。

③ 直运销售记账。本功能用于对直运销售业务进行核算。只有销售管理系统启用时,存货核算系统才能对直运销售进行核算。直运业务按采购发票记账,则增加直运商品;直运业务按销售发票记账,则减少直运商品,并结转销售成本。

④ 特殊单据记账。特殊单据记账时会将记录写入存货明细账和存货总账，并回写在其他出入库单据上。调拨单可按特殊单据记账，也可按正常单据记账。全月平均、计划价（或售价）核算的存货，按特殊单据记账时，调拨单生成的其他出入库单按存货上月的平均单价或差异率计算成本；按正常单据记账时，调拨单生成的其他出入库单按存货当月的平均单价或差异率计算成本（需要先对调拨出库单记账，并对调拨出库的仓库进行期末处理，再对调拨入库单记账）。

（2）恢复记账

记账后，用户也可利用恢复记账功能将用户已登记明细账的单据恢复到未记账状态。

（3）结算成本处理

结算成本处理，即存货暂估，是外购入库的货物发票未到，在不知道具体单价时，财务人员期末暂时按估计价格入账，下月用红字予以冲回的业务。

（4）产成品成本分配

产成品成本分配表用于对已入库未记明细账的产成品进行成本分配。

9.7.4 财务核算

系统在进行出入库核算后，下一步就要生成记账凭证。凭证的生成、修改、查询操作在财务系统完成。存货核算系统生成的记账凭证自动会传递到总账系统，实现财务和业务的一体化操作。

（1）制单处理

生成凭证功能用于对本会计月已记账单据生成凭证，并可对已生成的所有凭证进行查询显示，所生成的凭证可在总账系统中显示及生成科目总账。

（2）查询凭证

通过凭证列表功能可以查询本会计年度的存货核算系统的凭证。

（3）与总账系统对账

本功能用于存货核算系统与总账系统核对存货科目和差异科目在各会计月份借方、贷方发生金额、数量以及期末结存的金额、数量信息。

9.7.5 存货跌价准备

企业的存货应当在会计期末时，按照账面成本与可变现净值孰低法的原则进行计量，对于可变现净值低于存货账面成本的差额，计提存货跌价准备。对于存货跌价准备，企业应设置"存货跌价准备"账户核算企业提取的存货跌价准备。存货可变现净值低于成本的差额，借记"资产减值损失"账户，贷记"存货跌价准备"账户。如果计提跌价准备后的存货价值又得以恢复，应按恢复增加的数额（其增加数应以补足以前入账的减少数为限），借记"存货跌价准备"账户，贷记"资产减值损失"账户。

9.7.6 账表查询

1. 账簿查询

（1）明细账

本功能用于查询本会计年度各月份已记账的各存货的明细账。本功能只能查询末级存货的某段时间的收发存信息；并可用于查询按计划价/售价核算的已记账存货本会计年度各月份的差异/差价账，且可以查询差异/差价的汇总数据。

（2）总账

本功能用于输出存货的总分类账，以借贷余的形式反映各存货的各月份的收发余金额。总账既可按存货分类进行查询，也可按存货进行查询。

2. 汇总表查询

（1）入库汇总表

入库汇总表用于对某期间的入库存货进行统计与汇总，提供已记账、未记账、全部单据的汇总数据，并提供按不同方式统计与汇总的功能。

（2）出库汇总表

出库汇总表用于对某期间的出库存货进行统计，可以根据各种条件进行组合查询分析，并提供已记账、未记账、全部单据的汇总数据。

（3）收发存汇总表

收发存汇总表用于对某期间已记账存货的收发存数量与金额进行统计、汇总。该表的横向反映的是存货的收发类别。

3. 分析表查询

（1）存货周转率分析

存货周转率是衡量和评价企业管理状况的综合性指标。本系统为用户提供某一种存货、某一类存货或全部存货的存货周转率分析。

（2）库存资金占用规划

本系统按用户的初始设置提供库存资金的不同占用规划，包括按仓库、按存货分类、按存货、按仓库和存货分类、按仓库和存货、按存货分类和存货。

（3）库存资金占用分析

该功能用于分析实际库存资金的占用额与计划额之间的差额。

（4）入库成本分析

该功能用于统计、分析不同期间或不同入库类别的存货的平均入库成本。

9.8 期末业务处理

供应链管理系统业务月末结账一般在每个会计期间终了时进行。结账表示将当前会计核算期的数据封存，将当月的数据记入有关账户。结账后，不能再进行修改，只能查看。

供应链管理系统各个子系统之间存在着数据的衔接关系，结账时应该严格按照以下顺序进行：采购管理系统、销售管理系统和委外管理系统结账→库存管理系统结账→存货核算系统结账。供应链管理系统结账后，财务系统才能进行结账处理。

1. 采购管理系统月末结账

当采购日常业务全部完成后，用户可进行月末处理。月末结账是逐月将每月的单据数据封存，并将当月的采购数据记入有关账表中。

月末结账后，可逐月取消结账，选中已结账最后月份，单击"取消记账"按钮，则取消该月的月末结账。

2. 销售管理系统月末结账

结账前用户应检查本会计月工作是否已全部完成，只有在当前会计月所有工作全部完成的前提下，才能进行月末结账，否则会遗漏某些业务。

3. 委外管理系统月末结账

将每月的委外相关单据及数据封存，并将当月的委外数据记入有关账表中。

4. 库存管理系统月末结账

（1）库存与存货对账

库存管理系统与存货核算系统对账的内容为某月份各仓库、各存货的收发存数量。如果核对正确，系统将提示用户对账工作全部完成，并退出对账功能；如果核对不上，系统则将对不上的数据显示在对账报告中。用户退出对账报告时，系统将退出对账功能。

（2）整理现存量

如果用户认为目前的现存量与单据不一致，可通过此功能将现存量调整正确。

（3）库存结账

月末结账是将每月的出入库单据逐月封存，并将当月的出入库数据记入有关账表中。结账前用户应检查本会计月工作是否已全部完成，只有在当前会计月所有工作全部完成的前提下，才能进行月末结账，否则会遗漏某些业务。月末结账之前一定要进行数据备份，否则数据一旦发生错误，将造成无法挽回的后果。

5. 存货核算系统月末结账

（1）期末处理

当采购日常业务全部完成后，用户可进行期末处理。其主要内容如下。

① 计算按全月平均方式核算的存货的全月平均单价及其本会计月出库成本。
② 计算按计划价/售价方式核算的存货的差异率/差价率及其本会计月的分摊差异/差价。
③ 对已完成日常业务的仓库、部门、存货做处理标志。

（2）取消期末处理

进行期末处理后，发现业务有问题，可取消期末处理。具体操作是选择已期末处理的仓库、部门或存货，单击"确认"按钮，即可对所选对象进行恢复期末处理。系统提供恢复期末处理功能，但是在总账结账后将不可恢复。

（3）月末结账

结账前用户应检查本会计月工作是否已全部完成，只有在当前会计月所有工作全部完成的前提下，才能进行月末结账，否则会遗漏某些业务。

结账只能每月进行一次，月末结账之前用户一定要进行数据备份，否则数据一旦发生错误，将造成无法挽回的后果。月末结账后将不能再做当前会计月的业务，只能做下个会计月的日常业务。

（4）恢复存货核算子系统的月末结账

当某月账结错时，可单击"取消结账"按钮取消结账状态，再进行该月业务处理，然后结账。

课后习题区

反侵权盗版声明

电子工业出版社依法对本作品享有专有出版权。任何未经权利人书面许可,复制、销售或通过信息网络传播本作品的行为;歪曲、篡改、剽窃本作品的行为,均违反《中华人民共和国著作权法》,其行为人应承担相应的民事责任和行政责任,构成犯罪的,将被依法追究刑事责任。

为了维护市场秩序,保护权利人的合法权益,我社将依法查处和打击侵权盗版的单位和个人。欢迎社会各界人士积极举报侵权盗版行为,本社将奖励举报有功人员,并保证举报人的信息不被泄露。

举报电话:(010)88254396;(010)88258888
传　　真:(010)88254397
E‑mail　:　dbqq@phei.com.cn
通信地址:北京市万寿路173信箱
　　　　　电子工业出版社总编办公室
邮　　编:100036

尊敬的老师：

您好。

请您认真、完整地填写以下表格的内容（务必填写每一项），索取相关图书的教学资源。

教学资源索取表

书　名			作者名	
姓　名		所在学校		
职　称		职　务		职　称	
联系方式	电　话		E-mail	
	QQ号		微信号	
地址（含邮编）				
贵校已购本教材的数量（本）				
所需教学资源				
系/院主任姓名				

系/院主任：＿＿＿＿＿＿＿＿＿（签字）

（系/院办公室公章）

20＿＿＿年＿＿＿月＿＿＿日

注意：

① 本配套教学资源仅向购买了相关教材的学校老师免费提供。

② 请任课老师认真填写以上信息，并请系/院加盖公章，然后传真到（010）80115555 转 718438 索取配套教学资源。也可将加盖公章的文件扫描后，发送到 fservice@126.com 索取教学资源。欢迎各位老师扫码关注我们的微信号和公众号，随时与我们进行沟通和互动。

③ 个人购买的读者，请提供含有书名的购书凭证，如发票、网络交易信息，以及购书地点和本人工作单位来索取。

微信号　　　　　　　　　　　　公众号

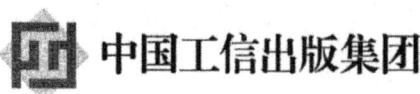
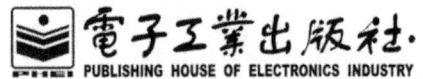